方以智的哲学精神

张昭炜◎著

人民出版社

责任编辑:武丛伟
封面设计:王欢欢
版式设计:姚　菲

图书在版编目(CIP)数据

方以智的哲学精神/张昭炜 著. —北京:人民出版社,2024.4
(国家社科基金后期资助项目)
ISBN 978－7－01－026181－2

Ⅰ.①方…　Ⅱ.①张…　Ⅲ.①方以智(1611-1671)-哲学思想-研究
　Ⅳ.①B248.935

中国国家版本馆 CIP 数据核字(2023)第 251998 号

方以智的哲学精神
FANGYIZHI DE ZHEXUE JINGSHEN

张昭炜　著

人 民 出 版 社 出版发行
(100706　北京市东城区隆福寺街 99 号)

北京汇林印务有限公司印刷　新华书店经销

2024 年 4 月第 1 版　2024 年 4 月北京第 1 次印刷
开本:710 毫米×1000 毫米 1/16　印张:22.5
字数:428 千字

ISBN 978－7－01－026181－2　定价:138.00 元

邮购地址 100706　北京市东城区隆福寺街 99 号
人民东方图书销售中心　电话 (010)65250042　65289539

国家社科基金后期资助项目
出版说明

    后期资助项目是国家社科基金设立的一类重要项目，旨在鼓励广大社科研究者潜心治学，支持基础研究多出优秀成果。它是经过严格评审，从接近完成的科研成果中遴选立项的。为扩大后期资助项目的影响，更好地推动学术发展，促进成果转化，全国哲学社会科学工作办公室按照"统一设计、统一标识、统一版式、形成系列"的总体要求，组织出版国家社科基金后期资助项目成果。

全国哲学社会科学工作办公室

目　录

序

　　本书研究方以智的哲学精神，哲学精神的研究基于哲学。方以智是中国"前现代"的大哲学家，其哲学注重概念创发与演绎体系。我们感官认知现象或经验世界，相当于肉眼之所见；超越经验世界，进入到哲学世界，这依赖理智认知的能力，相当于慧眼之所见。由慧眼开启哲学之门，进入方以智的哲学精神世界。为使读者知此深意，方以智在著作中反复提掇，尤其是在《易余》结尾明示："曈肉眼而开醯眼，又曈醯眼而还双眼者，许读此书。"（《易余·附录》）常人仅有两只肉眼，而天神在两只肉眼之上有竖生额头的第三只顶门眼，顶门眼便是醯眼或慧眼。慧眼代表爱智慧的哲学，追根溯源，探索隐秘的哲学世界，在方以智哲学中表述为"余"之密体。"余者，自可见以必其不可见也，自可定以必其不定者。"（《易余·必余》）"余"对于常人不可见，却能决定可见世界，因此，方以智的哲学使命便是认识"余"，使用"余"。读方以智的哲学著作，走进其哲学精神世界，需要有两层超越：第一层是超越肉眼所见的经验世界，相当于关闭肉眼（曈肉眼）。关闭肉眼后漆黑一片，显然不是认识的最终目的；关闭肉眼是为了超越到哲学世界（开醯眼），演绎哲学体系。换言之，没有第一层超越，就难以称之为哲学。第二层超越是返回式的超越，也就是关闭哲学世界（曈醯眼），返回经验世界（还双眼）。在实现第一层超越后，哲学家并未迷恋在超验的哲学世界，他还眷恋着经验世界的同胞，肩负着使命，将哲学的"无用"转化为"无用之大用"。与此相近的表述有："肉者，俗之也；醯者，三之也。必曈其肉而进其醯，又曈其醯而还其故，乃名大良，乃名天燎。"（《易余·知言发凡》）综合三眼，既能超越经验，洞悉深密；又能将哲学的深密应用于经验世界。

　　在方以智的哲学体系中，肉眼世界对应的哲学概念为显冒、费均；慧眼世界对应的哲学概念为密冒、隐均；统合两个世界或作为两个世界摆渡者的哲学概念为统冒、公均。三冒三均各有所用，由此表现为三种认识，三种认识各有所长，又各有所短。综合来说，应根据认识需要，三冒三均相互轮转，扬长避短。由三眼指引，可读《易余》，可读《东西均》，乃至《药地炮庄》等哲学著作；以此为司南，可进入方以智的哲学世界，开掘不可见、不可用之"余"体，默契其哲学精神，深刻理解其为中国哲学文化托孤的使命。

引　言

一、方以智与明清之际三大家

本书研究"方以智的哲学精神"（The Spirit of Fang Yizhi's Philosophy）。首先简介一下方以智生平：方以智（1611—1671 年），字密之，号曼公，别号有愚者、药地、木立、无（𡙇）可等，桐城人。方以智生平坎坷，"万死一生，封刀淬海。饿有瓢饮，乐得随流。"①"数历封刀，转侧苗獞"，"穷变通久，时乘自尽，岂非天以奇缘资此大集哉！"②方以智由患难而悟道，真切而深刻的患难经历使得他对于生命的理解极具穿透力，由此创作《易余》《东西均》《象环寱记》《一贯问答》《性故》《药地炮庄》等精深的哲学著作。"粤难"之后，方以智的哲学著作大多被清廷列为禁书，直至 20 世纪 50 年代方氏后人献书后才为人知晓。

方以智是明末清初的大思想家，然而明清哲学思想的研究者通常会以黄宗羲、王夫之、顾炎武三大家为代表，受制于方以智著作的沉寂与晦涩，方以智的哲学思想研究常受冷落。直至近半个世纪以来，方以智哲学思想的研究才渐趋升温。方以智何以能称得上"大思想家"呢？从历史文献来看，方以智在明清之际颇有影响，广受赞誉。据黄宗羲言："余束发交游，所见天下士，才分与余不甚悬绝而为余之所畏者"，以"桐城方密之"居首。③ 黄宗羲"自是魁儒"，"以其学言之，有明三百年无此人，非夸诞也。"④黄宗羲敬畏方以智的学术造诣，亦可以"魁儒"称方以智。王夫之称方以智："姿抱畅达，早以文章誉望动天下。"⑤由此可见方以智在士林负有盛名。"青原千里书，白发十年哭"，"国破各崎岖，间关鉴幽独。相知不贵早，阅世任流

---

① 方以智：《小引》，《易余》，《易余（外一种）》，上海古籍出版社 2018 年版，第 5 页。
② 左锐：《总论中》，《药地炮庄》，《方以智全书》第 2 册，黄山书社 2019 年版，第 79 页。
③ 黄宗羲：《翰林院庶吉士子——魏先生墓志铭》，《碑志类》，《南雷诗文集》，《黄宗羲全集》第 10 册，浙江古籍出版社 2005 年版，第 416 页。
④ 全祖望：《答诸生问南雷学术帖子》，《黄宗羲全集》第 12 册，浙江古籍出版社 2005 年版，第 214 页。
⑤ 王夫之：《李文方列传》，《永历实录》卷五，《船山全书》第 11 册，岳麓书社 2011 年版，第 393 页。

目"，"烹煮《南华》髓"，"一意保孤危"①。方以智晚年驻锡青原山，王夫之隐居南岳，方、王如同青原行思与南岳怀让，双峰并出。青原与南岳虽相隔千里，但在知音心中相系无碍。遗民孤愤之心同印，方以智遇难，如同俞伯牙失钟子期，王夫之痛悼，乃至"白发十年哭"。"烹煮《南华》髓"指方以智的《药地炮庄》，烹炮庄子，以救儒学，视庄子为儒学真孤。方以智为儒学托孤，也可以说在明清鼎革之际为中国文化托孤，由此可见其内心深沉高远的追求。顾炎武之学代表了宋明理学向清代朴学的转向，方、顾均有"理学即经学"的思想，"如出一口"②。施闰章当是方以智与顾炎武沟通的重要媒介，如顾炎武所言："然愚独以为理学之名，自宋人始有之。古之所谓理学，经学也。"③方以智与施闰章并称二愚（愚者、愚山），两人晚年共复青原山，方以智不仅提出"藏理学于经学，依胡安定之分科育士，以备世用"④，而且亦有"因学而悟，藏悟于学"⑤：前者是对于宋明理学发展方向的指引，也可以说汉学与宋学的合流；后者是对于阳明学左派发展的纠偏，也可以说是阳明学左派与右派的平衡。这可与顾炎武的经学思想、实学进路相镜。方以智与顾炎武均重视音韵、考据，"以智崛起崇祯中，考据精核，迥出其上。风气既开，国初顾炎武、阎若璩、朱彝尊等沿波而起，始一扫悬揣之空谈。""在明代考证家中，可谓卓然独立者矣。"⑥此论更将方以智的考据学置于顾炎武之前，并且方、顾均反对空谈，是明清之际实学思潮的重要代表。⑦ 以上所引仅是黄、王、顾三大家的零星之论，管中窥豹，亦透露出方以智可以与明清之际三大家连镳并轸。

　　从政治的参与深度而言，较之于三大家，方以智亦有超越处："他是明

---

① 王夫之：《青原极丸老人前大学士方公以智》，《广哀诗》，《姜斋诗分体稿》，《船山全书》第15册，岳麓书社2011年版，第465—466页。

② 余英时：《方以智晚节考》，生活·读书·新知三联书店2004年版，第2页。

③ 顾炎武：《与施愚山书》，《亭林文集》卷三，《顾炎武全集》第21册，上海古籍出版社2011年版，第109页。

④ 方以智：《书院》，《发凡》，《青原志略》，江西人民出版社1998年版，第16页。

⑤ 方以智：《兼室决语》，《杂记》，《青原志略》卷十三，江西人民出版社1998年版，第395页。宋之鼎《青原藏书议（上守宪施愚山先生）》亦有"仿胡安定教士法"，"体用用备，出以辅世，出以化俗"，"藏悟于学"。（《书院》，《青原志略》卷三，江西人民出版社1998年版，第93—94页。）

⑥ 永瑢等：《通雅》，《杂家类三》，《子部》，《四库全书总目》卷一一九，中华书局1965年版，第1028页。

⑦ 方以智的实学可概括为"质测通几"之学，提出"欲挽虚窃，必重实学"；顾炎武的思想可表述为"清初务实学风的倡导者"，如"天下兴亡，匹夫有责""文须有益于天下"。（参见陈鼓应、辛冠洁、葛荣晋主编《明清实学思潮史》第三十四章、第三十七章，齐鲁书社1989年版，第999—1042页；第1099—1132页。）

末复社领袖之一,政治活动家,自负要提三尺剑,纠集志士,改造黑暗世界。"①由此导致方以智"数历封刀":"其遭遇之酷,较之亭林、梨洲、船山诸公知犹得逍遥林下,著述以终者,实有天壤之别。"②方以智亲历崇祯、弘光、永历三个政权,可以说经历了三次亡国之痛。在崇祯朝,方以智怀血疏为父申冤,崇祯感动而叹曰:"求忠臣必于孝子之门。"③在弘光朝,与黄宗羲类似,方以智遭阮大铖追杀。在永历朝,王夫之任行人司行人,九品官阶;而方以智深入永历政权中心,与首辅瞿式耜等重臣深为相知。"进方以智为东阁大学士、礼部尚书,召入直,称疾不赴。"④方以智十次婉拒永历帝委以重任的邀请,"何敢叨冒宰相,以误国欺君?"⑤方以智心系南明,上《刍荛妄言》,为混乱时局开具五个良方:制之当更、土塞之当倡、饷当求其源、说士之当求、间使之当广。⑥ 即使方以智披缁后,仍有复明之心,如丁酉(1657年)冬,方以智、钱澄之同钱谦益在南京和题壁诗,有"剩有三年碧血封","颇疑与郑延平率舟师攻南都之计划不能无关。"⑦据《庄子·外物》"苌弘死于蜀,藏其血三年而化为碧",⑧方以智与陈贞慧、侯方域、冒辟疆并称复社四公子,这一年秋,冒辟疆讲会南京,陈贞慧子维崧、冒辟疆子丹书、方以智子中通、方以智的弟子黄虞稷等复社后嗣赴会,⑨或许亦与此有关。当然,方以智晚年最有代表性的自我写照是《药树堂铭》的精神,"在天地间,谁逃寒热?炼药开炉,冬雷破雪。种藏核仁,花飞雨血。"这将在本书第十章论及。

从学术思想来考量:方以智兼统三教,其学术规模更为魁硕;方以智为中国儒学托孤,其内心更为孤愤;方以智卓然独立,统贯中西,其学术理想更为高远。以上均可看出方以智能称以"大思想家"。方以智生前声名显赫,

---

① 侯外庐:《序言》,《东西均》,中华书局1962年版,第1页。
② 余英时:《方以智晚年考》,生活·读书·新知三联书店2004年版,第5页。
③ 钱澄之:《长干寺遇旧中官述往事纪》,《田间文集》卷二十六,《钱澄之全集》之六,黄山书社1998年版,第495页。
④ 王夫之:《永历实录》卷一,《船山全书》第11册,岳麓书社2011年版,第361页。
⑤ 方以智:《七辞疏》,《猳峒废稿》,《浮山文集前编》卷十,《方以智全书》第9册,黄山书社2019年版,第595页。
⑥ 方以智:《刍荛妄言》,《猳峒废稿》,《浮山文集前编》卷十,《方以智全书》第9册,黄山书社2019年版,第601—605页。
⑦ 陈寅恪:《柳如是别传》,《陈寅恪集》,生活·读书·新知三联书店2011年版,第1175—1176页。
⑧ 据方以智注:"苌弘被放归蜀,剖肠而死,蜀人以匣藏其血,三年而化为碧玉。"(《〈外物〉第二十六》,《药地炮庄》卷八,《药地炮庄校注》,台大出版中心2017年版,第839页。)
⑨ 任道斌:《方以智年谱》,安徽教育出版社1983年版,第199页。

苦心卫道;死后默默无闻,论者寥寥:方以智思想清冷的研究现状亦反衬出本书研究的重要意义。

二、方以智哲学研究现状及选题

本书以"方以智的哲学精神"为题,是在深入研究方以智《易余》等哲学著作、吸收现有研究成果基础上的再创新。当今方以智哲学思想的研究源于方以智哲学著作的"发现"。方以智在明末清初是一位颇为活跃的思想家,留下了大量的著作,但因为出家、遇难和文字狱等缘故,清代中叶以后就逐渐淡出了人们的视野,除《通雅》《物理小识》之外,他的著作很少被人提及,鲜有论及其哲学思想者,更未有"哲学精神"之论述。直至方氏后人于20世纪50年代将家藏的方以智著作捐献给安徽省博物馆,方以智的哲学思想才得以为世人所知。1957年,侯外庐发表长文《方以智——中国的百科全书派大哲学家》,给予方以智的思想以极高的评价。在他的推动下,《东西均》整理本(中华书局,1962年)得以出版,《方以智全书》开始编纂。在为《东西均》所作序言中,侯外庐说:

> 方以智在明末社会斗争和清初抗清斗争中,是一个有力的政派领袖;同样,他在明清之际的学术思潮中,也是一个以自然科学与哲学联盟为特征的学派的中坚。他的哲学和王船山的哲学是同时代的大旗,是中国十七世纪时代精神的重要的侧面。①

侯外庐将方以智与王夫之的哲学地位并置,显示出对于方以智哲学的特别重视。船山学在近代逐渐成为显学,有赖于曾国藩整理出版王夫之的著作。与此相同,方以智的哲学研究亦应基于方以智著作的整理出版。按照侯外庐概括,方以智哲学思想属于政治与自然科学两个领域,这两个领域关联性很弱:自然科学的中坚可以对于政治漠不关心;抗清有力者,亦无须成为自然科学家。要解决这个问题,需要拓展方以智哲学的范围,从自然科学拓展到本体论、辩证法、心性论、宗教观等,深入研究方以智的学术来源、思想形成、思想的锤炼与绽放等,才能将哲学精神与政治理想融为一体,这也正是本书要解决的重要问题。

在侯外庐的主持下,1988年,他主编的《方以智全书》第一册《通雅》出

---

① 侯外庐:《序言》,《东西均》,中华书局1962年版,第15页。

版。2001 年,庞朴《东西均注释》出版。杨儒宾《读〈东西均注释〉札记》
(2003 年)认为《东西均注释》是一项极为艰难的工作。晚近二十年,方以
智的哲学著作继续得以整理注释:2005 年,庞朴《〈一贯问答〉注释》发表;
2001 年,《药地炮庄》出版;2012 年,《青原志略》校注出版;2013 年,《药地
炮庄笺释·总论篇》出版;2014 年,《冬灰录》校注出版;2017 年,《药地炮庄
校注》《浮山文集》校注出版;2018 年,《易余(外一种)》《性故注释》出版。
2019 年,《周易时论合编》出版;2021 年,《周易时论合编校注》出版。这些
著作的整理出版为方以智生平和思想研究提供了不少便利。2019 年 6 月,
《方以智全书》付梓,方以智的著作得以整体呈现。综上,方以智著作的发
现整理及校注促使我们重新审视方以智的哲学,探索方以智的哲学精神,确
立方以智在中国哲学史的重要地位。

　　随着方以智哲学著作的整理与注释,方以智的哲学研究逐渐展开。前
期的方以智哲学研究主要集中在辩证思想,以侯外庐、庞朴为代表;1987
年,蒋国保出版《方以智哲学思想研究》,该书论述了方以智生平及著作、方
以智哲学的形成与演变、作为最高范畴的太极、范畴体系及逻辑展开、"代
错无穷"的运动和发展观、"格通内外"的辩证认识论,是阐发方以智辩证法
的重要论著;①近来有张永义《异类中行:方以智的思想世界》(2022 年)等。
尽管相关的方以智哲学思想研究日益增多,但尚未出现方以智的哲学精神
为主题的博士学位论文。张永堂、杨儒宾等台湾学者较早展开了方以智哲
学思想的研究,其中港台学者的阶段性研究成果汇集在 2012 年出版的邢益
海主编的《冬炼三时传旧火——港台学人论方以智》,收录了饶宗颐、谢明
阳、廖肇亨、蔡振丰等研究方以智思想的论文。在《易》学研究方面,朱伯崑
《周易哲学史》(第三卷)(昆仑出版社,2005 年)第八章第五节专题论述"方
以智与《周易时论合编》",分为"论象数之学"与"易学中的哲学问题"两部

---

① 1998 年,罗炽出版《方以智评传》,该评传的章节依次为:沉沦与裂变、学术观与治学精神、
质测之学与通几之论、史学与西学、禅学与道学、考据学与语言学、文学与艺术、社会影响
与历史地位。评传侧重于思想史,关于方以智哲学的重要概念及其源流并未深入论述,亦
未凝练出方以智的哲学精神。2009 年,蒋国保出版《方以智与明清哲学》,该书收录了方
以智哲学的 13 篇论文,既有《性故》《一贯问答》论述,亦有方以智与黄宗羲、王夫之等思
想家的交往与评论,是评传体例研究的延伸。进入 20 世纪以来,以方以智为研究对象的
学位论文渐趋增多,代表性的博士学位论文有:周勤勤《方以智"均的哲学"研究》(2003
年)、周锋利《方以智三教会通思想研究》(2008 年)、彭战果《方以智儒释道三教会通思想
研究》(2009 年)、刘元青《方以智心性论思想研究》(2009 年)、邢益海《方以智的庄学研
究》(2010 年)、刘伟《天下归仁:方以智易学思想研究》(2011 年)、杨爱东《东传科学与明
末清初实学思潮:以方以智的实学为中心》(2014 年)、廖璨璨《方以智易学哲学思想研
究》(2015 年)、邢益海《方以智禅学研究》(2021 年)等。

分。朱伯崑对《周易时论合编》的研究成果具有开创性，但由于他未及见《易余》等哲学著作，故没有《易余》的论述。2007 年，彭迎喜《方以智与〈周易时论合编〉考》对于桐城方氏、方以智事迹、《周易时论合编》的版本、结构、序作者、编订者、写作整理过程进行了详细考订。2016 年出版的林忠军《明代易学史》第四章"象数易学的新发展"第四节"桐城方氏父子的'时论'易学"对方以智易学思想研究有推进。随着《易余》的整理出版，有必要系统深入展开方以智《易》学思想研究。另外，汪学群《明代遗民思想研究》（2012 年）、杨儒宾《儒门内的庄子》（2016 年）相关章节涉及方以智研究。综上，尽管方以智的著作文献基础具备，研究逐步展开，但是相对于程颐、朱子、王夫之、熊十力等哲学家的研究成果，方以智哲学思想的研究相形见绌。试举两例如下：

第一，本体论。承接方氏家学，"余""冒""均"等本体概念由方以智创发并深入论证。中国哲学本体论的构建是中国哲学研究热点与难点，中国哲学史研究专家正在积极构建中国哲学的本体论，①而在目前学术界已出版的研究成果中，方以智的本体论是被忽视的。本书将探析方以智的本体论，培养中国哲学本体论的增长点，力图促进中国哲学本体论发展。

第二，体用观。方以智传承并创新发展了中国哲学的体用思想。从体用思想的经典依据来看，程颐、方以智、熊十力的体用思想均以《周易》为基础，可以说三者是同根同源，这种同源性还可以追溯至王弼的体用思想。从宋明理学的程朱理学与陆王心学两大主流学派的发展来看，方以智的体用观是在朱子、王阳明思想基础上的创新，体现出理学发展的一贯性，以及对于两大主流理学学派的融合性。稍晚于方以智，王夫之的体用思想亦颇具创造性，方以智与王夫之的体用思想比较亦值得深入研究。从中国哲学的体用思想形态来看，方以智的"体用吞吐成环"思想可与"体用一源""体用不二"并称中国哲学三大代表性体用观。但实际上，由于方以智的哲学著作晚出，熊十力未及见，方以智的"体用吞吐成环"思想在哲学史被中断，研究方以智哲学的体用观可以弥补中国哲学史体用思想发展的重要一环。方以智体用观还与佛教的天台宗、禅宗、华严宗有关，从思想特色与深度来看，

①　中国哲学本体论亦是张岱年、冯友兰、陈来等著名中国哲学史专家关注的重点内容，如陈来：《仁学本体论》（生活·读书·新知三联书店，2014 年）。近年来，丁耘、吴飞、杨立华等围绕"生生"展开热议，带动了中国哲学史研究者对本体论的关注；出版了一系列的研究成果，如杨立华：《一本与生生：理一元论纲要》（生活·读书·新知三联书店，2018 年）、李承贵：《生生的传统——中国传统哲学认知范式研究》（中国社会科学出版社出版，2018 年）、丁耘：《道体学引论》（华东师范大学出版社，2019 年）等。

方以智"体用吞吐成环"是中国哲学"体用一源"与"体用不二"的深入总结与创新，有必要深入研究。对比研究熊十力体用思想的诸多成果，①有关王弼、程颐、朱子、王阳明、王夫之的思想体系以及体用思想专题研究研究成果，方以智的体用观研究亟待展开。

"方以智的哲学精神"是方以智哲学研究到一定阶段后，必须要面对的问题；也是研究方以智哲学需要回答的一个根本性问题。从"哲学"与"精神"两个角度分解：由方以智的"哲学"归纳"精神"，这是哲学优先的进路，需要在展开研究方以智哲学之后，再总结凝练。从现代中国哲学研究的分类而言，方以智的哲学包括本体论、体用观、人性论、道德哲学、政治哲学、宗教学等，这是本书方以智哲学部分展开的次序。

与方以智哲学著作整理的进步及思想研究的展开不同，当前中国哲学学科的发展逐渐进入"瓶颈期"，表现在：其一，内在创造性思想资源不足。中国传统的重要哲学家几乎都有名家名作的专题研究成果，新研究同质化严重，呈"审美疲劳"态势。其二，中国哲学体系建构较弱，主体性不稳固。从这两方面来看，亟待引入原创性的大思想家，为中国哲学研究注入活力，以中国哲学为主体，展开中外哲学比较研究，突出中国哲学的原创性以及对于世界哲学的贡献。从学界动态来看，2019 年 9 月在清华大学召开"方以智与中国哲学"研讨会，与会专家指出方以智与中国哲学研究的重要性，"学界对于方以智的研究还可以做得更深、更广、更大"。综上，方以智哲学著作文献基础具备，更系统深入的研究亟待展开；中国哲学学科发展面临"枯苗渴雨"，期待方以智哲学触发创生点。

三、方以智的哲学著作及本书结构提要

与明清之际的三大家黄宗羲、顾炎武、王夫之的哲学思想对比，方以智的哲学研究存在较大困难：从广度来看，其学术规模庞大，会通三教，学贯中

---

①　如郭齐勇：《熊十力思想研究》（天津人民出版社，1993 年）、丁为祥：《熊十力学术思想评传》（北京图书馆出版社，1999 年）、张光成：《中国现代哲学的创生原点：熊十力体用思想研究》（上海人民出版社，2002 年）、郭美华：《熊十力本体论哲学研究》（巴蜀书社，2004 年）、景海峰：《熊十力哲学研究》（北京大学出版社，2010 年）、程志华：《熊十力哲学研究——"新唯识论"之理论体系》（人民出版社，2013 年）、李祥俊：《熊十力思想体系建构历程研究》（北京师范大学出版社，2013 年）、聂民玉：《体用不二——熊十力经学思想研究》（人民出版社，2015 年）等。从熊十力体用思想研究成果来看，既有总体的思想体系论述、思想历程的研究，又有专题的体用思想研究、本体论研究以及寻求现代哲学的创生原点。

西;从深度来看,方以智擅长哲学思辨,提出了很多独创的概念,并且注重概念的辩证。从字数来看,相对于其他三大家,方以智的传世著作最少,①其中最重要的独撰哲学著作《易余》《东西均》约 20 万字,其字数规模远不及《宋元学案》《明儒学案》《日知录》《读四书大全说》。从表象来看,方以智的哲学应更容易集中研究,但实际情况却与此相反。此处简单回顾一下方以智哲学的研究史,便知方以智哲学研究之艰辛。侯外庐先生应是最早深入研究方以智的近代学者,"外庐先生看到方以智的《东西均》手抄稿后,十分高兴,经仔细研究,认为其中具有相当丰富的辩证思维,即所谓'合二而一'。他指导助手们将此手抄稿标点出版,并写专文介绍其中的'合二而一'观点。"②1961 年 8 月 6 日,侯外庐先生所作《方以智〈东西均〉一书的哲学思想——纪念方以智诞生三百五十周年》,发表于《人民日报》第 5 版。文章指出《东西均》是一部集中的有体系的哲学著作,其中唯物主义和朴素辩证法的观点是颇光辉的。1961 年 8 月 13 日,侯外庐《论方以智的哲学思想》发表于《文汇报》第 3 版。1962 年 11 月,李学勤点校、侯外庐先生主编并作序的《东西均》由中华书局出版。侯外庐先生回忆:"历史研究所思想史研究组的同志们,投入了不少力量整理、标点、编辑《东西均》。"③虽然《东西均》标点本出版,但是和者甚稀。《东西均》要成为普通学者直接研究的哲学文献,还须重新订正、注释,如庞公 1998 年 7 月大暑挥汗作序:"眼前这本《东西均》,虽说只有二十八篇十万字,但以其博采三教,烹炮百子,用典晦涩,陈义玄奥之故,从六十年代到八十年代,我曾先后读而废者,凡三次。现在下决心注它出来","时止时行,注其所知,缺其所疑,耗时三载,终成一册。"④庞公是我国著名的文史学者,他的注释代表了当时中国学术界研究方以智哲学思想的最高水平。从庞公自述来看,10 万字的《东西均》倾注了他 30 余年的研究心血,其中仍有很多的不可解者。这一方面反映出庞公谦虚求是的治学精神;另一方面,即使经过庞公注释,《东西均》仍有许多未解之谜,如《兹燚黈》等章节。在《东西均》注释基础上,《易余》的注释研

①　从传世文献来看,浙江古籍出版社 2005 年版《黄宗羲全集》十二册,548.4 万字;上海古籍出版社 2011 年版《顾炎武全集》二十二册,950 万字;岳麓书社 2011 年版《船山全书》十六册,1129 万字;黄山书社 2019 年版《方以智全书》十册,314 万字。

②　张岂之:《远见卓识的引路者——略论侯外庐先生对中国思想史哲学史研究的卓越贡献》,《哲学研究》1987 年第 11 期。

③　侯外庐:《韧的追求》,生活·读书·新知三联书店 1985 年版,第 312 页。转引自杜运辉:《侯外庐先生学谱》,中国社会科学出版社 2013 年版,第 329 页。

④　庞朴:《序言》,《东西均注释》,中华书局 2001 年版,第 8 页。

究难度有所降低,但仍是一个巨大的挑战。① 在《易余》尚无精良的注本情况下,本书选取《易余》的重点章节论述,一定程度上起到了注释本的作用。

方以智遇难后,《易余》沉寂近300年,沉寂期间尚未见有研究者,在当代《易余》付梓后,研究成果寥寥,本书研究大多属于未开发的领域,研究难度相对较大。本书研究以《易余》为主,该书亦具有庞公所言《东西均》的特点:"博采三教,烹炮百子,用典晦涩,陈义玄奥。"《易余》可谓是诸子学的集成性创造,引用诸子百家著作,共同服务于医救儒学的主旨。除直接引用外,在方以智融贯后,《易余》大多表现为意引,甚至仅引两三字,且使用转义,这需要研究者熟读诸子的重要文献,掌握诸子哲学的要义及特点,具备扎实厚重的中国哲学功底。由于方以智的著作失传近300年(方以智1671年去世,至1961年侯外庐先生开始研究),中国哲学经历了清代朴学、西学东渐、马克思主义唯物辩证法研究等阶段,在研究中,需要考虑古代到现代的转变,以及与西方哲学的对比,全面展开、深度挖掘方以智哲学在现代的意义,这些挑战是巨大的,但对于中国哲学学科的建设发展具有重要意义。

从方学渐、方大镇到方孔炤,方氏家学三代积淀,坚守儒学,崇尚《周易》,至方以智集大成,创作《易余》。《易余》是《周易》之"余"论,或者说是以"余"论《易》,还涉及汉代象数派、宋代义理派、邵雍先天学等多种流派的《易》学思想,以及对于方孔炤《周易时论合编》承接与引申,由此导致《易》学思想难度亦很大。不限于哲学,《易余》用典涉及二十四史等宏博的史学,还有文学等。从研究视野来看,方以智的哲学不仅博采三教,还涉及中西会通。方以智深入三教,他是曹宗洞法嗣,主持曹洞祖庭青原山净居寺,禅风高峻;他是净土宗的重要传人,注重禅净双修。他痴迷道家的庄子,以庄子为儒学真孤,作《药地炮庄》。《易余》可与《药地炮庄》会通,称之为"药地炮易";《易余》与《药地炮庄》互证,这又涉及《药地炮庄》的研究。《药地炮庄》汇集清初之前的历代注庄之精义,且融贯佛学,亦是难懂,在庄学注释中独树一帜。另外,对于方以智外祖吴应宾的思想亦须重点研究,这表现在《易余》对于《宗一圣论》的发展,并关联吴应宾师承的憨山德清、紫柏真可、云栖袾宏等明代三大高僧。这些高僧的思想通过吴应宾渗透到方以智的哲学著作中,这又涉及明代三大高僧的综合深入研究,以及觉浪道盛

---

① "我是由于研究三分法而接触方以智的。他的主要哲学著作《东西均》《一贯问答》和《易余》,给了我很大教益。作为副产品,前些年在中华书局出版了《〈东西均〉注释》,现在又将《一贯问答》的注释整理了出来,希望也能引起读者的兴趣。至于《易余》,难度和篇幅都更为巨大,注释一事,已非我此生所能胜任的了。"(庞朴:《〈一贯问答〉注释》(上),《儒林》第一辑,山东大学出版社2005年版,第263页。)

的思想研究。综上,《易余》的研究在广度上涵盖文史哲,涉及儒释道,在深度上艰难晦涩,其多为原创性思想,由此加大了方以智哲学研究的难度,而"哲学精神"是其哲学的结晶,由此导致"方以智的哲学精神"难度更大。

传统的宋明理学著作多为语录、箴铭、书信、经学、学案等模式,并未形成以概念为主,致力于哲学体系建构的现代哲学著作。在继承传统宋明理学基础上,方以智在明清之际创造了中国哲学的新范式,写出了《易余》《东西均》等代表性的哲学著作。相对于黄宗羲、顾炎武、王夫之的哲学著作,方以智的《易余》与《东西均》最接近中国现代哲学著作。由著述体例来看,《易余》主要包括五部分:

(甲)《易余小引》,这相当于哲学著作的引言。

(乙)《三子记》,记录著作缘起,介绍参与对话的三子。《易余》形式上是平公、何生、当士三子问答对话,平公、何生、当士分别代表了方以智"一分为三"辩证法的三个方面,用三冒思想表述,平公代表显冒,何生代表密冒,当士代表统冒。①

---

① 《易余》形式上是平公、何生、当士三人问答对话,这承接了邵雍《渔樵问对》的传统,由此显示出《易余》与传统的纠缠。《渔樵问对》与《易余》的同异表现在如下三点:其一,人物的象征性。尽管渔樵可以发生关联,如樵夫之薪可以烹渔夫之鱼,如渔者曰"然则子知子之薪能济吾之鱼"(邵雍:《渔樵问对》,《邵雍全集》第4册,上海古籍出版社2015年版,第455页。),但渔樵并无具体对应的哲学概念。平公、何生、当士分别代表了方以智"一分为三"辩证法的三个方面,"当士曰:平公言其简统,何子言其初统,吾且言其详统。"(方以智:《时义》,《易余》卷上,《易余(外一种)》,上海古籍出版社2018年版,第83页。)平公代表简统、显冒,何生代表初统、密冒,当士代表详统、统冒。三子对话是从三个方面思辨。因此,《易余》在对话形式与内容方面都更具有哲学性。其二,主旨及写作场景。两者都以《周易》为问题域,但是书写场景不同。《渔樵问对》的场景是悠然的、闲逸的,如樵者"乃析薪烹鱼而食之,饮而论《易》"(邵雍:《渔樵问对》,《邵雍全集》第4册,上海古籍出版社2015年版,第457页。)。《易余》的场景是忧患的、泣血的,"长博学,治文辞已,好考究已,好物理已,乃读《易》,九阂八埏,无不极也。非知《易》也。中觏大难,濒死十九,忽以啥然,遂傀然矣。"(方以智:《三子记》,《易余》,《易余(外一种)》,上海古籍出版社2018年版,第1页。)《易余》不仅是哲学义理的阐发,而且是方以智经历苦难所凝聚的一部生死书,展现《周易》的生生精神,是义理哲学与生命哲学融合的哲学著作。其三,体用关系。两者弥补体用割裂,致力于体用互通与一原。《渔樵问对》通过天地水火比拟体用,"天以用为本,以体为末。地以体为本,以用为末。"(邵雍:《渔樵问对》,《邵雍全集》第4册,上海古籍出版社2015年版,第458页。)这是体用一原为主导下的体用关系:天不是纯粹的用,是用中兼体;地亦不是纯粹的体,是体中兼用。方以智在邵雍天地喻的基础上再创新:"体者,骨理也。邵子以天为用,地为体。体生于用,体亦生用,故《易》无体,因谓之无体之体耳。总之,即用是体,而逼人亲见至体之方便,原不可少。"(方以智:《三冒五衍》,《易余》卷上,《易余(外一种)》,上海古籍出版社2018年版,第27页。)方以智显然更强调用,按照生成序列:(用—体—用)。于始于终均是用。在此基础上,方以智提出了"至体"这一概念,体与用为对待的反因,至体是超越对待的绝待,是公因。反因、体用是

（丙）《易余目录》，分述全书各章要义，相当于哲学著作的目录提要。

（丁）正文，围绕"余"这个核心概念，展开论述。正文分两卷：上卷主要是形上学思辨及哲学体系，下卷主要是伦理与社会。[①]

卷 之 上

（一）知言发凡；（二）善巧；（三）三冒五衍；（四）资格；（五）中告；（六）如之何；（七）太极不落有无说；（八）一有无；（九）生死故；（十）反对六象十错综；（十一）时义；（十二）必余；（十三）知由；（十四）充类；（十五）权衡经纬；（十六）绝待并待贯待；（十七）法能生道；（十八）二虚一实；（十九）体为用本　用为体本；（二十）继善；（二十一）正身。

卷 之 下

（一）薪火；（二）礼乐；（三）孝觉；（四）知人；（五）世出世；（六）约药；（七）中正寂场劝；（八）旷洗；（九）通塞；（十）无心；（十一）性命质；（十二）大常；（十三）非喻可喻。

一分为二，经由公因、至体升级为一分为三，这是方以智哲学思想的创新。"火以用为本，以体为末，故动。水以体为本，以用为末，故静。是火亦有体，火亦有用也。非水火则然，天下之事皆然，在乎用之何如尔。"（邵雍：《渔樵问对》，《邵雍全集》第4册，上海古籍出版社2015年版，第456页。）以火与水为例，两者皆可作为沟通体用的媒介。按照静动体用的关系，体为静，像水，然而水并非纯体，而是在坚守体之本的基础上，可以涵盖用，尽管是用之末；同理，用为动，像火，然而火并非纯用，而是在坚守用的基础上，可以涵盖体，尽管是体之末。以水火之喻类推，推至普遍性的天下之事。方以智在继承体用本末的基础上，引入了新的比喻："体为用之本，用又为体之本。枝叶与根柢并生，全树与核仁变化。"（方以智：《易余目录·体用》，《易余》，《易余（外一种）》，上海古籍出版社2018年版，第9页。）这既有体与用的独立性，又兼顾体与用的互通性，在独立中兼顾统一，在统一中看到独立，这就是"正余一体"理路。在此基础上，进一步通过"本无体用"实现超越，"邵子曰：'体用之间，有变存焉，昊天生万物之谓也；心迹之间，有权存焉，圣人生万民之物也。'可以知本无体用之故矣。尽古今是用，尽古今是体，更何分合？何妨分合？"（方以智：《易余目录·体用》，《易余》，《易余（外一种）》，上海古籍出版社2018年版，第9页。）"本无体用"相当于绝待、公因，从而将体用之辨的"正余一体"导向"一分为三"。

① 《易余》上下两卷（篇）的差异可据《三子记》，"谨石笥其上篇，而响榻其下篇，以竢知者。"（方以智：《三子记》，《易余（外一种）》，上海古籍出版社2018年版，第5页。）从字面义而言，此处可视为方以智行文时使用对仗，"石笥"与"响榻"可以互换；但是，结合《易余》卷上与卷下的主题，我们可以发现其中的暗示。笥，封存物品的器具，石笥一般放玉牒、道家秘书之物，用石笥将上篇封存起来，盖言秘而不宣的玄妙天道，通俗而言，上篇是晦涩艰深的形而上之理，侧重于哲学体系，此为《易余》上篇主旨；响榻是复制的一种方法，以厚纸覆帖上，就明牖影而摹之，谓之响榻。盖言下篇可以广泛流传，或指普通的人事，侧重于应用场景，此为《易余》下篇主旨。

　　针对《易余》每一章的主题,如知言、善巧、三冒五衍等,三子对话,从三个方面展开该主题的思辨。

　　(戊)结尾《附录》,总结概括,并以"三眼"之喻点睛,标明宗旨。

　　综合五部分来看,《易余》是一部体例完整、论证缜密、体系健全的哲学著作。《易余》将辩证法应用于哲学本体论、体用观、人性论、道德论、道法论、天人论、宗教学等,学术规模涵盖儒释道及法家、墨家等诸子学。与《易余》为姊妹篇的《东西均》亦是一部注重概念体系建构及推演的哲学著作:两种哲学著作构成方以智哲学的主体。

　　笔者前期研究方以智的"三冒""性命质""知言发凡""孝觉"等思想,研究著作详见《阳明学发展的困境及出路》《性故注释》《中国儒学缄默维度》等,本书力图全面呈现方以智的哲学世界,分四个层次:哲学思想的背景、哲学体系、哲学精神、生活世界。本书主体是哲学体系与哲学精神,两者可分可合,按照方以智的"余"论:哲学体系当为"正";哲学精神当为"余",即内在的气质神韵。本书以方以智的哲学体系为主,包括哲学本体论、体用观、人性论、天人论等,这些章节贯通的内在哲学依据是正余关系。方以智的哲学特点是善用"余",尤其是对"余"的揭示,显示出他的哲学特色与创造性。本书各章主旨与选题基本来自《易余》(每章基本上对应《易余》一章),在诠释中实现方以智哲学体系的重新构建,这也是本书一以贯之的依据。另外,有的章节内容部分来自《药地炮庄》,这主要依据方以智哲学的《易》《庄》互证。在哲学体系构建的基础上,本书凝练总结出方以智"怒化生生"的哲学精神。当然,哲学精神的总结亦具有独立性,不必依靠哲学体系的基础。相当于哲学体系而言,哲学精神层面的展现相对是多余的,但是,从"正"与"余"转化来看,哲学精神正是方以智构建哲学体系的内在动力。这亦可以从《易余》苦心卫道的创作主旨来说明,"九死之骨,欲平疗教者之心,心苦矣!"①这种苦心以表现在明朝灭亡后,作为明代遗民的方以智的精神风貌,"时时是怒化之鲲鹏"②,这既是《易余》的精神内核,也是《易》《庄》互证的体现,正是本书力图展现的方以智的哲学精神。在哲学精神的支撑下,方以智建构哲学体系,他的哲学也势必洋溢着哲学精神。在哲学体系、哲学精神之外,本书还附论方以智的生活场景中五道场,他将哲学表达在建筑中,由此使得他的哲学更为直观。当然,本书的

---

① 方以智:《薪火》,《易余》卷下,《易余(外一种)》,上海古籍出版社2018年版,第135页。
② 方以智:《附录》,《易余》,《易余(外一种)》,上海古籍出版社2018年版,第215页。

重点在于哲学体系与哲学精神,故将哲学背景作为引论,生活世界作为附录。

本书力图全面展现方以智思想源流,充分诠释方以智思想体系,深度凝练方以智的哲学精神,凸显方以智哲学思想的创造性以及对于中国哲学的贡献,探讨方以智哲学在现代语境的展开,发掘中国哲学的增长点。具体而言,包括以下十三项:

(一) 方以智哲学的思想背景

梳理方以智的思想来源及人生经历,相当于《易余·三子记》《象环寤记》。方以智"坐集千古之智",其思想来源丰富,亦有发展变化,这是本书研究的重点内容。从方以智悟道记《象环寤记》来看,方以智哲学思想的形成主要来自三老人一杖人,分别为赤老人方大镇、缁老人吴应宾、黄老人王宣以及杖人觉浪道盛。三老人是方以智思想形成的三大来源,其后,又经黄道周、张玮等大儒指点,经崇祯、弘光、永历三个明代政权,历万死一生的锤炼后,在觉浪道盛指点下,得以悟道,怒化而起。从《周易》传统来看,三老人代表了不同的易学流派,方以智全面继承,再经生死锤炼,将生命与易学融为一体,加之编辑其父方孔炤《周易时论合编》与接受觉浪道盛"托孤",成就了以《易余》为代表的"怒化生生"思想。

(二) "余"的本体论

本章所论主题据《易余小引》,相当于《易余》一书的引言。正如《易余》与《东西均》相交融,"均"是"余"密切关联概念,本章兼论"均",主要依据《东西均》首章"东西均开章"。"余"是方以智原创的哲学概念,是其重要哲学著作《易余》的主旨。"余"与"正"相对,《易余》开篇以冬与三时、大一与天地、无声与有声、道与法、死与生之喻来诠释"余"与"正",结尾以三眼喻点睛,包含"正""余"的超越与归实。从现代哲学解读,"余"可被视为藏密之体、生生之源、根本之故。藏密之体如冬之收敛退藏、至日闭关,冬至一阳来复,导出生生之源;生生之源包括声音的旋生与大一天地的返生,形成旋出与旋入的混合双旋结构;由死与生之喻引出根本之故,追问"何以",牵带出"所以"。方以智"余"论源于传统中国哲学的创造性转化,具有现代哲学的雏形,可称之为"中国前现代哲学"。

(三) 吞吐成环的体用观

本章所论主题据《易余》卷上第十九章"体为用本　用为体本",《易余目录》将"体为用本　用为体本"简称为"体用"。在方以智的体用观中，余是体，正是用，体用可以互换，这是对中国哲学"体用一源"与"体用不二"的继承与创新。体用余正始于"一分二"，终于"二合一"，中间经历交、对、反、克、生、代、错、综、弥、纶，包括反对六象十错综。体用关系的重要创新点还体现在吞吐与成环，以生生为基础：如鹅笼喻，以无声无臭之影为体，以覆帱持载之形为用，影吞形，形又吞影；如仁树喻，仁体生树用，树用又生仁体。吞吐与成环还可从"三"来讲：显冒、费均为用，密冒、隐均为体，方以智引入统冒、公均、公因、绝待等作为第三个概念，弥合体用之间的断裂，实现三冒、三均的吞吐合一。体用叠加"有""无"，有体用超越至无体用，无体用又返回有体用。体用双向开掘：体向几、故等形上学发展，引发根本因的追问，追问生生之体；用导向致用，体现为实学精神。这两个方向代表了明清之际中国哲学发展水平的高度：前者以发掘本体的根本因为目的，预示了中国哲学的现代进路；后者在明清实学思潮中独树一帜，是融合了阳明学之"无"所呈现的"即无而有"之实学，是"无用"与"致用"的融合。

（四）恶的正视与儒学人性论的统合

本章所论主题据《易余》卷上第二十章"继善"，"继善"章来源直接继承自吴应宾的《宗一圣论》，亦兼论吴应宾《宗一圣论》卷上之"性善篇"。孟子性善论与荀子性恶论是中国儒学两种主要的人性论，且传统中以性善论为主流，除此之外还有扬雄的善恶混、董仲舒的性三品等诸说，莫衷一是。随着阳明学之弊的出现，以及阳明后学在惩忿窒欲中遇到欲恶难以根除的困难，加上传入的西方宗教性恶论的刺激，儒者对性恶论的重视随之渐显，儒学性善论亦面临挑战。在此影响下，明清之际的大思想家方以智正视恶，以"正""余"论为基础，开创性地将《周易》的飞伏引入人性论，突出性善论与性恶论彼此包含的柔性，建构出一种有别于传统的相对的、动态的人性论，并由此统合中国儒学的主流人性论。此外，方以智还以"无善恶"与"有善恶"的交轮来有效救治重视超越之"无善恶"的龙溪学流弊。通过善的统摄与反统，恶既受到善的统摄，龙溪学的"无善恶"亦受到善的反统，从而在正视恶时，更有利于防范性恶论的风险。总之，方以智的人性论既能有效应对儒学内部出现的恶欲难除与无善之弊，在重视恶的现实性时，亦能形成整体导向性善的合力，维护儒学主流的性善论。

（五）善恶之有无与天泉证道的评判推进

本章所论主题据《易余》卷上第八章"一有无"，并关联第二十章"继善"。此章亦依据方学渐的《心学宗》与中通的《心学宗续编》，前者是方学渐奠基的接续往圣前贤的传心谱系，后者是方氏家学内部的传心谱系，其中回应天泉证道的龙溪学是方氏家学的共同问题意识。方以智的阳明学思想主要体现在阳明学的新模式，不同于黄宗羲《明儒学案》以地域为主的阳明后学分派，方以智开创出"传心"模式。①　与此呼应，本书的研究集中在方以智阳明学思想的家学渊源，体现为方学渐、方大镇、吴应宾，厘清了方氏家学内部回应龙溪学的变迁，并发掘出王龙溪综合"有""无"的进路，这与方以智回应龙溪学的态度一致.

方学渐以性善为宗，以着实为学，倾向于王心斋之学的"真实"与钱绪山之学的"有"，并批判龙溪学的超越与"无善"，纠正阳明学左派的玄虚之弊。龙溪学显赫于天泉证道，方学渐追根溯源，辨析龙溪对于王阳明之教的误解与偏离，表现在"良"的本义、有无的对峙、道体功夫的一致、王阳明的开阔、证道的仓促等方面。方学渐之学由其子方大镇与同乡吴应宾推进，至其曾孙方以智集大成，在纠正龙溪学之弊的基础上，道体论发扬"潜无于有""藏虚于实"，功夫论主张"藏悟于学"，创造性统合龙溪学，形成阳明学理论发展的又一个高峰。

与方学渐单纯拒斥龙溪学不同，方大镇在回应龙溪学时，亦有吸收，表现在下学与上达一理、重视当下一念，以及"藏悟于学"的雏形，总体上依然贯彻了方氏家学重视实学的基调。从阳明学大背景来看，方氏家学与东林学亲合，方学渐与顾宪成、高攀龙相激励，重视良知之实有；吴应宾与焦竑、袁宏道等阳明学左派相唱和，标宗良知之虚无。天泉证道后，道体论"有""无"之辨渐趋成为阳明学的重要议题，在学理发展日趋精微时，阳明学之病亦由此产生，如"有"导致"瞪目见花"，"无"导致"失志健忘"，"亦有亦无"导致"寒热交攻"，"非有非无"导致"阴阳俱脱"。通过与方大镇深度辨析，吴应宾应病予药，将阳明学"有""无"之辨从平面层次的彼此不容转化成立体层次的相互涵摄，以"无我""尽性"立宗，从功夫论角度来解决阳明学之病，并指出从王龙溪之学重返王阳明四句教、从王阳明之教重返孔孟的

---

① 有关方以智与阳明学的关系研究，可参见《阳明学发展的困境与出路》（中国社会科学出版社 2017 年版），该书梳理了方以智对江右王门的继承与发扬，构建了阳明学的传心谱系。

发展方向。在吴应宾的基础上,方以智继续推进:王龙溪标宗"四无",其流弊为顽荒、率兽,一是皆良,是死语、是绝境;方以智通过"有""无"再平衡,"藏悟于学",重新激活"四无",是生机、是出路。"藏悟于学"即是"下学藏上",是"上学"与"下达"的再次平衡,映射至道体论,即是"藏无于有"。

吊诡之处在于:考量王龙溪诠释《中庸》可知,王龙溪主"无"并非其良知学的全部,他还有兼宗"有""无"的进路,以"无"兼"有","几"贯"有""无",这一进路与方氏家学四代努力的方向又近乎一致。从《中庸》来看:"无"对应于隐微之体,相当于未发之中、寂然不动、隐均;"有"对应于显见之用,相当于已发之和、感而遂通、费均;"几"相当于"微而显""隐而见""体用一源""寂感一贯""执两用中"、公均。即体即用,便是先天正心,依循未发之中,如北辰奠垣。王龙溪的《中庸》诠释强化了良知的深隐道体以及先天超越的功夫,从而将良知撑开得更加饱满。

（六）道德体用及公私

本章所论主题据《东西均·译诸名》与《易余》篇末的三眼喻,从道德词源考证,结合体用关系。在晚明阳明学道德良知遭遇发展困境时,方以智深度阐释道与德关系,以道援德,创造性提出公道与公德,显示出现代伦理学的萌芽。道与德如君臣(主仆):道主德,公道的特质可赋予公德;德又主道,公德反作用于公道。道与德又如仁体与树体:传统儒学以德为仁体,通过体用互换,可将道视为体,德为用:通过仁生树、树生仁、仁又生树,道与德循环互生,并还原到"生生",以"生生"统贯道与德。公德与传统私德的关系包括由私德向公德的超越以及由公德向私德返回,从而实现两者交相益。

（七）会通道法以卫德

本章所论主题据《易余》卷上第十七章"法能生道"。方以智以公共性的道与约束性的法为药,医救儒学德之病。为避免德与法的直接对抗,实现德与法的互通互补,方以智以道为缓冲。他通过五喻——君臣喻、四时喻、仁树喻、筐实喻与天日喻会通道与法。五喻显示了道法关系的复杂性和丰富性:道法互主,道主法,法又能主道;道法互生,生成方式多样;道法并置,既可离断分别,又共为一体。在道法会通的基础上,承接天日喻,如同天与日均以"於穆"为底色,道与法又都以"於穆"之德(生生之德)为基础,由此确立起儒学之德的主体,凸显德之生机。德与道、法具有双向关系,德可展开为道与法,道的公共性与法的约束性又可捍卫德、反哺德,以补救儒学之德的缺陷。方以智会通道法以卫德,主要是为了应对儒学面临的道德危机。

以道、德与法为标准,人的道德水平可分为三类:有道有德的君子;位于道与德之中、法之上的大众,包括处于底部的乡愿;位于法之下的无忌惮乱法小人。明清之际儒学堕落,乡愿亦难求,方以智借助法,惩治无忌惮小人,以法卫道,以法卫德,解决儒学的结构性与制度性伪善问题,致力于庶民共同遵循的公正之道。方以智以君、宰相、台谏比拟道、德、法,是"三而一""一而三"的关系,他的思考具有原创性、超前性,对于道德文明建设具有重要意义。

（八）孔学人道与庄学天道的会通与托孤

本章主要依据《药地炮庄》,将庄子的天道观引入儒学,为儒学打开天道的视域,并会通儒学的人道。传统观点认为孔学的人道与庄学的天道对峙,这种对峙极易产生中国文化的内耗。明清之际的觉浪道盛、方以智、髡残等明代遗民栖身佛门,致力于孔学与庄学的会通,以此打开孔学的天道视域,并遥接孔庄之前的三皇五帝并重人道天道的道统。通过人道与天道的自由之"游",既能实现天道的超越,又能以此返回人道,实现两者的自由转换。经此会通,庄子成为孔门真孤,遗民为中国文化托孤,用以解决明亡的现实与复兴的理想之间的矛盾。

（九）入世与出世的统合

本章所论主题据《易余》卷下第五章"世出世",兼论《一贯问答》《药地炮庄》《冬灰录》等。方以智为儒学打开出世的视域,并会通儒学的入世。中国儒学重在入世,佛教道教主张出世,方以智视入世为"归路",将出世作"避路",从"避路"中寻找"归路",深度融合三教的入世与出世。方以智将入世作为"正",出世为"余",并且二者可以互换,其论证框架表现为:正余以一体为预设,正与余相对、相代错、相养,正余为明暗、因果关系,为对摄与对舍关系;正余超越到至体,且从至体返回正余,充实入世之正。入世之正为立(存、随),出世之余为泯,"世即出世"为贯,从而呈现两层嵌套的关系:第一层为"正"与"余",第二层为"正余"与"贯"。两层轮转,且有六种歧途,方以智将其一一纠偏。通过引入"贯",丰富了正余之辨,随、泯、贯呈现"三而一""一而三"的关系。"贯"源自《论语》的"一以贯之",方以智为"一以""贯之""唯"赋以深度的哲学含义,以"生生"为中心,以"混沌"统合"立""泯",深层还原到"於穆",作为三教共同的基础。三教一贯概括为十六字要诀:"当机觌体,兼带纵横,希烂囫囵,何嫌注脚。"浓缩为四字诀"随寓冥心"。从儒学立场看,方以智的一贯思想不仅没有否定儒学入世,而且通过超越与返回,更加强化了日用伦常的俗世适应。入世与出世的双向良性互动有利于促进三教深度融合与发展,增强中国文化的凝聚力与整体合力。

(十) 医救三教的"药树"思想

本章所论主题据《易余》卷下第六章"约药"。此章关乎《药地炮庄》,以三教互救为主,重点论述以庄学、佛学为药,救治儒学之病。方以智的生死哲学是其晚节的内在支撑,其代表性观点是生死为正余关系,生与死如同春夏秋与冬,且可相互轮转。由生出发,经过无生(死亡)的超越,再返回尽此生。国破家亡后,方以智历诸患难、久经生死考验,逐渐由被动承受转为积极担当,并将这些经历与考验转化为打开儒学死亡视域与锤炼生生仁体的资源。方以智将佛教能医治诸病的药树思想引入儒学,其形成及发展有梧州、南京、新城三个阶段,其代表性观点分别为:引西方药树为奇兵(以佛援儒)、死是大恩人(以佛教的超越精神解决生死问题)、病药俱忘还说药(重返儒学之着实)。方以智晚年驻锡青原山,荆(佛)杏(儒)双修,伏藏隐忍,在明亡的寒冬中"炼药开炉(冬雷破雪)",以余求正,启动生死转化的生生之几,并淬砺为中国文化托孤之志,这可视为药树思想发展的第四个阶段。方以智药树思想的哲学特色是"应病予药",其要点有:承认病与药的普遍性;根据病症,辨证用药,善用奇药;擅于运用作为三教共同基础的公因之药,以及公因与反因的轮转。方以智以疗教救学为使命:通过佛道为儒学寻找应对危机的方案;佛道亦可借鉴吸收儒学尊生的入世精神,推动世俗化进程,由此实现"三教互救"基础上的三教合一。

(十一) "怒化生生"的哲学精神

明代大厦倾覆,方以智不仅反清复明之心不息,而且时刻在寻找清廷的"可摇之隙",以便怒化而起,如《易余》附录:"时时是怒化之鲲鹏","点点皆触几之龙马。"①方以智的哲学精神可概括为"怒化生生":"怒化"源于庄学精神;触几之"生生"取自《周易》。两者合称,《易》《庄》互镜。"怒化生生"之义有五:怒化奋迅、生生之几、怒化烈火、怒化之旷、怒化中和。以"正""余"统领,方以智的哲学精神分三个层次:内在旨趣为"怒化""生生"之"正"与"息养""退藏"之"余"相互发明;元典资源为《庄子》之奇兵与儒学《六经》之正路互用,以庄子为儒学托孤;现实世界为以佛学之"避路"实现儒学之"归路"。方以智的哲学精神源于明清鼎革之际的遗民情节,以此

---

① 方以智:《附录》,《易余》,《易余(外一种)》,上海古籍出版社 2018 年版,第 215 页。

化解理想与现实的矛盾。方以智以庄子怒化的精神提振儒学,为儒学传递薪火,为中国文化"托孤"。"后死托孤,钟鼓磬舞。"①方以智凝聚中国文化的真精神,设计中国文化复兴的蓝图,在"冬炼三时"中期待中国文化的复兴,由此可见方以智托孤的苦心与捍卫复兴中国哲学文化的雄心。

（十二）方以智哲学思想的新定位

方以智哲学思想的前期定位主要是侯外庐提出的"中国的百科全书派大哲学家"、自然科学与哲学的联盟,然而方以智的自然科学远不及同时代的牛顿、莱布尼茨等大科学家,须向哲学思想重新定位。随着方以智哲学研究的深入,我们可以将其定位成大哲学家,主要基于以下五点:其一,著有《易余》《东西均》等代表性哲学著作。《易余》结构依次为引言、缘起、摘要、主题分析、结语,接近于以概念构建重视体系的现代哲学著作。其二,创发具有原创性的、精深的哲学概念,如"余""冒""均"等。其三,通过"正余一体"（余与正）与"一分为三"（隐均、费均、公均;密冒、显冒、统冒）的辩证法框架,构建缜密的哲学体系,重新厘正体与用、善与恶、道与法、天道与人道、出世与入世、生与死等中国哲学重要概念之间的关系,将松散的中国哲学升级成缜密的哲学体系,在对立统一的辩证法之外,方以智的辩证法体现出一分为三的体系,具有深厚的中国文化底蕴以及创新性,方以智是辩证法大师。其四,回应前代及时代的重要哲学问题,如阳明学天泉证道的有无之辨、道德体用公私等。其五,现代哲学的视野,在身心互余、主奴关系、语言哲学的缄默维度等方面具有全球领先性。前瞻方以智哲学在现代发展,包括参与科学与哲学关系;与马克思主义辩证法结合,促进中国哲学体系建设;促进儒学为主导下的三教合一、诸子合一,有利于形成中国文化的合力,统合儒学内部的学派,促进儒学的开放性、多元性与兼容性。

（十三）附录　方以智哲学的生活场景:中五道场

本章所论主题据《冬灰录》卷首,所论哲学主旨据《易余》卷上第三章"三冒五衍"之"五衍"与卷上第五章"中告"。方以智将精深的易学思想灌注到中五道场中,从而使得佛教建筑渗透着河洛精蕴。中五道场总体布局依照《洛书》,核心中五为坐落法王三身的大雄殿;金刚上师居西北乾位,以烹雪堂为参禅之最上乘;始终敦止为东北艮,以呼觉堂表人心之佛即净土;九宫旋八之五位,任何一室均是中五之现身,此为华严境界。总之,中五道

---

① 方以智:《三子记》,《易余》,《易余（外一种）》,上海古籍出版社 2018 年版,第 1—2 页。

场合佛教之宗、教、律而统一切法,暗合《洪范》九畴,体现了方以智易学思想统摄下的儒佛会通。

综上,本书第一章是铺垫,第二章是哲学内核——"余"("均"),以此为起点,再引入对立概念"正",便构成第三章吞吐成环体用观的"余"体与"正"用关系。第三章至第十一章均可视为在"余之体与正之用"("正余一体")关系下考察方以智的哲学。

再从中国哲学的学派具体细分,第三章至第五章是方以智的儒学思想展开:其中第四章、第五章接着阳明学的问题讲,主要关注阳明学内部的统合,尤其是道体论与功夫论。第六章、第七章讨论儒家与道家(黄老)、法家的统合。方以智烹炮诸子百家,以此约药,为儒学疗教,可解读为以道家之道与法家之法为药,烹炮儒学之德,涉及儒家、道家与法家哲学主旨及其贯通性。第八章引入庄学,以庄子为孔门真孤,贯通孔学与庄学,打开儒学的天道视域,人道与天道亦是正余关系。第九章、第十章论述方以智哲学的三教观,主要是入世与出世、生与死,均是基于正余关系。从章节主题来看,第三章至第七章均是人道之学,由此第八章与第三章至第七章相表里;第三章至第八章均是入世之学、生的视域,由此与第九、十章所论出世之学、死亡视域相表里;第十一章是凝练方以智的哲学精神,体现方以智的文化担当。附录部分是方以智哲学精神的具体化,在生活场景与国家中展现其哲学精神。由此呈现的五层结构如下:

第一层,儒学与道家(黄老)、法家,儒学的内部与诸子学的外部相表里:

第三、四、五章	第六、七章
儒学	道家(道德会通)、法家(道法会通)

第二层,人道与天道相表里:

第三、四、五、六、七章	第八章
人道	天道(天道与人道会通)

第三层,入世与出世、生与死相表里:

第三、四、五、六、七、八章	第九、十章
入世、生	出世、死(入世与出世、生与死会通)

第四层,哲学与精神相表里:

第三、四、五、六、七、八、九、十章	第十一章
哲学	精神(哲学精神)

第五层,哲学及精神与生活世界相表里:

第三、四、五、六、七、八、九、十、十一章	附录
哲学及精神	生活世界

以上五层表里关系即是正余关系,余、正余关系的阐发在第二、三章,来源在第一章,从而全书各章节凝聚成一体,一体的指导思想便是正余关系,或者说是"用余"。综上,方以智的哲学不仅是体系化、精神性的,还是具体化的生活世界。哲学背景、哲学体系、哲学精神、生活世界相互映衬,内在一贯,共同展现出方以智的哲学世界。

第一章 方以智哲学的思想背景

长博学,治文辞已,好考究已,好物理已,乃读《易》,九阅八埏,无不极也。非知《易》也。中觏大难,濒死十九,忽以嗒然,遂傥然矣。(《三子记》)①

《易余》是诠释《周易》的著作,它不仅是义理、象数等传统诠释,在方以智看来,这样的诠释者"非知《易》也";而且更重要的是以生命证学问,在诠释中融入了方以智苦难的人生经历与忧患意识,体现出他的哲学精神。《易余》的姊妹篇《东西均》也有类似的特征,"久淬冰雪,激乎风霆,会乎苏门,亘其神气,自叩灵台,十五年而得见轮尊。"②《易余》与《东西均》都凝聚了哲学精神,哲学精神又基于方以智特殊的人生经历。因此,在进入哲学思想论述之前,先简述方以智生命历程的重要节点,以此作为其哲学的思想背景。

方以智生而畸颖,在师承优越的基础上,尚须人生亲证,打磨锤炼,锤炼如铸剑,"夫铸剑者,既在炉中烧红,又向水中淬黑。淬了又烧,烧了又淬,金刚始出。"③烧淬龙渊,锻出金刚,由此形成方以智"怒化生生"的哲学精神。本章第一节"思想来源",将追溯方以智的师承,梳理方以智的学术来源,汇集晚明一流的思想资源;本章第二节"炉鞲锤炼"简述方以智中历患难、淬砺刀头的烧淬,由此蓄积"怒化生生"的哲学精神。本章第三节"怒化而起",简述方以智"息喘杖人"后,思想得以升华,在闭关中证成"怒化生生"的哲学精神。

一、思想来源

从方以智悟道记《象环寱记》来看,他的思想来源主要是三老人与一杖人。一杖人指觉浪道盛,方以智披缁后,思想得以飞跃,主要得益于觉浪道

---

① 方以智:《三子记》,《易余》,《易余(外一种)》,上海古籍出版社 2018 年版,第 1 页。
② 方以智:《东西均开章》,《东西均注释(外一种)》,中华书局 2016 年版,第 26 页。
③ 方以智:《铸燧堂示众》,《青原愚者智禅师语录》卷二,《方以智全书》第 3 册,黄山书社 2019 年版,第 111 页。

盛，并且是方以智托孤、怒化生生思想的来源，有关觉浪道盛对于方以智的影响，这将在本章第三节论述，此处先看三老人。

方以智在悟道记中赋予三老人以不同颜色的衣服："缁畦帔""赤直裰""黄襜褕"①，三老人分别是缁老人、赤老人、黄老人。《易余·三子记》与《象环寱记》互镜，三子分别是何生、平公、当士，何生穿"缁假钟"，当士着"黄通裁"，平公"氄羽襜褕"。②从衣服颜色来看：何生对应缁老人；当士对应黄老人；未明示衣服颜色的平公当对应赤老人，襜褕为汉服，有红色，据方以智考证："'武安侯衣襜褕入宫，不敬。'注云：'若妇人服。'智以为襜褕大敞，无两腋襞积，故曰似妇人服也。"③妇人着红色衣服，亦当。三老人服饰的颜色也可表述为兹、燊、齚④，代表余、正、中的关系。在方以智的梦境中，三老人分居右、上、左，"隐几而眯，仿仿佛佛，登三楹堂，入一室，有三老人。""谛视之，上者余祖廷尉公也，左豫章王虚舟先生，右外祖吴观我太史公也。"⑤落实到具体人物，缁老人是方以智的外祖父吴应宾，赤老人是方以智的祖父方大镇，黄老人是方以智的启蒙老人王宣。王宣字化卿，号虚舟，"金溪人，生于桐城。""桐自先曾王父讲学，先廷尉公倡之，先外祖吴观我先生好参究，合三教而一之。先生往来坛坫间，无不微言解颐也。"⑥由此来看，廷尉公方大镇、吴观我吴应宾、虚舟子王宣在桐城论学有年，三者均受益于方学渐。

综合来看《易余》的三子与《象环寱记》的三老人：三老人的对话更为自由，而三子的对话更有"一分为三"的哲学辩证性。"三子自语，或叹或诟，或庄或谐，或深或浅，如是者七旬。余请记之。"⑦这可理解为方以智对于三老人思想的长期学习，明示了方以智思想的主要来源以及如"七旬"之久的深厚积淀，也显示出方以智将其辩证思想拓展应用于哲学的多个领域，由此研究方以智的难度不仅体现在方以智本人的辩证思想，还体现在其辩证思想的在哲学领域的拓展应用，以及继承的吴应宾、方大镇、王宣的哲学思想，并关乎三老人思想的相互贯通，由三老人溯源而上，便是方学渐。

---

① 方以智：《象环寱记》，《易余（外一种）》，上海古籍出版社 2018 年版，第 216 页。

② 方以智：《三子记》，《易余》，《易余（外一种）》，上海古籍出版社 2018 年版，第 1—2 页。

③ 方以智：《衣服·彩服》，《通雅三十六》，《通雅》，《方以智全书》第 1 册，上海古籍出版社 1988 年版，第 1103 页。

④ 方以智：《兹燊齚》，《东西均》，《东西均注释（外一种）》，中华书局 2016 年版，第 391—403 页。

⑤ 方以智：《象环寱记》，《易余（外一种）》，上海古籍出版社 2018 年版，第 216 页。

⑥ 方以智：《虚舟先生传》，《浮山文集后编》卷一，此藏轩刻本，第 19 页。

⑦ 方以智：《三子记》，《易余》，《易余（外一种）》，上海古籍出版社 2018 年版，第 2 页。

（一）方 学 渐

据方以智追述,桐城方氏崛起于方学渐:

> 建至善堂,讲学桐水。先曾祖本庵公,断事之五世孙也,讳学渐,字达卿,为乡贡士,讲学自砺。
>
> 著《性善绎》,东林赞之。
>
> 止躬敦时,救偏振维。高景逸先生开东林,曾叙此旨。
>
> 祠庙将将,以礼敦族。
>
> 广播义田,以赡不足。笃行好施,远近被化。
>
> 维枫与杞,三交连理。白沙手植枫、杞,成连理之祥。
>
> 教成双凤,乃坊其里。①

方以智的这首诗涉及四个要点:第一,学术旨趣;第二,学友;第三,重视躬行;第四,后学的影响。兹分述如下:

第一,方学渐建"至善堂",著《性善绎》,堂名与书名均对应着他推崇的"至善"宗旨,门人亦私谥为"明善先生","揭'性善'以明宗,究'良知'而归实,掊击一切空幻之说,使近世说无碍禅而肆无忌惮者无所关其口,信可谓紫阳之肖子、新建之忠臣矣。"②由此来看,方学渐所主的学说兼宗朱子学与阳明学。虽然朱子学与阳明学立说宗旨不同,但均属于儒学内部问题,都以至善为归宿,如高攀龙致信方学渐:"窃以自孔子而来,欲寻其绪者,必由《大学》。《大学》以明明德为主,以格物为先。格物者,穷究到天理极至处,即至善也。""阳明于朱子格物若未尝涉其藩焉,其致良知,乃明明德也,然而不本于格物,遂认明德为无善无恶,故明德一也。由格物而入者,其学实","不由格物而入者,其学虚。"③高攀龙以虚与实判别阳明学与朱子学,按此归类,方学渐"掊击一切空幻",由此将阳明学由虚向实扭转,以防阳明后学肆无忌惮之弊,在这一点上,可将方学渐视作阳明学"忠臣"。对于朱子学而言,方学渐可谓是恪守其格物至善之实学,由此可视为朱子学"肖子"。综合二者,方学渐之学更倾向于朱子学。

在阳明学内部,伴随着阳明学后学发展,良知学宗旨亦有明显分化:向

---

① 方以智:《慕述》,《合山栾庐占》,《方以智全书》第10册,黄山书社2019年版,第366页。

② 叶灿:《方明善先生行状》,《七代系传》,《桐城方氏七代遗书》,黄山书社2019年版,第3页。

③ 高攀龙:《答方本庵》,《高子遗书》卷八下,明刻本,第9—10页。

虚无超越发展者,以王龙溪为代表;向至善发展、向东林转向者,以出自江右王门的李材止修学为代表,通过李材弟子任无锡知县,止修学入东林,导源顾宪成、高攀龙之学。据顾宪成评述方学渐之学:"'假令文成复起,亦应首肯。'盖虽同为'良知'之学,较之龙溪诸家,犹为近正云。"①从阳明学内部学派归属而言,方学渐主明德至善,与顾宪成、高攀龙学旨相近,这相似于以止至善为宗旨的止修学派。与之对立者,便是王龙溪的无善无恶之说。《四库全书总目提要》之言亦可呼应顾宪成:"皆主心体至善,一辟虚无空寂之宗,而斥王龙溪《天泉证道记》为附会,故其言皆有归宿。"②此处道出方学渐著书立说的一个重要问题意识,即反对王龙溪在天泉证道时所主的"无善"。从学理而言,方学渐并没有深度解决"至善"与"无善"的问题,他提出的方案过于粗略,即是将"至善"与"无善"作为对立的两极,以"实"抵制"虚",不仅不能令宗主"无善"者心悦诚服,而且其学说亦由此产生漏洞:"生欲辨无善无恶心之体,而自堕于有善有恶心之体矣,是皆求实于虚之过也。"③

从阳明学的发展来看,王龙溪为阳明门下之龙象,无论从学说的深度,还是资历及影响,均是阳明后学领袖。方学渐之学的深度与在阳明后学影响远不及王龙溪。即使作为王龙溪之学的批评者,在理论深度方面尚与许孚远等王龙溪之学的批评者存在巨大差距,可以说在理论深度上无法与王龙溪相提并论。从讲学影响来看,方学渐以布衣讲学,桐城亦非阳明学讲会中心,远不及浙中及江右,由此,在阳明后学中,方学渐讲学的影响甚微。面对王龙溪之学这座理论高峰,方学渐如同愚公移山,"虽我之死,有子存焉。子又生孙,孙又生子;子又有子,子又有孙;子子孙孙,无穷匮也;而山不加增,何苦而不平?"④方学渐的特殊处在于家学,回应王龙溪之学,一直是方氏家学的重要挑战。从方学渐到其子方大镇、其孙方孔炤,直至其曾孙方以智,终于撼动了龙溪学这座高峰,在这一过程中,亦有方以智外祖吴应宾的助力,这将在本书第五章讨论。

第二,方学渐的学友。方以智在慕述中只提方学渐学友,不讲师承;黄

---

①　叶灿:《方明善先生行状》,《七代系传》,《桐城方氏七代遗书》,黄山书社 2019 年版,第5 页。

②　叶灿:《方明善先生行状》,《七代系传》,《桐城方氏七代遗书》,黄山书社 2019 年版,第4 页。

③　黄宗羲:《明经方本庵先生学渐》,《泰州学案四》,《明儒学案》卷三十五,《黄宗羲全集》第8 册,浙江古籍出版社 2005 年版,第 94 页。

④　《汤问》,《列子》卷五,《列子集释》,中华书局 2013 年版,第 168—169 页。

宗羲在《明儒学案》中仅讲方学渐师承，不提学友。"东林赞之"，方以智此言指方学渐与东林诸君相唱和、学问相砥砺，宗旨相合，同声相求。方以智不提阳明学，似乎有意回避方学渐与阳明学的关系，这也表明方氏家学对于方学渐的学术定位。黄宗羲从阳明学传统，将方学渐归入泰州学派："先生受学于张甑山、耿楚倥，在泰州一派，别出一机轴矣。"①按照《明儒学案》的顺序，卷三十五《泰州学案四》，以耿定向、耿定理兄弟居首，其次为焦竑、潘士藻、方学渐。从阳明学传承谱系来看，焦竑、潘士藻均师事耿定向（楚侗），方学渐师事耿定理（楚倥），焦竑、潘士藻与方学渐均是耿氏兄弟传承谱系。有关方学渐从学耿定理的说法均受到学者的质疑。② 耿氏兄弟学风不同，耿定理"论学，不烦言说，当机指点，使人豁然于罔指之下。"③这近似于龙溪学，与方学渐的学旨不合。张绪，号甑山，他属于江右王门传统，这可追溯至师承江右王门的邹守益："入南雍，师邹文庄公"④。"汉阳张甑山先生署桐之教谕，倡道做人，先生首称弟子，毅然有为圣贤之志。"⑤从阳明学谱系而言，应是王阳明—邹守益—张绪—方学渐的谱系，按照《明儒学案》的分派模式，应将方学渐列入江右王门。从方学渐编纂的《心学宗》卷四来看，王阳明之后，仅列王艮一人。按此而论，方学渐在阳明后学中应最认可王艮之学，王艮是泰州学派的开创者，由此可将方学渐列入泰州学派。

第三，重视躬行。方以智慕述重点突出方学渐的躬行。"止躬教时""以礼敦族""笃行好施"，都强调了"躬行"（笃行），又据方以智言方学渐："竭致暗修，随分一实"⑥，方学渐的躬行身教对于方氏后学产生了深远影响，这当然包括方以智。方、张两族均为桐城大家，二氏有联姻，如方以智的姑姑方维仪嫁给张秉文，张秉文是张英的伯父，据张英评价方学渐："明善先生以布衣振风教，食其泽者代有传人。至于砥砺名节，讲贯文学，子弟孝

① 黄宗羲：《明经方本庵先生学渐》，《泰州学案四》，《明儒学案》卷三十五，《黄宗羲全集》第8册，浙江古籍出版社2005年版，第94页。

② 如张永堂：《方以智的生平与思想》（台湾大学历史研究所博士论文，1977年，第25页）、张永义：《从〈心学宗〉看方学渐的学派归属问题》（《船山学刊》2016年第1期）。

③ 黄宗羲：《处士耿楚倥先生定理》，《泰州学案四》，《明儒学案》卷三十五，《黄宗羲全集》第8册，浙江古籍出版社2005年版，第68页。

④ 焦竑：《张甑山先生墓志铭》，《澹园集》卷三十一，《澹园集》，中华书局1999年版，第477页。

⑤ 叶灿：《方明善先生行状》，《七代系传》，《桐城方氏七代遗书》，黄山书社2019年版，第1页。

⑥ 方以智：《文孝贞述两先生遗帖后跋》，《浮山此藏轩别集》，《方以智全书》第10册，黄山书社2019年版，第169页。

友仁睦,流风余韵,皆先生之谷诒也。"①

第四,后学的影响。从直接影响来看,方学渐"教成双凤,乃坊其里",双凤指方学渐的伯子方大镇与仲子方大铉,二人均为进士,由此方氏始盛。"文章忠孝萃于一门,则先生之遗泽矣。"②追溯方以智的家学,从忠孝气节追溯,固然可以由方学渐追至方法,方法字伯通,任四川断事,如方以智所言:"我祖断事,今祠表忠。死逊国节,投身望江。其女不字,守节以终。"③但是,方氏家学的真正奠基者,当属"断事之五世孙"方学渐。方学渐对于桐城地区的讲学亦有奠基之功,如朱彝尊所言:"方氏门才之盛,甲于皖口,明善先生实濬其源,东南学者推为帜志焉。"④与方以智有关者,吴应宾、王宣均是方学渐讲学的受益者。

（二）方　大　镇

据方以智追述,方大镇将方氏家学带入北京首善书院,由此融入晚明士人精英讲学群体:

> 荡荡休休,讲学庙堂……
> 谥二布衣,奏请谥陈白沙、胡敬斋二先生。荐诸君子。周海门、罗念庵诸先生。
> 所至康圭,他山相砥。
> 高顾邹冯,忠宪、端文、吉水、少墟四公。引入大理。
> 建首善院,鼓钟帝里。廷议金堂,翛然远避……
> 筮卦浮山,自号野同。
> 改元廷举,愿老山中。
> 七十庐墓,墓旁栽松。
> 重指《易意》,倘然而终。七十有一而卒,门人谥曰文孝先生。
> 以念庵砺,完新建致。
> 陆燧朱炊,饮食万世。

---

① 叶灿:《方明善先生行状》,《七代系传》,《桐城方氏七代遗书》,黄山书社 2019 年版,第 5 页。

② 叶灿:《方明善先生行状》,《七代系传》,《桐城方氏七代遗书》,黄山书社 2019 年版,第 5 页。

③ 方以智:《慕述》,《合山栾庐占》,《方以智全书》第 10 册,黄山书社 2019 年版,第 366 页。

④ 叶灿:《方明善先生行状》,《七代系传》,《桐城方氏七代遗书》,黄山书社 2019 年版,第 5 页。

有物有则,即无声臭。
善贯有无,诚明之究。①

方以智的这首诗涉及三个要点:第一,学术旨趣;第二,学友圈;第三,退藏。兹分述如下:

第一,学术旨趣。从阳明学与朱子学的判教来看,较之于方学渐,方大镇更倾向于阳明学。"读吾祖所刻《阳明录纂》,语皆切近"②,方大镇不仅本人身体力行阳明学,而且刊刻《阳明录纂》,可见于阳明学用功之深,方以智由此受益。"陆燧朱炊,饮食万世。"这可以理解为兼宗阳明学与朱子学。"以念庵砺,完新建致","念庵"指江右王门的罗洪先,方大镇举荐罗洪先,并以罗洪先之学相砥砺;"新建"指王阳明,以王阳明致良知为归结:由此表明方大镇偏重于阳明学。从对于龙溪学的回应来看,较之于方学渐,方大镇显得更为包容。他举荐王龙溪的后学周汝登(海门),并提出"善贯有无",此言可视为调和天泉证道中钱德洪所主之"有"与王龙溪所主之"无",以及许孚远《九谛》与周汝登《九解》,他试图通过"贯"统合"有""无";换言之,方大镇是以包容的方式来回应王龙溪之学,这与方学渐单纯批评的角度存在根本差异,这是方氏家学的新发展。

第二,学友圈。方以智提到"高顾邹冯"是方大镇的士人学友圈。高指忠宪,即高攀龙谥号;顾指端文,即顾宪成谥号;邹指吉水,即邹元标籍贯;冯指少墟,即冯从吾之号。明季讲学,以东林、关中、江右为最盛,顾宪成、高攀龙为东林讲学的领袖,邹元标为江右王门讲学的领袖,冯从吾是关中讲学的领袖。由此来看,方大镇的学友圈已经进入当时学术界最上层,这得益于方学渐前期的铺垫。在此稍微提一下邹元标与冯从吾,两人是首善书院的主盟。从学派归属而言,邹元标属于江右王门,属于罗洪先至胡直的传承谱系。冯从吾是许孚远的弟子,属于湛若水至唐枢的传承谱系。顾宪成与高攀龙通常被归为朱子后学。"高顾邹冯"属于三大学派的传统,这是从师承来分,但在实际讲学中,四人交相渗透,如高攀龙致信方学渐:"向有柬邹南翁曰:朱陆二脉并行于世久矣,但当论其来龙真、结穴真,不必问其何方、何向也。所谓龙穴,则老年伯当下识取本心之谓矣。'建阳亦无朱元晦,青田亦无陆子静。'信得斯心,方信斯语。""关中有敝同年冯少墟老年伯,曾见其

① 方以智:《慕述》,《合山栾庐占》,《方以智全书》第 10 册,黄山书社 2019 年版,第 366—367 页。
② 方以智:《膝寓信笔》,《方以智全书》第 8 册,黄山书社 2019 年版,第 483 页。

集否？其学极正极透，与老年伯诸书南北并峙，砥柱狂澜，此道不坠，赖有此也。"①邹南翁即邹元标，其中"建阳亦无朱元晦，青田亦无陆子静"可与"陆燧朱炊"相互印证。高攀龙认为冯从吾与方学渐之学可以并峙，这无疑有助于方大镇与冯从吾论学为友。

在首善书院士人学友圈之外，与方大镇论学最密者，当属下文即将讨论的吴应宾，如方以智所述："阴雨连日，读我祖廷尉公书，四体肃然。外祖吴观我宫谕精于西乾，与廷尉公辩证二十年，然小子未尝深入其藏，未敢剖也。门庭各别，入主出奴，惟心则本同耳。"②方以智的记述提到了三个要点：一是他对于方大镇的敬畏，"四体肃然"，方大镇是儒家士大夫的精英；二是他对于吴应宾之学的仰慕，吴应宾精于佛教；三是方大镇与吴应宾的辩证。从辩证的特点来看，表现为：辩证时间长（"二十年"）；各有所主（"门庭各别"）、相互涵摄（"入主出奴"）、求同为主（"惟心则本同耳"），这三点均为方以智所继承，他由此对于方大镇的学术立场理解更为深入，同时吴应宾的佛教思想亦得以暗植，并且能够较深入了解儒释之辨，有助于他日后选择披缁为避路。

第三，退藏。"世传廷尉教家贫，守节归能读《荷薪》。（先大夫廷尉著书曰《荷薪斋义》。）"③如果岁月静好，方大镇荷薪担当，能够为方学渐传薪火，并通过首善书院这个全国性讲学精英汇聚的平台，将方氏之学发扬光大。然而，由于魏忠贤乱政，首善书院被毁，方大镇不得不选择退藏，"天启甲子，使蜀，珰焰正炽，筮得'同人于野'，因题海岛天门之中洞为'野同岩'，在陆之堂曰'此藏轩'。"④"同人于野"据《同人》卦，方大镇由此隐居，讲学乡里，"类族辨物"。方大镇创"此藏轩"，以明心志，此后，方大镇将此轩授予其子方孔炤，方孔炤授予方以智，曰："此藏轩者，圆通力神，易贡几先，以此洗心退藏于密，汝其授之。"⑤"此藏"据《易传·系辞上》"以此洗心，退藏于密"，"方以智"亦取义《易传·系辞上》"卦之德方以知"："名余曰以智，字余取藏密。"⑥通过退藏，可以涤荡浮躁，刊落铅华，积攒力量。当外部环境恶劣艰难时，可以在退藏中深究性命之学，不仅方大镇如此，而且日后方

① 高攀龙：《答方本庵二》，《高子遗书》卷八下，明刻本，第10页。
② 方以智：《滕寓信笔》，《方以智全书》第8册，黄山书社2019年版，第501页。
③ 方以智：《佗傺诗》，《瞻旻》，《方以智全书》第9册，黄山书社2019年版，第244页。
④ 方以智：《浮渡山报亲庵说》，《浮山志》卷四，黄山书社2007年版，第50页。
⑤ 方以智：《浮渡山报亲庵说》，《浮山志》卷四，黄山书社2007年版，第50页。
⑥ 方以智：《丁卯冬作》，《博依集》卷五，清刻本，第28页。

以智亦走上退藏之路，"臣之家学，以淡泊恬退为主。臣所自信者，惟此而已。"①

（三）吴 应 宾

缁老人吴应宾是方以智的外祖父，是方学渐在桐城讲学的直接受益者，"吴太史应宾为学士领袖，晚乃与先生印可，阐绎'性善'各数千言。"②首善书院禁毁，方大镇归隐，"论学以性善为宗"，③吴应宾以"无"为宗，二君论学辩有无。据方大镇为吴应宾的著作序言："余与客卿笔砚倾缘休沐，时复抵掌文成遗指，每有当焉。"④虽然二君持论不同，但均能默会心契王阳明之学。二君良知学宗旨之间的合力与张力并存，在辩论中深度融合，由此日趋精微。吴应宾与方大镇同处桐城，共隐浮山："浮山高千仞，广作十里围。上有帝释之都居，又有儒者之精庐。""由来真儒之所宅，形数直媲梵王宫。""观我先生指天处，野同居士点《易》所。""文人作镇山千古，康节行窝在松坞。"⑤野同居士即是方大镇。相对之前阳明学的"有""无"之辨，方、吴二君论辩的特点有：求同大于存异，二君同隐一山，意境闲暇超逸，明学求道之心相同；二君不会产生激烈的冲突，不急于在一次辩论中解决争端，而是有充足的时间相互理解包容；"皖桐方君廷尉公与吴观我太史辨析二十年"，⑥如此长时间的辩论，势必具体而精微，成为阳明学有无之辨理论发展的重要节点。据周汝登为吴应宾著作序言："总之于阳明子合辙。""喜取信之，皆同臭味，良有合也。"⑦吴应宾论"无"似周汝登，方大镇持"有"似许孚远，吴应宾与方大镇仍是天泉证道、《九谛》《九解》的延续，此后方、吴两家联姻，孕育出方以智。方以智不仅继承了方氏家学，而且"夙奉先宫谕三一之学，畅衍宗一家风"⑧。从而在融合两家之说的基础上进行创新，深度融合推进阳明学的"有""无"之辨。

---

① 方以智：《十辞疏》，《猺峒废稿》，《浮山文集前编》卷十，此藏轩刻本，第16页。
② 叶灿：《方明善先生行状》，《七代系传》，《桐城方氏七代遗书》，黄山书社2019年版，第2页。
③ 马其昶：《方大理传第三十五》，《桐城耆旧传》卷四，黄山书社2013年版，第91页。
④ 方大镇：《古本大学释论序》，《宗一圣论　古本大学释论》，复旦大学出版社2019年版，第111页。
⑤ 余飏：《读愚者浮山记》，《浮山志》卷九，黄山书社2007年版，第213页。
⑥ 方以智：《仁树楼别录》，《青原志略》卷三，江西人民出版社1998年版，第82页。
⑦ 周汝登：《古本大学释论序》，《宗一圣论　古本大学释论》，复旦大学出版社2019年版，第112页。
⑧ 吴道新：《新建藏经阁碑记》，《浮山志》卷四，黄山书社2007年版，第35页。

据方以智弟子兴月录:"浮山大人具一切智,渊源三世,合其外祖,因缘甚奇,好学不厌。"①方以智家学"渊源三世"指方学渐、方大镇以至方孔炤。方氏家学严守儒学立场,方氏家学的传统可以说独尊儒学。"合其外祖",正是吴应宾会通三教的熏陶及影响,使得方以智有佛道因缘。如果没有吴应宾,方以智很难成就"以祗支为避路,即为归路。"②当然,方以智学术成就的内因在于"好学不厌"以及超常的智慧,正如成功源于个人的努力与外部机遇,吴应宾是方以智"因缘甚奇"的重要提供者。吴应宾通过师承憨山德清、紫柏真可、云栖株宏,以及与觉浪道盛等高僧交往,使得他进入明代一流佛教高僧的学友圈,从而进行融合再创造,这是方以智三教思想的直接资源。吴应宾对于方以智的影响还在阳明学,吴应宾与焦竑、袁宏道、祝世禄等左派阳明学者相唱和,并且重视良知之"无",从而为方以智提供了与方学渐、方大镇不同的阳明学思想资源。

本书所论方以智的哲学精神,主要依据《易余》与《药地炮庄》,从学术继承关系而言,《易余》可由吴应宾的《宗一圣论》发展而来,《药地炮庄》亦传承了吴应宾的《三一斋稿》,由此可见吴应宾对于研究方以智哲学精神的重要性。鉴于当前学界罕有论及吴应宾者,故下文力图全面展现吴应宾的生平著述以及学友圈,并梳理《易余》与《宗一圣论》的传承关系。

1. 吴应宾的生平及著述

在笔者查阅的吴应宾生平及传记中,《桐城耆旧传》记载较详尽,兹全引如下:

> 吴先生讳应宾,字尚之,一字客卿,布政弟四子。
>
> 母孙氏梦飞星入口而生,少有圣童之目,摘辞英妙,塾师谢不及。尝与何仲嘉布政兄弟、胡伯玉参政、同族体中司马约会文,日成七艺,众磨厉从之,先生最后至,初不起草,藻丽无双,诸人皆自失。
>
> 年二十二,登万历十四年进士,授编修,后以目疾告归。
>
> 先生少孤,事继母程以孝闻。兄弟怡怡,率行古道,以祀其先,以敦于族。通籍四十余年,布政所遗无毫发增也。既以目疾家居,益玩心高明,日使人诵所未读书,辄辨其讹脱,按之果然。有所造述,子弟执简,口占授之。
>
> 其学则通儒释,贯天人,宗一以为归,以谓:"山蹊之径,不可胜由

① 方以智:《炮庄发凡》,《药地炮庄》,《药地炮庄校注》,台大出版中心2017年版,第27页。

② 方以智:《象环寱记》,《易余(外一种)》,上海古籍出版社2018年版,第216页。

矣；向墙之户，不可胜入矣：不离乎宗。宗者，宗其可为圣也。儒与释之‘无我’，老之‘无身’，‘惟一’之训于《书》旨矣哉！不知者，知圣不知一也；其知者，知圣之各一其一，不知共一其也。”故其论性不出于“无我”之一言。曰：无我者，至善之体相；有我者，不善之依止。尧舜之善，用其性之才以致其无我而已矣；桀纣之不善，用其性之才以致其有我而已矣。因著《宗一圣论》十篇，畅扬其旨。

天启中，同里左公光斗、方公大任以学究性命交章论荐，辞不赴。诏加左春坊左谕德，兼翰林院侍读。上疏极论时政，上嘉之，宣付史馆。

崇祯七年，邑有民变，逊于郊，怅然曰：“天下自此不太平矣！”至南湾别墅坐而逝，年七十。

所著又有《古本大学释论》五卷、《中庸释论》十二卷、《性善解》一卷、《悟真篇》《方外游》《采真稿》《学易斋集》各若干卷。

门人私谥宗一先生。……

马其昶曰：予读《宗一圣论》，缘圣以为一，缘一以为宗，其殆拟漆园氏之所为邪？不资闻见，不践故迹，如川至云蒸，不可方物，何其文之浩汗无涯也！解体世纷，结志区外，溥物而忘我，盖亦道其所自得也。①

按此，吴应宾卒于崇祯七年（1634 年），时年七十，当生于 1565 年。“年二十二，登万历十四年进士”，万历十四年为 1586 年，亦与此相符，又据方以智为吴应宾致香语：“生嘉靖乙丑，中万历丙戌榜第五人，入史馆。”②吴应宾字尚之，又字客卿，需要补充的是：吴应宾号观我，“别称三一老人”，③方以智《药地炮庄》中的“观我氏曰”“三一曰”均是引吴应宾之言。吴应宾因目疾辞官家居，目疾的缺陷通过超强的记忆力弥补，“以目眚告归，居乡四十载，惟闭户著述，深于性命之旨。幼所读书俱能记忆，有未读者令人旁读而已，听之辄能辨其讹舛，记其次序，为文数万言，口授而录之字，从古从今，辨析不爽。”④由他人代读，凭借记忆辨析，同时，著书亦是“口占授之”。虽然声音诵读与直接文字笔书最终形成的著作形式相同，但由于通过声音诵读成

① 马其昶：《吴观我先生传第三十四》，《桐城耆旧传》卷四，黄山书社 2013 年版，第 89—91 页。

② 方以智：《金谷葬吴观我太史公致香语》，《冬灰录》卷首二，华夏出版社 2014 年版，第 32 页。

③ 方以智：《金谷葬吴观我太史公致香语》，《冬灰录》卷首二，华夏出版社 2014 年版，第 32 页。

④ 《理学》，《康熙桐城县志·安庆府桐城县志》卷四，《中国地方志集成·安徽府县志辑》第十二册，江苏古籍出版社 1998 年版，第 115 页。

书的作者在构思及表达时会更注重韵律感与声音美学，避免使用一些孤僻的文字，因此，《宗一圣论》读之清新自然，朗朗上口，文字的节奏感很强，义理严整。

《宗一圣论》以"无我"为宗，"无我"即是"宗一圣论"之"一"。大学士何如宠序《宗一圣论》亦如是言："吾友客卿所为《宗一圣论》，决生死之利刃也。论之为目者八，反复数万言，虽渊渊洒洒，浩无涯畔，而始终不离乎宗。一言以蔽之，曰无我。"①据马其昶的理解，无我是"至善之体相"，这引自《宗一圣论》的《性善篇》，由此涉及《宗一圣论》辨析阳明学"有善""至善""无善"。

从《药地炮庄》援引《宗一圣论》来看，引文中有文字与清刻本（光绪四年戊寅夏梓人叶奉山镌板）所载不同，如《宗一圣论·性善篇》"夫无也而致有之，是龟可毛而兔可角也；有也而致无之，是木不燧而矿不金也"。《药地炮庄》引文为"无也而致有之，是蚕即丝而金即刃也；有也而致无之，是谷不粲而矿不金也"。②方以智所引《宗一圣论》可能是其他版本。马其昶称"《宗一圣论》十篇"，据《四库全书总目》："《江南通志》称其著《宗一圣论》十篇，今考上卷为《性善篇》《致知上篇》《致知下篇》《养气篇》《孝慈篇》，下卷为《知人篇》《乐善篇》《述志篇》，凡八篇，则《通志》之言误也。"③清刻本八篇，四库阁臣所见亦是八篇本；《江南通志》与马其昶均称十篇，是否还有十篇的版本，待考证。

从马其昶的叙述来看，吴应宾著述颇丰，在诸多著述中，马其昶详述《宗一圣论》，方以智亦首列此书，④由此可看出此书当是吴应宾的代表作。《古本大学释论》是吴应宾诠释儒学经典的重要著作，有传世本。自王阳明后，《古本大学》逐渐成为阳明后学的重要议题，吴应宾的这部著作可视为阳明后学《四书》诠释著作系列。从书名看，吴应宾与此相关的《四书》著作有《中庸释论》，《明史》载吴应宾著《中庸释论》十二卷。⑤方以智称吴应宾著有《学庸释论》，⑥可能是《古本大学释论》与《中庸释论》的合集。桐城县志记载

①　何如宠：《原序》，《宗一圣论　古本大学释论》，复旦大学出版社 2019 年版，第 6 页。
②　方以智：《〈在宥〉第十一》，《药地炮庄》卷四，《药地炮庄校注》，台大出版中心 2017 年版，第 611 页。
③　永瑢等：《宗一圣论二卷》，《杂家类存目二》，《子部》，《四库全书总目》卷一百二十五，中华书局 1965 年版，第 1077 页。
④　方以智：《金谷葬吴观我太史公致香语》，《冬灰录》卷首二，华夏出版社 2014 年版，第 32 页。
⑤　张廷玉：《艺文一》，《志第七十二》，《明史》卷九十六，中华书局 1974 年版，第 2370 页。
⑥　方以智：《金谷葬吴观我太史公致香语》，《冬灰录》卷首二，华夏出版社 2014 年版，第 32 页。

吴应宾著有《学庸论》，①《江南通志》称吴应宾有《学庸论语释》行世。②《学易斋集》应是吴应宾的《易》学著作，《明诗综》亦称吴应宾有《学易斋集》。③方以智称吴应宾著有《学易全集》。④ 与桐城方氏以《易》传家类似，吴应宾亦是《易》学大家，其父吴一介建有讲《易》之地：叠翠楼。⑤

　　吴应宾著有《三一斋稿》，⑥方以智作《药地炮庄》，"重翻《三一斋稿》，会通《易余》"⑦。据吴树申的《宗一圣论》后跋："尝自署其读书处曰'三一斋'"⑧。《三一斋稿》是吴应宾的重要著作，其中应有庄学思想的集中体现。方以智的弟子黄虞稷《千顷堂书目》称吴应宾有《感应篇注》。⑨ 吴应宾著有《方外游》。⑩《居士传》称吴应宾"受云栖戒，为优婆塞，敬信尤笃，云栖碑志多出其手"⑪。 如《紫柏大师全身舍利塔颂》《大明庐山五乳峰法

---

① 《理学》，《康熙桐城县志·安庆府桐城县志》卷四，《中国地方志集成·安徽府县志辑》第十二册，江苏古籍出版社1998年版，第115页。

② 《安庆府》，《儒林》，《人物志》，《江南通志》卷一百六十四，《影印文渊阁四库全书》第511册，台湾商务印书馆1983年版，第699页。

③ 朱彝尊：《明诗综》卷六十，《影印文渊阁四库全书》第1460册，台湾商务印书馆1983年版，第428页。

④ 方以智：《金谷葬吴观我太史公致香语》，《冬灰录》卷首二，华夏出版社2014年版，第32页。

⑤ 吴一介，字元石，世称方伯公，是"铁打的桐城"的桐城古城墙的重要修建者。据方以智好友钱澄之《讲易叠翠楼记》："吴子天况昆仲号某同志诸子，邀予讲易于其家塾叠翠楼下。诸子皆治学子业，习闻老生谈章，一旦听予谈图像卦爻之义，皆豁然相悦以解。""惟时虽夏酷暑，聚坐横经者十有余人，非楼下虚敞，固不足容；且予老而易倦，非有楼可供眺望，亦无以为予游且舒怀之地也。""楼为吴氏五世祖方伯公建，到今百五十年矣。""独予以七十老叟，犹能抗音吐气，为诸子谈四圣人之绝学于兹楼下四十余日，其可幸，亦可悲也！吾每登楼睇望龙眠，李伯时之所画庄遗址，仿佛可见，近指投子，赵州桥在焉，是此翁八十行脚过此以得名也。其他诸峰，层现叠出，郁郁苍苍，以环绕于郭外，而踊跃于楼之北窗前者，皆不能悉识，'叠翠楼'，其以是名与？""吴子知兹楼之有益于学也，朝斯夕斯，以求所以亲夫道者，即四圣人之绝学，不难极深研几，又何有于吾说之区区哉？"（《田间文集》卷十，《钱澄之全集》之六，黄山书社1988年版，第179—180页。）由叠翠楼望投子山、龙眠山，层峦叠翠，如天然画卷；楼下虚敞，能容十余人，是家学传承、邀请友人讲学的"家塾"。钱澄之时年70，吴一介建叠翠楼已150年，在方以智出生前，叠翠楼便是吴应宾学《易》、讲《易》的重要场所。

⑥ 方以智：《金谷葬吴观我太史公致香语》，《冬灰录》卷首二，华夏出版社2014年版，第32页。

⑦ 方以智：《炮庄小引》，《药地炮庄》，《药地炮庄校注》，台大出版中心2017年版，第21页。

⑧ 吴树申：《后跋》，《宗一圣论》，《宗一圣论　古本大学释论》，复旦大学出版社2019年版，第105页。

⑨ 黄虞稷：《道家类》，《千顷堂书目》卷十六，上海古籍出版社1990年版，第436页。

⑩ 方以智：《金谷葬吴观我太史公致香语》，《冬灰录》卷首二，华夏出版社2014年版，第32页。

⑪ 彭绍升撰，张培锋校注：《居士传四十四·吴应宾》，《居士传校注》，中华书局2014年版，第392页。

云禅寺前中兴曹溪嗣法憨山大师塔铭》《中兴信州博山能仁禅寺无异大师塔铭并序》等，《续藏经》有收录。

2. 吴应宾与浮山法谱

浮山的开山住持是宋代法远禅师，因与欧阳修论棋而闻名士林。在浮山开山伊始，便有缁素和睦、儒佛共融的风气。明代的吴应宾与朗照亦秉承此风，乃至影响到方以智在青原山的荆杏双修。从禅宗谱系而言，法远禅师属于曹洞宗法系，"公天禧中参太阳玄，机语甚契。玄以生平所著直裰、皮履，并偈，示曰：'洞宗无人，以此传之。偈曰：杨广山前草，凭君待价烹。异苗翻茂处，深密固灵根。'又云：'得法潜十年，方可阐扬远。'拜受，辞，住居浮山。"①法远禅师以"九带"为宗旨："一曰佛正法眼带，二曰佛法藏带，三曰理贯带，四曰事贯带，五曰理事纵横带，六曰屈曲垂慈带，七曰妙挟兼带，八曰金针双锁带，九曰平怀常实带。"②从理事关系的辩证来看，九带的第三、四、五带显然来自华严宗，这也反映在方以智的《易余·反对六象十错综》，第七带当为"妙叶兼带"，反映在方以智的《正叶》，第九带反映在方以智的《性故》。从禅宗法脉的宗旨来看，"故其《九带》一篇并明'回互兼带'之，时谓'金针双锁'者，即洞山纲要也；谓'妙叶兼'者，即云岩宝镜也；谓'平怀常实'者，即太阳三句也。"③九带思想是法远禅师在继承据曹洞宗传统上的创造发展。据浮山法谱，第十二正宗住持为觉浪道盛，第十六代为无可禅师方以智，方以智是觉浪道盛的弟子，觉浪道盛离开浮山时，"应四月八期，犹有再来重兴之约。十年后，其门人药地智师于青原应浮渡之请，非再来之征欤？夫重兴犹俟后启者。"④第十七代为山足禅师，他是方以智的弟子。浮山第十二、十六、十七代正宗住持是师徒相继的关系，因此亦可以说浮山道场归属于觉浪道盛一系，是方以智弘法的重要道场。"住持者为博山、天界、青原及今山足和尚，当洞山二十七世逮三十世，太阳衣履顶相依然在矣。"⑤由此可以看出从宋代的太阳、法远，以至明代的博山、觉浪、方以智、山足，均是曹洞宗谱系，这是浮山佛学的主脉。

在觉浪道盛之后的第十三代千刃禅师，"亟欲振起浮渡宗风，无何，未经公请而时世两阁"；第十四代文若禅师，"三载，遂隐静舒城"；第十五代古

---

① 吴道勋：《正宗住持》，《法谱》，《浮山志》卷三，黄山书社 2007 年版，第 21 页。
② 吴道勋：《正宗住持》，《法谱》，《浮山志》卷三，黄山书社 2007 年版，第 22 页。
③ 净挺：《〈浮山志〉序》，《序》，《浮山志》，黄山书社 2007 年版，第 6 页。
④ 吴道勋：《正宗住持》，《法谱》，《浮山志》卷三，黄山书社 2007 年版，第 25—26 页。
⑤ 净挺：《〈浮山志〉序》，《序》，《浮山志》，黄山书社 2007 年版，第 6 页。

庵禅师,"住未三载即还宜兴"。① 第十三、十四、十五代不仅在浮山的时间短,亦无显赫的事迹,甚至得不到护法的支持。觉浪道盛、方以智、山足禅师所以能够在浮山道场弘法,实有赖于吴应宾及其后人的经营与支持。如方以智所言:"每念一寺五岩,曾经外祖之兴复;直接两宗九带,更为我杖人所注存。"②此处从宗旨上道出觉浪道盛注重与九带传统的承接。方以智住持青原时,"遂命子中德、中通、中履建报亲庵于浮山西麓,欲终老焉。"③可见,浮山是方以智晚年最想回去的地方,这既有隐退青原之意,亦是叶落归根的寄托。方以智遭粤难,"即之南岭,临行时,寄山足札云:'浮山一局,努力善守,致意吴氏诸护法。'"④由此可看出吴氏对于浮山的重要贡献。山足禅师不负方以智重托,"修《浮山志》,建藏经阁,置斋田,丛林规模肇于斯矣。"⑤山足禅师之所以能够复兴浮山,当然与方以智的信任、吴氏的支持密不可分。

憨山德清是安徽人,明代四大高僧之一,亦是浮山宗门名宿,"曾住华严,有《浮山长歌》。"⑥吴应宾与德清久识,"小子广沦宾之在中秘也,偕同参数子,请益牢山憨公于龙华精舍。""后十年入粤,而皖江之素复我;又后二十年入吴,因体中而浮渡之鼓振我,于是余始能游师之藩,悉秘现涌没顺逆种种影事;又七年,玄圃径曹溪而北,及送师于悬崖;明年,而余得请幕府何公,克以师蜕还五乳也;又明年,上首福善莹石为楮,而奉师自著年谱,使余吐舌为笔。余受卒业者三,而龙华浮渡之会,俨然未散矣。"⑦从吴应宾的记录来看,他与憨山德清久识,且交往甚密。从作为后学向憨山请益,以至憨山将自著年谱相托,乃至为憨山撰写塔铭,吴应宾从初学者成长为憨山推心置腹的弟子,这既是吴应宾在憨山的教导下,佛学思想日益精进,亦显示出憨山对吴应宾的重要影响。综合诸多交往过程,吴应宾印象最为深刻的是龙华精舍与浮渡之会,前者是初学,后者则是正式入门,"始能游师之藩"。憨山德清在浮山留有诗作:"浮山九带事如何? 回首当年已烂柯。为问夜深跌坐处,白云明月是谁多?"⑧憨山对于浮山的九带传统并未作太大发挥,而是视作"烂柯"般的陈年往事。他追求禅法实证的真如境界,这将

---

① 吴道勋:《正宗住持》,《法谱》,《浮山志》卷三,黄山书社2007年版,第26页。
② 方以智:《复合邑公启》,《书》,《浮山志》卷六,黄山书社2007年版,第113页。
③ 吴道勋:《正宗住持》,《法谱》,《浮山志》卷三,黄山书社2007年版,第27页。
④ 吴道勋:《正宗住持》,《法谱》,《浮山志》卷三,黄山书社2007年版,第27页。
⑤ 吴道勋:《正宗住持》,《法谱》,《浮山志》卷三,黄山书社2007年版,第27页。
⑥ 吴道勋:《宗门名宿》,《法谱》,《浮山志》卷三,黄山书社2007年版,第29页。
⑦ 吴应宾:《大明庐山五乳峰法云禅寺前中兴曹溪嗣法憨山大师塔铭(有序)》,《憨山老人梦游集》卷第五十五,《卍新续藏》第127册,新文丰出版公司1980年影印版,第978页。
⑧ 释德清:《寄浮山澹居铠公》,《艺文(诗)》《浮山志》卷七,黄山书社2007年版,第161页。

给浮山带来新气象。憨山的浮山诗意境比较平近,明月指向的意境可与吴应宾记录的以下两首诗相参看:"海湛空澄雪月光,此中凡圣绝行藏。金刚眼突空华落,大地都归寂灭场。""烟波日日浸寒空,鱼鸟同游一镜中。夜半忽沉天外月,孤明应自混骊龙。"①高峻、清冷、澄净,心境如月境,这是憨山禅定功深的体现。明代高僧之间互动密切,如憨山德清会云栖株宏,"扬厉云栖,证知吾师莲祖,为法华地涌中人。而浮山朗目智公,亦以旋陀罗尼,与作点睛手。则予小子宾,窃负法夆螯弧,渐腾而附青云上矣。"②吴应宾亦是云栖株宏的弟子,重视净土思想,吴应宾在高僧的指教下,佛学造诣扶摇直上。

在憨山之后,觉浪道盛来到浮山。觉浪道盛"戒秉博山,法弘东苑,曹洞一宗实赖振起"③。觉浪道盛不仅影响了吴应宾,而且日后收方以智为徒,直接促成了方以智在南京高座寺闭关悟道以及《药地炮庄》的创作。试看觉浪道盛的浮山诗作:"铎随道路晓闻钟,云护青山千万重。且喜浮杯能驾浪,虚舟使得八面风。"④诗的前两句与憨山的浮山诗后两句相似,均是以山水表达心境。较之于憨山,觉浪注重澄净中的清新自然,生机益然。诗的后两句颇能代表觉浪道盛的气象:浮杯本是平庸之物,置于大海,显得渺小而无助,但在觉浪道盛的眼中,浮杯却能驾浪,能够化平庸为神奇,化无助为助他;虚舟本无风,是一个空净的存在,但在觉浪道盛的心中,在无风处,虚舟能够使得八面风,从而由被动变为主动,从无处变化出大有。觉浪道盛的大转手、大气象,犹如一声春雷,唤醒沉寂已久的浮山。方以智正是在觉浪道盛的雄劲禅风影响下,在无门中创出不测之门。

憨山游浮山,亦有长居之意,如其诗文:"我欲诛茅依石室,余生借此藏踪迹。倘得安眠白日高,身心世界都抛掷。如何舍此从他去,一叶浮空都是寓。"⑤浮山道场毕竟太小,信众有限,从憨山与觉浪的诗文气象及禅法影响来看,浮山只能作为这些高僧的过化之地,而不能成为长期驻锡之所,而要实现浮山的复兴,必须依靠浮山信众内生的力量,这主要依靠吴应宾。

王阳明平朱宸濠叛乱后,拈出良知,在忠泰之变期间,向往浮山。据考证:"正德庚辰,公擒宸濠,因拜巡抚江西之命,张忠、朱泰赞之不已。时上驻

---

① 吴应宾:《大明庐山五乳峰法云禅寺前中兴曹溪嗣法憨山大师塔铭(有序)》,《憨山老人梦游集》卷第五十五,《卍新续藏》第127册,新文丰出版公司1980年影印版,第979页。

② 吴应宾:《大明庐山五乳峰法云禅寺前中兴曹溪嗣法憨山大师塔铭(有序)》,《憨山老人梦游集》卷第五十五,《卍新续藏》第127册,新文丰出版公司1980年影印版,第982页。

③ 吴道勋:《正宗住持》,《法谱》,《浮山志》卷三,黄山书社2007年版,第25页。

④ 释道盛:《浮渡行者至闻栾庐行脚》,《艺文(诗)》《浮山志》卷七,黄山书社2007年版,第161页。

⑤ 释德清:《游浮渡歌》,《艺文(诗)》《浮山志》卷七,黄山书社2007年版,第130页。

跸金陵,二人趣上召公,公即日就道,忠、泰复泥之于芜湖,使不得陛见。公入九华宴坐,《寄题浮山》盖其时也。忧谗畏讥,故动拂衣之想。"诗文如下:"见说浮山麓,深林绕石溪。何时拂衣去? 三十六岩栖。见说浮山胜,心与浮山期。三十六岩内,惟选一岩奇。"①在遭遇挫折时,王阳明有隐世之念,浮山亦是他备选的隐居之所。《寄题浮山》由吴一卞代甋山(张绪)刻于浮山,保存至今。如前所述,张绪是方学渐的老师,代刻的吴一卞则是吴应宾的伯父。

当王阳明仍继续他的入世之学后,浮山再次陷入沉寂。此后,方学渐父子亦有浮山诗,方学渐的诗文清新自然,雕绘出浮山自然风景的素静,"野阔天连水,岩深夏欲秋。坐无尘一点,浮此太虚舟。"②方大镇归隐浮山,题野同岩,"天池原易汲,满酌洗红尘。"③"竹林闲更适,欲共老僧眠。"④在一定意义上,王阳明拂衣隐居浮山之念,由其后学方大镇得以实现。

吴应宾在一片废墟中重振浮山:"曩修一寺,遂复五岩。招朗隐二公,衍紫柏之教法;独向寿昌一脉,续宝镜于参同。胜事如斯,愿王常在;高卑雨化,顽慧风从。"⑤"迄明而寺圮为墟莽,山沦为俗姓。万历间,予伯观我宫谕、予兄本如司马捐资,同朗目禅师恢复,鼎新缔构,慈圣太后遣中官颁赠《大藏》,玉轴琅函,绣幡金缕,煌耀一时。""嗣是,憨山、博山二大老皆主此席。明季兵燹抢攘,道法式微,天界杖人复振锡于此。""念华严一刹,先宫谕心血攸注"。⑥ 吴应宾所修寺庙为华严寺,所招的"朗隐二公"即是朗目与清隐禅师。从师承而言,二人均是紫柏真可的弟子:"朗目本智禅师,重兴浮山者也。""云南人,其地有朗目山,师以山为号,遍参诸方,紫柏老人首座。后至浮山,见远祖道场久废,与吴观我宫谕、阮淡宇太守,商复此山,一时改观。"⑦清隐法师,"慕紫柏老人风,造经浮山。"⑧天启辛酉,归浮渡。

朗目禅师与吴应宾共同致力于浮山的复兴:"方朗公时,寺已久废为民居,殿址皆丘垄矣。朗公发心兴复,以宫谕吴公矢大愿力,大中丞晋川刘公

①　王守仁:《寄题浮山》,《艺文(诗)》,《浮山志》卷七,黄山书社 2007 年版,第 157 页。
②　方学渐:《游浮山》,《艺文(诗)》,《浮山志》卷七,黄山书社 2007 年版,第 134 页。
③　方大镇:《题野同岩》,《艺文(诗)》,《浮山志》卷七,黄山书社 2007 年版,第 136 页。
④　方大镇:《再游浮山》,《艺文(诗)》,《浮山志》卷七,黄山书社 2007 年版,第 136 页。
⑤　方以智:《答延陵吴山主公启》,《书》,《浮山志》卷六,黄山书社 2007 年版,第 114 页。
⑥　吴道新:《浮山华严寺弘戒缘序》,《序》,《浮山志》卷四,黄山书社 2007 年版,第 53 页。
⑦　吴道勋:《宗门名宿》,《法谱》,《浮山志》卷三,黄山书社 2007 年版,第 29 页。
⑧　吴道勋:《本山静主》,《法谱》,《浮山志》卷三,黄山书社 2007 年版,第 31 页。清隐禅师在浮山时可能遇到纷争而暂时离去,方以智之父方孔炤致信:《请清隐和尚回浮山》;大学士何如宠《与清隐和尚》亦有类似之言。参见《浮山志》卷六,黄山书社 2007 年版,第94—95 页。

当道主持,故其事虽然,而功以共济。"①朗目与吴应宾相唱和:"智慧心水本
周法界,菩提明月独朗长天。居士自法性海中现一沤于震旦国土,山僧从宝
月轮内垂片影于浮渡波心。""且道水月主人是何等三昧境界? 千江有水千
江月,万里无云万里天。"②慈照法师,"朗公剃度孙也。甲寅夏,扫朗公塔于
浮渡妙高峰下,客卿太史同本如司马请住桐城之南关五印寺。"③吴应宾赠
朗目禅师孙慈照禅师诗云:"华开朗目心,叶堕清凉齿。""同吟幻佳篇,冰心
乃相似。"④由此可看出吴应宾与朗目禅师的深情厚谊。

憨山、莲池、紫柏等高僧与阳明学士人群有良好的互动,如泰州学派的
赵贞吉慧眼识才俊,器重憨山;莲池与王龙溪、周汝登、张元忭等浙中王门学
者相与论学。吴应宾与朗目复兴浮山时,其共同的学友有陶望龄、袁宗道、
汪可受、焦竑等阳明学者。据吴应宾为朗目禅师作塔铭序文:"若瀛汪中丞
可受、陶祭酒望龄、袁洗马宗道","并总已北面,称浮山优婆塞者也。"⑤"壬
寅年,偕陶石篑、赵石梁诸老访师于宝塔寺。"⑥朗目禅师与焦竑唱和:"坐到
虚空粉碎时,此生心地自平夷。拨开智眼元无智,打破疑团更不疑。见离见
时名实见,知无知处是良知。君今剔起眉毛看,大地山河更有谁?"⑦

从王阳明入浮山开始,浮山便与阳明学相会。至吴应宾与朗目大兴浮
山,阳明学者纷至沓来,浮山成为阳明学与佛学共融的典型代表。浮山之所
以盛极一时,毋庸置疑,吴应宾的功勋当居其首,吴应宾亦将此盛况所得思
想之集萃传授于方以智。

3.《宗一圣论》与《易余》

据方以智记述吴应宾之学:"宗一全,提圣论。""不必中常用两,裁成即
是生成。""稿藏三一斋,无人发匣;骨经五十岁,露扶指天。盖欲穷尽上下
四维,体如来之五中道。始能折摄顿渐万法,为午会之一大成。"⑧从著作而
言,《宗一圣论》应代表了吴应宾的核心思想。"稿藏三一斋",应指《三一斋
稿》,是方以智作《药地炮庄》的重要思想资源,憨山、觉浪均有庄子注,通过

① 钱澄之:《重修浮山华严寺碑记》,《碑记》,《浮山志》卷四,黄山书社 2007 年版,第 39 页。
② 朗目:《留别吴观我太史》,《书》,《浮山志》卷六,黄山书社 2007 年版,第 94 页。
③ 吴道勋:《本山静主》,《法谱》,《浮山志》卷三,黄山书社 2007 年版,第 31 页。
④ 吴应宾:《水居行赠慈照法师》,《艺文(诗)》,《浮山志》卷七,黄山书社 2007 年版,第
   123 页。
⑤ 吴应宾:《浮渡山大华严寺中兴尊宿朗目禅师塔铭并序》,《浮山法句》,《明嘉兴大藏经》第
   166 册,径山藏版,第 51—52 页。
⑥ 王舜鼎:《梦禅语》,《浮山法句》,《明嘉兴大藏经》第 166 册,径山藏版,第 56 页。
⑦ 朗目:《呈焦弱侯太史》,《浮山法句》,《明嘉兴大藏经》第 166 册,径山藏版,第 68 页。
⑧ 方以智:《答延陵吴山主公启》,《书》,《浮山志》卷六,黄山书社 2007 年版,第 114 页。

吴应宾的关联及引入，均成为方以智烹炮的对象。

方以智能够继承吴应宾的衣钵，"大师贯通三教，透悟心宗，撰著《时论》《炮庄》等书，饮宫谕之心血，印杖人之指归，证迦文中谛两宗。"①此处主要言方以智佛学思想的来源，一是吴应宾，二是觉浪道盛。

《宗一圣论》由吴应宾在悠闲惬意中完成，如《乐寿篇》《述志篇》，而《易余》是方以智经万死一生锤炼后创作，如《生死故》《世出世》。二者的结构与主旨相似，甚至可以说《宗一圣论》是《易余》的前奏。经过方以智的创作发挥，由《宗一圣论》的八篇扩展到《易余》的三十四篇，内容更为丰富；经过方以智的锤炼，《易余》的思想主旨更透骨入髓，义理更为圆熟。

从著作形式来看，《宗一圣论》的结构特色体现在《述志篇》，在全书结束前，重申各篇大义，这亦可视为各篇内容提要。《易余》的结构特色体现在《易余目录》，在正文开始前，先列各章大义。《宗一圣论》是在结尾重申，《易余》是在开篇明示，虽然首末位置不同，但结构基本相似。由此，初读《宗一圣论》，可先看《述志篇》结尾；读《易余》，可从《易余目录》进入正文。

从主旨来看，《宗一圣论》与《易余》上下卷相互对应，主旨类似。《宗一圣论》以"宗一"为主，"所谓粗言及细语，皆归第一义"②，分为八篇，依次为上卷《性善篇》《致知上篇》《致知下篇》《养气篇》《孝慈篇》，下卷《知人篇》《乐善篇》《述志篇》，章节之间递进依次为：《性善篇》明性善道体，《致知上篇》《致知下篇》示功夫路径，由致知达性善。"故首《性善》，言其本也；次《致知》，而篇分上下，言其功也"。③《养气篇》是从性之用托于气，由此讲养气的功夫；《孝慈篇》是人伦实际之践行，从用处展现体。"次《养气》，言其体也；次《孝慈》，言其用也"。④ 总而言之，上卷注重形上层次，明晰道体论与功夫论。下卷《知人篇》在具体的知人之用中尽性，从而转向人事；《乐寿篇》可以说是尽性的境界；《述志篇》是明确学问的指向及为此目标的努力。下卷注重形下层次，也可说是道体与功夫论的具体应用。《易余》以"余"为核心概念，分为上下卷：《易余》上卷多言形上之学，下卷多讲形下之事。

---

① 吴道新：《浮山华严寺弘戒缘序》，《碑记》，《浮山志》卷四，黄山书社 2007 年版，第 54 页。
② 吴应宾：《述志篇》，《宗一圣论》，《宗一圣论　古本大学释论》，复旦大学出版社 2019 年版，第 104 页。
③ 吴树申：《后跋》，《宗一圣论》，《宗一圣论　古本大学释论》，复旦大学出版社 2019 年版，第 105 页。
④ 吴树申：《后跋》，《宗一圣论》，《宗一圣论　古本大学释论》，复旦大学出版社 2019 年版，第 105 页。

从《易余》节引《宗一圣论》的内容来看,《易余·孝觉》直接引用《宗一圣论·孝慈篇》,"《宗一圣论·孝慈篇》曰:孟子之言少慕父母"一段,①节引《孝慈篇》内容约三成。对于《孝慈篇》其他部分,《孝觉》又进一步发挥,如"无我""舜之孝"等,《孝觉》几乎将《孝慈篇》全部笼括,并将其未尽之旨加以发挥。

《宗一圣论·知人篇》与《易余·知人》主旨相同。

《宗一圣论·性善篇》与《易余·继善》主旨相近。

《宗一圣论·养气篇》与《易余·通塞》主旨相近。

先来看《宗一圣论·知人篇》的提要与《易余·知人》目录:

> 夫人也者,真我之所摄,以为身;而灵知之所托,以为鉴者也。不知人,不可以亲民;不亲民,不可以明伦;不明伦,不可以治教天下。知人者,无我之大权、尽性之大用也。故次《知人》第六。②

> 情识之世,谗、嫉、蔽、护而已。许有巧谗、巧嫉、巧蔽、巧护以自命知人者,而知人之衡愈乱矣。圣人因民之好恶以明天之是非,所谓奉三无私以劳天下者,即神一于二者也。志在《春秋》,行在《孝经》。知此者,可许无我无无我。③

吴应宾首先从正向定义何谓人,由此而推知人之用以至于亲民、明伦、治教天下。归结在"无我",以尽性实现无我之大用。方以智是从反向定义,以"谗、嫉、蔽、护"之假反激知人之真,以乱显真,归根在"无无我",超越了吴应宾的无我。

另据马其昶曰:"予读《宗一圣论》,缘圣以为一,缘一以为宗,其殆拟漆园氏之所为邪?""漆园氏"即庄子,这说明吴应宾对庄学的继承。"汝丱时,汝祖督汝小学。汝曰:旷达行吾曲谨。吾呼汝弥陀。汝曰:逍遥是吾乐国。全以庄子为护身符,吾无如汝何。今梦笔龙湖之杖,如何发庄子之毒邪?"④

---

① 方以智:《孝觉》,《易余》卷下,《易余(外一种)》,上海古籍出版社2018年版,第144—145页。

② 吴应宾:《述志篇》,《宗一圣论》,《宗一圣论　古本大学释论》,复旦大学出版社2019年版,第103页。

③ 方以智:《易余目录·知人》,《易余》,《易余(外一种)》,上海古籍出版社2018年版,第12页。

④ 方以智:《象环寱记》,《易余(外一种)》,上海古籍出版社2018年版,第217页。

从所授与所学来看：吴应宾以儒家小学督教，如礼仪蒙学等，方以智以庄子"旷达"破除儒学"曲谨"，为放荡不羁寻求借口；念佛求生极乐世界，吴应宾教以净土宗念阿弥陀，方以智以庄子逍遥统摄弥陀净土。方以智自认为得庄子神髓，以此作"护身符"，抵制吴应宾教导。这种抵制反映了方以智对于庄子旷达、逍遥的痴情迷恋，有利于他日后以庄学统三教。吴应宾感叹"吾无如汝何"，其教导表面上失败了，但方以智要反抗，必须深入理解三教，从而反抗才有力，这刺激他探究庄学与三教的共同基础。方以智的性格以"真"为底色，这亦符合庄子的精神，如其庭训："最要者，一毋自欺而已。我自少好诗书，尝云'旷达行其谨曲'，实自便耳。"①方以智重"真"，即"毋自欺"。他好诗书，并非有意抵触儒家之教，而是从心灵最真切处理解诗书，由此潜藏了以庄学为神、行儒家之迹，这贯彻方以智一生，并以此传家："汝等烧不欺之薪火，以学问为茶饭"②。由此引申，茶饭依赖薪火方能成，呼应"烹雪炮漆，以供鼎薪，偏教医活死麒麟"，以庄子为薪火，激活儒学的生生精神。

吴应宾别称三一老人，主张三教合一，"吴宫谕受戒莲池，祈教憨山，于博山处脱桶底。"③莲池、憨山均为明末高僧，博山无异（元来）为明末曹洞宗重要法系，吴应宾兼师之。与吴应宾交游者，憨山、焦竑、袁宏道等均有庄学著作，从而有利于方以智吸收到学界一流的庄学思想。方以智"贯通三教，透悟心宗"，"饮宫谕之心血，印杖人之指归。"④"浮渡道场为三一老人之血乳，华严方丈为觉浪杖人之付嘱。"⑤这均明示方以智贯通三教思想的来源是吴应宾与觉浪道盛。吴应宾与觉浪道盛同宗博山，两人在浮山勠力同心，从而为方以智从学觉浪道盛做好铺垫。"刀锋万里，历尽坎窞，狭路托孤"⑥，经人间世磨难后，方以智拜至曹洞宗觉浪道盛门下，"杖人偶以寿昌、博山、东苑示法眼之因缘，实是乘凤愿力，得无师智者也。"⑦由此形成博山、觉浪、方以智的谱系，据方以智悟道记引吴应宾（缁老人）之言："汝亲近杖者邪？是吾博山法乳。"⑧吴应宾成为这一谱系联结的纽带。吴应宾与觉

---

① 方中德：《跋》，《周易时论合编》，中华书局 2019 年版，第 12 页。
② 方中德：《跋》，《周易时论合编》，中华书局 2019 年版，第 13 页。
③ 方以智：《总论中》，《药地炮庄》，《药地炮庄校注》，台大出版中心 2017 年版，第 170 页。
④ 吴道新：《浮山华严寺弘戒缘序》，《碑记》，《浮山志》卷四，黄山书社 2007 年版，第 54 页。
⑤ 吴道新：《请无和尚爪发建塔华严与田伯昆季》，《书》，《浮山志》卷六，黄山书社 2007 年版，第 98 页。
⑥ 弘庸：《序》，《药地炮庄》，《药地炮庄校注》，台大出版中心 2017 年版，第 9—10 页。
⑦ 方以智：《总论中》，《药地炮庄》，《药地炮庄校注》，台大出版中心 2017 年版，第 128 页。
⑧ 方以智：《象环寱记》，《易余（外一种）》，上海古籍出版社 2018 年版，第 217 页。

浪作为方以智庄学思想的两个源头,影响阶段不同,亦多有相合处。从传心要旨而言,"梦笔龙湖之杖"指觉浪道盛,觉浪发庄子之神髓,通过吴应宾称赞觉浪道盛的庄学,预示这两个传统将由方以智汇聚合一。在南京闭关期间,方以智接受觉浪道盛的《庄子提正》,始作《药地炮庄》,并吸收吴应宾的庄学思想。如方以智《药地炮庄》所言:"忽遇《破篮荃草》,托孤竹关,杞包枥菌,一枝横出,暴然放杖,烧其鼎而炮之。重翻《三一斋稿》,会通《易余》,其为药症也犁然矣!"①据此而论,《药地炮庄》主要有三个思想资源:一是觉浪道盛的《破篮荃草颂》。文殊菩萨拈一茎药草予善财童子,这是方以智病药思想的直接来源。二是会通《易余》。《易余》是炮制《周易》来治学术之病:"有君子以继宰,传《易》于夫妇鬼神,而天地拱手,收一切药,治一切病,以为笼矣。"②《易余》亦吸收了觉浪道盛的思想,如"一茎药草,皆法身矣,皆有贯四时在也。"③《易余》卷下有《约药》章。三是《三一斋稿》。此书为吴应宾的著作,吴应宾的影响早于觉浪道盛。

（四）王　宣

王宣是方以智的启蒙老师,是方以智悟道记中的黄老人,据方以智为王宣立传:

> 王虚舟先生讳宣,字化卿,金溪人,生于桐城。少负才不羁,与先叔祖玉峡公、讳大铉,癸丑进士。赤城公讳大任,丙辰进士。为友。迈志好古,为诗歌文词,凌轹晋唐,上轧周秦。一不第,遂弃举子业,傥然高蹈,自号虚舟子。

> 桐自先曾王父讲学,先廷尉公倡之,先外祖吴观我先生好参究,合三教而一之。先生往来坛坫间,无不微言解颐也。米公友石闻而交之。中年学道,屏绝室家,以《易》为终始之学,寝处其中。米公曾为序其《风姬易遡》行世。世尚功令,趣干时之业,未有好其书者。后老于桐。

> 智十七八即闻先生绪论,旷观千世,尝诗书歌咏间引人闻道,深者征之象数。其所杂著,多言物理。是时先生年七十,益深于《河》《洛》,扬、京、关、邵,无有能出其宗者。智方溺于词章,得先生之秘传,心重

---

① 方以智:《炮庄小引》,《药地炮庄》,《药地炮庄校注》,台大出版中心2017年版,第20—21页。

② 方以智:《三冒五衍》,《易余》卷上,《易余(外一种)》,上海古籍出版社2018年版,第33页。

③ 方以智:《如之何》,《易余》卷上,《易余(外一种)》,上海古籍出版社2018年版,第60页。

之，自以为晚当发明，岂意一经世乱，遂与先生永诀哉？……

　　其言无之而非道也，不以道为名；道不出于通昼夜而知，而不以知为门庭。发明微言，旁通指远，不局局紫阳之模范，而恒以紫阳之好学劝人。近代公甫、达夫标之曰"主静"，说者以为近于禅。虚舟子曰："禅无问其近不近，亦知主静之并非禅乎？六十四、七十二，皆一也，一无动静也。杳眇而言无极者，桎梏其天地而扞格其太虚者也。诩诩曰道也，理以穷而愈支矣。"斯言也，岂不足以木铎千古乎哉？①

　　与本书主旨有关，此文涉及五个要点：其一，与方学渐及阳明学的关系；其二，主静；其三，物理；其四，太极；其五，《河》《洛》。兹分述如下：

　　其一，方以智站在方氏家学的立场记述王宣的学友方大铉与方大任，二位是方以智的先叔祖。如前所论，在方以智的慕述中，方大铉与方大镇是方学渐教成的"双凤"，由此，王宣应与方大镇应有深厚交往。与吴应宾类似，方学渐讲学，王宣"往来坛坫间"，由此受益。由"无不微言解颐"来看，王宣能够融洽讲学的气氛，充当矛盾的调节者，这当然适用于调和方大镇与吴应宾之间的争论。再以《象环寱记》三老人的着装颜色印证：方大镇为赤，如五行之火；吴应宾为缁，如水；王宣为黄，如土。水火不容，通过土的媒介，可以实现水火互通。

　　王宣祖籍江西金溪，金溪是宋代陆九渊的家乡，王宣却倒向陆九渊的论敌朱熹之学，"恒以紫阳之好学劝人"，这与方学渐与东林学派的顾宪成、高攀龙的学旨倾向类似。在明代，江西是阳明学的重镇。方以智晚年居江右王门的讲学中心青原山，王宣作《书〈青原惜阴卷〉后》②，此诗对于阳明学重要学者的宗旨均有精要概括，涉及江右王门、泰州学派、浙中王门的重要学者。仅凭这一首长诗，便可奠定王宣在阳明后学的重要地位，这当然会影响到方以智。

　　其二，承接陈献章（公甫）与罗洪先（达夫）的主静。江右王门的主要功夫特色便是收摄保聚，即主静。从王宣的辩解来看，他主要是从太极来看主静，这与江右王门遥接周敦颐的主静类似。王宣注意区别主静与禅定，这涉及道儒释功夫论的区别，显示出王宣与佛教主静的差异。

　　其三，物理。明代士子的学风主要是科举进入仕途，这可以说是当时的

---

① 方以智：《虚舟先生传》，《浮山文集后编》卷一，《方以智全书》第 10 册，黄山书社 2019 年版，第 25—26 页。

② 王宣：《书〈青原惜阴卷〉后》，《青原志略》卷九，江西人民出版社 1998 年版，第 240—241 页。

正路。王宣也试图沿此而行,且有较好的诗文基础,但是,由于一次落第的打击,他便放弃了所谓的正途,转向《易》学,所著《风姬易遡》与主流的风尚相悖,据王宣自序:"风,伏羲姓,溯风者,溯卦;姬,文周姓,溯姬者,溯象。""余观象家,非举业家也。"①这可印证方以智所言"世尚功令,趣干时之业,未有好其书者"。

沿由《易》学,王宣专注于物理,他所研究的"物理"主要是"物之理",这直接影响了方以智著《物理小识》,"物有其故,实考究之,大而元会,小而草木蠢蠕,类其性情,征其好恶,推其常变,是曰质测。""万历年间,远西学入,详于质测而拙于言通几。然智士推之,彼之质测,犹未备也。""顾自小而好此,因虚舟师《物理所》,随闻随决,随时录之"②。由此可见王宣《物理所》是方以智《物理小识》的摹本。方以智的物理学类似于西方的自然科学,并将其定义为"质测"。然而,方以智并不是完全接受西方的质测之学,而是沿着王宣的进路,这是从《周易》衍生的物理学,是中国本土自生的学问传统。方以智的质测之学与通几相连,尚与现代西方自然科学存在差距,并且与中国传统文化纠结在一起。在方以智的哲学思想中,与"理"相关的概念有"故""所以"等,这将在本书第二章"'余'的本体论"、第三章"吞吐成环的体用观"、结语部分论及。

其四,太极。王宣论主静还涉及太极问题,宋明理学的主静功夫与太极道体均可追溯至周敦颐。据王宣之言:"杳秒而言无极者,桎梏其天地而扞格其太虚者也。"王宣对于无极与太极的关系有深刻思考,影响了方以智对于周敦颐的"无极而太极"有深度总结与回应,如《易余·太极不落有无说》《易余·一有无》等。

其五,《河》《洛》。"是时先生年七十,益深于《河》《洛》",可见《河》《洛》学是王宣《易》学思想的主旨,是一生心血之所注。从方以智的叙述来看,"智方溺于词章,得先生之秘传,心重之",王宣之学深刻影响了方以智从词章之学到《易》学的转向,"余小子少受《河》《洛》于王虚舟先生,符我家学"③,并与方氏家学、吴应宾的《易》学熔为一炉。方以智将王宣"秘传"之学融入思想建构中,这在本书附录《中五道场》有论述。《河图》《洛书》

---

①　永瑢等:《风姬易遡五卷》,《易类存目一》,《经部》,《四库全书总目》卷八,《四库全书总目》,中华书局 1965 年版,第 64 页。

②　方以智:《物理小识自序》,《浮山文集前编》卷六,《方以智全书》第 9 册,黄山书社 2019 年版,第 475 页。

③　方以智:《周易时论合编后跋》,《浮山文集前编》卷五,《方以智全书》第 9 册,黄山书社 2019 年版,第 417 页。

围绕"中五"展开,这还涉及方以智对"中五"的重视,这将在本书附录论及。在上述五个要点之外,王宣还对入世与出世及仁智等都有深刻思考,这为方以智的哲学所借鉴,在本书亦有论及。

综上,在传统的泰州学派谱系之外,结合江右王门的传心堂谱系,方以智的思想来源图还可呈现为:

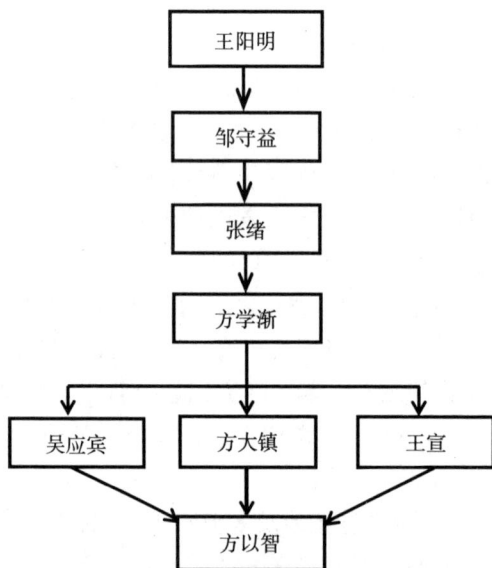

```
        ┌─────────┐
        │  王阳明  │
        └─────────┘
             │
             ▼
        ┌─────────┐
        │  邹守益  │
        └─────────┘
             │
             ▼
        ┌─────────┐
        │  张绪    │
        └─────────┘
             │
             ▼
        ┌─────────┐
        │  方学渐  │
        └─────────┘
       ┌─────┼─────┐
       ▼     ▼     ▼
  ┌──────┐ ┌──────┐ ┌──────┐
  │ 吴应宾│ │ 方大镇│ │ 王宣 │
  └──────┘ └──────┘ └──────┘
       └─────┼─────┘
             ▼
        ┌─────────┐
        │  方以智  │
        └─────────┘
```

图 1-1　方以智思想来源图

说明如下:

第一,从方学渐到方以智,方以智的思想来源呈现出一分为三、三合为一的总体结构。"一分为三"是指方学渐分化为方大镇、吴应宾与王宣,这三位老人在受益方学渐讲学的基础上,各有特色,从而将方学渐之学展开。"三合为一"是指方以智汇聚三老人之学,从而诸流汇宗。当然,从方以智的慕述来看,还存在方以智遥接方学渐的传承。"不肖少读明善先生之训,子孙不得事苾刍","知必不免,以祇支为避路,即为归路。苟得所归,正所以奉明善先生之训也。"①由此可见,方学渐对方氏家学的奠基以及对方以智的深刻影响。

如同三子通过奏乐实现相入相和:"平公吹笙,何生促筝,当士歌海鹤三山之曲,击尺于几以节之。""笙入筝而中歌之节,抗坠贯珠,累累若一。"②三

①　方以智:《象环寱记》,《易余(外一种)》,上海古籍出版社 2018 年版,第 216 页。
②　方以智:《三子记》,《易余》,《易余(外一种)》,上海古籍出版社 2018 年版,第 2 页。

老人亦是如此："赤老人鼓琴,黄老人挎越而瑟和之,缁老人击节","奏阕而香烟化为龙凤环。"①"若一"为三子合一,也就是"一分为三"思想中的"三即是一";"龙凤环"为象环,相当于对立的两端(如密冒与显冒)合为一环,彼此包容、首尾相连。三子合一又可以通过吞吐来实现,如:"卧石而梦当士至,不见二子。当士曰:即身是也。独不闻鹅笼书生之吞吐乎?"②如同书生鹅笼之喻,当士可以吞掉何生与平公,从而三子成为当士,哲学表述便是"三合为一"。当然,其他二子亦可实现类似于当士的吞,从而实现另外两种"三合为一"。反之,当士又可以随时吐出两子,也就是"一即是三"。这种吞吐成环在表达在体与用的关系,便是方以智哲学的体用观,这将在本书第三章论述。从宗教学来看三子的入世出世观:"忧世道之责,当士舍身命当之矣。何生不知何谓世,何谓道,何暇忧乎。平公为太翁,享见成之福,而碎其体,以与之同处者也。"③这又关乎方以智宗教观的入世与出世辩证关系的三个维度:入世、出世、统合入世与出世,这将在本书第九章论述。

第二,图1-1是从阳明学传承来看。按照邹守益属于江右王门,王宣源自江右,并且吴应宾、方大镇与江右王门的领袖邹元标亦有论学。方以智晚年驻锡的青原是江右王门讲会中心,由此有利于方以智承接江右王门传统,承担起复兴阳明学讲会的重任。

第三,图1-1未及朱子学,而方学渐、方大镇、王宣均有朱子学倾向,且方学渐、方大镇与东林顾宪成、高攀龙等朱子学后劲往来证学,思想交相渗透。这涉及朱子学与阳明学两大传统的融会贯通,有利于方以智从宋明理学的整体开创正学,亦有利于以朱子学为药,救治阳明学脱实向虚之病。

在上述思想来源之外,对于方以智思想有重要影响者还有方孔炤、余飏、白瑜、张玮、黄道周、汪可受等,交游者有陈子龙、冒襄、侯方域、黄宗羲、王夫之等,皆为明季杰出者,正是诸多优越的师友关系,得以孕育出方以智这位大思想家。有关方孔炤、黄道周的影响将在下文论及,这里简述余飏与张玮。如前所述,余飏对于方以智的哲学思想有精准的把握,对于方以智反清复明的政治理想有记述,可见两者相知之深。直至方以智晚年,余飏访方以智于青原:"赓之本师世居芦中,其门人智出世托孤,自称药地。甲辰,师来青原;丁未,智诣莆田","吾师既衍临别薪火之旨,因汇一编,题曰《芦药

---

① 方以智:《象环寤记》,《易余(外一种)》,上海古籍出版社2018年版,第225—226页。
② 方以智:《三子记》,《易余》,《易余(外一种)》,上海古籍出版社2018年版,第4页。
③ 方以智:《易余目录·三子记》,《易余》,《易余(外一种)》,上海古籍出版社2018年版,第1页。

合草》,亦以三十年之白发师生,留此一会,非偶然也。"①在与方以智相知的
30 年中,余飏成为方以智思想的重要来源。邹守益在江右倡导惜阴会,王
阳明致信:"同志之在安成者,间月为会五日,谓之'惜阴',其志笃矣。"②王
宣承接惜阴学脉,以方孔炤融合方大镇与吴应宾之学,"渊源合乳",并赋
诗:"文清文介正冠裳,二无独弦弹清商。"③"二无"指张玮,他是明季大儒,
上接东林孙慎行,与蕺山刘宗周论学,可惜当今学界有关张玮的研究成果寥
寥。"二无张公,入淇澳室。(孙公慎行。)同寅深交,叩两贞一。(张先生玮
与老父前同兵曹,后代玺卿,深资密证。)"④"张二无先生与老父谈则竟日,
大无外,细无间。小子窃聆之,叹其妙,而未敢自领,为受用不及也。先生徐
顾小子曰:'随分自尽,尊所闻,行所知,他日自能深造,不须我语。'"⑤张玮
与方孔炤有深交,相互证学,由此形成方学渐、方大镇与顾宪成、高攀龙,方
孔炤与孙慎行、张玮的密切学术互动,从而方氏三代家学与东林学长期渗
透,有利于方氏家学的深度提升,由此积累更为厚实。通过亲闻方孔炤与张
玮论学,有利于方以智承接孙慎行、刘宗周之学;经张玮指点,方以智果然不
负厚望,能够做到"随分自尽",在炉韝锤炼中深造。

二、炉 韝 锤 炼

方氏家学重视《周易》的忧患意识,如方中通所述:"作《易》者,其有忧
患乎! 自先明善而下,五世学《易》矣。先祖西库与黄石斋先生讲《易》不
辍,晚年著有《时论》;老父庐墓合山,重编梓行。呜呼! 痛哉。"⑥据上节所
论可知,方以智师承三老人,三老人均深于《易》,并传授给方以智,方以智
在全面继承时,又融会贯通,按此发展,方以智可成为易学家。正如文王拘
而演《周易》,《周易》是忧患之作,仅靠师徒传授,并不能深刻体证到《易》
学真义,要真正将学问融入生命中,尚须大炉韝锤炼:"角虮鼓箧,即好旷览
而湛思之。长博学,治文辞已,好考究已,好物理已,乃读《易》,九阂八埏,

---

①　方以智:《书芦药合草后》,《浮山此藏轩别集》卷一,《方以智全书》第 10 册,黄山书社 2019
　　年版,第 143 页。
②　王守仁:《惜阴说》,《王阳明全集》,上海古籍出版社 2011 年版,第 298 页。
③　王宣:《书〈青原惜阴卷〉后》,《青原志略》卷九,江西人民出版社 1998 年版,第 240 页。
④　方以智:《慕述》,《合山栾庐占》,《方以智全书》第 10 册,黄山书社 2019 年版,第 370 页。
　　"淇澳",原作"洪澳",当为讹字,据文意改。
⑤　方以智:《膝寓信笔》,《方以智全书》第 8 册,黄山书社 2019 年版,第 504 页。
⑥　方中通:《哀述》,《陪诗》,卷四,清刻本,第 12—13 页。

无不极也。非知《易》也。中覯大难,濒死十九,忽以嗒然,遂怳然矣。"①从方以智自述来看,在"中覯大难"之前,易学仅是口耳之学,没有经过内心忧患意识洗礼;或者说是知识性的,没有达到真切体知;或者说是外入,而非内证。方以智在大难中"濒死十九",由此刊落铅华,将三老人的传授转为内心忧患意识的资源;以真切的体知驾驭易学的学问,将逆境的顺受转为改变精进,以怒化生生带动生命境界的飞跃,从而达到真"知《易》也",创作《易余》,将"怒化生生"的哲学精神展现出来。

方以智经炉韝锤炼的过程可简述为:"小子半生虚过,中年历诸患难,淬砺刀头,乃始悟三世之《易》、虚舟子之《河》《洛》、宗一公之疑信。又以煴火凿坎之逼,得息喘于杖人。"②按此可分四个阶段:半生虚过、中历患难、淬砺刀头、息喘杖人,略述如下。

（一）半生虚过

"半生虚过",指方以智早年的顺境,直至其父方孔炤遭陷害入狱。方以智学问以广博著称,"长博学""治文辞""好考究""好物理",他生活安逸,加之良好的家学基础,成为才华横溢的富家公子,十八岁时至秦淮河,并赋诗:

> 玄圃芳林夜色多,秦淮桥上唱吴歌。
> 羽轮桂殿陈云锦,彩鹢兰樽障绮罗。③

秦淮河的吴歌绮丽或许一直萦绕在方以智心头,"甲戌(1634年)八月,乱民斩关焚掠,结寨扬旗。举火之夜,大姓俱走,此桐未有之变也。"④因桐城遭兵劫,方以智重返秦淮河。在秦淮河畔,方以智借酒消愁,"消渴伤心学酒徒"⑤,似乎忘记了家乡的苦难:"几年江北渡江来,哀尽江南反不哀。旁有酒徒还劝我,故乡书信莫须开。"⑥饮酒消愁与其说是对于现实的无奈,不如

---

①　方以智:《三子记》,《易余》,《易余(外一种)》,上海古籍出版社2018年版,第1页。

②　方以智:《双选社传语》,《冬灰录》卷二,《方以智全书》第3册,黄山书社2019年版,第229—230页。

③　方以智:《七夕秦淮作》,《博依集》卷八,《方以智全书》第8册,黄山书社2019年版,第292页。

④　方以智:《桐变》,《方子流寓草》卷五,《方以智全书》第9册,黄山书社2019年版,第117页。

⑤　方以智:《秦淮漫兴十首》其七,《方子流寓草》卷九,《方以智全书》第9册,黄山书社2019年版,第198页。

⑥　方以智:《秦淮漫兴十首》其十,《方子流寓草》卷九,《方以智全书》第9册,黄山书社2019年版,第199页。

说是在痛苦中寻找心灵慰藉,这一直影响到方以智流离岭南时:"海外披襟幸着冠,莫愁离别只加餐。悲歌自信今生熟,乱世原求一醉难。"①方以智要超越自我麻醉的饮酒,须要等到透过生死关后,竹关托孤,将哀怨升华为"怒化生生"的哲学精神,不再是无奈与逃离,而是全身心担当托孤的重任,哪有闲情学酒徒?

　　酒与色为友,况且是在秦淮河,方以智似乎已经忘记了在桐城守望的妻子,"少年挟剑动江湖,近在秦淮傍酒垆。"②他在南京广交侯方域、冒辟疆等名士:侯方域是孔尚任《桃花扇》的男主角,钟情于李香君,与李香君同出者,还有董小宛、柳如是等秦淮名媛。董小宛名白,"一字青莲,秦淮乐籍中奇女也。貌娟妍,擅词翰,针神、曲圣、食谱、茶经,无不经晓。""竹篱茅舍,咏诗鼓琴,往来白下。"③据冒辟疆记述:"己卯初夏,应制白门,晤密之,云秦淮佳丽,近有双成,年甚绮,才色为一时之冠。"④"辟疆同密之屡访。"⑤若方以智按此发展下去,将堕落为酒色之徒,不仅辜负三老人教诲,亦不可能成为忧国忧民的儒学"真孤",后世则无必要讨论其哲学精神。

　　方以智自述"半生虚过",按此,方以智在世的一甲子中,30岁是分水岭,其标志事件是方孔炤入狱,作为真孝子的方以智,人生轨迹由此转向。方孔炤以金都御史巡抚湖广,"公严备,遏贼南下。""已而贼屯兴山,杨嗣昌檄楚、川、沅三师夹攻,贼宵遁。公知贼狡谋,下令楚军将止屯勿进,而楚军二将已迫嗣昌檄,违节制,深入至香油坪。贼果大集,楚师援绝,遂溃。""至是遂劾公失机,逮下狱。"⑥方以智赴北京,悲切凄楚,膝行宫前,为父申冤:

> 才向毬场一举头,浮云竟蔽古幽州。
> 狐援哭后难逃斩,独漉歌成敢道雠。
> 有弟改装随白发,弃家挥袖散苍头。
> 酸心自嘱三更泪,若到人前汝莫流。⑦

①　方以智:《德庆州同子昼饮以式寓作》,《遗民诗》卷六,《遗民诗》,华东师范大学出版社2013年版,第367页。

②　方以智:《赠内》其四,《方子流寓草》卷九,《方以智全书》第9册,黄山书社2019年版,第199页。

③　《附录》,《影梅庵悼亡题咏》,《冒辟疆全集》,凤凰出版社2014年版,第649页。

④　冒襄:《纪遇》,《影梅庵忆语》,《冒辟疆全集》,凤凰出版社2014年版,第580页。

⑤　张明弼:《冒姬董小宛传》,《旧小说》己集,商务印书馆1914年版,第40页。

⑥　马其昶:《方巡抚传第十七》,《桐城耆旧传》卷五,黄山书社2013年版,第129页。

⑦　方以智:《庚辰闻老父被逮》,《方密之诗抄》,国家图书馆藏抄本。

致身三世奉渊源,总是君恩敢道冤。

年倍吉盼徒控疏,悲同虞顗独扬燔。

冀开罗网怜穷鸟,忍听银铛泣夜猿。

功罪不明疆事偾,劳臣万死又何言?①

非真情至性之真孝子,何能作此诗?方以智至孝,父亲遭罪,儿心何安?"三更泪""泣夜猿",内心无比悲痛,又要强忍悲痛、止着泪水,去积极解救。方以智相信他的真情与努力能够得到崇祯的明察。如魏藻德《激楚序》:"父冤如此,子何以生!于是食不肉、衣不帛。却宴饮声歌之乐,出入圜扉,省亲靡倦,萧然寒邸,绝无新贵容。午夜露祷拜,疏辞廷对,愿以身代。猿肠鹃血,哀动长安。"②方以智的努力最终得到回报,方孔炤得生。

在申救方孔炤的过程中,方以智得以受学于黄道周。黄道周是方孔炤的狱友,"黄詹事道周、解少司马学龙,以庚辰八月初四日,廷杖各八十,下刑部。""长卧至十月杪,解疮合口,黄疮口尚未合。"③黄道周所历惨痛为方以智目睹:

中年下炉火,伏地空涕洟。

老父白云库,黄公论《易》时。

浮气乍摧折,始觉真提撕。庚辰,老父以武陵劾下狱,与石斋先生论《易》,小子进语,时见呵责。④

据此诗,有三点值得注意:

第一,方孔炤与黄道周同遭患难,两人均是易学大家,因祸得福,两人得以在狱中相互学习,共论《周易》。"漳浦同西库,(庚辰,同石斋先生圜中讲《易》。)象数理益精。"⑤通过论学,方孔炤与黄道周"象数理益精"。反映到易学,通过论学,方孔炤深度发展了"寂历同时":"西库黄公,(讳道周。)墓据相得。象数徵理,损益天则。(黄先生曰:吾门最忌儱侗,交盘不得。先

---

① 方以智:《控疏请代父罪》,《方密之诗抄》,国家图书馆藏抄本。

② 魏藻德:《激楚序》,《浮山文集前编》卷四,此藏轩刻本,第3页。

③ 方孔炤:《西库随笔》,《桐城方氏七代遗书》,黄山书社2019年版,第391页。

④ 方以智:《斋戒》,《无生癛》,《浮山后集》卷一,《方以智全书》第10册,黄山书社2019年版,第235页。

⑤ 方以智:《以时论付启大竹西》,《合山栾庐占》,《方以智全书》第10册,黄山书社2019年版,第353页。

父极表其方圆同时图。)寂历同时,仑仑常常。一元午会,人法全彰。"①
"寂"相当于寂然,如"余"体;"历"相当于历然,如"正"用。黄道周破除"儱
侗",即打破寂然,显现为历然,由此象数微理缜密,这对于方氏易学有重要
影响,"寂历同时"亦是方以智"余"论展开的重要方向。另外,如前所述余
飏记录方以智自述"时当午运",这来自"一元午会"的思想。

第二,深化了《周易》忧患意识的理解。方孔炤与黄道周论《易》,在象
数义理提进时,更多的是体证《周易》的忧患意识,在患难中体证《周易》的
真精神,将牢狱转化为证道的道场。"每从密之入铁门慰拜库中,夫子同吾
乡石斋先生危坐论《易》,其于生死之间豁然久矣。"②方以智受此震撼,"浮
气乍摧折,始觉真提撕",将早年的富贵浮躁之气渐渐转为忧患意识锻炼出
的淑气,将易学精神融入生命。

第三,方以智参与到方孔炤与黄道周的论学,与石斋先生论《易》,"小
子进语,时见呵责",此处明示方以智能够在方孔炤与黄道周论学时"进
语",敢于参与前辈论学,并提出问题。黄道周对方以智"时见呵责","呵
责"是方以智的自谦语,当是黄道周对方以智的点拨。③ 加之方以智拥有三
老人所授《周易》的三种资源,通过参与论学与前辈指点,方以智的《易》学
引入新的资源,得以迅速提升,同时,方以智真切体会到遭遇患难时体证
《周易》的忧患意识,转化逆境,这为方以智本人即将经历患难指明了方向。

(二)中历患难

方以智的人格特质是真情智骨,是真孝子。唯其真,其感人也深,由此
感动崇祯,方孔炤得生,方氏父子感激崇祯,忠于明朝,是真忠臣,"读圣人
之书,内以淑身,出则期不负国家。"④据《论语·子罕》:"子曰:'岁寒,然后
知松柏之后凋也。'"明朝亡国,如同中国文化遭遇寒冬,在此境域下:

> 人人走,哀不守,孝陵松柏平安否?
> 仰看日月当重轮,沧海愁人夜稽首。

---

① 方以智:《慕述》,《合山栾庐占》,《方以智全书》第10册,黄山书社2019年版,第370页。
② 刘中藻:《知生或问》后跋,《桐城方氏七代遗书》,黄山书社2019年版,第388页。
③ 弘光政权初建,黄道周寄书给方孔炤:"以乙酉建元,四同光武,此可以镇定人心,远迈琅琊、昭烈而上矣。仁翁能令密之起而仕乎?""此时念密之,握手不可得。"(黄道周:《与方仁植书》,《黄道周集》,中华书局2017年版,第675页。)由此可见黄道周对方以智的深情与厚望,以及由此引发的思想影响。
④ 方以智:《四书大全辨序》,《稽古堂二集下》,《浮山文集前编》卷三,此藏轩刻本,第43页。

此刀日望勤王兵，此心告天非求名。
名书刀口炼真火，雌雄许国埋丰城。①

明朝政权大厦倾覆，"人人走，哀不守"，不是拼死守城，而是唯恐逃跑得慢；与此相反，明亡时，方以智誓盟：

天下岌岌，无所逃命。
善用其死，众志咸正。
啮臂茹肝，干将为证。②

甲申正月二十四日，方以智上《请缨疏》："谨奏为不分乱贼披猖，微臣誓暴死骨，愿就河北行伍，父子枕戈，以报国恩事。臣每侍班，亲见皇上不胜焦劳，而犷贼凭陵如此。一念愤至，五内逆裂，誓愿马革，以报三世国恩。臣年正壮，堪任艰苦。贾勇前驱，剖肝沥胆，自有同心投袂，共洒血者。武侯曰：'万人必死，横行天下。'且觅死友，为国先声。"③方以智的这封奏疏使得处在惨败局势下的崇祯看到了一丝希望，"所言多有可采，即补本来。"二月三日，方以智诏对补奏，针对时局，"各路增防御，京营练冲锋。现经申饬，恐仍故事。宜调吴帅就近统制，重在居庸。""畿南山东，以至淮口，多有轻剽标驰一辈，其信大义、蕴雄略者，原自有人。当下诏许所在，倡义结坞，使朝臣通声气者招之。"具体而言，有督抚之权当重，卫军兴屯，招商海运，用人练才，鼓舞之几。"天子不时召对讯之，特恩劝之，使人感激刺骨，而忠良侍从益知切用耐劳，不徒恃其高气。"④方以智的补奏可谓切中明季要害，充分展现了方以智卓越的政治军事才能。从后期历史发展的事实来看，如若将吴三桂提前调至京城，恐怕不会有吴三桂的叛变与山海关大战；如若将重兵屯集在居庸关，或许那里不会出现李自成的军队："自柳沟抵居庸关。柳州天堑，百人可守，竟不设备。总兵唐通、太监杜之秩等迎降，抚臣何谦伪死，私遁。"⑤从明亡后抗清斗争的发展形势来看，方以智所言的"畿南山东，

①　方以智：《宝刀行》，《补编》，《流离草》，《方以智全书》第 10 册，黄山书社 2019 年版，第 205 页。
②　方以智：《与子一介子等盟词》，《方密之诗抄》，国家图书馆藏抄本。又见《庠讯》，《方以智全书》第 9 册，黄山书社 2019 年版，第 229 页。
③　方以智：《请缨疏》，《曼寓草上》，《浮山文集前编》卷四，此藏轩刻本，第 9 页。
④　方以智：《召对补奏》，《曼寓草上》，《浮山文集前编》卷四，此藏轩刻本，第 10—14 页。
⑤　计六奇：《十五居庸关陷》，《明季南略》卷二十，中华书局 1984 年版，第 449 页。

以至淮口",轻剽标驰一辈能够形成一些有效的反抗:畿南河北、山东一带有"济王"政权,淮南南京有"福王"政权,只可惜这些信大义、蕴雄略者不能团结在一起,形不成有效的合力,只能被清军各个击破。如果崇祯能够采纳方以智的建议,在明亡前将这些力量聚集在一起,无疑会对清军形成巨大的威慑。方以智远见卓识受到了重视,"上皆称善"①。事态的发展已非崇祯所能控制,最终导致言不见用,然而方以智的忠君之心始终如一:"前日蒙召对称赏,许君父之言在耳。此半年,阴结山东、河北之忠义,临时求护龙种之苦心。天日在上,沥血可对高皇,是以忍须臾死耳。大丈夫贵能用其死,以有所为,乌在沟壑亡俚耶? 既已哭东华,被贼执,则求死不得矣。至廿六日押入,呼名不应者反接,驱被锋锷,笞考惨毒,刺剟攻心。内外庭除垣庑间,桎莘辙数百人。嚼肤掠髁,晷呼彻天。病骨膺之,动即僵死。从血肉枕藉中,阮瞵上苍,欲骂不闻。摔发把土,恨何以不先死。"②三月十二日,"寇薄近郊,中外大震。上日召对,惟问兵饷,以举朝无人,尝泣下。廷臣长策惟闭门止出入,余无一筹。""以智请至淮上召集豪杰,中藻亦请出募,俱未报。"③方以智此际依然忠心耿耿,以求庇护东宫;在崇祯自尽后,方以智誓死不渝,哭灵于东华门,却因此而遭受肉体极惨烈的折磨,而这种痛彻骨髓的生死体验成为他大悟象环以及创作《易余》的宝贵资源。

方以智拥护成立永历政权,与其说是一种偶然,不如说是出于无奈。由于得罪阮大铖,"北都陷,以智间行归里,大铖党又欲以从逆陷杀之,几不免。南都陷,以智徒步走江粤,顾自是无仕宦情,乃改名姓,称吴秀才,游南海。"后被姚胤认出,奇胤劝令强起,裹时难,"瞿式耜闻而迎馆之。会上即位于肇庆,擢左中允,充经筵讲官。"④永历元年丁亥(1647 年)正月,朱由榔至梧州,宫詹方以智等从行,"元宵后,溯流上府江,在途拜方以智、吴炳典枢务。"⑤"五月中,永历自粤西至武冈州。武冈属楚宝庆府。时方以智、吴炳随驾",严起恒拜相,进何蛟腾为总制,"文臣武将,位置星列,兵势稍振。"⑥从在崇祯朝的经历可以看出方以智的忠君与精进,但惨痛的经历使得他不得不面对现实,流浪天涯。参与永历政权,使得他能够复活心中残存的余焰,对于崇祯朝的深情转化成对于永历政权的信心。但是,事态的发展

① 方以智:《上通州魏相公书》,《曼寓草上》,《浮山文集前编》卷四,此藏轩刻本,第 15 页。
② 方以智:《寄李舒章书》,《岭外稿上》,《浮山文集前编》卷七,此藏轩刻本,第 2—3 页。
③ 谈迁:《国榷》卷一百,中华书局 1958 年版,第 6093 页。
④ 王夫之:《永历实录》卷五,《船山全书》第 11 册,岳麓书社 2011 年版,第 393 页。
⑤ 计六奇:《永历至梧州》,《明季南略》卷十,中华书局 1984 年版,第 345 页。
⑥ 计六奇:《瞿式耜留守桂林》,《明季南略》卷十,中华书局 1984 年版,第 350 页。

让方以智痛心不已。永历举朝醉梦,当朝者粉饰太平,"如醉如梦,妄相妄忆而已。""文武臣工,无夕不会,无会不戏,卜昼卜夜。""曾见有几而作不俟终日者三人,吴璟、方以智、毛毓祥也。""方以智参机密,见涣发丝纶不达城外,托修道而入山。""当时国势危如累卵,清势重若泰山,而举朝文武犹尔梦梦,欲不亡得乎?"①方以智"至是放情山水,觞咏自适,与客语不及时事。楚、粤诸将多孔炤部校,欲迎以智督其军,以智咸拒谢之。永历三年,超拜礼部尚书、东阁大学士,不拜。诏遣行人季浑敦趣入直。以智野服辞谢,不赴。"②

永历三年,"进方以智为东阁大学士、礼部尚书,召入直,称疾不赴。"此时,清兵"大举攻湖南,陷湘潭。""马进忠走宝庆。何蛟腾被执,不屈,死之。"清兵陷宝庆,"马进忠、王进才退屯武冈。"③清军的进攻犹如一个个毒刺刺入,使得永历政权这个麻醉的躯体不得不面对现实。朱由榔分别派张应斗、龚之凤、方祚亨、贾胤圣、任斗墟等特使十请方以智,希望他能解燃眉之急,如诏书所述:"卿天人实学,忠孝世传,鼎铉弘谟,人伦师表,北都著节,南徽艰贞,识备古今,才堪四应,实望卿居端揆之任,理机务之繁,树表于朝廷,则四方豪杰知所归依;发策于疆场,则远迩群英共奋挞伐。"④"朕漂摇江浒,笃望名贤,匡弼朕躬,以济险难。兹者东事未定,西警方殷,朕焦劳殊甚。卿忠节见于燕都,坚贞烈乎南徽,鸿才硕望,朝宁仪刑,伟略壮猷,中外仰服。藉卿命世之材,以抒定变之略。"⑤方以智不仅有方孔炤旧部的支持,能够迅速组织军事力量,而且在崇祯朝的忠节也为他赢得了很高的威望,能够团结一些冒死抗清的志士。当然,方以智才华横溢,不仅能修实录,在礼部大有可为,而且在兵部、吏部、工部都将起到重要作用,乃至端揆统领百官。"道德、文章、政事,出于一矣。"⑥永历十次盛请,方以智十次婉拒。方以智不出仕,从外部环境来看,永历政权面对清军大举压境的危机形势,不是励精图治,而是沉醉在暂时的、虚幻的太平中。这既反映出朱由榔软弱无能,又映射出朝臣在大厦将倾前的丑态:苟且偷安,各谋私利,自欺自骗,沉醉在虚构的海市蜃楼中。方以智已明确认识到"涣发丝纶不达城外"所导致的上下不能互动。丝纶指诏旨,政令不能下行,民意更不可能上达。在这

①　计六奇:《举朝醉梦》,《明季南略》卷十二,中华书局1984年版,第461页。
②　王夫之:《永历实录》卷五,《船山全书》第11册,岳麓书社2011年版,第394页。
③　王夫之:《永历实录》卷一,《船山全书》第11册,岳麓书社2011年版,第361页。
④　方以智:《七辞疏》,《猺峒废稿》,《浮山文集前编》卷十,此藏轩刻本,第10页。
⑤　方以智:《九辞疏》,《猺峒废稿》,《浮山文集前编》卷十,此藏轩刻本,第14页。
⑥　方以智:《四书大全辨序》,《稽古堂二集下》,《浮山文集前编》卷三,此藏轩刻本,第43页。

种举朝皆醉的状态下,如果方以智入阁,注定下场惨烈。

南明政权犹如一只飘荡在大海中的孤舟,船已千疮百孔。船上的人不是忙于修船,而是拼命争夺着船上即将消耗殆尽的资源,以求在船沉没前争取更多。面对朝廷的内耗与奸臣当道,方以智预感自己即使担任东阁大学士、礼部尚书,依然无力回天,乃至遭小人陷害。方以智性格耿直:"贱性狂直,见人之不善,则若不能容。"①直则易折伤:"臣秉性疏直,动即多忤。半生消肮脏于诗酒,人目之为狂生。"②"贱性外和内方,若一念尚至,则百情俱断,遇事执强。"③"贱性狂直,外放内狭,与人龃龉,动而得祸。"④而事实上,方以智尚未入阁,便遭弹劾:"臣前后屡疏请罪,正在惶恐,伏听处分,忽闻有弹臣者。"⑤这或许是官位的迅速提升所导致的群小猜忌,或许是佞幸预感到方以智入阁会增强正义的力量,从而阻挠方以智出仕。方以智深谙相道,"臣之不可为宰相,非独臣自知之审也,人皆知之。"⑥如其所论:"要以首辅为主,参知听之。虽不坐政事堂,而六部百司,承意先请。岂曰无权?正患持禄保位而怙权耳。怙权必塞言路,怙权必结近侍,外以党吓方鲠之士,廷杖挟威;密乃阴行时局之毒,收召罗网。"⑦永历政权现实的所作所为与方以智所向往的相道背道而驰,面对刘承胤、马吉翔、郭承昊、严云从等封侯伯爵而又毫无进取之心的众臣,面对王坤等政敌的内恣,乃至吴楚两党之争,方以智即使接受了朱由榔的盛邀,也不可能支撑起整个永历政权的大厦,只能是多了一个悲剧人物。"小人者,君子之砺石也。"⑧永历政权充斥着佞幸小人,这刺激了方以智的思考:"圣人以君子治小人,天特生小人以治君子,亦相激为代错也。"⑨君子以小人为砺石,从而使得正义之剑更加锋利。

(三)淬砺刀头

方以智在哭崇祯灵被逮后,受尽荼毒,身体被严重摧残,"自北都万死

① 方以智:《夫夷山寄诸朝贵书》,《岭外稿上》,《浮山文集前编》卷七,此藏轩刻本,第27页。
② 方以智:《夫夷山再辞疏》,《猺峒废稿》,《浮山文集前编》卷十,此藏轩刻本,第1—2页。
③ 方以智:《夫夷山寄诸朝贵书》,《岭外稿上》,《浮山文集前编》卷七,此藏轩刻本,第27页。
④ 方以智:《答吴年伯书》,《岭外稿上》,《浮山文集前编》卷七,此藏轩刻本,第26页。
⑤ 方以智:《十辞疏》,《猺峒废稿》,《浮山文集前编》卷十,此藏轩刻本,第16页。
⑥ 方以智:《九辞疏》,《猺峒废稿》,《浮山文集前编》卷十,此藏轩刻本,第14页。
⑦ 方以智:《相道》,《曼寓草上》,《浮山文集前编》卷四,此藏轩刻本,第20页。
⑧ 方以智:《反对六象十错综》,《易余》卷上,《易余(外一种)》,上海古籍出版社2018年版,第77页。
⑨ 方以智:《中告》,《易余》卷上,《易余(外一种)》,上海古籍出版社2018年版,第54页。

守节而归,为马、阮所陷,以白为黑,忠臣灰心,洒天弥海,即得怔忡惊悸、呕血头晕之症,病且一年,今桂林复发之后,仅存人形耳。近日目昏不见,加以气逆,一有所思,则晕大如斗,何以胜劳乎?"①"臣木石残喘,尾琐无家,自出苗峒,避兵入粤。依臣父执,滞桂一春。嗣后在平西山一年余矣,僦居敝庐,上漏下湿,鸡豕杂处,稿等山农。旧疾时发,举室颠连。"②不仅疏辞如此言,而且对于吴炳亦如是言:"自木石海滨,冤愤入骨,沉病一年,有感即发。近日呕血之后,益觉虚仆。目昏气逆,头大如箕,顾影残生,无复人理,命也苦矣。"③全武劫驾后,方以智蹠足苗洞,"夷獠杂语,百状难堪。况今之涂首垢面、吊影昕夕者乎?然甘心无所怨也。所以中夜鼠泣者,上不能乘会以暴此骨,又不能扶服以见老亲,命之苦矣,何以为人?"④上不能尽忠,下不能尽孝,方以智陷入苦闷:

> 五岳看看起塞尘,向禽岂谓病兼贫?
> 曲肱茆屋鸡同宿,举火荒村贵作邻。
> 愁是三更风雨夜,梦回九死乱离人。
> 呻吟达旦谁怜者,惟有寒螀助苦辛。⑤

即使在苦难呻吟之际,方以智仍心系南明,上《刍荛妄言》,为混乱时局开具五个良方,依次为:制之当更、土塞之当倡、议饷当求其源、说士之当求、间使之当广。⑥明代亡国重要原因之一是粮饷不足,用兵需调粮,然而无粮可调。方以智奏疏的目的在于解决权力集中、军队供需问题,他的"狂言"仍是延续了崇祯诏对补奏的内容。守令兼将帅,主要目的是军权政权合一,

① 方以智:《夫夷山寄诸朝贵书》,《岭外稿上》,《浮山文集前编》卷七,此藏轩刻本,第27页。
② 方以智:《十辞疏》,《猺峒废稿》,《浮山文集前编》卷十,此藏轩刻本,第16页。
③ 方以智:《答吴年伯书》,《岭外稿上》,《浮山文集前编》卷七,此藏轩刻本,第26页。
④ 方以智:《寄首相瞿年伯》,《岭外稿中》,《浮山文集前编》卷八,此藏轩刻本,第1页。
⑤ 方以智:《天雷苗夜病中作》,《流离草》,《方以智全书》第10册,黄山书社2019年版,第197—198页。
⑥ 方以智:《刍荛妄言》,《猺峒废稿》,《浮山文集前编》卷十,此藏轩刻本,第18—20页。此论当是继承方孔炤于崇祯上《刍荛小言》,"伏惟治天下有大道,拨乱反治有大要,贵总揽其大者,不贵苟急于小者。""世事如此矣,裴度所云:'臣若不言,天下谓臣负恩,如烈火烧心,众镝攒体。'"如其所论京畿之计,"今光景已逼,振举在人,伏望救谕宫府内外,一体同心,各衙门冗员冗食为公摒节。凡一切损伤民心、破碎民财者,尽与蠲剔,使百姓忘劳而忘死。民心既得,兵政自严;"又如论生财之数,"今日困穷,为其各衙门耗财之路大开,而养富之基尽圮也。""今当立法,重悬出首之赏,止追受者之赃,不问与者之坐,则凡私诈之物悉充官库。"(《桐城方氏七代遗书》,黄山书社2019年版,第403—422页。)

当清军压境时,防止产生政权与军权的矛盾。每一座城、每一个要塞都要形成一个牢不可破的点,这样每个点都变得非常顽强,共同组成一串坚固的防线,集中兵权,军民同心。每个点充分依靠自身的力量,尽可能解决内部军需供应,这样能从本原上解决军队持久战斗力的问题。但是永历政权已被佞幸从内部完全腐化:这是一个盛产汉奸的政府,从内忧外患两方面权衡,内忧造成的内部不团结是永历政权的痛点,不能同心勠力,而是极擅长内耗,乃至阉割了自尊、民族认同,甘愿为清廷当奴才;这是一个腐败透顶的政府,贿赂成风,携重赀北归的马吉翔之徒如同一个个硕鼠,盗尽永历粮仓中残存不多的口粮;这是一个扭曲正义的政府,耿直之士有志不能伸,奸佞之徒大行其道,"罚及无罪,赏及无功",赏罚不明,上欺下骗,政府已丧失了公信力。从长期来看,应从秩序重建、养正义之士、扭转社会不良风气等方面疗治,在大敌当前的紧急关头,最重要的是迅速形成向心力、凝聚力,从而形成有效的抵抗力。有心杀贼,无力回天,方以智仍然在固执着努力向前:"愚道人尝言:本朝屡得天助,今乃果然,朝中喜可知已。然窃以朝廷即还故都,正谓诸君子忧国方始,勿遂得意也。""今若上下一心,卧薪尝胆,则业可过晋宋;不则廿五年、十五年,亦未易安枕也。草创之初,在收人心,收之先须服之。四海虽大,然豪杰观政事而归命,望影立见。"①以先天下之忧而忧,勿以满朝皆醉满足于虚幻的太平;皇帝励精图治,不应东躲西藏,朝臣不奸谗、不贿赂,精忠报国,上下同心,赏罚严明,一致对外;通过端正皇帝、朝臣的行为,进而政通人和,远人来归,豪杰相助,则何至于速亡?更进一步,正如方以智所论:"以行在为大营盘,天子如总督,群臣如偏裨,不设百官,不用部覆,君臣同心,文武勠力,鱼水之深,义犹朋友。词林台省,罢兼六曹而统于政府,如汉之东西曹司,有所为,则帷幄商之,朝谋而朝发,毋复文法纷纭,体貌隔绝。诸葛武侯引《志》曰:'万人必死,横行天下'是也。""惟在讲求居重驭轻之术,谋臣死士,群策群力,卧尝而图,以之鞭使雄杰,降盗招寇,无不可者,此谓横行。"②如若永历政权能够实施方以智的谏言,上下同心,收纳一批必死之士,则亡国未必有如此之速。只可惜,像方以智这样的孝子忠臣少得可怜,并成为那些贪生怕死之辈的眼中钉、肉中刺,由此,他们尽力阻止方以智入阁,刍荛狂言也只能成为理想了。

　　方以智大孝,如上文致信瞿式耜所言"又不能扶服以见老亲,命之苦

① 方以智:《寄朝中诸公书》(己丑春日灵田山中发),《岭外稿中》,《浮山文集前编》卷八,此藏轩刻本,第28页。

② 方以智:《刍荛妄言》,《猇峒废稿》,《浮山文集前编》卷十,此藏轩刻本,第18页。

矣",又据方以智悟道记所言:"不肖少读明善先生之训:'子孙不得事苾刍。'然中丞公白发在堂,眦为之枯。十年转侧苗峒,不敢一日班行,正以此故。"①方以智流离岭南期间,十年如一日,始终牵挂方孔炤,如果他担当永历政权的要职,将导致在清军沦陷区的方孔炤受到牵连,这是他不参与永历政权的另一个重要原因。

据王夫之言:"方密之阁学在粤,恣意浪游,节吴歈,斗叶子,谑笑不立崖岸,人皆以通脱短之。"②吴歈,吴地的歌,当指昆曲;叶子,又成叶子戏、叶子格、马吊、赌博用的纸片。在倾盆大雨压城之际,在惨战的前夜,方以智看似放荡,其实是内心无比悲凉的表现。方以智极度苦闷,言行不能一,他目睹大厦将倾,而又无能为力,白日放荡,以求掩盖内心的悲痛;中夜鼠泣,忧国忧民。"人遭恶浪后,阁笔灰心久。不论诗,但饮酒。""此生囊呕血高几尺,刳肠灰尽诚堪怜。"③如同在秦淮河饮酒消愁,方以智再度陷入苦闷,以饮酒慰藉心灵。瞿式耜赠诗:"魂依北道旌旗侧,身近南楼啸咏旁。"④此可谓知方以智之深者。瞿式耜赠诗涉及方以智思想的重要面向,即"神(魂)"与"迹":方以智身在南楼,心在北道,即以"啸咏""浪游"为形迹,而心神牵系战场。要转化超越身心的矛盾,须待方以智闭关悟道后,"贵得其神,勿泥其迹。"⑤"神"是方以智哲学思想的内核,而"迹"可以在南楼啸咏,也可以在祇支,这将在本章下文论述。因为心系国家,方以智并不由此而沉沦,如其诗:

> 人经锋刃后,闲话齿犹寒。
> 抗疏求名易,还山结伴难。
> 南都如梦里,北斗隐城端。
> 忽忆年来事,中宵发冲冠。⑥

纵然久经患难,方以智仍不忘故国前朝,"中宵发冲冠",现实愈惨痛,

---

①　方以智:《象环寱记》,《易余(外一种)》,上海古籍出版社 2018 年版,第 216 页。

②　王夫之:《搔首问》,《船山全书》第 12 册,岳麓书社 2011 年版,第 631 页。

③　方以智:《刘客生吴鉴在自汀州奔粤遇于苍梧》,《流离草》,《方以智全书》第 10 册,黄山书社 2019 年版,第 196 页。

④　瞿式耜:《庚寅八月,方密之相国四十初度,敬奉二律申颂,促其入朝,以慰圣眷》,《瞿忠宣公集》,卷八,清道光本,第 30 页。

⑤　方以智:《象环寱记》,《易余(外一种)》,上海古籍出版社 2018 年版,第 216 页。

⑥　方以智:《瞿年伯和客生韵即次写怀》,《流离草》,《方以智全书》第 10 册,黄山书社 2019 年版,第 204 页。

反而愈有利于方以智"怒化生生"哲学精神的蓄积。"还山结伴难",方以智独学寡侣,"同伴都分手,麻鞋独入林。一年三变姓,十字九椎心。"①在孤独中,方以智深刻体证《周易》的忧患意识;椎心之痛,磨砺出金刚之勇,这有利于他迎接即将来临的刑场刀刃。

"西风吹落日,战甲满黄沙。"方以智的潜遁生活随着清军攻陷广西而终结。方以智40岁生日时,钱澄之赋诗:"夜洗砚山聊作活(公卖画自给),昼乘钓艇且为家(公妻子俱团集舟中)。主恩十召君应起,莫恋沧江负白麻。"②方以智知其不可为而为之,"欲移家傍伯玉居,而身赴史局也。"③此时的永历政权在广西大势已去,"庚寅之间,栖一瓢于仙回山,不幸同隐有相识者,系累胥及,被执而胶致之平乐将军。将军奉默德那教,尤恶头陀,露刃环之,视此衲之不畏死而异之,逼而訹之,终以死自守,乃供养于梧州云盖寺。"④这位同隐相识者即是严玮(伯玉),"严伯玉隐仙回洞,曼公匿其家,为邻人所发,备极刑,终不言。"⑤身上被搜出方以智赠诗:"北都矢死惟存骨,西土无生岂累人?"⑥方以智"乃自薙发僧装出,以免伯玉"⑦。赋诗曰:"本为林薮客,自小耻公卿。抱笔知无命,封刀岂忘生?国恩三世重,觉路一身轻。大笑西风里,何方非化城?"⑧

一些学者认为方以智"逃禅"⑨,此两字极易误解方以智入禅的方式及

---

① 方以智:《独往》,《流离草》,《方以智全书》第10册,黄山书社2019年版,第203页。

② 钱澄之:《昭江寿曼公四十》,《藏山阁诗存》卷十二,《藏山阁集》,《钱澄之全集》之四,黄山书社1988年版,第309页。

③ 钱澄之:《永历纪年下》,《所知录》卷四,《钱澄之全集》之七,黄山书社1988年版,第126页。

④ 方以智:《辛卯梧州自祭文》,《无生寱》,《浮山后集》卷一,《方以智全书》第10册,黄山书社2019年版,第243页。

⑤ 钱澄之:《昭江三首》,《失路吟》,《藏山阁诗存》卷十三,《藏山阁集》,《钱澄之全集》之四,黄山书社1988年版,第318页。

⑥ 方以智:《示严伯玉(时伯玉亦以此藏被搜)》,《无生寱》,《浮山后集》卷一,《方以智全书》第10册,黄山书社2019年版,第242页。

⑦ 钱澄之:《永历纪年下》,《所知录》卷四,《钱澄之全集》之七,黄山书社1988年版,第127页。

⑧ 方以智:《庚寅闰十一月自南洞縶出》,《无生寱》,《浮山后集》卷一,《方以智全书》第10册,黄山书社2019年版,第241页。

⑨ 如荒木见悟认为:"方以智当初归向佛法,确实是基于逃禅的动机,但与觉浪道盛的相遇,却仿佛是他生命中最重要的思想转机。之后,方以智受到父亲与外祖父吴观我的影响,继续研究《易经》,至于'废眠食、忘死生'的地步,但结果他所到达的境界,却是'《易》理通佛氏,亦通老、庄。'"(荒木见悟:《觉浪道盛初探》,载《明末清初的思想与佛教》,廖肇亨译,上海古籍出版社2010年版,第161页。)此论有三个问题:第一,如上所还原方以智刑场破生死关的顺序,披缁的动因应是清军将领马蛟麟信奉伊斯兰教(默德那教),"尤恶头陀",方以智以头陀状出,以求速死。马蛟麟"逼以袍帽",方以智由此披缁。方以智披缁的过程可以说与"佛法"无关。第二,方以智与觉浪道盛相遇,是在平乐破生死关三年之后,

动机:方以智披缁,是主动的选择;即使披缁,亦非真情愿当和尚。言"逃禅",不如说"入禅"。言"逃"者,逃此而投彼:逃有"逋"义,如奴隶、罪犯之逃亡,遑遑而逃;逃有"遁"义,隐蔽而遁不出,丧失了家国天下的关怀;逃有"逸"义,摆脱束缚而沉湎于一己之安逸。方以智气节凛然,必无"逋""遁""逸"之状。既然皆不适合方以智,又何言"逃禅"? 更何况方以智入禅后,接受觉浪道盛的托孤说,承担起为担当儒学真孤的重任。其实没有必要再向后看,仅看方以智披缁之缘起,此意亦可大明。方以智"入禅",先在刑场上得最上乘禅法,然后披缁:"百折不回横一剑,岂畏刀枪重煅炼? 狮子尊者肯施头,仲连焉可错射箭?"①"一声狮子吼,刀锯总忘机。"②心同禅宗二十四祖,已入大涅槃,可谓真佛祖,亦可说真正证得仁体,浩然正气塞天地:"不破生死关,则仁者之勇不足,虽淳谨无亏,担当大事,必多为瞻顾所夺矣。""当涣而涣,即具胆智,即成其仁。罗近溪问道颜山农,颜曰:'孰不为生死利害所动,犹是制欲,非体仁也。'近溪下拜。"③儒学亦须破生死关,方能证得真仁体,否则,仅凭口耳传授,亦非真体仁。方以智具有狮子尊者的胆智,展现出仁者之勇。对于儒学而言,由此仁勇,方以智必能担当大事,日后不负觉浪道盛下宫之托,因此,即使说方以智逃禅,亦是"有托而逃者也"④。

清军攻陷桂林后,瞿式耜等忠贞之士对于南明政权不再抱有希望,选择死节报国,共铸血道场:"靖江王与瞿留守式耜、张司马同敞为三。此外,汪职方皡沉于平乐,守将田勇自刃,焦国公琏为陈邦传所杀,江御史见龙死于太平,一时发心者为建道场。""桂林三匹练,此外四条虹。喂虎自还愿,从龙莫说功。小民皆下泣,古庙自生风。且发栴檀火,鸣钟咒一通。"⑤如同这

"初,吾乡方密之自岭外薙染还里,皖开府李中丞问召问:'信已出家耶?'方曰:'信矣。'曰:'若信,吾指汝一师。'问为谁,曰:'觉浪和尚也。……是真和尚也,固当师。'密之闻言,即至天界礼杖人为师。"(钱澄之:《住寿昌观涛奇禅师塔铭》,《田间文集》卷二十三,《钱澄之全集》之六,黄山书社1998年版,第456—457页。)方以智之所以言"信",是为了婉拒清廷招抚。第三,"之后,方以智受到父亲与外祖父吴观我的影响",方以智在平乐前,即受到方孔炤与吴应宾的影响,这在本章前文已论述。吴应宾于崇祯七年(1634年)去世,方以智在平乐时是1650年,何来"之后"受吴应宾影响?

① 方以智:《马帅见连招浔爵书重历刀头说此一偈》,《无生癞》,《浮山后集》卷一,《方以智全书》第10册,黄山书社2019年版,第243页。
② 方以智:《重絷至平乐法场逼以袍帽只吼涅盘而已》,《无生癞》,《浮山后集》卷一,《方以智全书》第10册,黄山书社2019年版,第242页。
③ 方以智:《膝寓信笔》,《方以智全书》第8册,黄山书社2019年版,第504页。
④ 施闰章:《无可大师六十序》,《施愚山集》(一),黄山书社1992年版,第167页。
⑤ 方以智:《血道场》,《无生癞》,《浮山后集》卷一,《方以智全书》第10册,黄山书社2019年版,第248—249页。

些友人一样,方以智报国无门,忠不能尽,依赖永历政权复明的前景已彻底绝望。方以智披缁后,被软禁在梧州冰舍:"懒病不求佛,蒲团睡得成。千秋双白眼,三教一狂生。"①

"危之乃安,亡之乃存。"②流离岭南的万死一生经历,使得方以智的哲学思想极真切又极具深度,充满了现实关怀;血道场促成了方以智思想的升华,也成就了《易余》。由于能够深入永历政权的核心,这影响到方以智对于未来理想政府的建构愿景:"曾知政府既立,下以治万古之民,而上即以治万古之君乎?"③这是方以智为之奋斗的理想政府,由此促进了道德法的深刻思考,这将在本书后续章节论述。永历政权的腐朽与堕落,成就了方以智这位思想巨擘。永历政权刻骨铭心的经历,促使他深入检讨明代亡国的教训,有助于从学术根基上发明正学,开创出学术发展的新局面。

从现实来看,方以智亲历明亡,"极治生才,极乱亦生才。"④残酷的现实成就了方以智这位思想巨擘,亡国之痛的刻骨铭心,促使他深入检讨,有助于从学术根基上发明正学,开创出学术发展的新局面。"刀兵者,有道之钳锤也。"⑤"骨从冰舍杀场磨。"⑥"历此大炉韝"⑦,由此锤炼出方以智怒化生生的真精神,得以怒化飞跃。

三、怒 化 而 起

如上所述方以智半生虚过、中历患难、淬砺刀头,距离怒化飞跃仅有一步之遥,即"息喘杖人"。当今学界有关方以智悟道研究,多集中在《象环寤记》,这发生在南京闭关后。事实上,在方以智流离岭南时,已有湖南天雷山悟道,这次悟道基本奠定了方以智怒化生生的哲学精神:

① 方以智:《懒病》,《无生寱》,《浮山后集》卷一,《方以智全书》第 10 册,黄山书社 2019 年版,第 251 页。
② 方以智:《反对六象十错综》,《易余》卷上,《易余(外一种)》,上海古籍出版社 2018 年版,第 77 页。
③ 方以智:《法能生道》,《易余》卷上,《易余(外一种)》,上海古籍出版社 2018 年版,第 120 页。
④ 方以智:《岭外文序》,《岭外稿上》,《浮山文集前编》卷七,此藏轩刻本,第 8 页。
⑤ 方以智:《反对六象十错综》,《易余》卷上,《易余(外一种)》,上海古籍出版社 2018 年版,第 77 页。
⑥ 方以智:《十四歌》,《五老约》,《方以智全书》第 10 册,黄山书社 2019 年版,第 390 页。
⑦ 方以智:《象环寤记》,《易余(外一种)》,上海古籍出版社 2018 年版,第 217—218 页。

十二背吾母,斋戒梦中持。

外祖示生死,吴观我宫谕。患难尝追思……

转侧天雷苗,子身无所依。

乃悟《图》《书》秘,三一消离微。

心斋与大戒,神明实在兹。①

　　诗前有小序:"以此斋戒,洗心退藏,《易传》之所叮咛也。心斋大戒,人间世何所逃乎? 丁亥,转侧天雷苗中,设三世位,烧三一老人香,以此自遁。"如前所述,"三一老人"即吴应宾。方以智在无所依时,心系外祖与家学,由其父方孔炤上溯,则为方大镇、方学渐,这是方以智所言的"三世位","设三世位,烧三一老人香",由此更加明确吴应宾的重要影响,并将祖父与外祖之学合为一源。"乃悟《图》《书》秘",这显然是王宣的影响。依此而论,如同《象环寤记》的三老人,天雷山悟道亦得益于三老人的前期教导,其中"心斋""大戒"具有明显的宗教倾向,具有庄学的内核,这主要受益于吴应宾。吴应宾有深入体证,如其所云:"某近参玄度,远挹空华,拈来满地春光,并作家常茶饭。"②方以智十二岁持斋戒,"凤奉先宫谕三一之学,畅衍宗一家风"③。当方以智身处患难时,得以奉持颐养。综上所论,方以智天雷山悟道的从外缘主要是三老人的教导,内证是亲历患难,由此在刀兵劫难中更能体解大道,在危难中更能切实体知生命的意义,在潜遁中更能积攒生生的力量,这使得方以智的哲学思想既真切而又极深邃。这次悟道有助于方以智穿透生死关,如方以智在被执后的刑场上,"一声狮子吼,刀锯总忘机。"

　　相对于象环悟道,天雷山悟道后,方以智仍有三个重要问题悬而未决:

　　第一,从《周易》而言,心斋与大戒关联着"洗心退藏,《易传》之所叮咛也",流离岭南期间,方以智看透了永历政权的腐败,又心系方孔炤,以求尽孝。因此,方以智一直处于潜遁状态。《周易》重在生生的精神,多表现为乾元刚健的进取,方以智需要扭转以退为主的状态,转向真进。

　　第二,"人间世何所逃乎?"北京沦陷,方以智逃至南京;在南京遭追杀,方以智逃至肇庆;永历朝腐朽,方以智流离岭南;天雷山悟道后,又遭桂林沦陷,方以智逃至庐山……一味躲避不是办法,甚至说不能逃脱人间世,逃无可逃,与其四处逃离,不若在人世间中超越,这需要超越"逃"。

---

① 方以智:《斋戒》,《无生癞》,《浮山后集》卷一,《方以智全书》第10册,黄山书社2019年版,第235—236页。

② 吴应宾:《柬朗目和尚》,《浮山志》卷六,黄山书社2007年版,第90页。

③ 吴道新:《新建藏经阁碑记》,《浮山志》卷四,黄山书社2007年版,版第35页。

第三,天雷山悟道,方以智得到神明的安宁;刑场狮吼,显示出方以智定静的超越;经此两个重要节点,《周易》忧患意识沁入心髓。神明安宁、定静超越、忧患意识三种精神力量激荡交汇,还有待于凝练升华。

以上三个问题的解决依赖于杖人觉浪道盛,这三个问题的解决也正是在南京闭关时完成,由此大悟象环。

从现实情况来看,方以智自岭南逃至庐山,"托足匡庐便省亲,谁知煴火逼遗民。莲台伸指能回箭,花雨藏珠自辟尘。"①古人云:"学道如钻火,逢烟莫便休。直待金星现,归家始到头。"②经过三老人的教导以及患难磨砺,最终,方以智息喘杖门,闭关雨花台,如同浪子归家,"涣然冰释于性命之旨"③,以上三个遗留问题均得以解决:

第一,通过以怒致中和,将《周易》生生精神与《庄子》怒化飞跃的精神融为一体,方以智由此怒化而起。

第二,方以智最终选择以避路为归路,藏儒学于佛学,他不再逃脱人间世,而是以出世间之迹,行人间世之神;他怒化而起,不再顺受人间世的逆境,而是要改变人间世,激活儒学的生生精神。

第三,超越意识与忧患意识融合,方以智以儒家真孤担当,作为真孤,不避危祸,意志坚定,充满忧患,以担当复兴儒学真精神的重任。

在悟道记《象环寤记》中,方以智仍然恪守奉行方氏家训"善世、尽心、知命六字"④,作为忠心明朝,亲历崇祯、弘光、永历三个政权的儒家精英,披缁是不得已之策,但方以智由此独辟蹊径,深入禅净,并成为宗门领袖:儒佛汇聚一身,促成独特的三教合一立场,"以祇支为避路,即为归路。"⑤避路是佛教出世,归路是儒家入世;出世是迹,入世为神,"贵得其神,勿泥其迹。"⑥得其神,迹亦随之而化。从方学渐、方大镇,以至方孔炤,方氏三代均是醇儒,从个人感情而言,方以智抵触佛教,由此内心深度自责,"三世家学而偷息祇支,罪无逃矣。"⑦方以智的问题意识是如何在避路中找到出路,佛教是他实现儒学入世理想的曲折手段,其目的是出路;亦可说他以儒学为内容,

---

① 方以智:《得余赓之本师长书并诗感赋八首》,《合山栾庐占》,《方以智全书》第 10 册,黄山书社 2019 年版,第 361 页。

② 方以智:《铸燧堂示众》,《青原愚者智禅师语录》卷二,《方以智全书》第 3 册,黄山书社 2019 年版,第 110 页。

③ 施闰章:《无可大师六十序》,《施愚山集》(一),黄山书社 1992 年版,第 167 页。

④ 方以智:《象环寤记》,《易余(外一种)》,上海古籍出版社 2018 年版,第 216 页。

⑤ 方以智:《象环寤记》,《易余(外一种)》,上海古籍出版社 2018 年版,第 216 页。

⑥ 方以智:《象环寤记》,《易余(外一种)》,上海古籍出版社 2018 年版,第 216 页。

⑦ 方中德:《跋》,《周易时论合编》,中华书局 2019 年版,第 12 页。

以佛教为形式。从精神追求而言,体现为三点:

第一,觉浪道盛兼通儒佛,乃至以出世心行入世教,这契合方以智的入世精神,同时又能吸收出世的思想资源。

第二,万死一生的经历。"杖人在刀兵火山中换手捶胸,又岂世出世人之所知耶?"①方以智亦有"刀兵火山"的锻炼,由此在精神层次容易产生共鸣:"历尽坎坷,息喘杖门,向上穿翻,一点睛而潜、飞随乘矣。"②通过闭关,在觉浪道盛"点睛"下,方以智的思想得以升华,由鲲化为鹏,怒化而起。从入世出世而言,方以智如龙,既能出世潜通,如《乾》卦初九"潜龙勿用",亦能入世飞跃,如《乾》卦九五"飞龙在天",并且能够统贯二者,"潜、飞随乘",以达时中,妙叶中和,在一真法界处实现超越,在出世的避路中能找到入世的归路。

第三,炮庄托孤。觉浪道盛以庄子为儒学真孤,并将炮庄的宏愿托付方以智,方以智不负重托,作《药地炮庄》,以真孤担当,乃至方以智在江西新城修建并住持廪山寺时,并不是向僧众传授佛学,而是庄学:"趋庭无别语,开示总《南华》(时老父著《药地炮庄》)。"③觉浪道盛与方以智之所以如此重视庄子,在于庄子能够贯通入世与出世,以怒致中和,这既契合方以智怒化生生的哲学精神,又能借庄学以行儒学之教化:"杖人《庄子提正》久布寰内。正以世、出世法,代明错行,格外旁敲,妙叶中和,亦神楼引也。"④如同《象环寱记》所言"贵得其神",以神化迹,以外旁求中和,以庄子为药,医救儒学之病,统合入世与出世法的割裂,由此入世与出世妙叶中和,这符合方以智借助佛教之避路寻找儒学之归路的三教合一。入世与出世为正余关系,"代明错行",据《中庸》"如四时之错行,如日月之代明":入世与出世相代错,如日月代明,互为显隐;又如四时代行,如三时与冬相代,即正余相代,由此可关联反对六象十错综,代错、反对的正余关系将在本书第三章"吞吐成环的体用观"论述。"格外旁敲",以偏归中,这将在本书附录论述;与此相关的"妙叶中和"亦是方以智哲学的境界。入世与出世为正余关系,入世与出世兼具体用与妙叶的特征,这将在本书第九章"入世与出世的统合"论述,以中和之贯融合入世与出世,多层次沟通三教,表现为三教互救、三教三间、生生一贯等。

---

① 方以智:《闻三宜和尚讣音小参》,《青原愚者智禅师语录》卷二,《方以智全书》第3册,黄山书社2019年版,第107页。

② 方以智:《炮庄发凡》,《药地炮庄》,《药地炮庄校注》,台大出版中心2017年版,第29页。

③ 方中通:《庚子同四弟亲寿昌》,《省亲集》,《陪诗》卷三,清刻本,第1页。

④ 方以智:《炮庄发凡》,《药地炮庄》,《药地炮庄校注》,台大出版中心2017年版,第29页。

　　在此需要补充说明,方以智选择觉浪道盛,得到了方孔炤的认可,并由吴应宾前期铺垫。据觉浪道盛复方孔炤:"梦笔托孤于竹关乎? 竹关托孤于梦笔乎? 代明错行,忽尔妙叶。非感时义,乌知消息?""先咷后笑,怨怒中和。杏花药树,真空妙有。以貌例之,无不反判。果知其故,皆一贯也。"①"梦笔"指觉浪道盛闭关的梦笔山,"竹关"指方以智闭关的高座寺看竹轩,觉浪道盛期望方以智能够得其衣钵。高徒寻找明师难,明师寻找高徒亦难:"竹关托孤于梦笔",觉浪道盛托孤于方以智;并且戏称"梦笔托孤于竹关",这一方面说明觉浪道盛的谦逊,不以长者自居,另一方面也说明能够得到方以智这样的高徒,觉浪道盛如获至宝,"杖人于刀兵水火中求大伤心人,穷尽一切,超而随之,乃集大成,乃定宗旨,恰好托孤于竹关"②。如此师徒互感,教学相长,有利于方以智实现托孤的重任。觉浪道盛之信涉及本书所论的诸多重要概念,略述如下:"代明错行,忽尔妙叶",这是正余关系,正与余相代错、相妙叶,这将在本书第三章论述,此处用于代指师徒关系的妙和。"先咷后笑",据《同人》九五,喻之方以智先经大伤心,后能透关,怒化而起。"怨怒中和",这是方以智以边求中的哲学。"杏花药树,真空妙有",杏花指向杏坛,孔子讲学之地,代指儒学;药树指佛教,是救治儒学之病的良药,方以智"自为药树"③,以救儒学。"无不反判",指相反对立:儒学与佛教、妙有与真空、先咷与后笑、怨怒与中和,这些相反的概念都被方以智统归于正余关系。"皆一贯也",相反者相因,根源在于知故,由此达到正、余、贯的三合一,这是方以智的一分为三思想,这将在本书第二章至第十一章中展开论述。

　　又据方孔炤致信觉浪道盛的弟子笑峰大然:

　　　　潜夫十五年,白鹿老庐墓。
　　　　晚径披《易》图,破镜可重铸。
　　　　公因藏反因,引触知其故。
　　　　生死无生死,关尹天地寓。
　　　　有子苍梧归,杖门饮法乳。
　　　　自闭高座关,足疗平生痼。

---

① 觉浪道盛:《复方潜夫中丞》,《天界觉浪盛禅师全录》卷二十七,《嘉兴大藏经》第34册,径山藏版,第21页。
② 徐芳:《序》,《天界觉浪盛禅师全录》,《嘉兴大藏经》第34册,径山藏版,第1页。
③ 方以智:《小引》,《易余(外一种)》,上海古籍出版社2018年版,第2页。

宗一而圆三,外祖早回互。①

方孔炤认为方以智闭关"足疗平生痼"。痼者,久病也,指俗常之见,由疗痼而得以超越至无偏执的自然自在状态,从而寻找到新的出路;也可以理解为方以智将庄子的逍遥转为怒化,从富家公子转向儒学真孤。"炼身归法海,融铁作金城。"②虽然同在南京,与甲戌(1634年)避难、同冒襄访云秦淮佳丽相比,方以智从"半生虚过",经历了"中历患难""淬砺刀头""息喘杖人",竹关悟道,实现了人格的升华;从甲戌到甲午(1654年)二十年,方以智由一个风流的富家公子转变为有担当的儒学真孤。

笑峰大然是方以智的师兄,是方以智驻锡青原的铺垫者。"有子苍梧归,杖门饮法乳",指方以智历经患难,从广西归来,拜在觉浪道盛门下。与觉浪道盛致信类似,"公因藏反因",反因即是"无不反判",都是对待相反的概念。公因相当于"皆一贯也",反因为二,与公因合称三,这亦是三一之辨。"引触知其故"即是"果知其故",要实现一以贯之,必须知故。方孔炤的易学成就集中体现在《周易时论》,"甲午之冬,寄示竹关。穷子展而读之,公因反因,真千古所未发"。③ 方以智直接继承了方孔炤的公因反因思想,表现为"公因泯反因"④。方孔炤的公因反因、觉浪道盛的妙叶等思想均为方以智继承。

方孔炤谈到方以智的外祖吴应宾"宗一","外祖早回互",此处"回互"之意指曹洞宗的偏正回互,由此可见吴应宾的禅学思想对方以智的影响早于觉浪道盛,"而外祖吴观我太史早提如如当当,平天下之谲逞,凤缘相续,固已奇矣。"⑤如觉浪道盛所言:"合莲池、憨山、博山,为一滴乳。累累设问,反复所以,拥彗清道,扶掖来学,苦心哉!"⑥事实上,"吴太君遥秉博山之戒",⑦吴应宾与觉浪道盛均为博山元来之法乳,二人早有密切来往。莲池大师、憨山德

---

① 方孔炤:《寄怀笑峰大师西江》,《青原志略》卷十,江西人民出版社1998年版,第260页。

② 冒襄:《无大师掩关高座,客秋相见后,书诗示余。末云:与辟疆别十六年矣,辟疆由回生一录,而余则九死。因问:何以生还? 书答此诗,追忆旧游天,如勒卣、维斗、子一、伯宗、次尾、超宗、敬夫诸子,无不死。人生当受用死字,此天地钻锤之恩,不可辜负也。今夏无忝重过白下,因倚韵和寄》,《巢民诗集》卷三,《冒辟疆全集》,凤凰出版社2014年版,第153页。

③ 方以智:《齐物论第二》,《药地炮庄》卷一,台大出版中心2017年版,第344页。

④ 方以智:《性故》,《性故注释》,中华书局2018年版,第137页。

⑤ 弘庸:《序》,《药地炮庄》,《药地炮庄校注》,台大出版中心2017年版,第9页。

⑥ 觉浪道盛:《与吴子远》,《天界觉浪盛禅师全录》卷二十七,《嘉兴大藏经》第34册,第25页。

⑦ 方以智:《浮渡山报亲庵说》,《浮山志》卷四,黄山书社2007年版,第50页。

清、博山元来均是明末高僧,觉浪道盛亦与阳明学者有交往:"初下金陵,与焦太史、周海门、曾金简诸公游,大有敲击,诸公重之。"①焦竑、周汝登、曾凤仪均是阳明后学的重要代表,有很深的佛学造诣,吴应宾宗主儒学,近佛学;觉浪道盛主佛学,近儒学,由此两人的渗透更为深入,这当然会影响到方以智。"竹关别后,一恸终天。乃以师旨,重烹教乘。因外祖吴太史书,征三世《易》,寂历同时,别传遮二又遮一,权奇炼将耳。""竹关咬指感吹鞴,仰天读破玄黄书。请看龙无首、龟开口,伸出一行元会手,屈指十二万九千六百年,且吸博山烟上寿。"②此处重申方氏三代家学的影响,重点提到《易》学思想,并与吴应宾思想相贯通,"博山"指其博山元来至觉浪道盛的思想,至此,三老人与一杖人之学在方以智处得以汇集凝练,"重烹教乘",在悟道的基础上,援引诸子,三教会通,尤其是《易》《庄》互证,集中体现为怒化生生的哲学精神。

据《象环寱记》结尾:

> 不肖乃寱。适老父自鹿湖寄《时论》至,箴之曰:当明明善,勿泥枯璧。得六字神,寔虽永锡。不肖泣曰:璧本不枯,而天故枯之。芽之已生,二芽不敢分别,谨纪此梦以禀。③

枯璧生二芽,这暗喻方以智从无门中创出不测之门。"枯璧"代指佛学,如达摩面壁;二芽是仁体,是怒化生生的根源,"'仁',人心也,犹核中之仁","未发之大荄也。""凡核之仁必有二坼,故初发者二芽"④。通过方孔炤对于觉浪道盛的认可,以及吴应宾在方以智幼年时埋下的佛教种子,方以智经患难磨砺后,在息喘闭关时得以悟道,由此"以祇支为避路,即为归路",通过佛教曲折实现儒家仁学。从方孔炤为方以智写的箴言来看,方孔炤已经接受了方以智的选择。方以智的骨子里毕竟还是儒学,他当然不会"泥枯璧",而是怒化生生,托孤资任,以救儒学。

方以智悟道后,在学术上,主要是完成《药地炮庄》。"竹关迸破,血溅

①　《传洞上正宗二十八世摄山栖霞觉浪大禅师塔铭(并序)》,《天界觉浪盛禅师全录》卷十七,《嘉兴大藏经》第34册,第3页。

②　方以智:《自寿昌寄上青原笑和上》,《青原志略》卷十,江西人民出版社1998年版,第262页。

③　方以智:《象环寱记》,《易余(外一种)》,上海古籍出版社2018年版,第227页。

④　方以智:《译诸名》,《东西均》,《东西均注释(外一种)》,中华书局2016年版,第236页。

古今。以三不收之废人，行混不得至鸟道。"①甲午(1654年)，方以智居竹关，著述不息，如方中通言：

> 钟声敲泪落，竹影奈愁何？
> 有弟堪传学，无人可和歌。
> 老亲多著述，纸笔敢蹉跎？②

> 一拜一椎心，难禁涕泗淫。
> 可怜归佛后，憔悴到如今。
> 不问家园事，惟知苦行深。③

这是从旁观者的角度来看方以智闭关蓄积，由此可见方以智磨砺之苦，将全部身心投入托孤重任，十年苦心，方以智完成《药地炮庄》，"十年前，竹关寄《三子会宗论》《炮庄》二书。""然三五四破，在在历然，《易》且征之。古之至圣，差别易简，正赖此生成之符。特从画前画后，三番两折，死心㸑杖，乃始尽变，而不为一切所惑耳。"④最后，以一首诗结束本章：

> 刀头十载赤条条，背愿孤峰冷水浇。
> 两袖寒风千里送，一肩明月五更挑。⑤

这首诗可以烘托出方以智怒化而起后的心境，中年所历"刀头十载"患难，成就了他怒化生生的思想资源，由此透过生死关，得以"赤条条"洒脱自在；正如蝉蜕而出，往日苦难的淬砺、加之息喘杖人门下的闭关及庐墓三年的蓄积，方以智从怒化中得以飞跃，更加坚定了敢于担当的信心。"两袖寒风千里送，一肩明月五更挑。"表现出方以智的洒脱自在，面对苦难时乐观超脱的心态。在超越中，正如肩挑明月，"荷薪"为儒学传薪火；"伏下宫"，担当起为儒学托孤的重任。

① 方以智：《善世门哀词》，《冬灰录》卷二，《方以智全书》第3册，黄山书社2019年版，第230页。
② 方中通：《甲午春同三弟省亲竹关》，《迎亲集》《陪诗》卷一，清刻本，第9页。
③ 方中通：《秋日又省竹关即辞游楚》，《迎亲集》《陪诗》卷一，清刻本，第11—12页。
④ 方以智：《徐巨源榆墩集序》，《浮山文集后编》卷二，《方以智全书》第10册，黄山书社2019年版，第61页。
⑤ 方以智：《十二箫》，《五老约》，《方以智全书》第10册，黄山书社2019年版，第389页。

第二章 "余"的本体论

> 三时以冬为余,冬即以三时为余矣。大一以天地为余,天以地为余。然天分地以立体,而天自为余以用之,即大一之自为余自用之矣。角徵羽者,商之余。商者,宫之余。五音为无声之余。无声发声,发声不及无声十之一也,无声者且与之用余矣。法者,道之余,法立而道转为余,以神其用矣。死者,生之余,生者,死之余。以生知死,以死治生。无生死者,视生死为余。生如是生,死如是死,视无生死又为余矣。(《易余小引》)①

中国哲学在明清之际迎来了一个创造性高峰:从"继往"而言,是对于宋明理学的总结与评判;从"开来"而言,是在创新中指引中国哲学发展的方向。方以智是明清之际思想家的杰出代表,"生今之世,承诸圣之表章,经群英之辨难,我得以坐集千古之智,折中其间,岂不幸乎!"②在中国哲学集大成的基础上,方以智深度阐发《东西均》之"均"、《易余》之"余"等原创哲学范畴,"《东西均》和《易余》,是两朵哲学姊妹花。谈论方以智、为方以智立传而不提他的哲学成就者,毫无疑问,一定未能读到这两部书;凡读过的人,也毫无疑问,一定会为它的深邃博辩所折服,惊信方以智是近代启蒙时期的伟大哲学家。"③在方以智遇难至20世纪50年代,《东西均》《易余》隐退在历史长河中,致使方以智的哲学思想处于"封存"状态。在此期间,中国哲学经历了清代朴学、西方哲学的引入与发展,渐趋形成中国哲学的学术话语,如本体、本质、现象、根本因等,这些话语有助于理解方以智哲学的特色,同时也存在套用而导致的断章取义及曲解。这要求研究者兼顾传统与现代的同异,既要深度挖掘方以智的哲学概念的深隐含义,又需审慎解读,以期全面展现方以智哲学的传统继承性以及开拓创新性。

从书名来看,《易余》是方以智的《周易》哲学论著,与其父方孔炤《周易时论合编》的象数图表之论不同,《易余》将《周易》哲学的核心精神归结为

---

① 方以智:《易余(外一种)》,上海古籍出版社2018年版,第1页。
② 方以智:《考古通说》,《音义杂论》,《通雅卷首之一》,《通雅》,《方以智全书》第1册,上海古籍出版社1988年版,第2页。
③ 庞朴:《东西均注释序言》,《东西均注释(外一种)》,中华书局2016年版,第9页。

"余",超越具体的象数,发挥《周易》余之体,并贯彻到显微、体用等诸多宋明理学重要范畴。如本书引言所述,《易余》接近现代哲学著作体例:首先是《易余小引》,这相当于哲学著作的引言;其次是《三子记》,记录著作缘起;再次是《易余目录》,分述各章要义,这相当于哲学著作的摘要及各章提要;正文分两卷,上卷多为形上之学,下卷重在伦理社会;结尾以《附录》点睛。由于《东西均》整理付梓早于《易余》,学界对于"均"已多有论证,而与之关联的"余"论较少。有鉴于此,下文将从藏密之体、生生之源、根本之故三方面阐释"余",以传统与现代两个角度综合解读。

一、藏 密 之 体

余(馀)的字面意思是多余,这一直沿用至今,"舍余安有《易》乎?"①按照常识,余作为多余、无用之物,理应舍弃,或置之不顾,而方以智将余视作最重要的《周易》哲学范畴。余与《周易》的关系是存则俱存、亡则俱亡;换言之,如果不能准确理解余,则无法把握《周易》的精髓。在方以智之前,中国哲学家并未将"余"看得如此重要,甚至鲜有人论及《周易》之"余"。从方学渐、方大镇、方孔炤三代,《周易》一直是桐城方氏家学的重要内容,在继承家学的基础上,方以智却将《周易》的哲学精神凝练成一个无用之"余",不免令人费解。

从一个无用的概念升格为最重要的概念,要讲清楚这种化腐朽为神奇的转换,实属不易。为避免复杂的论证,《易余》引言开篇以五喻来形象诠释"余",这五喻分别是冬与三时、大一与天地、无声与有声、道与法、生与死。五喻各有特点,相互印证,共同烘托"余"的深隐之义。首先来看第一喻。据《易传·系辞上》"圣人以此洗心,退藏于密",由此可发展出藏密之体。"三时以冬为余,冬即以三时为余矣。"②这包含正余互换,可称之为"互余":其一,三时为正,适所用,冬为余,无所用;其二,冬为无用之用,是大用,为正;其三,三时为余,是小用。理解"余"从冬入门,可见冬与余的特质最为接近,冬喻可分解出四层意蕴:

第一层,冬是收敛退藏之象,如同植物春生、夏长、秋收、冬藏。冬藏,是将春夏秋三时所生成的果实收回,收亦是卷,卷其所舒。冬的卷藏是余,春夏秋的发舒是正,卷涵舒,余藏正。卷藏并非是将卷藏之物束之高阁,而是

① 方以智:《小引》,《易余》,《易余(外一种)》,上海古籍出版社2018年版,第1页。
② 方以智:《小引》,《易余》,《易余(外一种)》,上海古籍出版社2018年版,第1页。

"冬炼三时",在卷藏中沉淀熟化,以便下一次发舒的展开。从运动特征来看,春夏秋是动,冬是静。藏关联着洗心,无欲主静,寒冬沉淀浮躁,将浮躁之动归入静根。静为躁君,不沉淀浮躁,则漫漶无根,通过收摄浮躁,能够将末归本,正余是本末一贯。"退藏于密",密是隐微,正余是显微无间的关系。综上,冬喻之余的含义有:卷、藏、本、静、微,对应的正余关系为舒卷、用藏、末本、动静、显微,由此关联中国哲学的动静一体、本末一贯、显微无间等。

第二层,至日闭关。冬天至日闭关,不是闭门在家,无所事事,而是为远行蓄积储藏。闭关仍是卷藏的延伸,是以退求进,退是手段,进是目的。如《庄子·逍遥游》:"适莽苍者,三飧而反,腹犹果然;适百里者,宿舂粮;适千里者,三月聚粮。"鲲鹏厚积,所以能行九万里。又如胡直所言:"适千里者三月聚粮,则大之贵积也审矣。"①闭关如聚粮,只有储备充足,才能满足遥远的路途之需。行路的远近取决于闭关蓄积的多寡;转到中国哲学的体用问题,用取决于体,正之用取决于余之体储备的资源。从宋明理学功夫论角度而言,至日闭关如同功夫的积聚,"凡言敬慎戒惧、屈蛰精入者,北冬表之"②。功夫即是本体,藏密之体需要功夫积聚,至日闭关是积聚功夫以涵养本体,如同"冬炼三时"之"炼"。按照宋明理学的功夫论,"敬慎戒惧"指向持敬与慎独,这是程颐、朱熹的道德修养功夫;"屈蛰精入"指向周敦颐的无欲主静以及江右王门的收摄保聚。将功夫引入藏密之体,显示出藏密之体处于动态发展中,体的大小取决于功夫深浅,在此意义上,藏密之体不是固定的,而是发展的;不是现成的,而是有待功夫揭示的。

第三层,冬至一阳来复,是生生之春展开之体。冬去春归,时间的顺序隐含着体用关系。冬储蓄、隐藏生机,春发舒、展现生机;冬是春之体,春是冬之用。余是正之生生的母体,余在退藏中实现生意的蓄积。余的生生动能储备充足后,冬将春弹出,以至于将春夏秋三时弹出。如《春秋繁露》:"冬至北中产阳,得东方春分之和而生。"③从至日闭关来理解,关有通道、出口之意,闭是为了开,关口是生生之几的发散出口,生生之春由冬关出,这是儒学仁体的基本特征。第一喻前三层意蕴相互渗透,正向来看,敛藏、闭关、生生,三者层层递进,可视为由体以达用;反向则是由用以返体。

第四层,正与余合为一体。四时流行形成气化的循环,成为一个环。将

---

① 胡直:《送郭相奎冬官赴任序》,《衡庐精舍藏稿》卷十,《胡直集》,上海古籍出版社2015年版,第211页。
② 方以智:《总论下》,《药地炮庄》,《药地炮庄校注》,台大出版中心2017年版,第208页。
③ 方以智:《总论下》,《药地炮庄》,《药地炮庄校注》,台大出版中心2017年版,第217页。

这个环从冬断开,冬与春夏秋互为正余;将环拼合,冬与春夏秋合为一体。第四层较前三层更进一步,不仅体用互换,而且体用合一。

《易余》中与第一喻藏密之体相关的重要哲学概念是"冒",更准确而言,藏密之体指向"密冒"。据《易传·系辞上》:"夫《易》开物成务,冒天下之道,如斯而已者也。""冒"是显示、概览、统摄之义,"泯有无而约言太极,则冒耳。"①用中国哲学常用概念表达,冒就是太极,它以否定有与无而立名。冒还可以从肯定来看,"方圆寂历,是谓冒潜。"②潜冒的关系如寂历:寂是寂然不动,如藏密之体,是余,也可以说是体圆;历是历然,如感而遂通,是正,也可以说是用方。寂然与历然包括两种关系:"然必表寂历同时之故,始免头上安头之病;必表历即是寂之故,始免主仆不分之病。于是决之曰:不落有无之太极,即在无极有极中,而无极即在有极中。"③"寂历同时"对应第一喻第四层意蕴,春夏秋冬并置,且成一环;"历即是寂"可表述为"三时即是冬",由互余可反推出"冬即是三时",如同第一喻第三层意蕴,冬将三时弹出。相对于冬的寂然不动、洗心退藏,冒是三时的历然显现。从深潜中浮出水面,冒仍保留了藏密之义,藏密之体不是完全隐秘,而是能够由冒显现,这种显现又不是完全敞开,如同海面上的冰山一角,显现为冰帽。结合海域情况,有经验的航海家通过冰帽能够判断冰山的整体;通过藏密之体的显现之冒,我们亦可以推出藏密之全体。"冒即古帽,覆首而露目也,因以目转声。"④如同不同性别、年龄、爱好的人戴不同的帽子,仅从帽子的显现特征来看,即使观察者看不到帽子下面的部分,亦可大致判断人的特征。从藏密而言,帽子覆盖了头;从显现而言,帽子露出了眼睛,这是藏密之体的主动敞开。从三极而言,冒是太极,既不落有极与无极,又可以说是有极、无极。有极敞开,无极藏密,冒是敞开与藏密的综合。

在冒潜互余的基础上,冒可进一步嵌套正余,即将冒分出"显冒"之正与"密冒"之余,以及贯穿二者的"统冒"。三冒如同三顶帽子,正之显冒是显仁之用,余之密冒是藏密之体。正余显密无间,源于统冒充当联系的纽带,统冒的引入密切了正余一体:"直下是一开辟之费天地,标后天妙有之极,人所共睹闻者也,命曰显冒;因推一混沌之隐天地,标先天妙无之极,人所不可睹闻者也,命曰密冒;因剔出一贯混辟、无混辟之天地,标中天不落有

① 方孔炤、方以智:《图象几表》卷一,《周易时论合编》,中华书局2019年版,第1页。
② 方以智:《总论下》,《药地炮庄》,《药地炮庄校注》,台大出版中心2017年版,第208页。
③ 方孔炤、方以智:《图象几表》卷一,《周易时论合编》,中华书局2019年版,第3页。
④ 方以智:《三冒五衍》,《易余》卷上,《易余(外一种)》,上海古籍出版社2018年版,第26页。

无之太极,即睹闻非睹闻,非即非离者也,命曰统冒。"①一分三极:有极之正、无极之余、太极之统,三极即是三冒,"此三冒者,实三而恒一、实一而恒三也。"②得一冒而三者皆具,一极可分三极,这是横摄展开;从纵贯深入而言,"冒"是统合"有极"与"无极"展现的"太极",这是第一层一分为三;冒分为三极,这是第二层一分为三。综合纵向两层关系:从第一层向第二层递进,"密冒"可以表述为"太极而无极";从第二层向第一层返回,由"密"看"冒",即是"无极而太极"。纵贯的层次可继续深入,将"密冒"进一步三分,则是密冒之密冒、密冒之统冒、密冒之显冒,由此揭示的藏密之体更加深隐,与此同时,密冒之显冒又使得藏密之体逐步显现,这是下文"根本之故"的开掘方向。

　　自从周敦颐《太极图说》提出"无极而太极"后,"无极"与"太极"便成为宋明理学道体论的重要内容:既有将无极之义赋予太极,无极寓居于太极之中,由此无极与太极合二为一;亦有将无极超越于太极之上,无极与太极属于不同层级,由此"无极而太极"一分为二。从寂历而言:寂历同时,三极同时呈现,且无层楼叠床、头上安头之病;历即是寂,太极即是无极,无极主太极。从三冒而言:三冒横摄展开,密冒即是统冒,言无极而太极在其中;从纵贯深入而言,"无极而太极"即是"密冒",由"密"叠加"冒",或者说由"密"向"冒"敞开。由此可将方以智的三冒思想视作在综合诸说的基础上,深度回应周敦颐的"无极而太极"。③

---

① 方以智:《三冒五衍》,《易余》卷上,《易余(外一种)》,上海古籍出版社2018年版,第32页。
② 方以智:《三冒五衍》,《易余》卷上,《易余(外一种)》,上海古籍出版社2018年版,第35页。
③ "无极而太极"的问题还可以从"有""无"分疏,《太极图说》包含"一"与"二"两个诠释方向:《通书》因直下之有,推太始之无,以为自无生有,故曰'无极而太极',而动静阴阳,而五行四时矣。非欲表两极也,其曰'阴阳,一太极也;太极,本无极也',愚即此阐之而明矣。"(方以智:《太极不落有无说》,《易余》卷上,《易余(外一种)》,上海古籍出版社2018年版,第63—64页。)"无极而太极",是从"无"到"有",顺推:"无"是独,是一;生出"有","有"与"无"成对,是二,顺推是从一到二。"太极,本无极也",是从"有"返"无",是逆反:"有""无"之二重返一体。从三冒来看,密冒属于无极,显冒属于有极,统冒属于太极,三冒轮转:从密冒转轮至统冒,即是无极而太极,"取'无极而太极'一语示之,但言无而有之轮耳。"(方以智:《太极不落有无说》,《易余》卷上,《易余(外一种)》,上海古籍出版社2018年版,第64页。)从统冒翻转回密冒,即是太极本无,即是有而无之轮。转轮表明太极与无极的统一性,"不落"显示"太极"的独立性:"有极与无极相待轮浸而贯其中者,谓之落有不可也,谓之落无不可也,故号之曰太极。"(方以智:《太极不落有无说》,《易余》卷上,《易余(外一种)》,上海古籍出版社2018年版,第64页。)若落于有,太极则不能显示其超越;若落于无,太极则归于无极。正是在"不落"中,太极既能保持其独立性,又能与"无极""有极"相互轮转,从而将道体展示得更加丰富,回应周敦颐的"无极而太极"。

二、生 生 之 源

如第一喻第三层意蕴,冬是春之体。春是中国哲学生生的物象特征,据《易传·系辞上》"生生之谓易",可将余看作生生之源。五喻包含两种类型的生成关系:旋生与返生。首先结合第三喻来看旋生:"角徵羽者,商之余;商者,宫之余。五音为无声之余。无声发声,发声不及无声十之一也,无声者且与之用余矣。"①此处包含三层正余关系嵌套:第一层,商为正,角徵羽为余;第二层,宫为正,商为余;第三层,无声为正,宫商角徵羽五音为余。正余互换,反观三层关系,依次是无声为余、宫为余、商为余。具体结构为:

无声—(宫—(商—(角徵羽)))

第三层嵌套可参照第一喻,无声相当于冬,五音相当于三时。如冬喻的第一、二层意蕴,无声是收敛退藏、至日闭关,蓄积储藏,虽然尚未启动生生的序列,却是生生之源。相对于发声而言,无声处于声音的关闭状态,是闭口,如同闭关未出门:乐从冬处起,"冬则闭口,为贞元、亥子之方。"②"亥子"之"亥"如冬、无声,是静极;"亥子"之"子"如真动:静极而真动,由此春意来临,启动生生序列。同理,贞下起元,贞为静极,元为真动,"元"便是生生之源。如同"乐从冬处起",生生之源从"余"起。第三喻指出了余与正的数量与体量不对等。从数量而言,冬是一,春夏秋是三;无声是一,宫商角徵羽是五:余是一,正是多,余与正是一多关系,余之一在数量上不及正之多。在体量(或质量)上却完全相反,"发声不及无声十之一",余占总体量的十分之九还要强,正仅占总量的不足十分之一,如同浮出水面的冰帽只是冰山一角,余之体远大于正之用。由于体量巨大,使得余能够充当生生的母体,统摄所生之物。这还可以结合第一喻的闭关,闭关聚粮,以壮余体,如三月聚粮,其用仅逴莽苍,尚有大部分聚粮未表现出来。

旋生的第二层嵌套重点在宫,宫如黄钟,"古定黄钟犹均钟木也"③。这即是《东西均》主旨"均"。据《东西均》篇首:"均者,造瓦之具,旋转者也。""乐有均钟木,长七尺,系弦,以均钟大小、清浊者;七调十二均,八十四调因

---

① 方以智:《小引》,《易余》,《易余(外一种)》,上海古籍出版社2018年版,第1页。
② 方以智:《译诸名》,《东西均》,《东西均注释(外一种)》,中华书局2016年版,第243页。
③ 方以智:《乐曲》,《通雅二十九》,《通雅》,《方以智全书》第1册,上海古籍出版社1988年版,第903页。

之(古均、匀、韵、妁、钧皆一字)。古呼均为东西，至今犹然。"①均是制作陶器的工具，也是乐器定音的工具，转用至哲学层次，可视为创造、制作的模具，即创生之源，如《列子·汤问》："均，天下之至理也，连于形物亦然。"有形之物受制于至理之均，均是隐秘的创生之源。从生生溯源来看，类似于吸积盘，均在运动中完成制造，如同吸积盘在旋转中实现生生。均生发气，气旋转而出，气在旋均中获得了生生的动能。从生生之源来看，"均"有四个特点：於穆不已，生生是其基本形态；在旋转中制造；能够平衡制造之物；藏密之体。结合第一喻来看藏密之体，"道生天地万物而不自见也，藏用之谓也，藏一之谓也"②，"无非一也，无非中也，而寓其建极于中五者也。"③在这个意义上，"余""均"相当于道，在隐秘中为天地万物建极，且均衡万物。从体用一源而言，藏密之体关联"适所用"，可称之为"藏用""藏一""藏中"。如同《东西均》与《易余》为姊妹篇，"均"与"余"相互印证，"余"亦具有"均"的四个特点。与三冒类似，均亦有三：隐均、费均、公均，其中隐均相当于密冒。

旋生的第一层嵌套重点在商。"五音统于宫而备于商。人称五音而曰宫商者，犹称平上去入而止曰平仄也。""即角徵羽皆商也。"④五音统于宫，宫为余、为体、为中五；商角徵羽为正、为用、为旋四，由此五音呈现"旋四中五"的结构。宫商如平仄，正余亦如此，二者之间存在韵律更迭之美，在对待中协调统一。从人的发声来看，"五音而曰宫倡商和"，"两间至理，一在二中"，"凡音在唇腭中皆谓之宫，音穿齿外皆谓之商"⑤。"宫倡商和"指出正余间的默契与对话；"一在二中"，一体分正余，从正余之二可以看一体之一。宫商还包含有内外之意，"内外八转而收发应黄"⑥，内外之间的收发转换以中宫为本，从而实现声音的和谐，如《坤》之"黄中通理，正位居体"，内外、收发都呈现均的大美。

---

① 方以智：《东西均开章》，《东西均》，《东西均注释（外一种）》，中华书局 2016 年版，第 14 页。
② 方以智：《三冒五衍》，《易余》卷上，《易余（外一种）》，上海古籍出版社 2018 年版，第 40 页。
③ 方以智：《三冒五衍》，《易余》卷上，《易余（外一种）》，上海古籍出版社 2018 年版，第 39 页。
④ 方以智：《乐曲》，《通雅二十九》，《通雅》，《方以智全书》第 1 册，上海古籍出版社 1988 年版，第 904 页。
⑤ 方以智：《切韵声原》，《通雅五十》，《通雅》，《方以智全书》第 1 册，上海古籍出版社 1988 年版，第 1481 页。
⑥ 方以智：《三冒五衍》，《易余》卷上，《易余（外一种）》，上海古籍出版社 2018 年版，第 38 页。

再看第二喻：大一与天。"大一以天地为余，天以地为余。然天分地以立体，而天自为余以用之，即大一之自为余自用之矣。"①具体结构为：

大一——（天＝（地））

大一无形，类似于第三喻的无声，属于不可知的领域，相通于第一喻的藏密之体；如同陶器源源不断地被制造出，而陶器使用者不见陶均；如同五音不断旋出，而聆听者不得闻"无声"之体，"无体之一，即大一也。"②这显示出"余"的隐秘不可知性，这一特点在下文将论述的第五喻中更为突出。先看第二喻，这包含两种嵌套：第一种，大一是正，天地为余，大一生天地，如同母生子，大一是天地的母体。虽然子自母生，但生出以后，子具有独立性，能够作主，甚至反哺其母。当天地作主时，为正；大一转而成余。与第一喻第一层意蕴相接，大一作为余时，隐而无形，代表着幽深，是藏密；与第一喻第三层意蕴相接，大一生天地如同冬生春，此喻突出了余作为生成母体的含义。第二种，嵌套天地互余。天是母体，能生地。地生成以后，自立其体，成为正，天则成为余。天与大一代表了於穆不已的生成力量，在生生完成后，又能自隐其身，成为多余之物。余作为体，隐微不显；与余相对，正之用彰显明著。从天地而言，地切实而近，是显；天玄远幽深，是隐："天为体而体不可见，地为用则用可见。"③天地为余正关系，天之体不可见，地之用可见：虽然余不可见，隐微无形，却是可见、有形之用的主宰。由正至余，即是由用寻体；由余至正，即是由体达用。余微与正显无间，"余者，自可见以必其不可见也，自可定以必其不定者也。"④这里要注意两个"必"，必是必须、一定，虽然在同一语句中，但含义略异：第一个"必"表明前者不足，必须超越至后者，这是认识的飞跃。借助可见之正以觉察不可见之余，洞悉事物深密处，从根源上把握住运动不定的原因。借助可见之用，必须上升到不可见之体，否则执象泥迹。第二个"必"表明前者具备后，一定导出后者，前者与后者是连动关系，后者是前者的内在需求：由可定之体，必有不定之用，否则，余是只存有而不活动的废体。经此两种关系，更进一步显示出不可见、可定之余是显微无间的枢机。

---

① 方以智：《小引》，《易余》，《易余（外一种）》，上海古籍出版社2018年版，第1页。
② 方以智：《易余目录·一有无》，《易余》，《易余（外一种）》，上海古籍出版社2018年版，第5页。
③ 方以智：《中告》，《易余》卷上，《易余（外一种）》，上海古籍出版社2018年版，第49页。
④ 方以智：《必余》，《易余》卷上，《易余（外一种）》，上海古籍出版社2018年版，第92页。

　　旋生是正向的生成,由余向正旋出;返生则是向回返,由正向余返回,返生亦可说是反生,是反向的生成。返生的模式可以适用于第二喻,如大一生天,天可以反哺大一,如子反哺于母;又如郭店楚简《大一生水》"大一生水,水反辅大一"。由返生来看第四喻:"法者,道之余,法立而道转为余,以神其用矣。"①具体结构为:

　　　　　　(道　 =(法))

　　双实线表明二者互为正余,如第二喻之天地。《易余》卷上有讨论道法互余的《法能生道》,这里强调正余间的相互转化。从黄老学派"道生法"出发,道法关系依次展开为:道生法,道为正,法为余;当法确立以后,法为正,是显性的,道则转为余,从属于法,隐而不显。通过这两次正余转化,道包含了法的全部内容,法亦卷裹了道的精神。若无道法互余:道自为道,封闭不出,不能生法,则道始终隐而不显,无迹可寻,不能表现为显赫之用;道生法后,若道仍干预法,则法不能立主,法不自法,亦不能体现道。若法立而废道,则只知其用,而不知其体;道自为道而废法,则道不能神其用,有关道法问题将在本书第七章论述。正与余相互转化,不仅能将余的潜质通过正显现出来,而且通过余的滋养,正变得更为厚重持久。余若脱离正,则无法显现;正若脱离余,则无根无本。正与余合之则两益,分之则两伤。从中国哲学传统主旨而言,道家主"道",儒家主"德",法家主"法",由道法互余可引申出道德互余、德法互余,如同"烹雪炮漆",亦可说"烹道炮法","以供鼎薪,偏教医活死麒麟。"②儒学应开放地吸收道家之"道"与法家之"法",为儒学之"德"注入新的思想资源。

　　按照旋转模式来看,正向生成是旋出,反向生成是旋入,旋入与旋出同时运动,形成混合双旋结构。从生生之源来看,旋出是从生生之源获得生生的动能;在生生结束后,再返回生生之源,重新获取动能。"荄为树本,核为荄本,树生花而为核之本矣。芽滋干,而上既生枝,下且复生本矣。核中之仁,天地人之亥子也,全枝全干全根之体也。"③树木生长序列为:由核生荄,由荄生树,由树生花,由花生核,依次循环,由此生生不已。树木生长的关系则是余与正的更迭生成:由余生正,由正再返生余,形成

―――――――――

① 方以智:《小引》,《易余》,《易余(外一种)》,上海古籍出版社 2018 年版,第 1 页。
② 方以智:《附录》,《易余》,《易余(外一种)》,上海古籍出版社 2018 年版,第 215 页。
③ 方以智:《体为用本　用为体本》,《易余》卷上,《易余(外一种)》,上海古籍出版社 2018 年版,第 124 页。

旋出与旋入的混合双旋。

余与正可构成因果关系,从四因说来看:余是动力因,如陶均带动陶器旋转,余为正的生生提供动能;余如根荄,是树木之正的生生之源。余是形式因,如同陶均制造陶器,陶器的形式受制于陶均,由陶均制成的陶器具有中轴对称的结构形式;余又如公均旋转,具有"一在二中"的结构形式,呈现出宫商对称的韵律之美;余又如核仁,核仁生树木,核仁决定了树木根干枝叶的形式,用现代科学语言表达,核仁的基因先天决定了树木的高矮、大小、叶花等形式,即余决定了正的形式。从返生而言,什么树结什么果,树之正返生核仁之余,正又决定了余的形式。余是目的因,如同核仁以生根成树为目的,树之目的是开花结果,正与余互为目的。余是质料因。余的体量占总量的绝大部分,由此,它能够源源不断地为正提供质料,如同母产子。同理,大一是天地的母体,无声是有声的母体。

三、根 本 之 故

余是生生之源,从相反者相因来看,余亦可视为生生的结束,即"死",这关联着第五喻:生与死。"死者,生之余;生者,死之余。以生知死,以死治生。无生死者,视生死为余。生如是生,死如是死,视无生死又为余矣。"[①]具体结构为:

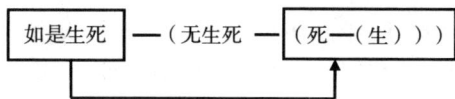

图2-1 "余"论生死图

此处嵌套有四层正余关系:

(1)生为正,死为余,从正向余,表述为(生→死)。

(2)死为正,生为余,从止向余,表述为(死→生)。

这两层关系互相返生,表述为(生==死),如第四喻的道与法。

(3)无生死为正,有生死为余。相当于无为正、有为余,表述为(无生死—〉(生==死))。这层关系有无返生,有为正、无为余,表述为((生==死)—〉无生死)。综合两种关系,表述为(无生死==(生==死))。

(4)生如是生,死如是死,这是正;无生死为余,表述为(如是生死—〉

---

① 方以智:《小引》,《易余》,《易余(外一种)》,上海古籍出版社2018年版,第1页。

（无生死＝＝（生＝＝死））），这层关系有无返生,表述为（（无生死＝＝
（生＝＝死））—〉如是生死）。综合两种关系,表述为（如是生死＝＝（无生
死＝＝（生＝＝死）））。

这四层嵌套将正余问题层层深入:第一层是常见,第二层以正余互生破
常见,第三层以"无"超越"有",第四层以"无"返回"有"。"如是"的含义是
"如其所是",相当于"应当""可以"。这四层关系还关联着三眼喻,这将在
下文论述。要全面把握四层关系,需要知"根本之故":"所以者何?'则故
而已矣。'知所以生,知所以死,随其生死,有何生死?"①通过"则故",能够
回答"何以",从而得到"所以":"知所以生",能够把握生生之源;"知所以
死",能够洞悉生死之故;"随其生死",这是第四层返生,由故而能致实际之
用,"即用是体。"②"有何生死",反问中已经包含答案,可视为全面把握四
层关系,呈现大明。拓展第五喻以生死论正余,"凡属对待之两相望者,皆
生死也。"③由对待的普遍性,正余的生死关系可以推至前四喻,根本之故的
追问是把握生生之源,以求致实际之用。

据《易传·系辞上》"仰以观于天文,俯以察于地理,是故知幽明之故;
原始反终,故知生死之说"。幽明之"故"可以浅解为事情,亦可深解为所以
然之理,可与"死生之说"互镜,表述为"原始反终,故知幽明之故"。明与幽
为正余关系,"故"向前"原始",向后"反终",可视为追问生生之源。"故"
相当于"何以""由",如同根本因,关联着用,"以用显体,发扬性之生生,如
此方为真知性故。"④类似于第一喻,第五喻所示的正余关系基于功夫,"新
建曰:'戒慎恐惧是本体,不睹不闻是工夫。'情封倍锢,难彻本源;不服麻
黄,何能出汗?"⑤根本之故的呈现依赖于功夫,是透体之学。据《中庸》"君
子戒慎乎其所不睹,恐惧乎其所不闻",睹闻是正,不需要功夫便能呈现;不
睹不闻是余,需要功夫才能体证。王阳明反其说,如同正余的返生:以戒惧
作为本体,本体是功夫的本体;以不睹不闻作为功夫,功夫是本体的功夫。
余以功夫为基础,如同第一喻"敬慎戒惧、屈蛰精入",离开了功夫,不睹不
闻之余将处于关闭状态。关闭源于"情封倍锢",余被层层遮蔽,必须经过

---

① 方以智:《易余目录·生死故》,《易余》,《易余(外一种)》,上海古籍出版社2018年版,第
6页。
② 方以智:《三冒五衍》,《易余》卷上,《易余(外一种)》,上海古籍出版社2018年版,第
27页。
③ 方以智:《生死故》,《易余》卷上,《易余(外一种)》,上海古籍出版社2018年版,第72页。
④ 张昭炜:《序言》,《性故注释》,中华书局2018年版,第19页。
⑤ 方以智:《易余目录·生死故》,《易余》,《易余(外一种)》,上海古籍出版社2018年版,第
6页。

解蔽的功夫,层层剥开,才能洞彻余之本体,相应的功夫路径是从内向外透体,通过内在生意的积聚,如同核仁破甲而出;又如服麻黄出汗透体;又如"冬炼三时"之"炼";又如闭关聚粮之"聚"。

"何以""故"接近于现代哲学的本质,以此理解正余关系:费、显可作为"现象";隐、密可作为现象的依据,即"本质":"这同于我们今日所言现象与本质的辩证认识。"①这可以将方以智哲学与现代哲学对接,但要注意二者的差异:主要表现为七点:一、余具有生生不息的特征,而本质在抽象时已经没有运动性,换言之,运动性属于现象,而不属于本质。二、余与正具有对等的同质性,如宫与商角徵羽、冬与春夏秋。本质与现象不对等,本质超越现象之上。三、余是藏密之体,它是功夫体证的对象,是体知的实在之体。本质并不依赖于功夫,它源于思维抽象。四、正余之间可以自由切换,且有公均、统冒的通道相连。本质与现象不能切换,亦无中间通道相连。五、正与余基于一体的预设,而本质与现象分属两层。六、余能生正,而本质不能生现象。七、正返生余,而现象不能返生本质。由以上七点可知,用现代哲学的现象与本质解释正与余,既要看到二者的相似性,又须注意诸多差异。综观诸多差异,是否可以将方以智哲学判定为抽象不彻底,甚至是落后陈旧的哲学呢? 当然不是。方以智"余"论具有现代性,更具有西方哲学的元典性与后现代性,如下图所示:

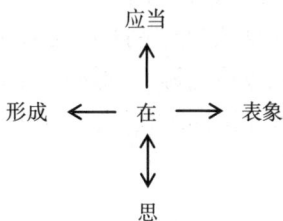

图 2-2　海德格尔诠释的古希腊形而上学②

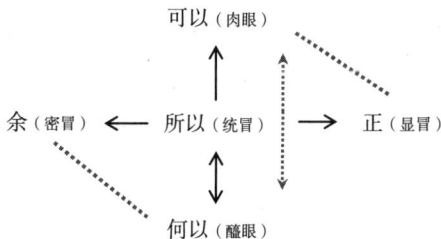

图 2-3　方以智论"余"图

① 蒋国保:《方以智哲学思想研究》,安徽人民出版社 1987 年版,第 146 页。
② 海德格尔:《形而上学导论》,熊伟、王庆节译,商务印书馆 1996 年版,第 195 页。

以上对比的用意并不是附会方以智论"余"与海德格尔诠释的古希腊形而上学,而是用以指出方以智"余"论的丰富性,不能简单地框定在本质与现象的范畴。从差异性而言,表现在本体论、方法论等,如"余"可由功夫进入,这是中国哲学的特质。从相似性而言,二者均是追问本体:显冒之"正"对应"表象",是显性之显现;密冒之"余"对应"形成",暗而不彰,生生尚未完成;肉眼之"可以"是俗见,对应"应当",是应当如此、本来如此;醯眼之"何以"是超越之见,是对于根本之故的追问,对应形而上学之"思"。由图 2-2、2-3 略作七点引申:

第一,余是生生之源,始终处于生生状态,也可说是"形成"状态。用中国传统哲学话语表达为"於穆不已",在幽暗玄冥中生生,如隐均,是制造的母体。

第二,统冒处于"余"与"正"之间。从"表象"来看,统冒尚未完全显现出来。如同"形成"经过"在"成为"表象","密冒"经过"统冒"成为"显冒","隐均"经过"公均"成为"费均"。由上之故,统冒兼具密冒的隐秘与显冒的显现。

第三,三冒、三均与"三以"相应:"两端中贯,举一明三:所以为均者,不落有无之公均也;何以均者,无摄有之隐均也;可以均者,有藏无之费均也。相夺互通,止有一实;即费是隐,存泯同时。"①从对应关系而言,"可以"对应于显冒,如同应当如此,是表象;"何以"是对于根本因的追问,相当于"故",寻根问源,探究形成、生生之源,是形而上学之"思",对应密冒、隐均;"所以"对应于统冒,"不落"表明不能以密冒规定统冒,亦不能以显冒规定统冒,统冒具有独立性,如同"在"扎根于"形成"与"表象"之间,成为独立的哲学范畴。

第四,统冒的混成。"老子以混成为统冒"②,混成的"混"融合密冒与显冒;混成的"成"是"形成"、生成,处于"表象"之前,可视为"表象"的母体。混成源于《道德经》第二十五章"有物混成,先天地生"。结合前文第二喻来看,"大一"与"混成"都是先天地生。较之于大一,混成融合了"大一"与"天地"的特征,可视为大一之后、天地之前的生成状态:在"大一"之后,表明已经"在"形成;在"天地"之前,表明与"表象"尚有距离。由此可将第二喻修订为:大一(密冒)—混成(统冒)—天地(显冒)。

① 方以智:《东西均开章》,《东西均》,《东西均注释(外一种)》,中华书局 2016 年版,第 15 页。
② 方以智:《三冒五衍》,《易余》卷上,《易余(外一种)》,上海古籍出版社 2018 年版,第 34 页。

第五,"夺"与"通"。"相夺互通":统冒将大一与天地混成,这属于"互通",是三冒内聚的合力;"相夺"是指大一与天地从两个相反的方向撕裂统冒,这是各自独立存在的张力,如同"相夺"将"在"分裂成尚未成型的"形成"与已经成型的"表象",从而消解"在"。相夺与互通双向作用,从而三冒间的黏合性更强。

第六,三冒一体。如前文所述无极、太极、有极,三冒呈现"实三而恒一,实一而恒三"。"止有一实","一实"可以是任何一冒。从生生来看,密冒、统冒、显冒是连续的生成,之所以呈现三冒,源于观察者所取之象不同,即分别取象于未生前、生生中、生生后,对应于形成、在、表象。这可与仁树喻相发明,从树而言:未生前是核,生生中是荄,生生后是树、花。这是一个连续的生生过程,"存泯同时",三冒是一存俱存、一泯俱泯的关系:没有核的藏密之体,也就没有荄;没有根荄之生生,亦不可能有树、花;没有树、花的显现,亦不可能有核。

第七,以生生为轴心旋转。这需要引入三均:隐均、公均、费均。"如播鼗然。"①播鼗即拨浪鼓,据《礼记·王制》"赐伯子男乐,则以鼗将之",正义曰:"鼗如小鼓,长柄,旁有耳,摇之使自击。"②公均如长柄,隐均与费均如两个旁耳。以公均为轴,三均同时旋转,在旋转中,即隐是费,从而将"形成"转化为"表象";即费是隐,从而将"表象"还原为"生成"。从生生之易来看,"中土以《易》为均"③,这亦是方以智从生生的角度诠释《周易》的哲学精神。如第三喻调乐之均,均钟木平衡五音,公均在旋转时还起到平衡作用。

以上七点拓展了"余"的生生之义,展现出方以智"余"论的丰富含义以及在后现代哲学展开的方向。

"故"使得道体由隐秘走向敞开,结合第三喻来看敞开的过程。第一层:商为余,为何以;角徵羽为正,为可以。追问角徵羽之故,隐秘之余敞开,商之何以转为所以,从而呈现第二层:宫为余,为何以;商为所以,"所以故"使得商不再隐秘;角徵羽为可以。第三层:无声为余,为何以;宫为所以,"所以故"使得宫敞开;商角徵羽为可以。进一步深入,"费中自具三冒,隐中亦具三冒。"④不仅五音可无限三分,"无声"亦可分出显、密、统,从而使得"余"不断敞开。从"三以"而言,"则故"是由"可以"向"何以"追问,"何

---

① 方以智:《三冒五衍》,《易余》卷上,《易余(外一种)》,上海古籍出版社 2018 年版,第 30 页。
② 郑玄注,孔颖达疏:《礼记正义》卷十二,《十三经注疏》,中华书局 1980 年版,第 1332 页。
③ 方以智:《东西均开章》,《东西均》,《东西均注释(外一种)》,中华书局 2016 年版,第 16 页。
④ 方以智:《三冒五衍》,《易余》卷上,《易余(外一种)》,上海古籍出版社 2018 年版,第 31 页。

以"的问题解答后，变为"所以"，"故"将隐秘向敞开锁定，类似于将隐秘的"形成"锁定为能够把握的"在"。这种"则故"的过程不仅能建立音乐之理，如七调六十律等乐理；而且得以建立数学，如数原、度数等（方中通《数度衍》）；还可以发展出物理学（如《物理小识》）以及天文学等。经过"则故"，方以智奠基了中国数学、物理、天文学等学科，为儒学融入了现代科学的精神。

再看三冒与三眼喻，此处先悬隔统冒（所以），仅看显冒（可以）与密冒（何以）。据《易余》附录点睛："瞩肉眼而开醯眼，又瞩醯眼而还双眼者，许读此书。"①醯眼即是慧眼。如图2-3虚线所示：正（显冒）对应可以（肉眼），余（密冒）对应何以（慧眼）。这涉及认识对象与认识能力的关系：冒指认识对象，是道体的显现；眼指认识能力，是道体的认知。肉眼指认识显性、敞开事物的能力，慧眼是认识隐性、深密事物的能力。认识能力决定了所能认识的对象，换言之，要想认识什么对象，就需要具备什么能力。显冒与密冒之间包含两层递进关系，如上图双箭头虚线所示：第一，"瞩肉眼而开醯眼"，由显冒之"可以"超越至密冒之"何以"，即是探究"故"；第二，"又瞩醯眼而还双眼"又由密冒之"何以"下贯至显冒之"可以"。经过超越与返回，正与余各尽其所极，且相互涵摄。结合第五喻来看，"可以"如同"有生死"，由此超越至"无生死"，如同"开醯眼"，这是第一层递进；由"无生死"返回到"如是生死"，如同"还双眼"，这是第二层递进。经过两层递进，既能洞悉根本之故，又能将"故"致用，丰富了正余一体。在兼顾两个递进层次的基础上，方能全面理解"余"，才能理解《易余》创作的主旨。此处需要注意，这并不是比较慧眼与肉眼哪个更高明，在终极层次上，二者所见是同一本体的两个方面，或者说是从两个角度看同一个本体。但若不经过两层递进与震荡，正与余的含义则不能充分展现。"必瞩其肉而迸其醯，又瞩其醯而还其故，乃明大良，乃名天燎。"②只有在包含了上述两层递进关系后，才能"明大良""天燎"，即能全面认知、深度洞悉正与余。

余作为哲学本体，还关联着用："人适所用，以无用者为余。知无用之用，则有用者为余矣。不以有用之用废无用之余，岂以无用之用废有用之余耶？"③"适所用"指向显现世界，以"适所用"为剃刀，可以剃除中国哲学的无用空疏之学，从而将中国哲学带入以"适用"为标准的新境界。"无用"是

①　方以智：《附录》，《易余》，《易余（外一种）》，上海古籍出版社2018年版，第215页。
②　方以智：《善巧》，《易余》卷上，《易余（外一种）》，上海古籍出版社2018年版，第20页。
③　方以智：《小引》，《易余》，《易余（外一种）》，上海古籍出版社2018年版，第1页。

"余","适所用"是"正",这是常解,是第一层意思。"正"是正用,"余"是无用:正余构成反对概念。第二层意思是将正余互换,原来作为"余"的"无用"转为"正",原来作为"正"的"正用"转化为"余",无用之用是大用:"互余"是将两层意思合观。儒家侧重于第一层意思,如《尚书·大禹谟》之正德、利用;道家倾向于第二层意思,如《庄子·人间世》,栎社树无所可用,得以逃避砍伐,以此为大用。方以智将儒道合烹,从而使得儒家正用得以超越,厚重中有了逍遥;使得道家无用得以归实,逍遥中有了厚重。从第一层意思来看,"余"是无用:可以说是废弃不用,如果仅讲这层意思,则实无必要再论"余";亦可以说是藏而不用、密而不显,处于隐秘的状态,但这容易将"余"引向神秘化的不可知论,必须由第二层扶正,"无用"之"余"有大用,藏是为了用,密是为了显,这亦指向第一喻的藏密之体。"故"展现出方以智思想的现代哲学进路,即哲学是对存在的探本穷源,使得中国哲学具有现代性;"用余"引出"适用",展现方以智对于中国传统哲学的新指引。

《易余》开篇五喻,《附录》三眼一喻,重点篇章三冒之喻:三者一以贯之。综合五喻可知:从显微无间而言,余是密、藏、隐;从动静一体而言,余是静、寂;从体用一源而言,余是本、体;从有无而言,余是无、不可知、无穷。正余之间自由互换,从而正余显微无间、动静一体、体用一源、有无相生,通过互相激荡,洋溢出生生的活力。五喻为一聚类组,每一喻都有强调的重点,也就是焦点。每一焦点周围有晕轮,每一晕轮与其他焦点的晕轮相叠,五轮会合处,是余的准确指向。换言之,五喻聚类组可以说共为一体,通过晕轮撑开"余"这个核心概念。

三眼喻是五喻的凝练:从第一喻来看,由显入密,慧眼对应藏密之体,如同闭关是为了远行,又须经过"还双眼"之用检验藏密之体。开慧眼是入冬至,明体积聚;还双眼是春生,是利用通达。冬至生春,如果不进入冬至,则生生之源竭;慧眼识生生之源,若非穷本达源,其末则不固,其流则不远。从第二、三喻来看,大一、无声不可知,却是可知天地、可闻声音的根本。天地、声音属于经验的显现层次,如表象;大一与无声是超验的层次,处于隐秘状态,或者说是形成、生生。形成、生生决定表象,且是表象的深层依据。认知者须从经验飞跃到超验,超验必定要作用于经验世界才有实际意义,并以实际之用检验超验之体,因此,又须从超验返回经验。从体用而言,只讲有声与天地,如同仅知其用而不知其体,则用为盲用,体为迷体。认识大一与无声如同开慧眼以明体求故,知根源,再返回肉眼后,则能循其故、用其体,由此体明用达。第四喻的道与法各有其所用,第五喻的后两个层次与三眼喻的两个层次相同,由慧眼还肉眼即是"生如是生,死如是死"。开篇五喻与结尾一喻可以互证,也可以说三眼喻是五喻聚类的"中值"。

冒、均、故是余的关联概念:冒是显而未显,均是动态旋转。一分为三,余对应于密冒与隐均,是生生仁体的动力因、形式因、目的因、质料因;余之体又可表述为故,寻其故以求致其用,即体即用,从而实现达用。藏密之体重在本体的吸积,亦可说是重在生生之源,由生生原始反终,则是根本之故,体、源、故三者亦是"实三而恒一"。方以智"坐集千古之智"并"折中其间","余"论基于《周易》,融合了儒、道、法等中国传统的思想资源;从集成创新而言,"余"的藏密之体有利于在明清鼎革之际保存儒学的生生核仁;通过生生之源、根本之故的探究,有利于确立儒学的形上学本体,同时为儒学注入科学的精神,又不失元典哲学的精神,并具有现代哲学的雏形,不妨称之为"中国前现代哲学"。

第三章 吞吐成环的体用观

体为用之本，用又为体之本。枝叶与根柢并生，全树与核仁变化。邵子曰："体用之间，有变存焉，昊天生万物之谓也；心迹之间，有权存焉，圣人生万民之物也。"可以知本无体用之故矣。尽古今是用，尽古今是体，更何分合？何妨分合？（《易余目录·体用》）①

谈到中国哲学代表性的体用观，通常会讲"体用一源"与"体用不二"，这两种体用观均与《周易》有关。据程颐之论，"至微者理也，至著者象也。体用一源，显微无间"②。"体用不二"源自唐代佛教，据熊十力之言，"余之学宗主《易经》，以体用不二立宗"③。从字义来看，"一源"强调体用之合，"不二"是从分中看合；从逻辑可能性而言，应有"合中看分"的体用思想，而这即是方以智的体用思想：余为体，正为用；反之，则是正为体，余为用，其亦基于《周易》。④ 正与余以一体为预设，"蓍亦以四十九藏一"⑤，一之藏代表至微者，是余，由此以立体；四十九是正，由此以达用。如同一之体与四十九之用合称大衍之数五十，正与余以"一源"为预设，在"不二"中展开，方以智的体用思想正是在综合两种代表性体用观基础上的再创新。具体而言，方以智体用思想的基本观点及其创新体现在余体正用的二一之辨，建构了以生生为基础的吞吐与成环，可称之为吞吐成环的体用观，吞吐承接体用不二，成环承接体用一源（原），引入统冒、公均等第三者来弥合体用之隙，以"有""无"之辨来饱满体用关系，展开形上与实学的双向发掘。

"体用互余"集中在《易余》，与此相关的还有《东西均》等哲学著作，方以智遇难后，这些著作便消逝在历史长河中。近年来，随着这些著作的发现整理，方以智的体用观得以呈现，这促使我们重新审视中国哲学体用观的发

① 方以智：《易余》，《易余（外一种）》，上海古籍出版社2018年版，第9页。
② 程颐：《周易程氏传·易传序》，《二程集》，中华书局2004年版，第689页。
③ 熊十力：《赘语》，《体用论（外一种）》，上海古籍出版社2019年版，第7页。
④ 体用互余亦可从身心关系获得，如与方学渐师出同门的祝世禄提出"身在心中"，与"心在身中"共同组成互余关系。"互余双方相互滋养丰富，以正而显余，以余而显正"，"心身互余表现为互为体用，任何一方都可促进另一方，生成另一方，并且相融为一体"。（张昭炜：《阳明学发展的困境及出路》，中国社会科学出版社2017年版，第495页。）
⑤ 方以智：《三冒五衍》，《易余》卷上，《易余（外一种）》，上海古籍出版社2018年版，第40页。

展,探讨方以智体用思想的继往开来之处,以益于评估方以智在中国哲学史的重要地位。

一、余体正用的二一之辨

方以智的体用观是对"体用一源"与"体用不二"的综合与创新。"体用一源"与"体用不二"可抽象为体用"二而一"与"一而二"的关系,理解体用吞吐成环需要从二一之辨来观之:

> 一分以自偶,偶本同出,而还以相交。交则立体,因以象名。象无不对,对无不反,反无不克,克无不生,生无不代,代无不错,错无不综,综无不弥,弥无不纶。有一必有二,二皆本乎一。①

此论阐释"一分二"与"二合一"的过程,按照偶为体与用,分合如下:从一讲二,"一分以自偶",反观之,偶源于一分,即是"体用一源";从二讲一,"偶本同出",确定体用之偶、肯认二,再看一,偶属于同一个母体,可以说是"体用不二"。合观"从一讲二"与"从二讲一",则是"有一必有二,二皆本乎一"。

一分二是始,二本一是终,始终之间,包括六个过程:第一,相交;第二,相对、相反;第三,相克、相生;第四,相代;第五,相错、相综;第六,相弥、相纶。六个过程总体表现出两种力:一是分开的张力,体用之间相互拒斥,如对、反、克、错、纶,体用对峙;二是相聚的合力,如交、生、综、弥,体用互为其根。张力与合力共同作用,从而使得体用胶黏更加紧密。

分述六个过程:第一,相交。"一源"分出体用之偶,这个偶并非隔绝,而是相交互、相对话,"因以象名",象有六:"何谓六象?曰统曰辨,曰同曰异,曰成曰毁是也。"②统辨之象类似于总体与局部(整体与个别),"譬之宅然,合门牖堂室而号之曰宅,此统天之总也,统象也;分宅之中所曰堂,堂之内可入者曰室,堂室之帘可出入者曰门,开壁纳光者曰牖,此辨名之别也,辨象也"③。体是统,用是辨:"体"包含了所有的"用","用"只是"体"的局部

---

① 方以智:《反对六象十错综》,《易余》卷上,《易余(外一种)》,上海古籍出版社 2018 年版,第 77 页。

② 方以智:《反对六象十错综》,《易余》卷上,《易余(外一种)》,上海古籍出版社 2018 年版,第 78 页。

③ 方以智:《反对六象十错综》,《易余》卷上,《易余(外一种)》,上海古籍出版社 2018 年版,第 78 页。

呈现。"统"指向"体用一源";"辨"指向"体用分二";即统而辨,即合而分,指向"体用不一";即辨而统,即分而合,指向"体用不二"。综上,方以智的体用观既包含了"体用一源"与"体用不二",还含有"体用不一"的进路。同异之象相当于相似性与差异性(共性与个性),"门牖,宅之门牖也,堂室,宅之堂室也,同象也;堂自堂,室自室,门自门,牖自牖,异象也"①。体是同,用是异,堂、室、门、牖各具独立性,从而各有其用;差异之用有赖于它们共同组成的宅之全体。成毁之象类似于相辅相成(相得益彰)与相互诋毁(鹬蚌相争),"堂兼室,室兼堂,门兼牖,牖兼门,此宅之成象也;栋梁不可为阶壁,阶壁不可为栋梁,此宅之毁象也"②。成象指向体兼带用、用兼带体,从而体用俱得提进;毁象指向体自为体、用自为用,从而体用保持各自的独立性。

　　第二过程与第三过程合观,可分为两类:"相对、相反、相克"与"相生"。前者依次递进,拒斥力逐渐增强;物极必反,拒斥力最大的"相克"转化为"相生"。两类通过"相克相生"联结,即相对相生,从对立转为统一,亦可表述为"一在二中,皆相反相因者也"③。相反相因显示出方以智的体用观"皆只是心量对立下对反的两端。可见他所说的'体用'接近于相互成立的知识性范畴"④。相反、相克是反因,表现为张力,拒斥为二,两端朝着撕裂方向发展;相因、相生是公因,表现为合力,两端朝着黏合方向发展,合并为一:"一在二中","一"并未抽身而去,而是作为公因,仍然在统合"二",公因之论详见下文。从六象而言,"毁宅之中,具有成象;成象之中,具有毁象。同不毁异,异不毁同;统不废辨,辨不废统"⑤。毁中有成,成中有毁,用中有体,体中有用,这如同用将体吞入,体将用吞入。吞入后合一;又可吐出,吐出后是二。吞吐将在下文论述。成毁如此,同异、统辨亦是如此。"即一宅而六者,同时森然、同时穆然也。"⑥穆然是体,微秘而幽深;森然是

①　方以智:《反对六象十错综》,《易余》卷上,《易余(外一种)》,上海古籍出版社2018年版,第78页。

②　方以智:《反对六象十错综》,《易余》卷上,《易余(外一种)》,上海古籍出版社2018年版,第78页。

③　方以智:《易余目录·反对》,《易余》,《易余(外一种)》,上海古籍出版社2018年版,第6页。

④　蔡振丰:《中国哲学中的体用义》,《杭州师范大学学报(社会科学版)》2017年第5期。

⑤　方以智:《反对六象十错综》,《易余》卷上,《易余(外一种)》,上海古籍出版社2018年版,第78页。

⑥　方以智:《反对六象十错综》,《易余》卷上,《易余(外一种)》,上海古籍出版社2018年版,第78页。

本体之显现,是用;六象同时呈现,"同时"指体用并置。结合正余一体的预设,一体是由并置讲合一。"冬与夏""显与幽""一与多,皆可以断之常之、离之即之,同时错综、森然穆然者也"①。此处引入冬喻,"三时以冬为余,冬即以三时为余矣"②。冬代表体,是一,是幽;夏代表用,亦可说春夏秋三时代表用,是多,是显。"体用一源"的"显微无间"表述为"显幽无间""夏冬无间"。

六象之辨、异、毁是分开的张力;统、同、成是相聚的合力。当张力居主时,表现为离、断,从而体用之"间"的距离加大,如吐;当合力居主时,表现为即、常,从而体用之"间"的距离缩小,如吞。"体用一源"强调"无间",将体用引向一,不允许"间"的存在,如吞进去的状态;"体用不二"亦是将体用引向一,担心二的出现,如同吞而未吞、吐而未吐的状态。体用互余的特色还在于一与二同时呈现,六象如同方位的前后、左右、上下,"吾于是精六象同时之义焉"③。

第四,相代。代如《中庸》"如日月之代明"。第五,相错、相综。错如《中庸》第三十章"四时之错行"。第六,相弥、相纶。弥承接综,通过弥,体用更加"无间",混入一体;通过纶,体用再次分开。纶介于代与综之间,在体用合一中保持独立性;弥纶交参,深化了体用互余。通过代与错,可以破开"体用不二"之"二":代,如以体代用,则用隐而不彰,全表现为体;反之,以用代体,则全表现为用。在相代中,或体或用,体用之"二"表现为"一";在相错中,体用并置,体用是二。如果仅为错,则体用两分;必须借助综,使得两分再次合一。

体用之错可进一步细分成十错:对舍、对摄、对夺、对人、对即,每一错又有综与之对应。从合力来看,如对摄、对人、对即:"摄多于一,摄一于多,此对摄也,摄则相统相归矣;一入多而始为一,多入一而始为多,此对人也,入则相沁相亲矣。""一是多中之一,多是一中之多,一外无多,多外无一,此一即多、多即一之对即也,即之而无多、无一矣。"④"摄多于一",如同将春夏秋之用闭藏于冬之体,"四用三而一炼三"⑤,用摄于体,即是由用返体,卷而

① 方以智:《反对六象十错综》,《易余》卷上,《易余(外一种)》,上海古籍出版社2018年版,第78页。

② 方以智:《小引》,《易余》,《易余(外一种)》,上海古籍出版社2018年版,第1页。

③ 方以智:《反对六象十错综》,《易余》卷上,《易余(外一种)》,上海古籍出版社2018年版,第78页。

④ 方以智:《反对六象十错综》,《易余》卷上,《易余(外一种)》,上海古籍出版社2018年版,第78—79页。

⑤ 方孔炤、方以智:《说卦传》,《周易时论合编》卷十三,中华书局2019年版,第1300页。

退藏；"摄一于多"，是由体达用，发舒致用。体用互相统合：体统用时，归于体；用统体时，归于用。体用可以自由切换。对摄表明体用之间的相因，在相因中实现相统相归；对入表明体用互隐，当体入于用时，体暂时隐退；当用入于体时，用暂时隐退。相入如沁，是渗入，如水渗入蜜中，形成蜜水，水蜜成为一体；相入如亲，如母生子，由体生用，体用之间具有血缘的相亲性。相沁相亲的对入尚有体用为二之义，"对即"则完全融为一体，甚至超越至无的层次。对摄、对入、对即是从体用为一的角度阐释，但若限于为一，则仅为合力，胶粘成一团；与之相反的对舍、对夺则是张力，尽可能将二者辨析分开：两种力相互作用，体用结合更为紧密。

综上，相较于传统体用观，方以智的体用观有三个重要创新点：第一，兼顾一二。兼顾"一分二"与"二合一"，涵摄"体用一源"与"体用不二"。体用观包含两个层次：从一到二，"有一必有二"，这是从一源分体用。不分体用，则不能将一源展开；从二返一，"二皆本乎一"，由此返回一源。一二交替，如相对、相反、相克是二，相生是"一而二"，相代是一代二，相错是二，相综是一，相弥是一，相纶是二。第二，体用观的六个过程多层次、多维度展现了"体用无间"之"间"与"体用不二"之"二"。第三，合力与张力同时作用，如相克相生、相错相综、相弥相纶。"《易》用反对之二，而贞一愈神矣。"[1]虽然合力与张力作用相反，但并非此消彼长，而是同时增强。

二、吞吐与成环

（一）吞　　吐

对摄、对入、对即的递进如同猛虎捕兔，由"摄"将兔捕捉，然后再将兔"入"于口，经过消化后，兔成为猛虎全体的一部分，兔"即"是虎，这可以发展出体用吞吐。体入用中，即体将用吞入，表现为大体，体用合一；反之，用入体中，表现为大用，亦是体用合一。大体将用吐出，或者大用将大体吐出，则体用分二。以《续齐谐记》书生鹅笼喻诠释《中庸》之三身：

绘天地之形为一覆帱持载之身，又绘天地之影为一无声无臭之身，又收一笔之圆光为一於穆不已之身。其卷舒也，於穆吞形影而为形影

---

①　方孔炤、方以智：《系辞上传》，《周易时论合编》卷九，《周易时论合编》，中华书局2019年版，第1168页。

所吞,影亦吞形而为形吞,藏不睹不闻于睹闻,止有一天地而已矣。是
孔子世家之鹅笼也。①

"孔子世家"指孔学谱系,特指孔子至子思的家学。此处以吞与吐描述
体用藏显、卷舒。"覆帱持载之身",据《中庸》"仲尼祖述尧舜,宪章文武,上
律天时,下袭水土,譬如天地之无不持载,无不覆帱",这是从显舒之用言孔
学之体;"无声无臭之身",据《中庸》"'上天之载,无声无臭',至矣!"这是
从微之体而言。"覆帱持载之身"与"无声无臭之身"为体用,如形影:形是
显;影是微;形影不离,如程颐所言"显微无间"。吞吐由两次体用互换实
现:第一,影吞形,用藏于体;第二,影为形所吞,体藏于用。吞吐相互作用:
二者随时可以吞进,体吞用,仅显现为体,用吞体,仅显现为用,此是"二而
一";二者随时可以吐出,体吐用,用吐体,表现为体用同时,此是"一而二":
这是从吞吐诠释体用的二与一。

按照《易余》三冒思想,"至著者"是显冒,是正;"至微者"是密冒,是
余;统冒统合密冒与显冒,"体用吞吐"转化为三冒关系,三冒对应三身:覆
帱持载是显冒,无声无臭是密冒,於穆不已是统冒。据《中庸》《诗》云:
'维天之命,於穆不已。'""於穆不已"如"至诚无息",这是以生生统摄体
用。统冒吞掉显密二冒,同时又被显密二冒所吞,这即是自孔子所传儒学的
"鹅笼",方以智开掘儒学元典的体用思想,是孔子世家鹅笼的继承者与创
新者。对摄、对入、对即可以视为吞的综合,吞吐形成反对,"有吞吐"与"无
吞吐"又形成反对嵌套:"一吞一吐,本无吞吐。"②吞吐是在"有"的层次上
讲体用关系,无吞吐是在"无"的层次讲,这涉及"有体用"与"无体用"的关
系,将在本章第四节论述。

(二) 成　　环

"对即"表明体用可以互换,"体为用本"转换成"用为体本":"体为用
之本,用又为体之本。枝叶与根柢并生,全树与核仁变化。"③在中国哲学体
用概念中,主流观点是体用不能互换,如张岱年分析归纳的四种体用意涵:
质能、常变、本末、实幻④。体是质,不能说质是用;用是能,不能说无形之能

① 方以智:《三子记》,《易余》,《易余(外一种)》,上海古籍出版社 2018 年版,第 5 页。
② 方以智:《三子记》,《易余》,《易余(外一种)》,上海古籍出版社 2018 年版,第 5 页。
③ 方以智:《易余目录·体用》,《易余》,《易余(外一种)》,上海古籍出版社 2018 年版,第 9 页。
④ 张岱年:《事理论》,《天人五论》,中华书局 2017 年版,第 146 页。

是体。方以智的体用互换超出上述四种意涵，基于"生生"，以核仁诠释仁体，这是方以智发展仁学本体的新方向。仁树之喻是从生生引入体用关系，生生贯穿体用转换。据《易传·系辞上》："显诸仁，藏诸用。"藏如对摄、对入、对即，由藏而体用合一。细化仁树之喻，根为树之本，根为体，树为用，此是第一层"体为用本"；树生枝叶，枝叶是树本之用，枝叶生核仁，核仁是枝叶之用，这是第二、三层"体为用本"，至此共形成三层递进的"体为用本"。再进一步，核仁生根：以核仁为中心，这仍是前面"体为用本"生成序列的延续，核仁为体，根为用；以根为中心，根是后面生成序列开始，根是本，树、枝叶、核仁均是根之用，由根之用再生出根之体，此时转化成"用为体本"。经过"体为用本"向"用为体本"转化，继续下一次的体为用本，由根生树，螺旋递进，实现"体为用本"与"用为体本"的合一。由此形成体用的回环嵌套，丰富了从单一进路、平面层次讲体用的思维模式。从四时正余来看，春夏秋之用与冬之体成环，四时循环更迭。

进一步深入仁树与体用："荄为树本，核为荄本，树生花而为核之本矣。芽滋干，而上既生枝，下且复生本矣。核中之仁，天地人之亥子也，全枝全干全根之体也。苗茂之后，仁弃其体，而为此树之用矣。"[1]按照体用递进的顺序，依次为：荄—树—花—核仁—（荄），由此体用成环。核中有仁，仁发芽，芽滋干，其上生枝，枝是末，是用；其下生根，根是本，是体。干作为贯通枝与根者，如同贯通体与用之间者，从而统合体用两端，好比统冒将密冒（体）与显冒（用）统合，由此体用一贯。体可以隐秘不显，如同仁在充分展开后，长成大树，体裂为用，其仁之体已经不复存在，其生生之体全部寓居在大树之用中。在仁树喻中，核仁之所以能够作为全体，是因为核仁孕育充满生意，显示出本体的生生活力，以此生生贯彻体用。

由仁树喻再看上节所论的二与一："正谓一在二中，二中之主仆历然，则一中之主仆历然明矣。一树之根枝历然，则仁中所以为根枝者历然。"[2]要理解此言，需要引入两对概念。第一对是主仆。主统仆，主与仆之间是领导与服从的关系，体是主，用是仆，体统摄并引领用。主离不开仆，若没有仆，则主无所主；用以显体，离开了用，体便沦为废体；第二对是历然与寂然。这对概念如同上节提到的穆然与森然，寂然是体，历然是用。在仁树之喻中，核仁是寂然，根枝是历然，寂然是卷藏，历然是发舒。如同反对六象同

① 方以智：《体为用本　用为体本》，《易余》卷上，《易余（外一种）》，上海古籍出版社2018年版，第124页。

② 方孔炤、方以智：《图象几表》卷一，《周易时论合编》，中华书局2019年版，第4页。

时,寂然与历然亦同时呈现,"舍历无寂,是谓寂历同时"①。从藏显来看,寂然是藏,历然是显。从潜能与现实来看,核仁在未发育成树之前,已经潜在包含了根枝之历然,体统摄用、"体为用本"已经内在潜藏于体中,此体展开,必然导致现实的体统用;反之,由树用之历然,必然能够反推出仁体之历然,由此加固了"体为用本"与"用为体本"互换与决定的关系。超越互换的层次,则是:"芽出仁烂,而枝叶皆仁,则全树皆本也。"②从生成而言,仁之本发育成枝叶后,已经不复存在,枝叶等全树均可视为仁本体的发舒,全树皆本体;顺此反推,则核仁是全用。全体与全用相互包含,这如同上文论述的吞吐。

（三）因　　果

仁树喻可延伸至体用的因果关系,"因果犹形影也,体用也","不落因果,为因果依"③。如同体用互换:仁是因,树是果;树是因,仁是果。体用关系表现为因—果—因的循环。如同鹅笼喻的形影互吞:因含果,果亦含因,这是"落因果";超越至"无"的层次,"不落因果";从"无"再返回"有",则是"为因果依",由此形成落—不落—回落的因果回环④。综上可知,"体为用本"与"用为体本"互换不是简单颠倒,而是成环,如仁树喻与鹅笼喻。在体用互换过程中,始终有"生生"之意,仁树喻表现出体用的生命感,鹅笼喻以"於穆不已"统摄体用,体用为生生所笼罩;换言之,体用吞吐成环是在生生中展开。

综上,继第一节论述的三个重要创新点,体用观又加上三个重要创新点:第四个,"一源"可视为吞,"分二"可视为吐,"不二"是吞而未吞、吐而未吐的中间状态。"互余"包含了吞吐,以及吞吐之间的状态。第五个,体用吞吐成环如同龙首吞龙尾,从而形成一个闭环。以环来看,不断开,便是

---

① 方孔炤、方以智:《系辞上传》,《系辞上传》,《周易时论合编》卷九,《周易时论合编》,中华书局2019年版,第1154页。

② 方以智:《一有无》,《易余》卷上,《易余(外一种)》,上海古籍出版社2018年版,第69页。

③ 方以智:《易余目录·必余》,《易余》,《易余(外一种)》,上海古籍出版社2018年版,第7页。

④ 仁树喻是微显关系的引申,如熊十力解读《乾》卦初爻"潜龙勿用":"潜之为言,隐而未见也。(隐者,隐微。见,犹显著也,读为发现之现。譬如果实含无量生机,俗名曰仁,此是隐。后来发展为萌芽、本根、强干、群枝、众叶乃至花、实,层出不穷的物事,皆逐渐著见也。凡后起无穷之著见,要皆果中之仁固有其因,亦可曰固有此种种可能。)"(熊十力:《体用论(外一种)》,第120页。)因果、微显这两对概念在仁树喻中统一。此处言仁的"无量生机",即是"於穆不已"的生生之体。

一源;相互包含,即是互余;不能断开,便是不二。第六个,余以生生为基础,并在生生中展开,生生之仁贯彻在核仁、根荄、花核之中。仁生树可说是吐,核仁层层吐出根、干、枝叶、花;花生仁亦可说是吞,从而收敛闭藏,将树的生机蓄于核仁。通过仁树的暗喻,体用成环,"体为用本"转换成"用为体本"。

三、统冒与公均

体用之二与一、吞吐成环是讲体用之间的关系,体用吞吐成环的创造性还表现在引入第三者,以此弥合"显微无间"之"间"。据《中庸》"君子之道费而隐",显如费之易见,微如隐而难知,按注释:"费,用之广也。隐,体之微也。"①隐与费为体用关系,方以智发展成费均(显冒)与隐均(密冒),在体用之二的基础上,还引入第三者,如三冒之统冒、三均之公均、绝待与公因。

(一) 三 冒 三 子

《易余》以三子对话为表达形式:平公是显冒,代表用;何生是密冒,代表体;当士是统冒,代表体用合一,这是互余导致的统合。拟人化的三子使得体用吞吐成环更为形象生动,对摄、对入、对即的关系如三子演奏:平公吹笙,何生促筝,当士歌曲并击节,"笙入筝而中歌之节,抗坠贯珠,累累若一"②。"入"如吞,笙筝感应,实现同心。演奏乐器之入不仅是进入,而且在入时能"中",实现映带相和,如《中孚》九二"鸣鹤在阴,其子和之";在相和中激荡,激荡之和又会返至供体,如此循环叠加,从而使得音乐演奏更具感染力,亦活化了体用互动。音乐演奏由三子共同完成,实现"累累若一",如同反对"综无不弥",弥漫成一片,洋溢着艺术的大美,这也是方以智体用吞吐成环追求的境界。三子之间相互吞吐,"卧石而梦当士至,不见二子。当士曰:即身是也"③。当士吞何生与平公,一子代表三子,当士是统冒,这表明统冒既能隐体,又能藏用,体用为统冒所涵摄;有吞亦有吐,统冒吐出密冒与显冒,可以明体达用。推而广之,不仅当士能吞吐,何生与平公亦可吞吐,三冒三子是"一而三、三而一"。

(二) 公 均

在隐微之体与费显之用之间,方以智创造性提出"公均",以此弥合费

---

①　朱熹:《中庸章句》,《四书章句集注》,中华书局 2012 年版,第 22 页。
②　方以智:《三子记》,《易余》,《易余(外一种)》,上海古籍出版社 2018 年版,第 2 页。
③　方以智:《三子记》,《易余》,《易余(外一种)》,上海古籍出版社 2018 年版,第 4 页。

隐之间的缝隙与断裂,这是出自《东西均》的体用思想。均是陶均,是在生生中实现制造的工具。谈到中国哲学的生生,通常会关联到《周易》的精神,如《易传·系辞上》"生生之谓易"。由《周易》所立之体是生生变易之体,"均"与"易"都是在生生的笼罩下讲体用关系。"因形知影,而隐用于费,知体在用中乎!"①三冒之统冒实现体用的融合。体用二分,如同隔河相望,统冒、公均类似于穿梭往来二者之间的船只,在二者之间摆渡,从而实现体用贯通连接。公均与统冒各有侧重:公均置于体用间,填补缝隙,弥合断裂,是从体用内部寻求相聚的合力,这如同胶粘剂填补两个木板之间的缝隙,从而实现体用合一;统冒如同在体用之外,通过统合之力,将二者拢聚,这如同夹子将两个木板紧固在一起,是从外向内的聚合力,实现体用合一。公均与统冒从两种方式实现体用合一,这两种方式交互作用,彼此包容与促进。

(三) 绝待与公因

从训诂而言,"易即阳字","阳自分为阴阳,而互用之,阳即一也,阳即至变易者也"②。此处出现两阳,参照周敦颐的思路:"太极动而生阳,动极而静;静而生阴,静极复动。一动一静,互为其根;分阴分阳,两仪立焉。"③阳为太极所生,源于《周易》之体,是"至变易者";一分为二,阳与阴形成反对。在阴阳反对中,二者互相资用,如周敦颐所言"互为其根",根指向生生动力。根喻可关联显藏,如"显诸仁,藏诸用":"元公曰:仁蕴于中而曰显,用章于外而曰藏,正见阴阳互根。"④阴阳之二构成反因;相因于一,是公因。这吸收并发展了朱熹的太极观:"朱子曰:自一阴一阳,而五行之变,至不可穷,无适非太极之本然;太极不杂乎阴阳,不离乎阴阳,一而二,二而一者也"⑤。"不离"表明一始终在二中,"不杂"表明一能够超越二,从二中抽离出来;"不离"是公因在反因中,"不杂"说明公因有其独立性。由本章第一节论反对,"有一必有二,二皆本乎一",按照公因反因解读:"有公因必有反因,反因皆本乎公因。"

---

① 方孔炤、方以智:《图象几表》卷一,《周易时论合编》,中华书局 2019 年版,第 2 页。

② 方孔炤、方以智:《周易上经》,《周易时论合编》卷一,《周易时论合编》,中华书局 2019 年版,第 402 页。

③ 周敦颐:《太极图说》,《元公周先生濂溪集》卷一,岳麓书社 2006 年版,第 7 页。

④ 方孔炤、方以智:《系辞上传》,《周易时论合编》卷九,《周易时论合编》,中华书局 2019 年版,第 1169 页。

⑤ 方孔炤、方以智:《图象几表》卷一,《周易时论合编》,中华书局 2019 年版,第 3 页。

　　与反因、公因类似的概念有对待与绝待。从对待与绝待而言:"程子曰:物无独不对。通反对之义,而天下之能事毕矣。"①"元公曰:《易》皆对待法门,一形图画,便落两矣。画前之太极,孤而绝对者也。潜老夫曰:绝待即在对待中"②。阳与阴为对待,太极为绝对待,如同一在二中,绝待即在对待中。从体用而言,"一以二用,道以用显"③。太极是体,反对阴阳是用,太极之体借助阴阳之用而得以显现。"统体用之所以然,则冒之曰至体。""以为至体,实至用也。"④能统体用者是至体,是一;体用是二:一统二,至体统体用。至体是"所以然"、故、根本因。至体与至用在更高层次上是二而一。

　　将统冒、公均、绝待、公因引入体用,较之"体用一源"与"体用不二",体用吞吐成环展现的体用关系更侧重一体,体用以统冒、公均、绝待、公因为媒介,实现体用互通。较之于"体用一源"与"体用不二",体用观的第七个重要创新点如下图所示:

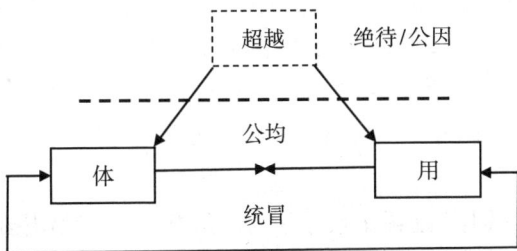

图3-1　体用对待绝待图

　　通过引入第三者,既有统冒从外向内统合夹持密冒(体)与显冒(用)的外聚力;亦有公均在中间弥合隐均(体)与费均(用)的内合力:这是"有"的层次丰富体用吞吐成环。从超越的层次,绝待与公因既在体用(对待、反因)之内,又超越体用,在至体至用中统合体用,是超越驾驭之力。外聚力、内合力、超越驾驭力同时作用,三者又相互映带,进一步丰富了体用吞吐成环。

---

① 方孔炤、方以智:《周易上经》,《周易时论合编》卷一,《周易时论合编》,中华书局2019年版,第402页。

② 方孔炤、方以智:《系辞上传》,《周易时论合编》卷九,《周易时论合编》,中华书局2019年版,第1150页。

③ 方孔炤、方以智:《系辞下传》,《周易时论合编》,卷次、版本第1273页。

④ 方以智:《体为用本　用为体本》,《易余》卷上,《易余(外一种)》,上海古籍出版社2018年版,第123页。

四、无用与致用

以上是从"有"的层次讲体用，再叠加有无之辨，将使得体用关系更加饱满；"用为体本"可以理解为必须要在用中见体，传统的宋明理学侧重于明体，将显微无间、体用不二讲得圆融高妙，而实际无济于用，则堕落为死理废体。方以智提出"用为体本"，以"用"来衡量"体"，这牵带出他强烈致用的实学思想。

（一）有　与　无

方以智体用观的第八个重要创新点表现为引入"无"，以"无"超越"有"，将"无用"转化为"致用"之大用：

> 人适所用，以无用者为余。知无用之用，则有用者为余矣。不以有用之用废无用之余，岂以无用之用废有用之余耶？《易》无体而前用者，善用余也，即余而一其体用者也……幽明万变，缕于指掌；天道人事，措之飞跃。贞夫一，则余皆一也，谓之无一可也，一皆余也。①

此处以"有用"与"无用"阐释正余：第一，正是有用，余是无用。当正作为用时，"人适所用"，在适用中，无须再缀加一个无用之体，不必再讲无用，这有利于消除"无"导致的遗世废事之弊，防止阳明后学以"四无"之体消解功夫的偏失。由于"适用"仅在显处完成，并未深究用的隐微之体，很容易滑转至盲用，停滞在形下之迹：知其所然，不知其所以然，如同不能洞悉体之根、用之源，因此，须进一步明确作为"余"的"无用"，这是实现从"有"至"无"飞跃的必经之路。第二，正是无用，余是有用。显冒退隐，"正"之"无用"强调密冒深隐之体，这吸收了王龙溪"四无"的精神。综合二者："无用"不至于沉顽空、耽妙体，将密冒的精神灌注到显冒中，实现"无用之用"的大用。

"有"与"无"如六象之统辨，以此融合王龙溪的"四无"："近日死标'四无'者，执统坏辨，非无妄之眚乎？易统而辨，即辨是统，无体藏用者也。""标性善者，生机也；标四无者，死语也。下学藏上，则死语即是生机。"②以

---

① 方以智：《小引》，《易余》，《易余（外一种）》，上海古籍出版社 2018 年版，第 1 页。
② 方孔炤、方以智：《系辞上传》，《周易时论合编》卷九，《周易时论合编》，中华书局 2019 年版，第 1170 页。

体之统涵摄用之辨。结合六象同时，"无"是同、成，"有"是异、毁。相反相因，"易统而辨，即辨是统"，统辨之间可以自由切换。王龙溪标"四无"立宗，即心、意、知、物均是无，发展阳明学的超越一路，但由此偏执"无"之一端，破坏了"有""无"的平衡，是"执统坏辨"。"下学"对应用，"藏上"（上达）对应体，即本体即是功夫，本体的问题反映到功夫，即是"执上达，坏下学"。方以智在吸收"四无"的基础上，再返回"有"，以此重新平衡"有""无"：在道体上，表现为"无体藏用"；在功夫上，表现为"下学藏上"。本体与功夫互通，即本体即是功夫，即功夫即是本体，王龙溪重视"悟"的功夫，"下学藏上"又可表述为"藏悟于学"。王龙溪标宗"四无"，其流弊为空亡、"一是皆良"，导致"四无"面临绝境；方以智通过"有""无"的再次平衡，从而无中含至有，重新激活"四无"的生机。

（二）"有""无"叠加

以"有""无"叠加"正""余"，包含了"无"之上达与"有"之下贯两个进路，两个进路是二，由二而一，"有""无"问题可归结为："可以知本无体用之故矣。尽古今是用，尽古今是体，更何分合？何妨分合？"①体与用归并在用，如用吞体，"尽古今是用"；体与用归并在体，如体吞用，"尽古今是体"：这是体用的互相吞吐，实现体用合一。再进一步，"有体用"与"无体用"互余，既要知有体用之实际，又要兼具无体用之超越，在实际中得以超越，在超越中归于实际，"有""无"亦是吞吐。综上，"有用""无用"是二而一、一而二的关系，从呈现方式来看，或"有用"，或"无用"，或二者合一，或表现为"有用"不废"无用"：二者同时呈现，如六象同时。

从有至无的超越亦是《周易》卦变的体现，如引黄元公所言："凡有定体，不能变为诸体。《易》无体，故变变不穷。"②"圣人于画前状之，而又明之，曰：《易》无体也。"③此无体之体便是余，又可称之为无。《周易》追求无体之体，"无"使得"有"更具深度，从而在根本处立其体；"有"使得"无"有迹有象，从而在实际处尽其用：上述二者各有所用，兼之则收二者之利，偏执必然造成体用割裂。《周易》包含"善用余"的精神，由"余"实现"一其体用"。正余以一体为预设，亦以一体为归宿。"有"与"无"互余："无"为正，

---

① 方以智：《易余目录·体用》，《易余》，《易余（外一种）》，上海古籍出版社2018年版，第9页。
② 方以智：《总论中》，《药地炮庄》，《方以智全书》第2册，黄山书社2019年版，第54页。
③ 方以智：《体为用本　用为体本》，《易余》卷上，《易余（外一种）》，上海古籍出版社2018年版，第123页。

"一皆余"。"知大一、贞一之故,立宰用余,余忘其宰,如手足之于头目,则有无之见谢矣。"①"宰"是主宰,这是主仆关系在"有""无"的映射,包含两个层次:第一是先立主宰,"立宰用余",这是在"有"的层次讲体用,"但立主宰,其余自必"②。第二是破主宰,"余忘其宰"。不立,则体用主仆关系不明;不破,则体用有无之见不谢。通过立与破,从主宰处展开正余之有无。树立"余"只是权教,最终还要破掉余,消除有无的名相。《周易》的神妙在于"无体"而用余。

(三) 体 用 开 掘

方以智体用观的第九个重要创新点为体用开掘,包含两个方向:向体开掘,必是寻求体之根本,否则迷体;由用开掘,必然要致用,体必然要表现为用才有意义,否则沦为废体。双向开掘,体用俱得提进;反之,若根本不明,其用必浑,即使讲个天理,亦是平铺放着,死无对证;若不致用,则不能检验体之真伪,亦不能在致用中壮大其体。

作为隐秘之体,"余"是用的根源,"几""故"均是"余"的关联概念,开掘体又可表述为通隐微之几、求故。"几""故"展现出方以智思想中的现代哲学进路,即哲学是对存在的探本穷源,如黑格尔认为:"因为哲学的目的在于认识那不变的、永恒的、自在自为的。它的目的是真理。"③又如张岱年指出:"方以智提出'通几'一词,也是指哲学。'几'是事物变化的根源。'通几'是研究事物变化根源的学问。"④从体之开掘来看"几":"神明之故,在乎几深。有深志而贱务者,专明摄用之体,则散殊之陈迹安得不屑越耶?自抑君子,以尊至人。有研几而成务者,专用摄体之用,则浑仑之赘旒所必高阁也。"⑤"故"与"几"互诠,通过极深研几,方能把握神明之故,从而得以用余。在几的层次上,体与用各尽其极,又须相互平衡,要破除"专明摄用之体",必须要实务,在"散殊之陈迹"之用中贯彻体;唯有全面把握研几之体与成务之用,体用才能够做到各尽其极:"造造化化,体用互因,人自日新其故,而神不测矣。"⑥"体用互因"既是正余相反相因,亦是代错吞吐,并且

① 方以智:《易余目录·一有无》,《易余》,《易余(外一种)》,上海古籍出版社 2018 年版,第 5 页。
② 方以智:《必余》,《易余》卷上,《易余(外一种)》,上海古籍出版社 2018 年版,第 98 页。
③ 黑格尔:《哲学史讲演录》第一卷,贺麟、王太庆译,商务印书馆 1959 年版,第 13 页。
④ 张岱年:《中国哲学史方法论发凡》,中华书局 2003 年版,第 10 页。
⑤ 方以智:《三冒五衍》,《易余》卷上,《易余(外一种)》,上海古籍出版社 2018 年版,第 41 页。
⑥ 方以智:《三冒五衍》,《易余》卷上,《易余(外一种)》,上海古籍出版社 2018 年版,第 40 页。

包含生生日新的精神，互因而吞吐成环。

以故追问根源："知则不为一切琦辨奥理所惑，而我可以转之；不知，则一端暗合，而他端又纱縠矣。"①由知实现"转之"，将理之体转化为用，有助于剔除宋明理学"纱縠"般浅而无用之理以及拘泥于名相的"琦辨奥理"，将中国哲学带入"知故"与"致用"的新境界。"故"深入体之根本，"根本豁然，穷尽差别"②。由根本而达于用，使得由体即用的路径顺畅，以致用检验故。由正余的一多关系可知，知故能贯通本体，从而呈现执一用多的功效。"至理本然，妙用因之，究归资生治世之合相一乘而已。"③"至"是理之极致，是理之全体，这显示出故的综摄性；至理必须配以妙用，由此体用俱尽其极。无论是明体，还是达用，最终根本在于"资生治世"，"要必以善世切民之理为最急之用，而余固不妨缓之"④。"正"是正向用功以达用，"余"是辅助赞佐以明体，体用之辨以"善世"为最终目的。由此再审视宋明理学："末世有浚恒迷复之理学，惟恐语及礼乐，若有玷其高竿者，犹之一护画前则忌讳卦爻者也。"⑤宋明理学家穷思竭虑，构建出多种义理精微的理学体系，但在方以智看来，这大多是"琦辨奥理"，其最大问题是不能致用。"惟恐语及礼乐"，从儒学发展的主要形态而言，宋明理学迷体，由体至用的通道不顺畅，甚至害怕将理转化成用。礼乐是秦汉儒学的主要表现形式，当理学不能贯彻礼乐时，以"明体"代替"达用"，以体消解用，已经走向自我陶醉、沉迷高洁的偏执。"玷其高竿"的比喻可谓是切中理学顽疾，"高竿"显示出理学脱离实际致用而走入悬空，而且妄自尊大；"玷"表现出理学家唯恐在致用中污染高妙之理，显示出理学家孤芳独赏的扭曲心态。如同《周易》太极与六十四卦，若仅仅守护画前而忌讳卦爻，伏羲则不能画卦，文王不能演卦，《周易》只是一个悬之高阁的神秘莫测之体。只有在卦爻之用中，才能展现《周易》的真精神，用使得体得以展现。"体必无离用者"⑥。"善世者明体

① 方以智：《大宗师第六》，《药地炮庄》卷三，《方以智全书》第 2 册，黄山书社 2019 年版，第257 页。

② 方以智：《易余目录·如之何》，《易余》，《易余（外一种）》，上海古籍出版社 2018 年版，第5 页。

③ 方以智：《易余目录·二虚一实》，《易余》，《易余（外一种）》，上海古籍出版社 2018 年版，第 9 页。

④ 方以智：《体为用本　用为体本》，《易余》卷上，《易余（外一种）》，上海古籍出版社 2018年版，第 125 页。

⑤ 方以智：《体为用本　用为体本》，《易余》卷上，《易余（外一种）》，上海古籍出版社 2018年版，第 125 页。

⑥ 方以智：《中正寂场劝》，《易余》卷下，《易余（外一种）》，上海古籍出版社 2018 年版，第185 页。

适用,原无无用之体。"①致用是一把剃刀,将一切不能在互余中实现自由转换的废体悉尽剃除。不仅宋明理学有以体消解用的偏执,而且佛老亦有此倾向,如王夫之指出:"佛、老之初,皆立体而废用。用既废,则体亦无实。""君子不废用以立体"②。诠释此论,"由于用的空缺,体也就不能实在挺立,所以最终体也没有建立起来"③。从正余一体而言,体与用是一存俱存、一亡俱亡的关系。当用被消解时,体亦随之而沦陷,成为一无用处的废体。由此可以看出王夫之与方以智在致用层次的一致,显示出以方、王为代表的明清之际大思想家对于宋明理学的批判性反思以及对中国哲学体用观发展的新方向指引。

方氏以《周易》为家学,经由方学渐、方大镇、方孔炤之积聚,至方以智创发性、系统性论述《周易》之余。如方大镇《首善书院决义》:"无可名言之至善,体即在扬遏之善用中,用即是体。""心体本无,正用即得循理。"④这是用为体本、以致用尽无用、循理则故等体用思想的原型。反对六象十错综明显受华严思想影响,这得益于方以智外祖吴应宾熏陶,吴应宾三教会通,亦重《周易》。方以智直接继承家学,并对中国哲学的体用思想集成创新,通过建构一种互余的吞吐成环以及展开本体与致用的双向发掘,形成综摄且深刻的体用思想。

具体而言,这种体用吞吐成环思想对中国传统体用观的集成创新主要体现为九点:前三个重要创新点继承并发展了"体用一源"之一与"体用不二"之二。"体用吞吐成环""体用一源"与"体用不二"可并称为三种代表性的中国哲学体用观。第四、第五个重要创新点是吞吐喻、仁树喻,可概括为吞吐与成环,形象生动,是方以智的原创观点,可以涵盖前三个重要创新点。第六个重要创新点源于中国哲学生生传统的继承,是方以智哲学的底色。第七个重要创新点是方以智"一分为三"哲学思想渗透至体用观,可分为外聚力的统冒、内合力的公均以及超越驾驭力的公因、绝待等。第八个重要创新点是方以智对宋明理学的继承,是其对时代问题的回应。第九个重要创新点是体用思想开掘本体与致用发展方向的指引,这一指引产生于17世纪初期,直至今日,仍是现代中国哲学的重要议题,由此可看出方以智体用思想的前现代性。

---

① 方以智:《象环寱记》,《易余(外一种)》,上海古籍出版社 2018 年版,第 220 页。
② 王夫之:《思问录内篇》,《思问录　俟解　黄书　噩梦》,中华书局 2009 年版,第 20 页。
③ 陈来:《诠释与重建——王船山的哲学精神》,北京大学出版社 2004 年版,第 284 页。
④ 方以智:《慕述》,《合山栾庐占》,《方以智全书》第 10 册,黄山书社 2019 年版,第 367 页。

第四章　恶的正视与儒学人性论的统合

> 善与恶相错，而以无善恶之名象者综而泯之，善之至矣。又以有善恶与无善恶相错，而以一善综而统之。强以无体谓之至体，而至体实在大用中。此无子午而必明子午之夜气，无卯酉而必用卯酉之平旦也，层楼而一屋也。故曰：无者泯善恶，善者统有无。泯以化执，统以贯用。善统恶之无善恶，犹首统足之无首足也。希夷曰："恶者善之余。"恶岂敢对善哉？天无此名，圣人不得不名之以示民，称本体而善，犹称本色为素也。称天性之德，不以人间之纯美称之，而何称乎？是锢天矣。（《易余目录·继善》）①

从《易余目录》来看，"继善"一章的主旨是讨论善恶问题，更深入地说，是讨论"善"与"无善"的关系，尤其是王龙溪所主的"无善"，本章论述方以智的善恶问题，下一章论述"无善"。

中国儒学的人性论可分为以孟子为代表的性善论与以荀子为代表的性恶论，其中性善论作为主流的显教，而性恶论多作为潜流出现。在明清之际的精英知识分子阶层，这种状况开始有所改变。从时代背景来看，明代王阳明倡导孟子的性善论，随着良知学的盛势展开，在良知之善呈现多样性发展时，亦出现诸多流弊；与此相伴而生，为对治这些流弊，儒者愈发重视恶。相反者相因，在性善出现问题时，性恶可作为防范流弊的方案，这是从明代儒学内部自身发展来看，性善论的出偏刺激了性恶论的发展。另外，明季西方的性恶思想传入，在外部刺激下，早期接触西方宗教思想的儒者参照西方思想，反观、挖掘中国哲学的性恶论资源，如许孚远之子许大受在批评西方宗教的基础上，强化《礼记》的"领恶全好，儒之宗也"②。

按照主流的观点，孟子主性善，但是，深入《孟子》的文本，不难发现，孟子亦正视恶，正如张灏指出："与孟子之乐观人性论相伴而来的是一种幽暗意识。尽管这种意识表现的方式是间接的映衬，或者是侧面的影射，它仍然

---

① 方以智：《易余》，《易余（外一种）》，上海古籍出版社 2018 年版，第 9—10 页。
② 许大受：《八辟夷所谓善之实非善》，《圣朝佐辟》，《〈圣朝佐辟〉校注》，梅谦立、杨虹帆校注，佛光文化 2018 年版，第 143 页。

显示孟子对人性是有警觉、有戒惧的。"①这种洞见是从中国儒学的内因来正视恶。在孟子看来,恶起源于物欲的交引,要消除交引,须依赖寡欲等道德修养功夫。孟子的性善论具有理想性、普遍性,具体实现的道德功夫却具有现实性,并且呈现为多样的个性。主张孟子性善论者,多从道体上说理想,但具体的功夫实施极其艰巨,时间漫长,很难达到理想。这种理想与现实的巨大反差成为儒学性善论的结穴。从宋明理学奠基开始,这一问题便提到核心位置,周敦颐在继承孟子寡欲说的基础上,进一步指出:学圣以"一"为要旨,"一者,无欲也"②。据此而言,无欲是学圣的要诀。许孚远弟子刘宗周的核心著作《人谱》亦是重视恶,目分为六:凛闲居以体独、卜动念以知几、谨威仪以定命、敦大伦以凝道、备百行以考旋、迁善改过以作圣,其中渗透着消除显过、隐过、念虑之几的逐步深入的无欲功夫。在阳明后学具体践行时,无欲功夫的长期性与艰巨性亦是凸显,如江右王门的胡直坦言:"我今老矣,看来无欲一路还是稳当"③。方以智对此深有认同,如其所摘录的《胡庐山自矢文》:"忿欲二毒,触境潜发,昼鲜宁泰之休,夜多变幻之梦。"④作为长期践行良知学的重要代表,胡直仍难免"忿欲"的困扰。这当然不是特例,即使重视良知流行的泰州学派的管志道亦是如此,如方以智摘录的《管子登忏罪文》:"欲尽驱三教之魔军,而心魔种种难降。"⑤有鉴于胡直、管志道、刘宗周等阳明后学在功夫践行中遇到的困难,使得方以智正视恶,并以此为基础,统合性善论。方以智是较早接触西方思想的知识精英,以此回应西方性恶思想,亦具有一定的前现代性。

一、善恶的正余对待与飞伏

方以智将恶视为"余",与之相对的善是"正"。通常而言,"余"是多余无用之物,按此理解,方以智的人性论类似于孟子的性善论。如果仅将恶作为无用之物,方以智对恶的重视尚不及孟子。但是,方以智赋予"余"新的含义:与显性的"正"相对,"余"是隐性的存在,"正""余"构成显隐关系,以

① 张灏:《幽暗意识与民主传统》,新星出版社 2006 年版,第 34 页。
② 周敦颐:《通书·圣学第二十》,《元公周先生濂溪集》,岳麓书社 2006 年版,第 63 页。
③ 郭子章:《先师胡庐山先生行状》,载《胡直集》,上海古籍出版社 2015 年版,第 993 页。
④ 方以智:《胡庐山自矢文》,《密之先生杂志不分卷(一)》,《中国科学院文献情报中心藏古籍珍本丛书(抄稿本部分)》第 36 册,学苑出版社 2017 年版,第 408 页。
⑤ 方以智:《管子登忏罪文》,《密之先生杂志不分卷(一)》,《中国科学院文献情报中心藏古籍珍本丛书(抄稿本部分)》第 36 册,学苑出版社 2017 年版,第 409 页。

此显示出"恶"存在的普遍性,以及"恶"从隐到显转换的风险。为避免这种风险,方以智以"正"统"余",以善统恶,强调"正"善的主导性,以此捍卫儒学主流的性善论。

方以智将善恶视作"正余"关系,将多余之物转化为有用之物,这一思想可追溯至宋初的陈抟。《佛祖统纪》言陈抟受《易》于麻衣道者,得所述《正易心法》四十二章,陈抟为之注。朱子等将《正易心法》视为伪作①。即使是伪作,但《正易心法》为宋代易学之作,当无可争议(为表述方便,下文暂以麻衣道者著、陈抟注称之)。正余关系集中在书中第二十四章,麻衣道者作:"反对正如,甲子乙丑,有本有余,气序自然。"②用现代哲学话语诠释,"反对"即相反对立,此处的对立概念主要有三组:第一,甲与乙,以此代表十天干的相邻对立。第二,子丑,以此代表十二地支的相邻对立。以甲与乙、子与丑为代表,其他干支的相邻对立仿此。按照传统的易学思想,天干地支中的甲子属阳,乙丑属阴,以上两组对立源于阴阳对立,且这种对立遵循着阴阳更迭的次序,也就是"气序自然"的规律。如同十二支配十二时,一天呈现"子丑寅卯辰巳午未申酉戌亥"的轮转。第三,本与余。麻衣道者将"余"视作独立概念,这是《正易心法》对于中国哲学的重要贡献。更进一步,方以智将"余"作为《周易》哲学最核心的概念,作《易余》。在方以智的哲学概念体系中,与"余"相对的"本"称作"正","本余"即是"正余",正余关系亦表现为"正余正余……"其更迭是气序的自然规律。综上可知,阳阴、十天干、十二地支均符合正余关系,这是自然的气序,亦是自然之理,具有普遍性。再向前溯源,可从京房的飞伏说解释,如朱伯崑指出:"飞指可见而现于外者,伏指不可见而藏于背后者。"朱震《汉上易传》解释为"见者为飞,不可见者为伏"。京房注:"阳为君,阴为臣","阳为阴主,阳伏于阴也"③。以此贯通正余关系,在"正"显见时,"余"潜伏隐藏,总体表现为"正"显"余"隐,或者说是"正"飞"余"伏。换言之,即使完全表现为"正","正"亦非孤立独存,而是与"余"共在,只不过"余"潜伏不显;反之亦然。阳统阴,相当于善统恶,从而在承认恶的存在合理性时,确立了善的主导性与统领性。

从《周易》六十四卦来看,《乾》卦纯阳,《坤》卦纯阴,《乾》《坤》代表阳阴的对立,也就是正余的对立。陈抟指出:"《坤》者,《乾》之余气也;《蒙》

①　卿希泰、詹石窗主编:《中国道教通史》第二卷,人民出版社2019年版,第622页。
②　陈抟:《麻衣道者正易心法》,《陈抟集》,华夏出版社2018年版,第33页。
③　朱伯崑:《易学哲学史》第一卷,昆仑出版社2005年版,第144—145页。

者,《屯》之余气也;《讼》者,《需》之余气也;《比》者,《师》之余气也。"①方以智将此引入人性论:"希夷曰:阴者阳之余。凡贞悔卦皆曰:《坤》者《乾》之余,《蒙》者《屯》之余,以此知'恶者善之余'也。"②陈抟(希夷)所注的"余气者,所以为阴也;本,其阳也",简约表述为"阴者阳之余",且可由天干地支推至六十四卦(贞悔卦),表现在乾坤、屯蒙、需讼、师比。以上是《周易》六十四卦上经前八卦;后五十六卦仿此。这样的顺序正是方氏《周易时论合编》的编排顺序,除乾坤外,屯蒙、需讼、师比为上下颠倒关系③。"恶者善之余"④,"正"为善为阳,"余"为恶为阴:"阴者,阳之臣、阳之余、阳之用也;恶者,善之臣、善之余、善之用也。"⑤以上是从对待来讲,包含五对关系:阳与阴、正与余、善与恶、体与用、君与臣。这五对关系具有一致的对待结构,孟荀人性论的统合便转化成以"正与余"为代表的五对关系的统合。"圣人尊阳尊善,故一以阳为主。其未分也,阳主藏于阴而不用;其既分也,阳为主而阴为臣。"⑥正余在对待中表现为统摄关系:阳统阴,正统余,善统恶,体统用,君统臣,这种统摄关系在人性论中表现为性善居于主导,有利于强化主流儒学的性善论。在对待、统摄的基础上,再将飞伏关系引入:"阳藏阴中,阴拱含阳","自此对待相交而生生不已,皆阳统阴,犹天统地,夫统妻,君统臣也"⑦。方以智的创新在于善恶的相伏相交,一方面,恶中亦含善,从而寻找到恶的存在依据;另一方面,善藏恶中,善不能独立存在,伏藏在其对立面的恶中。"阳藏阴中",阳藏阴于其中,此为阳飞阴伏,总体表现为性善论。因为飞伏的存在,这不是彻底的、绝对的性善论,而是调和的、相对的性善论,同时也反向指出了性恶论的现实性。由于正余关系的相对性与更迭次序,恶不能消除殆尽。"阴拱含阳",阴显现,此为阴飞阳伏,总体表现为性恶论。因为有飞伏的存在,这不是彻底的、绝对的性恶论,而是调和的、相对的性恶论,同时也反向指出了性善论的潜在性,这亦符合孟子人性论中暗含恶的因素。"正余"关系诠释的人性论总体是在对待中呈现,对待相互飞伏,从而成为性善与性恶统合的逻辑基础。方以智始终强调善对恶的统摄

---

①　陈抟:《麻衣道者正易心法》,《陈抟集》,华夏出版社 2018 年版,第 33 页。

②　方以智:《东西均》,《东西均注释(外一种)》,中华书局 2016 年版,第 154 页。

③　方孔炤、方以智:《周易时论合编》卷一至卷八,《周易时论合编》,中华书局 2019 年版,第401—1146 页。

④　据《易余目录·继善》:"希夷曰:恶者善之余。"(方以智:《易余(外一种)》,上海古籍出版社 2018 年版,第 9 页。)按此,恶为善余的思想亦可能直接继承自陈抟。

⑤　方以智:《颠倒》,《东西均》,《东西均注释(外一种)》,中华书局 2016 年版,第 169 页。

⑥　方以智:《公符》,《东西均》,《东西均注释(外一种)》,中华书局 2016 年版,第 169 页。

⑦　方以智:《公符》,《东西均》,《东西均注释(外一种)》,中华书局 2016 年版,第 151 页。

性,这种统摄关系如同君统臣、夫统妻、天统地。在古人的观念中,君、夫、天对于臣、妻、地具有绝对主导性,由此方以智强化了性善论,同时亦为性恶论寻找到相宜的位置。圣人尊阳、尊善始终一致:其始指向先天,先天以阳、善为主;其终指向后天,后天亦以阳、善为主。综上,方以智的人性论可表述为性善论主导,性恶论服从,简约表述为"性善统性恶"(善统恶、正统余、体统用、阳统阴),相当于以孟子的性善论为主导,统合荀子的性恶论。

对比方以智之前的儒学人性论,孟荀之外,代表观点有扬雄的善恶混、董仲舒的性三品等,方以智的人性论亦是兼取两者之长。首先来看扬雄的人性论:"人之所好而不足者,善也;人之所丑而有余者,恶也。君子日强其所不足而拂其所有余,则玄道之几矣。"[1]人性居于纯善与纯恶之间,扬雄以"强其所不足"与"拂其所有余"来长善去恶(增善减恶),以接近玄之道。扬雄将恶视作"人之所丑而有余者",此处之"余"仅是废弃不用的多余之物,尚未发展成独立的概念。从善恶混的角度来看人性论,方以智的"正余"之飞伏可将"善恶混"分出两种状态:善混恶,善飞恶伏;恶混善,恶飞善伏。这相当于细化拓展了扬雄的善恶混。再看董仲舒的性三品:"天两有阴阳之施,身亦两有贪仁之性。"[2]仁性善,属阳;贪性恶,属阴:善恶对待,且以阴阳对待为模板,这对于麻衣道者、陈抟、方以智的"正(本)余"关系具有启蒙之功。方以智的人性论继承了董仲舒善恶对待的观念,且尊阳尊善,以此凸显儒学仁体的高贵性与主导性。但是,董仲舒的人性论倾向于绝对论,换言之,他只强调善恶的对待以及善的绝对统领,而没有深入善恶的飞伏中去探查。方以智不仅倡导善恶的飞伏,而且突出善恶的交轮,并在动态的交轮中实现人性论的统合。当然,飞伏是交轮的内在哲学基础。

综上所论,相对于传统的孟荀人性论,善恶的"正余"对待与飞伏有三点提进:第一,"正余"作为对待关系,提升了性恶的地位;较之于孟子的性善论,方以智更能正视恶。第二,善恶作为"正余"对待关系,对待的普遍性暗含着恶不能被消除殆尽。孟子性善论的持守者应当在性善的乐观中看到性恶的悲观,警惕恶的风险。荀子性恶论的持守者亦可由此确立"根本恶"存在的逻辑基础,同时亦须服从善的主导性,以此发起向善之心。第三,由于"正余"的飞伏,即使在善飞恶伏时,亦不可说绝对的性善;反之,亦不可说绝对的性恶。相对于传统的孟荀持善恶之一端的"刚性"人性论,方以智

---

[1]　扬雄:《太玄摛》,《太玄校释》,中华书局2014年版,第256页。
[2]　董仲舒:《深察名号第三十五》,《春秋繁露》卷十,《春秋繁露义证》,中华书局2015年版,第288页。

的调和性的人性论可称作"柔性"人性论。柔性人性论具有统合孟荀人性论的先天优势。当然,柔性人性论不是骑墙式的调和,而是以性善论为主导、统领的"善恶混",亦可称作举孟旗、统荀学的人性论。

二、源、流、贯:性恶与性善的统合

将飞伏"正余"关系引入人性论,可消解绝对的人性论。这有利于在正视恶时,亦不至于陷入性恶论的极端。在继续探索方以智统合性善性恶论之前,不妨先回望一下孟荀人性论的经典论述。《荀子·性恶》列举了三种性恶的表现,可称之为三征:好利、疾恶、耳目之欲(好声色)。若不加以克制,三征将导致"争夺生而辞让亡""残贼生而忠信亡""淫乱生而礼义文理亡",其解决方案是"师法之化,礼义之道"。《孟子·公孙丑上》提出仁义礼智之四端,"凡有四端于我者,知皆扩而充之矣。若火之始然,泉之始达。苟能充之,足以保四海;苟不充之,不足以事父母"。四端显示的性善并非完成态,而只是一种可能:能扩充,若火燃泉达,从而实现善的长养;若不能扩充,四端仅为端倪而已,被物欲交引后,表现为恶。"实际上,孟子关于性善的论证,只是证明性可以为善。"①最终要实现性善,须扩充功夫的跟进。同样,我们亦可说荀子的性恶论只是指出性向恶堕落的趋势,"化性起伪"是试图阻止、扭转堕落的趋势,另外,荀子的思想中"心之为(伪)"具有向善的动力。② 综合来看,孟荀的人性论有两点值得注意:第一,他们都是从起点(端或征)出发,通过道德修养功夫或礼法约束,实现仁义礼智(辞让、忠信、礼义、文理)的儒家伦理目标。第二,两者的道德修养功夫不同。荀子以负的方法为主,兼有正的方法,他主要关注恶之征的对治与去除,在此过程中,恶的消除与善的显现同步;孟子以正的方法为主,兼有负的方法,他主要关注善之端的扩充,在此过程中,善的扩充与恶的消除同步。尽管孟荀的道德修养功夫不同,但两者并非完全对立不相容,而是相互助发:正的善端充一分,则恶减一分;恶的征兆减少一分,则善增加一分。综合这两点来看:孟荀的人性论是大同小异:大同处为目标,小异处为起点与具体的道德修养功夫,但两者功夫互补,异曲同工,这极大增强了孟荀人性论的合力,并为统合两者夯实了基础。

方以智贬斥荀子之学:"荀卿、吕不韦之学术,庞杂纷挐,蛙鸣蝉噪,竿

---

① 张岱年:《中国伦理思想研究》,中国人民大学出版社 2011 年版,第 78 页。
② 梁涛:《统合孟荀的新视角——从君子儒学与庶民儒学看》,《哲学动态》2019 年第 10 期。

滥而不胜听"①,但在性恶问题上同情理解荀学:"荀子言性恶,原非无谓,但不能举大防细网、先后交轮之几相因相泯,洞知天统地、阳统阴、生生继成、圣人尊阳、体统用、用皆体之故,而榜曰性恶,则误世耳。"②性恶"原非无谓",即"有所谓",人性有恶之征,是现实性的恶之体现,尤其是后天之恶。在"化性起伪"过程中,善并未有效发挥作用;换言之,善始终是被动的、隐性的存在。按照"正余"观来审视,相当于只用"余",而忽视了"正"的作用;只关注了人性阴暗面的"阴",而忽视了具有统摄、主导性的"阳"。要克服这一缺陷,应以"正"统"余","圣人尊阳",阳统阴,善统恶。否则,若仅从执恶之一端入手,容易迷失在单向度的恶中,用以治恶的"师法之化,礼义之道"可能异化为严酷之法、残苛之刑,而以强制性的刑法压制、窒息恶,会丧失儒学对至善的终极追求。同理,我们也应注意孟子性善论的单向度问题:若仅扩充善端,对恶的潜在风险防范不足,恶随时可能会泛滥,戕害善端及其扩充的成果:善端如火燃,恶可将火淬灭于星星之时,不复有燎原之势;善端如泉达,恶可将泉堵塞在泉眼,而不复有涓涓之流。在善端脆弱时,更需要对治恶,方利于善端的扩充成长。针对孟荀人性论之优劣,可以通过相反相因的交轮方式实现统合:在对治恶时,亦须发挥善的统摄作用;在扩充善端时,亦须警惕并对治恶。按照儒学主流的性善论,两者的统合应为"大防"与"细网"的关系:在大体的综括处,当以性善论为主导,以便发挥善的主导作用及明确总体指向;在小体的细节处,当以性恶论为主导,从而有效防范恶侵蚀破坏善端;"大防"与"细网"联合作用,以此统合孟荀。这相当于孟学为主导,荀学为辅助,两者各得其用,亦可说是"张尊善化恶之号令"③。

　　善恶作为对立概念,从对立统一的辩证关系来看,可有三种统合:在源处统合,从流中统合,从贯处统合。"源一流二,二即善、恶。"④"阴阳分而流为善恶"⑤。"源一"指善恶同源,且具有同等重要的地位,因而须正视恶。流中统合是善恶的相反相因,具体化为对舍、对摄、对入、对夺、对即,其中对舍、对夺表现为相对的张力;对摄、对入、对即表现为相因的合力。从错综来看,"善恶相错,而泯善恶者综之"⑥。所谓的"泯善恶"即是回到"源

①　方以智:《容遁》,《东西均》,《东西均注释(外一种)》,中华书局 2016 年版,第 335 页。
②　方以智:《公符》,《东西均》,《东西均注释(外一种)》,中华书局 2016 年版,第 156 页。
③　方以智:《公符》,《东西均》,《东西均注释(外一种)》,中华书局 2016 年版,第 153 页。
④　方以智:《所以》,《东西均》,《东西均注释(外一种)》,中华书局 2016 年版,第 307 页。
⑤　方以智:《容遁》,《东西均》,《东西均注释(外一种)》,中华书局 2016 年版,第 333 页。
⑥　方以智:《反对六象十错综》,《易余》卷上,《易余(外一种)》,上海古籍出版社 2018 年版,第 79 页。

一",以源一综合善恶。

从"善统恶"与"体统用"来看,恶对应用:"圣人体善而用恶,地皆天,用皆体,则恶皆善也,故谓之妙善妙恶。水以浪得恶名,浪何尝非水乎?"①以善为体,确立性善的主体性、统摄性;以恶为用,恶受制于善之体,且能够被善之体转化,化恶成善。以水为喻,惊涛骇浪对于船只的航行有危害(恶),但是技术高超的驾驶者能够乘风破浪,利用浪的动能,加速船的行驶(善),即转恶为善,从而实现善恶的统合。更进一步,"重阳贱阴,而必用阴;君尊臣卑,而必使臣;重善贱恶,而必用恶;犹重君子贱小人,而必用小人"②。此处有两喻:君臣喻与君子小人喻。君臣喻强调恶的现实之用,如同君统臣而君不用,臣的主要职责是用,并且服从于君之体。虽然恶处于被统摄的卑贱之位,但承载着现实之用。从相反相因来看,"小人者,君子之砺石也"③。正是通过反面小人的磨砺,才能真正成就道德君子;只有通过恶之用,才能真正成就善之体。经此诠释,"用"是确立善之体以及统合善恶的枢机,这有利于克服纯粹理论层次的空谈善恶,将人性善恶的问题转化为致用层次的以善统恶。另外,由于善恶对立的普遍性,当将善与恶作为反因时,表明了恶始终与善相伴而生,恶不可能彻底清除,有善之处,必定有恶存在。这在一定程度上强化了荀子的性恶论,荀子的性恶论与孟子的性善论相当,这提醒我们应时刻警惕恶的潜在风险以及去恶的艰巨。

最后来看"贯"处的统合:"自有阴阳""善恶","皆二也;贯之则一也"④。善恶作为对待之二,贯通为一,这一过程可细化为对摄、对入、对即,"摄则相统相归矣","入则相沁相亲矣"⑤,"即"是反对的消解,统归于一。从善恶的对立不相容到对立消解,这一过程可细化三个步骤:第一,对摄,如同互主,善作为主宰,统摄恶;反之,恶亦可作为主宰,统摄善。这显示出方以智对于荀学性恶论的接纳,将荀学置于与孟学同等的地位,这是明清之际儒学人性论的一大发展。第二,对入,相互进入。在对待不相容时,善恶之间没有沟通的渠道;在对摄时,尽管善恶建立了联系的纽带,但还有间距,有隔阂,各自为主;在对入时,善恶之间联系的纽带更紧密了,间距缩小,隔阂

---

①　方以智:《公符》,《东西均》,《东西均注释(外一种)》,中华书局 2016 年版,第 169 页。

②　方以智:《公符》,《东西均》,《东西均注释(外一种)》,中华书局 2016 年版,第 171 页。

③　方以智:《反对六象十错综》,《易余》卷上,《易余(外一种)》,上海古籍出版社 2018 年版,第 77 页。

④　方以智:《容通》,《东西均》,《东西均注释(外一种)》,中华书局 2016 年版,第 340 页。

⑤　方以智:《反对六象十错综》,《易余》卷上,《易余(外一种)》,上海古籍出版社 2018 年版,第 78 页。

降低,可以相互进入,犹如邻居之间互访。第三,对即。较之于对人更进一步,善即是恶,恶即是善,两者之间相互定义。"对即"的获得源于对摄、对入的深化。从以上对摄、对入、对即的细化可知,方以智将人性论的对立到统一的渐趋状态分析得更加缜密细腻,其思辨水平迥出明清诸子之上。以上是从平面层次统合善恶,从超越处统合:"最捷之法,只从绝待处便是","但于两不得处,即得贯几"①。贯处便是超越对待的绝待,绝待就是无对待,消除了善恶的差别,相当于泯。这种贯通不是通过对摄、对入、对即的辩证关系达到的,而是在更高的超越层次实现的,这将在下文论述。

　　综上,善恶的统贯综合呈现为源一、流二、贯一的"一二一"模式,善恶的统合既可在源处、流中,亦可在贯处。从源一、流二、贯一的思路来看,性之善与恶既同源,又一贯:"源一"与"贯一"显示出儒学的整体合力;"流二"显示出儒学内部的张力以及人性论展开的多样性。在正视恶时,方以智亦警惕恶的风险以及其对儒学主流伦理学的冲击:如果性恶与性善相当,既然性善可为主宰,那么性恶亦可充当主宰,乃至由此背离儒学的基本价值。因此,在源、流、贯处,方以智将善始终置于主导地位,显示出他对儒学性善论的坚守。

三、有无交轮:对儒学七种人性论的统合与创新

　　以上是从静态论人性,方以智还从动态发展论人性:"赤子善,长而恶,谓之良知能者,其未生前之至善,生时与来,相继不失也。故圣人于有生后,惟叮咛教之,曰不失其初而已。"②"长而恶"属于后天,这吸收了荀子的性恶论;"赤子善"坚持了孟子的性善论,由此还可以涵盖王龙溪的先天正心学。如前所论,孟子的性善论与幽暗意识相伴,从善端良知到性善,还需要扩充的道德修养功夫,而方以智将良知视作"未生前之至善",这与孟子的人性论有两点不同:其一,善仅为端倪,孟子以此端倪作为道德修养功夫的起点,由此实现重心转移:不再追问善端的来源,而是转向已有善端的培养。无论道体还是功夫,都是侧重后天的现实层次。方以智将其推至"未生前",这是从先天来讲,由此将重心转向先天的追问以及先天对后天的影响。其二,方以智讲"至善",这是完成态、完满态的全德,而不是善端。由此,方以智区分先天与后天的人性,赋予性善原初性、本源性的地位,强化了

---

① 　方以智:《一贯问答》,《东西均注释(外一种)》,中华书局 2016 年版,第 427 页。
② 　方以智:《公符》,《东西均》,《东西均注释(外一种)》,中华书局 2016 年版,第 157 页。

对恶的统摄性。在后天层次,恶与善并存,后天之善源于先天之善的"相继不失",这吸收了《易传·系辞上》的"一阴一阳之谓道,继之者善,成之者性"。"以阳即善,即性也。继者,续也。"①

至此,涉及七种人性论统合,从先天到后天、从善到恶排列,依次为:

(1)王龙溪的先天正心(超越善之"无善");

(2)王阳明的良知学(兼有先后天);

(3)孟子的性善论(不失其初);

(4)《易传》的继善论(在后天续先天之善);

(5)董仲舒的性三品;

(6)扬雄的善恶混;

(7)荀子的性恶论(重视后天之恶)。

对于创说者而言,这七种人性论已有交融:王阳明之学源于孟学;王阳明将孟学的性善贯通先后天,既坚持性善的先天超越性,"生时与来",又通过后天的不失与求致,寻回赤子之心,致得良知,即回复到性善的先天;王龙溪发挥王阳明之学的先天一极。孟子与《易传》之论亦有一致性,"孟子于性,盖见其继者而已"②。但是,较之于孟子的性善论,《易传》继善论更倾向于后天,弱化了继之前的先天性,强化了善在后天的延续。在后天层次,《易传》的继善论与荀子的性恶论构成反因,两者相反相对,《易传》重视现实之善,荀子重视现实之恶。稍晚于方以智,王夫之以《易传》的人性论调和诸说:"习成而性与成也。""则善与不善,性皆实有之","今言习与性成,可以得折中矣。""夫性者生理也,日生则日成也。"③王夫之将"继善成性"的重心转移至"成",且以"习成"带动"性成",从而强调人性的后天性、现实性,这为性恶说的出场扫清了障碍。明代阳明学的人性论发展进路是承接孟子的性善论,发展出先天无善,这种从性善到无善的超越进路被方以智、王夫之所扭转。王夫之的人性论总体上与方以智之论有诸多一致之处:两者均正视恶,倾向于人性论的调和,且重视人性论的动态性、发展性。当然,两者的差异亦很明显:王夫之以习带动性成,性可善可恶,且随时而迁,日生日成,这缺乏方以智"善统恶"中确立的性善主导性;王夫之人性论的

---

①　方以智:《公符》,《东西均》,《东西均注释(外一种)》,中华书局 2016 年版,第 154 页。

②　方孔炤、方以智:《周易上经》,《周易时论合编》卷九,《周易时论合编》,中华书局 2019 年版,第 1166 页。

③　王夫之:《太甲二》,《尚书引义》卷三,《船山全书》第 2 册,岳麓书社 2018 年版,第 299 页。

习与时均侧重现象描述,方以智的飞伏正余交轮更侧重于追根溯源,探讨人性形成的内在根源及变化的原因。

这些学说的交融是方以智得以进一步创新的基础。实现七种人性论的统合,总体表现为有与无的交轮。① 承接上文善恶在源处的统合:"譬如言未分之天地为善天地,已分之天地为恶天地。善天地者,阴拱阳而不用,是无善无恶之混沌也;恶天地者,阳托阴而用事,是有善有恶之混沌也。""昼善,夜恶;先天妙善,后天妙恶。"②先天阴阳未分,"正余"一体,不分飞伏,总体为"善",表现为"妙善",为与后天之善相区别,可称之为先天之善。按照阴恶、阳善的对应性,"阴拱阳而不用"相当于"恶拱善而不用"。"拱"有两种含义:其一,拱为伏敛,恶处于缄默的状态;其二,拱为被统摄,如俯首称臣,恶被善绝对控制,表现为纯粹之善:"无善恶可言者,善至矣。"③第一种含义侧重于现象的描述,第二种侧重于原因的探究。第一种含义适合解释善恶"正余"飞伏关系,这种飞伏关系在先天后天具有一致性,从而有利于建立先天与后天的无障碍通道。缄默又可称作"隐默",这有利于解释恶的来源④,亦是凸显了方以智对于恶的正视。方以智的"未分之天地为善天地"与阳明学的先天学有本质区别,阳明学的先天学具有境界论与密教义,如陈来诠释王阳明哲学精神的"有无之境"、彭国翔诠释龙溪学的"一心开二门"的"心真如门"⑤,以及"无之两面三层"的"无之虚、无之空空、无之密"⑥。由此显示出方以智扭转王龙溪的先天学,消解境界的、真如的、虚密的无,凸出实际的、生灭的、显用的无。恶为潜伏状态,善亦不显,无善恶之可状可名,故可称之为"无善无恶之混沌"。以此作为起点,由源即流,由"无善无恶"发展出"有善有恶",恶由不用转为用,由伏至飞,"人自下地,动而有为,即是恶矣"⑦。由此形成流中(后天)的善恶之对待。

方以智以交轮调和"无善恶"与"有善恶",以此融合王龙溪的先天正心

① 交轮可分解为"交"与"轮":"交也者,合二而一也;轮也者,首尾相衔也"(方以智:《三征》,《东西均》,《东西均注释(外一种)》,中华书局 2016 年版,第 92 页。)交,如同×,通过相交,两者互相成就彼此,相交的事物得以统合,也就是实现了"合二而一也"。轮,轮转,两种对立的事物通过轮转,首尾循环,相互包含、相互替代。

② 方以智:《公符》,《东西均》,《东西均注释(外一种)》,中华书局 2016 年版,第 155 页。

③ 方以智:《公符》,《东西均》,《东西均注释(外一种)》,中华书局 2016 年版,第 149 页。

④ 杨泽波:《"隐默说":"无善无恶心之体"新解读》,《中国哲学史》2022 年第 2 期。

⑤ 彭国翔:《良知学的展开:王龙溪与中晚明的阳明学》,生活·读书·新知三联书店 2015 年版,第 213—214 页。

⑥ 张昭炜:《阳明学发展的困境及出路》,中国社会科学出版社 2017 年版,第 229—249 页。

⑦ 方以智:《公符》,《东西均》,《东西均注释(外一种)》,中华书局 2016 年版,第 157 页。

学:"以交轮几言之,善中有恶,恶中有善,然人生即偏后半矣,故圣人以前半救之。人能逆溯前半,则后半亦化矣。"①交轮是指对立的双方相互交错轮转,以实现两者的平衡,且能保证双方均能扬长避短。交轮的人性论是动态的,由此避免了固执纯粹的、绝对的、刚性的性善或性恶论,而是倾向于调和的、相对的、柔性的人性论,这有利于保留各种人性论的正向价值,又能扬弃其不足。相应于正余飞伏关系,善恶主要表现为两种形态:第一种,"善中有恶",体现为善飞恶伏,这是以性善论为主、性恶论为辅的倾向,其极端表现为"恶拱善而不用",突出了善的先天性,以此融合龙溪学。第二种,"恶中有善",体现为恶飞善伏,这是以性恶论为主、性善论为辅的倾向,其极端表现为性恶论,由此融合荀子的人性论。两种形态相交轮:由第二种轮转至第一种,相当于"从后天返先天",从而实现由"恶中有善"向"善中有恶"的提升,增强人性中善的力量,削弱人性中恶的力量;由第一种轮转至第二种,亦相当于"以先天化后天",由源即流,发挥人性先天之善的渗透力。两种交轮方式共同作用,从而极大提升了儒学人性论的粘合力。

　　方以智在统合先秦儒学人性论时,还面对龙溪学流弊四起的现实问题。王龙溪的先天学强调无善的超越性,导致蹈玄荡空的风险陡增,方氏家学对此保持警惕:"大人心通天地之先,而用必后天","非可衔一先天之名于后天之上,别立一宗也"②。从体用一源来看,先天只能表现为善,恶不能为用。超越的先天不能脱离后天,超越之体必然要表达在后天,由体用一源打通先天与后天。再进一步统合:"运真无善恶之璇玑。是以断断然表其从天地未分前来者,曰性善。尊德性者,尊阳也,尊始也,尊先也。榜之曰善,犹榜之曰无也。"③"璇玑"相通于王龙溪的北辰喻,参见本书第五章第四节。如同北辰奠垣,"真无善恶"是整个人性论的终极依据。在这里要注意:"真无善恶"是相对于一般的"无善恶"而言。一般的"无善恶"表现为否定或消解善恶,应用于人性论,便是既不承认孟子的性善论,亦不承认荀子的性恶论,由此发展,容易堕落为空无的、虚幻的人性论。方以智强调的"真无善恶"是从超越意义而言的,他将"真无"作为善恶对待之上的超越者,相当于绝待,亦相当于王龙溪的先天之学。方以智将性善与性恶论中的"善统恶"应用于"真无善恶"与"有善恶",从而实现"真无善恶"统领"有善恶":"善"统"恶"——"真无善恶"统"有善有恶"。

---

① 方以智:《公符》,《东西均》,《东西均注释(外一种)》,中华书局2016年版,第157页。
② 方孔炤、方以智:《周易上经》,《周易时论合编》卷一,《周易时论合编》,中华书局2019年版,第433页。
③ 方以智:《公符》,《东西均》,《东西均注释(外一种)》,中华书局2016年版,第153页。

方以智在正视恶时,亦能使恶得到有效控制,并强化善的主导:在"有"的层次,通过"善统恶",恶被善控制;在"无"的层次,通过"善者统有无",又强化了善。方以智将"善"等同于"无",相当于以孟学对接龙溪学:天地未分前的先天之善是性善,后天之善继承表达了此善,先后天之善是一善,并不存在脱离后天之善而独立存在的超越之无善。"运真无善恶之璇玑","无善"与"有善"相交轮,相当于先天与后天交轮。如同"有"的层次之"善统恶""阳统阴",在"无"的层次,方以智的人性论表现为"善与恶相错,而以无善恶之名象者综而泯之,善之至矣。又以有善恶与无善恶相错,而以一善综而统之","无者泯善恶,善者统有无"①。方以智既肯定"无善恶"的超越,亦坚守"善者统有无",通过善的反统,化解了龙溪学超越的风险,并进一步明确了性善论的坚定立场。显然,荀子没有"无"的进路,孟子亦缺之,这是王阳明、王龙溪开拓的新路径。在七种人性论中,龙溪学与荀学处于两极:前者主超越之"无",高扬人性,对于恶的风险警示不足;后者关注性恶之"有",正视性恶,也压制了善的超越性。要防范警惕龙溪学流弊,从交轮来看,最为有效者应是与其处于两极对立的荀学,也就是需要正视性恶,这亦符合胡直、刘宗周等阳明后学逐步重视性恶的思想史进程,亦可说是胡直、许孚远、刘宗周不断深入回应龙溪学的必然选择。

综合来看,"圣人尊天德之善,以政人流之恶,则善且始终矣,岂恶之所敢敌哉?"②方以智将性善贯彻到两个层次:在善恶对待的反因层次,善统恶,尊善抑恶;在"无善无恶"与"有善有恶"的公因层次,以善统有无,确立天德之善的主导性。综合两个层次,分别是有善统有恶与天德之善统有无,这是将恶置于最底层,且以天德至善限制无善;换言之,通过两层统摄,来限制恶的展开,通过公因层次,更强化了善的统领。两层统摄强化了性善论,方以智的人性论重新回到了儒学的主流价值。这种返回的意义在于:通过相反相因,吸取了性恶论与善的超越,并且扬弃之,总体增强了儒学的凝聚力。另外,针对性善论在现实展开的问题,方以智当头棒喝:"始乎善必卒乎恶"③。如果人性论以性善为起点,则最终必定导致恶的结果,这促使我们去反思中国儒学主流的性善论,重视恶的现实性。反言之,"始乎恶必卒乎善",如能敢于正视性恶论,正确利用性恶,最终会导致善的结果,这又促使我们去思考性恶论的价值及其意义。

---

① 方以智:《易余目录·继善》,《易余》,《易余(外一种)》,上海古籍出版社2018年版,第9页。

② 方以智:《公符》,《东西均》,《东西均注释(外一种)》,中华书局2016年版,第159页。

③ 方以智:《公符》,《东西均》,《东西均注释(外一种)》,中华书局2016年版,第153页。

　　按照相反相因的逻辑框架,方以智的人性论总体包含的结构如下:先天之善—善—恶—先天之恶。在这个结构中,孟荀的性善恶为第一对反因,先天之善与先天之恶是第二对反因。第一对反因交轮,方以智正视恶,以此补救孟学性善之弊。第二对反因交轮,可通过先天之恶来补救先天之善之弊。方以智的人性论中缺乏先天之恶,要补充这一进路,可以参照晚于方以智100多年的康德和黑格尔。基于西方哲学宗教传统,康德重视天生的(angeborenes)、根本的(radikales)恶①。天生的恶可与孟子“不虑而知”的良知为反对,根本的恶可与王龙溪的超越的善为反对,由此显示出中西哲学互镜的发展方向。当然,虽然王龙溪与康德都使用“先天”一词,但由于中德哲学文化的语境及翻译的失真,两者的差别也是很明显的:王龙溪先天正心,将先天作于后天,以先天之善之纯良感化后天,从而做到“一是皆良”。王龙溪的先天之无则是藏密义,具有无尽藏。康德的根本恶遵从两个词的义理:“天生的”(angeborenes)重在完成义,指缺乏感化作用的能力;“根本的”(radikales)重在表达难以消除之意,以显示恶的力量强大。以上显示出阳明学的先天之善与康德哲学的根本恶并不是严格的对应关系。另外,康德的人性论还关联着自由选择,以及我们对恶的责任,而中国哲学的先天学缺乏这些向度的展开。

　　方以智的人性论产生于明清之际,既有历史传统的承继,亦有创新发展,在综合中集成,在集成中创新。其具体表现在五个方面:第一,对于性恶的重视。这既能对治阳明学在由性善向无善超越时导致的流弊,也缘于西方宗教的性恶论刺激,回应阳明学者在致良知过程中遇到的恶欲难以根除的问题。第二,以正与余的飞伏关系诠释善与恶的关系,从而在道体论上有效解答了恶欲之根难除的问题;同时强调善对恶的主导,从而在兼顾性恶论的基础上,捍卫了儒学主流的性善论。第三,性善与性恶作为二元对立关系,还可以在源处统合,在流中统合,从贯处统合,以源流的纵贯系统实现性善与性恶的统合,表现出对摄、对人、对即等丰富的辩证关系。第四,以正与余的飞伏关系为基础,在孟荀性善性恶论统合的基础上,方以智通过善与恶、有与无的交轮,对包括扬雄的善恶混、董仲舒的性三品、王龙溪的先天无善、王阳明的兼先天后天、《易传》的继善论这七种儒学人性论进行了统合与创新,并在善与恶、有善有恶与无善无恶的统合中强化性善的主导,限制与利用性恶。第五,从反因来看,由先天之善亦可推出先天之恶的存在,以

---

① Immanuel kant, *Die Religion innerhalb der Grenzen der bloßen Vernunft*, Felix Meiner Verlag, 2016, p.40.

及先天之善与先天之恶构成正余飞伏关系,这种进路可以对接康德哲学的根本恶,由此显示出方以智人性论的前现代性,可作为中国与西方哲学人性论比较与统合的先导。

总体来看,中国儒学传统的人性论主要表现出的是彼此不容的刚性,倾向于绝对的、静态的人性论,追求单极发展,由此导致了争端与内耗;而方以智创造性地将正余飞伏说引入人性论,突出人性论彼此包含的柔性,导向一种相对的、动态的人性论,由此将中国儒学的主流人性论统合在一起,这样既能有效应对儒学内部出现的恶欲难除与无善之弊,在重视恶的现实性时,亦能形成整体导向性善的合力,迎合儒学主流的性善论。方以智正视性恶,并使其与善、超越之善相交轮,相对于主流儒学的性善论,这是一大进步,有利于儒学人性论在现实层面的展开,同时,亦有利于回应西学的冲击。同时也应注意到,方以智的哲学强在逻辑形式的建构,尤其是擅于统合相反对立的概念,而强调逻辑形式带来的问题是容易重视形式的严整而轻视内在道德精神世界的建设,如孟子学与阳明学的人性论中所强调的对于善端的培养、赤子之心的扩充、性善的情感、气象的提进等,在方以智的人性论中则表现相对较弱。瑕不掩瑜,方以智的人性论代表了明清之际儒学人性论的新发展,值得我们重视、借鉴与参考。

第五章 善恶之有无与天泉证道的 评判推进

> 执有无者、执不落有无者,皆执一也。知大一、贞一之故,立宰用余,余忘其宰,如手足之于头目,则有无之见谢矣。然不能缕折交芦,格践必不亲切,岂会古人言先之旨?(《易余目录·一有无》)[1]

《易余·一有无》的主旨是讨论"有""无"问题,统一"有"与"无",相当于综合钱绪山所主之"有"与王龙溪所主之"无",这是天泉证道的核心议题。如本书第一章所述,方学渐、方大镇、吴应宾、王宣都有阳明学背景,可以归入广义的阳明后学。从方学渐奠基方氏家学开始,回应龙溪学便成为方氏家学的重要内容,这一过程可简约表述为:方学渐批判龙溪学;方大镇对于龙溪学有同情理解;方孔炤尝试融合龙溪学;方以智在学理上与龙溪学抗衡,深度回应并扭转龙溪学。吊诡之处在于:考量王龙溪诠释《中庸》可知,王龙溪主"无"并非其良知学的全部,他还有兼宗"有""无"的进路,这一进路与方氏家学四代努力的方向又近乎一致。

阳明学是明代儒学的显学,在发展中遭遇困境,回应阳明学成为明清之际大思想家的重要问题意识。张载指出佛教的危害:"因谓圣人可不修而至,大道可不学而知","此人伦所以不察,庶物所以不明,治所以忽,德所以乱",王夫之认为阳明学害道误国亦类此:"近世王氏之说正若此,一以浮屠言语道断、心行路绝、迥脱尘根、不立知见为宗。""王氏之学,一传而为王畿,再传而为李贽,无忌惮之教立,而廉耻丧,盗贼兴,中国沦没,皆惟怠于明伦察物而求逸获,故君父可以不恤,肤发可以不顾。"[2]继承张载批佛教,王夫之批阳明学。从表现形式而言,阳明学的危害主要在于脱实入虚;从学说主旨而言,主要是"心行路绝"的超越,具体表现为以龙溪学为代表的四无说。阳明后学以王龙溪、李贽之学危害最大,从阳明学师承而言,李贽尊崇王龙溪与罗汝芳,属于阳明学左派的激进者。"不立知见""廉耻丧"指向

---

① 方以智:《易余》,《易余(外一种)》,上海古籍出版社 2018 年版,第 5 页。

② 王夫之:《可状篇》,《张子正蒙注》卷九,《船山全书》第 12 册,岳麓书社 2011 年版,第 370—371 页。

"无善无恶"为宗旨的王龙溪之学,"无善"被误解为否定伦理之善;"怠于明伦察物而求逸获",指阳明学左派发挥高明一路而导致的脱实向虚;"无忌惮之教立",指阳明后学左派荡肆猖狂,又如批评王龙溪之学:"充其无善无恶、圆融理事之狂妄,流害以相激而相成"。①

　　黄宗羲评价阳明学较为客观,态度温和,但在学术立场与思想深度方面仍具有限制性。若仅从地域而言,王阳明、刘宗周、黄宗羲均可划归浙中,似乎属于同一个传统,然而事实并非如此:刘宗周、黄宗羲更倾向于以旁观者与批评者的立场对待阳明学。刘宗周的师承可上溯至许孚远、唐枢、湛若水。许孚远、唐枢还继承了浙西学术传统,这涉及浙学内部的"西学东渐"。湛若水与王阳明持论不同;唐枢摇摆于二者之间;许孚远与同时代的重要阳明后学李材、万廷言、胡直、罗汝芳、周汝登等论学证道,拓展了湛门之学的视野与思想深度,但始终与阳明学存在隔阂;这一倾向至刘宗周、黄宗羲变得更加明显。尽管可以说旁观者的立场更公正,但是缺乏阳明学的深度融入与同情。从宋明理学最重要的两大传统而言,朱子学的公度性强,所主之理稳定,道德修养功夫稳健;阳明学的个性化强,所体认的良知容易漂移,阳明学"路滑",容易导致践行中的脱实向虚。在两大传统之间,湛若水"随处体认天理",向朱子学倾斜;刘宗周深受江右王门的王时槐、东林朱子学后劲高攀龙、孙慎行等影响,致力于解决阳明学左派荡肆的问题,并由黄宗羲落实到《明儒学案》写作中。黄宗羲将阳明学的衰落归咎于左派,并抵制泰州学派与浙中王门;他将江右王门视为阳明学的正宗,崇尚收摄保聚的右派。从理论开拓而言,天泉证道是王阳明晚年良知学发展的重要阶段,王龙溪的良知之"无"代表了阳明学理论发展的新方向,并成为浙中王门以及整个阳明学理论发展的重要议题。《明儒学案》删去了王阳明晚年证道的高妙语,拒斥王龙溪之学,并未从学理上深度回应"无善无恶"。

　　由王夫之与黄宗羲批评阳明学,可引出三个重要问题:第一,阳明学如何不至于堕落成"求逸获",换言之,阳明学如何实致良知,坚守"实学";第二,王夫之与黄宗羲的批评主要指向泰州学派、浙中王门等重视超越的左派,而非江右王门、止修学派等崇尚实修的右派;第三,从学理上而言,黄宗羲批评王龙溪之学并未透骨入髓,甚至是回避问题。与王夫之、黄宗羲不同,方以智作为阳明学传承嫡系,他深入阳明学思想内部,充分吸收王龙溪的良知学之超越,并将超越的精神下贯至实学,深度回应阳明学的问题,尤其是良知道体论之"无"与致良知功夫论之"悟"。方以智

<hr>

① 王夫之:《序论》,《张子正蒙注》,《船山全书》第12册,岳麓书社2011年版,第10页。

以儒学真孤担当,学术理想是医救儒学,现实任务便是治疗阳明学之病,使得深陷困境的阳明学得以贞下起元。

一、方氏家学回应龙溪学

(一) 方学渐回应龙溪学

从阳明学传承来看,方学渐属于泰州学派。从阳明学左右两大阵营划分,泰州学派的领袖王心斋与浙中王门的领袖王龙溪均属于左派;方学渐祖述心斋之学,但拒斥龙溪之学,总体倾向于右派,这一直影响到方氏后学。天泉证道是阳明学发展的重大事件,代表了以"无"为宗的龙溪学崛起。在肯定这一进路时,王阳明试图以"有"平衡之,警示这一进路可能引发的风险,无奈戎马倥偬,落星南赣。不出王阳明所料,随着龙溪学的盛势展开,其流弊亦随之而起,侵蚀了实致良知之学,顾宪成、高攀龙等朱子学后劲群起而攻之,阳明学内部亦不乏人,桐城的方学渐(1540—1615 年)便是其中之一。"先生潜心学问,揭'性善'以明宗,究'良知'而归实,掊击一切空幻之说"①,以"究'良知'"可将方学渐判定为阳明后学,门人私谥明善先生,"明善"可概括其学旨。方学渐是桐城方氏之学的奠基者,其后之显者有子方大镇、孙方孔炤、曾孙方以智、玄孙方中通,回应龙溪之学亦成为方氏家学的共同问题意识。从理论深度来看,王龙溪为王门畸颖超绝之翘楚,方学渐的批评尚在浅层,难以撼动,如本书第一章引《列子·汤问》载愚公之言:"虽我之死,有子存焉;子又生孙,孙又生子;子又有子,子又有孙;子子孙孙无穷匮也,而山不加增,何苦而不平?"方学渐之后,随着方大镇、方孔炤至方以智、方中通的持续努力,从而得以撼动龙溪学,尤其是方以智,在深度与包容度等方面,均有超越龙溪处。但是,在回应龙溪学的过程中,方氏家学对于龙溪学的态度亦有变化,从单纯的抵制渐趋于包容与融合,杰出代表便是方氏家学的集大成者方以智。

1. 象山、阳明学之"实"与慈湖、龙溪学之"虚"

通常而言,王阳明的门下的王心斋与王龙溪合称"二王",是阳明学左派的两大主要代表。方学渐传承心斋开创的泰州学派之教,在道统谱系中,方学渐尊崇阳明与心斋,却批评浙中王门的龙溪,认为龙溪导致了阳明学饱受诟病,并借助批慈湖影射龙溪:

---

① 叶灿:《方明善先生行状》,《桐城方氏七代遗书》,黄山书社 2019 年版,第 3 页。

陆子立大之学真切笃实,慈湖一变为无意,遂使天下疑陆子为禅,不知非陆子禅,而慈湖禅也。阳明良知之学亦真切笃实,龙溪一变为虚寂,遂使天下疑阳明为禅,不知非阳明禅,而龙溪禅也。(通曰:传道流弊,皆由传非其人。陆子、阳明尚不知人耶,甚矣哉! 传道之难也。)①

这涉及宋明理学的陆象山与王阳明两大心学传统。象山门下思想最具创造性的弟子是慈湖,王阳明门下则首推龙溪,由此形成(陆象山—杨慈湖)与(王阳明—王龙溪)两大师承传统。由上文可知,方学渐推重象山与阳明之学,而贬斥慈湖与龙溪之学,这涉及两大传承内部的学问差异,主要表现为象山、阳明之学"实",而慈湖、龙溪之学"虚"。

方学渐认为"陆子立大之学真切笃实":"先立其大,陆学之要也。岂惟陆哉? 千古圣贤,靡不以心为枢。"②陆象山"立大之学"是立心学,方学渐作《心学宗》,亦是以心学为宗,方学渐尊崇象山心学,亦是情理之中。从虚实来看,心学有两种发展方向:慈湖、龙溪重虚;方学渐重实,契合象山心学之实处,如其引录象山重"实"之论:"古人自得之,故有其实。言理则是实理,言事则是实事,德则实德,行则实行。"③"千虚不博一实。吾平生学问无他,只是一实。"④立大是从实处立,学问亦从实处学,方学渐引录的象山之论亦是其实学思想的表达:"日用行事,即心体之形见,以事炼心,陆子所以立乎其大也;舍而求之虚寂,大何能立乎?"⑤从道体而言,必须实证实体,学者方能真正确立心学宗旨;从功夫而言,事为心见,通过"以事炼心",可以处处着实。综合道体与功夫,即实证之心即是实学,即实学即是证实心,由此消解了"虚"在心学的地位,并且通过"千虚不博一实",逐斥重虚的心学,矛头指向慈湖(敬仲)虚无化的"无意":"后敬仲从无意起见,非其正也,失陆子之旨矣。"⑥这不仅是心学虚化的问题,还导致失去儒学地位的风险,转为"慈湖禅"。总体来看,在象山学的两个发展方向选择中,杨慈湖选择虚无,方学渐选择着实:重此而抑彼,故方学渐尊象山而斥慈湖。方学渐尊象山而斥慈湖的态度映射到阳明学,便是尊阳明而批龙溪。方学渐认为王阳

①　方中通:《方明善先生》,《心学宗续编》卷一,清刻本,第6页。
②　方学渐:《陆子》,《心学宗》卷三,清刻本,第6页。
③　方学渐:《陆子》,《心学宗》卷三,清刻本,第2页。此据陆九渊《与曾宅之》,《陆九渊集》,中华书局1980年版,第5页。
④　方学渐:《陆子》,《心学宗》卷三,清刻本,第2页。此据陆九渊《语录上》,《陆九渊集》,中华书局1980年版,第399页。
⑤　方学渐:《陆子》,《心学宗》卷三,清刻本,第7页。
⑥　方学渐:《陆子》,《心学宗》卷三,清刻本,第6页。

明的功夫真切笃实,良知道体易于把捉;与之相反,龙溪学的功夫重在超悟,良知道体倾向虚无,以"无善"为主要特征,这与方学渐的为学路径不同:"新建所以承先圣者,在良知之教,吾私而淑之。至于无善无恶,反而求之,不得于心,敢自欺乎?"①从阳明学派内部来看,方学渐与王龙溪之学本是阳明学门内右派与左派所主良知的差别,方学渐却将差别放大,矛盾升级到不可调和,将龙溪学视为禅学:不仅将龙溪学排除在阳明学、宋明心学传统之外,甚至拒斥在儒门之外。方中通的注释更进一步,将学问的不同转化为传道的流弊,认为王阳明不知人,这不仅有伤于王龙溪,亦有伤于王阳明。

2. 王阳明的良知教

方学渐认同王阳明之学:表现在功夫上,便是步步归实,实致良知;表现在道体上,便是力主性善之体。他编注《心学宗》、摘选王阳明论学语时,亦贯彻了这一思想:

> 至善,心之本体,只是明明德,到至精至一处,然亦未尝离却事物。本注:所谓尽夫天理之极而无一毫人欲之私者得之。
>
> 至善者,性也。性原无一毫之恶,故曰至善。止之,是复其本然而已。
>
> 吾辈今日用功,只是要为善之心真切。
>
> 立志者,长立此善念而已。
>
> 或问:"人皆有是心,心即理,何以有为善有为不善?"先生曰:"恶人之心失其本体。"
>
> 至善者,心之本体,本体上才过当些子,便是恶。不是有一个善,又有一个恶来相对也。
>
> 心之本体,所谓天理也。
>
> (先生见性之善,可谓分明矣。不应后来有无善无恶之说,恐是门人好高而附会其说也。)②

上述所选的王阳明论学语录皆为着实语,而无超越语;在方学渐看来,阳明学明白易晓,以性善为宗,这是儒家的一贯宗旨。方学渐认为"无善无恶"不是王阳明之言,而是门人附会,这里的门人主要指王龙溪,这相当于将"无善无恶"排除阳明学体系。这样的材料择取方式及评述表现为"六经注

---

① 方学渐:《善论下》,《庸言》,《桐城方氏七代遗书》,黄山书社 2019 年版,第 133 页。
② 方学渐:《王阳明》,《心学宗》卷四,清刻本,第 22 页。

我"，根据自己的思想要旨选择前贤之言，符合己意者择取之，发扬之，不合己意者避而不谈，摒弃之。①

在方学渐的思想观念中，善与恶、有与无、天理与人欲等相反的概念尖锐对立，对立双方没有调和回旋的余地。方学渐借助王阳明论学语，从两个方面阐释性善：第一，心之本体（心的本来之体）是善。善与恶相对待：无恶便是善，至善不留纤毫之恶。心的本来之体是善，先天如此；后天"才过当些子"，便是恶，通过复其本然，可回到原初状态。第二，善与恶相对即是理与欲相对。去尽人欲之私，便是尽天理，回复心之本体。以上两个方面均侧重实有：善是实善，以达至善；理是实理，乃至天理。以此对接良知学，方学渐引录王阳明论学语："性无不善，故知无不良。"评曰："阳明论良知根于性善，学者不此之求，浮慕无善无恶之为高，而衍为虚寂之说。盖徒有见于不学不虑，而无见于爱亲敬长，漓圣贤之旨矣。"②王阳明的良知说可追溯至《孟子·尽心上》，方学渐认为王阳明能够全面继承孟子之论，兼顾"不学而知"的良知、"不虑而能"的良能与爱亲之仁、敬长之义，不学不虑可视为超越之学，而学虑与仁义为着实之学，王阳明兼取两者，超越与着实并重。方学渐认为阳明后学断章取义，专取向上的良知良能，舍弃着实的爱亲敬长，从而脱离了儒学仁义的基本范畴，由不学不虑堕落为玄虚，这显然影射龙溪学。王阳明以"性无不善"驾驭"知无不良"，以性善之实为预设，道体"根于性善"，这是王阳明的根本教法。即道体即是功夫，由性善而衍生功夫，便是实致良知，从爱亲敬长之实际处下手，以实抵虚，从而明确"不学不虑"仅是偶发之论，不足以撼动正学。

方学渐评述王阳明的良知教彻底贯彻了二元论，主要包括五组对待概念：天理与人欲、善与恶、心之本体与失其本体、至善与无善、爱亲敬长与不学不虑。方学渐处理对待概念的方式是执一端而废另一端，所执者分别为天理、善、心之本体、至善、爱亲敬长，表现为实有层次的道体论与着实的功夫论。方学渐漠视甚至拒斥无善无恶之学，这主要针对龙溪学。方学渐不知执两用中，对此的纠正有待方氏后学来实现。

3. 分化"二王"之学

王阳明门下的"二王"（王心斋与王龙溪）侧重良知的流行与超越，可视

---

① 当然，方学渐的这种作法并非个案，黄宗羲为王阳明作姚江学案，亦是这个思路，以《传信录》代替《传习录》。（黄宗羲：《阳明传信录》，《姚江学案》，《明儒学案》卷十，《明儒学案（修订本）》，中华书局1985年版，第183页。）

② 方学渐：《王阳明》，《心学宗》卷四，清刻本，第28页。"性无不善，故知无不良。"据《答陆原静书（又）》，《传习录中》。

为阳明学的左派，"王龙溪和王心斋是王学左派的两大领袖。"①与之相对的谨守王阳明之教者为右派。随着阳明学展开，左右两派的发展亦趋复杂，既有向右或向左的极端发展，也有两者融合。以此背景来审视方学渐的良知学：他重视良知的着实与实致功夫，趋于保守，可归入阳明学的右派；他的左派倾向表现为认同心斋之学，但是，他反对左派的龙溪之学。反映到他的著作，《心学宗》的心学谱系择心斋而弃龙溪。综合来看，方学渐的良知学体现出阳明学左右两派的融合，在两派的张力中有合力（融合左右两派），合力中亦有张力（分化左派的心斋与龙溪）。

首先来看方学渐统摄两派的合力，他试图通过《心学宗》来彰显王心斋之学的右派特色，即良知学的真切笃实："良知原自无不真实，而真实未必合良知之妙也。（良知纯任天理，世有真实而不尽合于天理者，其真实所发，只成自私自利，而非天命人心之本然矣。若夫诚则明，明则诚，良知即真实，真实即良知。）"②据心斋论述良知与真实的关系："良知原自无不真实"，由此，良知的表现、作用与效验必真实；反之则不然，"而真实未必合良知之妙也"，真实不能代表良知。心斋更看重良知流行的冲力与良知之妙，这是左派的特色，良知的真实与否不是心斋关心的核心问题。方学渐要在心学谱系建构中扭转左派的流行之妙：他当然认可"良知原自无不真实"，而将按语的重心放在诠释"而真实未必合良知之妙也"。方学渐引入"天理"，良知的流行表现为"纯任天理"，以天理为约束，从而遏制了良知向妙的发展之可能；同时，天理的确定道德性指向也堵死了泰州学派良知流行之妙向汤显祖、李贽任情方向的发展。更进一步，方学渐将"真实"限定为"尽合天理"，违反这一限定者，则不是"真实"，由此收窄了"真实"的涵盖范围，强化了"真实"与"天理"的等同，以此可以窒息泰州学派罗汝芳主张的活泼泼的赤子之心。以前两步为基础，可以说"良知即真实，真实即良知"，"真实"与"良知"相互定义，从而将良知归实。综上可知，我们通常将罗汝芳、汤显祖、李贽作为心斋后学，他们推进良知流行之妙，属于左派的激进者，而方学渐趋于保守，属于左派的保守者，甚至比阳明学右派更为保守。不仅如此，方学渐还有从阳明学退回到朱子学的倾向，他认同明代奉持朱子学的胡敬斋："近日学者便要寻滋味、寻快乐，此是未学行、先学走，如何不猖狂颠倒？只当教他穷理力行，见理明，力行熟，自有滋味，自能快乐。（滋味快

①　嵇文甫：《左派王学》，开明书店1934年版，第18页；张昭炜：《阳明学发展的困境及出路》，中国社会科学出版社2017年版，第11页。
②　方学渐：《王心斋》，《心学宗》卷四，清刻本，第40页。

乐,效验也;穷理力行,工夫也。有工夫,自有效验。)"①方学渐借用胡敬斋的论学语来间接表达其思想,从形式来看,敬斋与心斋之学形成鲜明的对比:胡敬斋反对"寻滋味、寻快乐",而王心斋重视良知之妙与活泼泼的乐。泰州学派有"乐是学"与"学是乐"的相互表达,总体表现为即道体即是功夫,道体流行为先。方学渐认为乐是效验,是功夫之所至,以功夫统摄滋味快乐,以谨行统摄活泼,"力行"功夫是核心,由此表现出与泰州后学迥异的学风。之所以如此,或许是方学渐看到王心斋后学沉迷滋味而废功夫的流弊,试图予以纠偏,从而批判性继承心斋之学。

　　同为左派的心斋与龙溪之学亦有明显差异:心斋注重良知的流行与灵动,这可以归入"良知之妙",尚不足以称之为超越之虚无;龙溪从超越之"无"发展良知,"无"与"虚"相应,与"实"相反。由此,是否能够超越到虚无,可作为心斋与龙溪之学判教的标准。方学渐以"真实"定义良知,可以合心斋的良知流行灵动之妙,但不合龙溪的虚无超越之旨;换言之,方学渐的"真实"良知可视为对龙溪超越虚无的否定。以《中庸》"诚则明矣,明则诚矣"来诠释"真实",强调良知作为诚体的实性与明性;"至诚无息",实性亦可在实在处超越,这与龙溪由"虚无"实现超越的路径不同,在这一点上,相当于以实学抵制虚学,"践履实地用功,是多少次第、多少积累在,正与空虚顿悟之说相反。"②"空虚顿悟"直指龙溪学,这正是力主实学的方学渐所极力批评的,这也影响到方以智:"实行则真,虚名容伪"。③ 另外,我们还应注意方学渐融合虚实的进路:"藏虚于实,潜无于有。""二氏舍实而求虚,离有而索无,其心增一虚无之障已,不可谓之真虚无矣。"④这一进路能够包容龙溪学的虚与无,但尚处于萌芽阶段,有待其后学发展。方学渐将单纯追求虚无视为二氏之学,这是假虚无,亦是影射龙溪学。

　　龙溪学以"无善"为重要特征,方学渐对此予以批评:"新建所以承先圣者,在良知之教,吾私而淑之。至于无善无恶,反而求之,不得于心,敢自欺乎?"⑤方学渐私淑阳明,如前所论,他私淑的是主张性善的王阳明。方学渐不能理解与接受王阳明与王龙溪的"无善无恶",之所以如此,是因为不得于心,不敢自欺,这种不自欺的品格深刻影响到方氏家学,乃至方以智亦主

---

① 方学渐:《胡敬斋》,《心学宗》卷四,清刻本,第10页。
② 方学渐:《王阳明》,《心学宗》卷四,清刻本,第26—27页。
③ 方以智:《容遁》,《东西均》,《东西均注释(外一种)》,中华书局2016年版,第333页。
④ 方学渐:《虚无论》,《庸言》,《桐城方氏七代遗书》,黄山书社2019年版,第126页。
⑤ 方学渐:《善论下》,《庸言》,《桐城方氏七代遗书》,黄山书社2019年版,第133页。

"毋自欺"。① 从学界现状来看:"近者学者好谈心体,略于躬行,听之妙入玄虚,察之满腔利欲,则又以佛绪而饬伯术也。"②"近者学者"指向龙溪及其后学,脱略着实的躬行功夫,急于向"无"超越,将"无善无恶"演变为玄虚,相当于接近佛教的空无;缺乏实致的功夫,从而导致良知不纯,为私欲所侵蚀,私欲横行,类似于霸术。这相当于将龙溪学排除在阳明学、宋明心学传统之外,甚至拒斥在儒门之外,与佛教与霸术等同,这不仅有伤于王龙溪,亦有伤于王阳明。

4. 倾向于钱绪山之学

返回天泉证道来看,与王龙溪之"无"相对者,便是钱绪山(德洪)之学之"有"。方学渐摒斥"无",反对王龙溪之学,与此相应,他的立场倾向于钱绪山之学,哲学思想表现为崇有,以"有"排"无",方学渐之论与其玄孙方中通之注如下:

> 冠"无善"于"善"之上者,兔角也;系"无善"于"善"之下者,蛇足也。(通曰:人性之善,浑然一善而已,不可云'无',并不可分上下。)③

方学渐从上下两个发展方向否定"无":"无"既不在善之上,于"善"之上冠以"无善",不但不能超越善,反而犹如兔角,是虚幻的存在,由此否定了善向上超越的进路;"无"亦不在善之下,于善之下缀加"无善",仿佛画蛇添足,反而有伤于善的清晰性,善之下无须再有一物,由此亦否定了善向下回落的进路。既然上下均不通,则"无"只能归于善之实有。方学渐不给王龙溪的"无善"留任何出路,层层封堵,浑然一善,以应万变,方中通之注亦突出了方学渐一贯的性善论。

宋明理学中"无"的另一进路是道南指诀,在《中庸》的未发与已发语境下展开,方学渐之论与其玄孙方中通之注如下:

> 人皆曰:"未发之前无恶可指,亦无善可名。"不知未发之前光光洁洁,即是善之本色,何必添一无字?(通曰:有善可名,乃善之一端;无

---

① 如"君子以毋自欺而好学为铎"(方以智:《易余目录·中告》,《易余》,《易余(外一种)》,上海古籍出版社2018年版,第4页。),"毋自欺而好学,则不问其善巧不巧矣。"(方以智:《善巧》,《易余》卷上,《易余(外一种)》,上海古籍出版社2018年版,第25页。)
② 方学渐:《王阳明》,《心学宗》卷四,清刻本,第22页。
③ 方中通:《方明善先生》,《心学宗续编》卷一,清刻本,第5页。

善可名,乃善之全体。全体是善,不可谓之无矣。)①

针对试图从未发的角度为"无善"寻个安顿处的进路,方学渐予以否定。方学渐认为未发相当于"善之本色",由此消解了道南指诀将未发神秘化的倾向,且以"本色之善"充实之,将善清晰化,由此亦否定了以"无"诠释善的进路,不必再于"本色之善"上着一"无"字。方学渐所主本体唯有善,可避免无善、无恶的干扰,从而使得本体干干净净、真切明晰,方中通引申至全体之善,这是道体的根本指向,以此全体之善可以笼括"无善",亦相当于否定了龙溪的"无善"。方中通以善之"全体"诠释方学渐所言的善之"本色",是方氏家学的自然发展。虽然方学渐与方中通的思想略异,但否定龙溪"无善"的立场一致,显示出方学渐、方大镇、方孔炤、方以智、方中通四代家学回应龙溪学的一致性。

(二) 评议天泉证道

方学渐回应龙溪学,还表现在借助王阳明的遗言遗教,驳斥《天泉证道记》,力图堵死阳明学向"无"发展的方向,回归善的实在之"有",也可以说以"有"驳"无",包括五个方面,分述如下:

第一,追根溯源,考索文意,诠释王阳明"良知"的道德性之善;

> 《天泉证道记》,王龙溪所受新建先生之宗旨,欲以一海内之道脉者也。新建之学以良知为宗。良之为言善也,如良士、良农、良工、良贾,必由士、农、工、贾之善而得名;又如良马、良材、良田、良玉之类,莫不因其善而称之。新建所谓"良"者,从经文"至善"变化而来也。人之知有良、有不良,天下国家之感应,身心意物之存发,莫不有良、有不良。曰致良知,则必格良物,诚良意,正良心,修良身,齐良家,治良国,平良天下,大都去不良以还之于良,充其良以达于所不良。是"良知"一言开明德、亲民、止至善之橐钥,以继往圣之宗旨,诚有然矣。②

"良知"一词出自《孟子·尽心上》:"人之所不学而能者,其良能也;所不虑而知者,其良知也。""良"有两种代表性诠释方向:其一,良表示"很""非常"之意,并没有特定的道德指向,如赵岐注:"不学而能,性所自能。良,甚

---

① 方中通:《方明善先生》,《心学宗续编》卷一,清刻本,第4页。
② 方学渐:《读天泉证道记》,《庸言》,《桐城方氏七代遗书》,黄山书社2019年版,第138页。

也。是仁之所能甚也。知亦犹是能也。"①良之"甚"并无道德指向:"良能"是"仁之所能甚也",从而赋予良能明确的道德指向;同理,良知亦是"仁之所知甚也",良知亦有明确的道德指向。以此方向解释"良士、良农、良工、良贾":良多用于评判人,相当于擅长精专,如《庄子·养生主》所言的"良庖";"良马、良材、良田、良玉",良多用于评判物,相当于材质优秀。尽管方学渐说以上诸良"莫不因其善而称之",但是以上诸良并没有明确的道德指向。其二,良表示道德之善。朱熹注:"良者,本然之善也。"②良的道德指向明确,且与《孟子·尽心上》知爱亲敬长的仁义相呼应。赵岐诠释的"良知"道德义从"知"而起,以仁驾驭之;朱熹诠释的"良知"道德义从"良"而起,良之善赋予知。两者的一致处是,"良知"最终表现为道德性的指向。在这两种代表性诠释之间,方学渐的选择倾向于融合,他既有朱熹将"良"诠释为善的表述,在举例中却按照赵岐的解读。方学渐认同王阳明的注释:将《孟子》的"良知"之"良"对接《大学》的"至善"。这须注意朱王的差异:朱熹是从"本然"来讲,侧重原点,本来如此;王阳明是从终点来讲,至善是终极目标。要实现终极目标,还需要功夫,即将《孟子》的"良知"等同于《大学》"致知"之"知",通过致良知,达到至善。

　　赵岐、朱熹、王阳明都认同儒学的性善论,方学渐承接诸学,坚持良知之善的先天本有;与此相对,"人之知有良、有不良","良"是善,"不良"是恶,相当于人之知有善有恶。由于《大学》八条目的一贯性,知的善恶二元对立模式将直接导致天下、国、家、身、心、意、物的二元对立,如善心与恶心、善意与恶意、善身与恶身等。即道体即是功夫,道体论的二元对立直接影响功夫论:善恶对立,善增一分,则恶减一分;当善增至极处时,恶随之消隐殆尽。功夫论表现为两个方向:"去不良以还之于良"可表述为"去恶以还善",功夫的着力点在恶,恶去,善自复;"充其良以达于所不良"可表述为"重善以覆恶",功夫的着力点在善,善充,恶自消。这两个方向均以实现善的增长为中心,也就是功夫论服务于道体论的良知之善。这两个方向的功夫论可以交相为用,相互助发。

　　引申方学渐之意,以《大学》三纲领统摄八条目,以明德统摄致知,则知为明德之良知,具有明确的道德指向;以至善统摄致知,至是境界,致是功夫,即致而至,由致良知而止于至善;以亲民统摄致知,民为良民,也就是道德至善之民,共同构建出伦理之善的社会共同体。反之亦然,由八条目亦可

---

① 赵岐注,孙奭疏:《孟子注疏》卷十三上,《十三经注疏》,中华书局1980年版,第2765页。
② 朱熹:《孟子集注》卷十三,《四书章句集注》,中华书局2016年版,第360页。

反统三纲领,以致知统摄之,则良知便是开启三纲领之橐钥,三纲领与八条目的中心均转移到致知(致良知),落脚在阳明学。

第二,将善的"有"与"无"作为对待概念,两者互斥,从而铲除善之"无"的根基;

> 至善无恶之说,余不能不逆于心,尝作《善论》以辨之,而未悉之疑犹有不容已于言者。"无善无恶心之体,有善有恶意之动,知善知恶是良知,为善去恶是格物",此新建之教也。"心是无善无恶之心,意即是无善无恶之意,知即是无善无恶之知,物即是无善无恶之物",此龙溪之悟也。愚则曰:心体,一善而已矣,善即无恶,无恶即善,岂有无恶而又无善者乎? 若曰恶固本无,善亦非有,则天地所为显仁、藏用、富有、日新者竟何物乎? 天命善,人心亦善。[1]

方学渐将二元论贯彻到"有"与"无","善即无恶,无恶即善",推而广之:善之有不容恶之有,故善排斥恶;善之有不容善之有,故恶排斥善。从"有"的角度来看:善与恶对立,两者只能择其一,方学渐显然择取善,摒弃恶,这是普通的常见。从"无"的角度来看:无恶即是善,无善即是恶,方学渐显然择取无恶,摒弃无善,这亦是常见。在常见中,善与恶不能并存,换言之,无善与无恶亦不能并存,"岂有无恶而又无善者乎?"由于方学渐以心体为"一善而已矣",他否定恶,也就是否定无善。这种非此即彼的机械式理解仅适用于经验层,也就是后天之学。对此,顾宪成似有微词:"而天泉证道,又独标'无善无恶'为第一谛焉,予窃惟'良'即'善'也,善所本有,还其本有;恶所本无,还其本无,是曰自然。夷善为恶,绌有为无,不免费安排矣。"[2]顾宪成对"良"的解释倾向于朱熹的"本然之善",本然的状态是有善无恶,因此,致良知的功夫表现为还其善之本有与恶之本无。在此还原的致良知过程中,并不需要刻意去强化善恶的针锋相对。总体来看,顾宪成倾向于调和方学渐与王龙溪之论的冲突,表现为温和的有无论。

王阳明与王龙溪的"无善无恶"超越经验层,以此打开超验的先天之学,在这一点上,方学渐未能跟进,故而他亦不能有针对性地批评阳明与龙溪之论。王阳明之所教与王龙溪之所悟亦有差别:四句教唯有首句"无善无恶心之体"言及"无",王阳明以"无善无恶"定义"心之体",试图为心寻

---

① 方学渐:《读天泉证道记》,《庸言》,《桐城方氏七代遗书》,黄山书社 2019 年版,第 138 页。
② 顾宪成:《心学宗序》,《泾皋藏稿》卷六,明万历刻本,第 11 页。

找超越的本体,这个本体不在经验层之"有",而是超越经验层的本体之"无"。因此,王阳明所言的"无"并不是否定义,亦不是与"有"对立的概念,而是指向肯定义上的超验本体。王阳明的"心之体"之"无"与经验层的"心"是有明晰界限,王龙溪承此亦言"心是无善无恶之心",在将超越之"无"赋予经验之"心"时,将导致本体层与经验层的差异:"心之体"可以言"无",本体层不能用经验的善恶标准来评判,故而"无善无恶心之体";"心"不能言"无",心是"有",经验层有善有恶,当王龙溪言"心是无善无恶之心"时,会导致两种指向:其一,心是心之体,"心体是无善无恶之心体",这等于王阳明之言;其二,心就是经验层的心,"心是无善,亦无恶"将导致经验层的矛盾,若要强行统合,要么诡辩,要么双重否定,这都是方学渐所极力反对的。如果通过"一无所有"的彻底之"无"来沟通"无善"与"无恶",这又面临堕空的风险,与儒学倡导的着实之学背道而驰,不能"显诸仁,藏诸用",不符合儒学倡导的"富有之谓大业,日新之谓盛德"。

在王阳明所言的四句教中,心体是本体,意是心的指向,知是道德判断,物是道德之实际,经验层的心意知物各有所用,如君臣佐使,各司其职。王龙溪从"无"的角度超越心意知物,而方学渐不能理解王龙溪的真正用意之所在。王龙溪的"无"还致力于良知学的密教:通过无心,获得藏密,展现心在本体层的"富有";通过无意,超越意指向的单向性,达到应圆,实现用的自在;通过无知,发掘知的"藏用"之寂体;通过无物,不拘于物,达到超越的自在,可显仁,可藏。方学渐显然亦不能理解密教之无。从功夫论来看,王龙溪先天正心,以先天化后天,通过功夫实现;而方学渐认为"天命善,人心亦善",虽然有先天正心的倾向,但由于不解先天及密教,只能从逻辑上联系天命与人心之善,并无功夫之作用。由此可以看出方学渐不能把握龙溪的心意知物之"无",因此,其对于龙溪学的批评亦无力。既能充分吸收龙溪学之"无"的超越,又能保证经验层的道德之善之实有,这有待极有创造性的思想家——方学渐的曾孙方以智来实现,这将在下文论述。

第三,主良知之"有"者,即本体即是功夫,即功夫即是境界,道体、功夫、境界一致;而主良知之"无"者,道体与功夫不一致:

> 从善上立根基,则以此善善其身意知物,亦以此善善其天下国家,是谓一了百当,易简直捷。本体善,工夫亦善,是谓本体即工夫。上根一而能,中根以下百千而能,皆止于至善,此圣学也。若曰无善无恶,从无处立根基,既无矣,有何根基乎? 身意知物皆赚于无,天下国家皆灭于无,一了百废,安得一当? 散精力而无实用,安得易简? 以有善之学

求无善之体,工夫不合本体,上根下根无一可者矣,曾是为圣学乎?

　　且新建既洞见良知,则必洞见良心;洞见良心,则必洞见心体之本善,而犹为是言,何也? 又曰:"四无之说为上根立教,四有之说为中根以下立教。"夫道一也,有则俱有,无则俱无,资有利钝,特难易之间耳,判然分有无而二之,大匠安得两规矩乎? 我知新建不尔也,意者有为哉其言之。①

从道体、功夫、境界解释,存在"有"与"无"两个方向。从善上立根基,承认良知之"有",功夫的起点、过程与终点一致,道体为善,功夫为善其身、意、知、物、国家、天下,从而达到"一了百当"的至善境界,道体、功夫、境界一致,道体易识,功夫直捷,境界清晰。然而,当转向良知之"无"时,从"无"立根基,则根基不牢,甚至根基不存在;功夫亦无着力点,身、意、知、物、国家、天下皆无,隳坏了实际的致良知功夫,导致境界"一了百废",相当于道体、功夫、境界皆遭破坏。综合两个方向,王龙溪崇尚"无";方学渐持守"有",方学渐评判"无"的方向一无是处,由此驳斥龙溪学。在两个方向之间,是否存在交叉的可能呢? 如以无善无恶为道体,以为善去恶为功夫,"以有善之学求无善之体"。方学渐否定了这种可能,道体、功夫、境界三者应一致,交叉会导致"工夫不合本体",这相当于在道体与功夫层面均驱逐了龙溪学。

王龙溪以利根标榜,"无"的方向是否仅适用于利根,而不适用于钝根呢? 方学渐亦予以否认。"道一也",道是一个道,无论是利根还是钝根,均是此道。利钝的差异只反映在个体,表现为悟道过程的迟速,而道体不会变化。另外,"有"与"无"对峙,两者只能存其一,"有则俱有,无则俱无",王阳明的教法亦是一教——主"有",从而排除了龙溪学之"无"。方学渐继承并阐发王阳明主"有"的教法,道体、功夫、境界,三者一贯,一有俱有。

第四,从修辞(词)手法来看,王阳明在天泉证道时开阖兼具,侧重于"阖";王龙溪的问题在于开而不阖:

　　凡修词者,先开后阖,正意归重阖处。尝读《传习录》,所载与此记微有异同,阖处煞有深意。其言曰:"人有习心,不教在良知上实用为善去恶工夫,只去悬空想个本体,一切事为俱不着实,不过养成一虚寂。

---

① 方学渐:《读天泉证道记》,《庸言》,《桐城方氏七代遗书》,黄山书社2019年版,第138—139页。

此个病痛不是小小，不可不早说破。"夫指授宗旨，即防虚寂不着实之弊，何虑之远而戒之深乎！

　　大都知者过之，愚者不及，上根之病病在虚寂，中根之病病在尘俗。新建不防尘俗，而防虚寂，是其意非为下根而发，乃为上根而发也。或见龙溪才高，难以寻常倾动，又欲片时收摄之，特为奖劝诱掖之权，他日从容更作究竟法，而时不暇及，未可知也。不然，新建从万死一生中体认出良知，安肯操戈自伐？尝自悔枉费三十年之力，误用于禅，安肯以之误后学乎？自天泉之记出，后之学者喜谈虚寂，不务躬修，其弊不可胜言。虽有新建"早说破"之语在，而莫之能救，不能不为斯道长太息也！①

鉴于"有"是王阳明的常用教法，因此，在天泉证道中，良知学的"开"主要表现在王龙溪提出"无"，从而开出"有"与"无"两个进路。但是，王阳明之意并非在"开"以及开之后的分裂，而是将重心放在"阖"；换言之，王阳明无意于两个方向的张力，而是侧重两个方向的合力。由于钱绪山所主为王阳明的常教，因此，王阳明将证道的重点转移到防范王龙溪的进路可能导致的风险，"防虚寂不着实之弊"。王阳明防范的手段是"以实补虚""以有补无"，总体上加强阳明学派内部的合力。在天泉证道后，阳明学的实际发展亦验证了王阳明预言的精准："自天泉之记出，后之学者喜谈虚寂，不务躬修，其弊不可胜言。"

　　阳明学的开阖包含三个阶段：阖—开—再阖。天泉证道前，良知学是"阖"；天泉证道，王龙溪提出"无"的进路，钱绪山坚守"有"的传统，可视为"开"。"开"虽然起源于阳明学内部的张力，但会撕裂良知的一元，导致良知教一分为二；同时，亦使得良知教展开得更加饱满，丰富了良知的内容。面对这种可能的分化，作为良知学的创说立教者，王阳明警觉到其中潜在的分化风险，故而试图"再阖"，使得两种方向相资为用，增强学派的合力。综上，王阳明主"阖"与"再阖"，王龙溪主"开"，应以王阳明之学为正，警惕龙溪学"开"的风险。方学渐以继承王阳明之学为己任，重视王阳明倡导的"阖"与"再阖"，反对"开"，以防范龙溪学之弊，这与王阳明的用意一致，方学渐与王阳明的良苦用心相同。

　　第五，从年谱行实考证龙溪学没有得到王阳明的再次印证，由此质疑龙溪学的正统性与合法性。

----

① 方学渐：《读天泉证道记》，《庸言》，《桐城方氏七代遗书》，黄山书社 2019 年版，第 139—140 页。

愚又按：新建年谱，天泉之会在嘉靖丁亥八月八日之夜分，其时将征思、田戒行，应酬纷纷，神情殊倦，而九日之晨即命驾入粤，戊子之冬遂卒于南安。是龙溪自天泉后，不得再逢新建，重订宗旨矣。愚于是益信新建非究竟语也。

方龙溪之夜问也，新建虽赏其悟，而警戒谆谆，若预为后日地者，曰："汝中只好默默自修，不可轻以接人。"道一也，不可接人，岂可自修？盖欲其自悟得之。又曰："上根之人，世亦难遇，此颜子、明道所不敢承。"当又欲其取资于德洪，隐然讽汝中勿自居于上根，而从事中根之工夫，久久自知无善无恶之为权法，他日又相订正未晚，岂知一去不返，遂为千载不结之案。而龙溪辄以世所难遇者自认，俨然立于颜子、明道之上，不少逊避，取未竟之语为诵法之宗，不思临岐"说破"者之谓何，且曰："苦口拈出虚寂话头，以救学者之弊，非欲求异于师门。"嗟乎！此固新建之所深忧也。[1]

前四点是从思想的角度反驳龙溪学，而第五点是从行实考证的角度为龙溪学的正统性与合法性"釜底抽薪"。龙溪的"四无"说仅是独悟自得之学，没有得到王阳明的完全肯定，理由有三：其一，天泉证道时，王阳明没有精力去深度思考学术事宜。从时间点来看，"天泉之会在嘉靖丁亥八月八日之夜分"，"而九日之晨即命驾入粤"，转化成现代时间计算方法：大约从晚上六点到次日凌晨六点，除去正常睡眠，王阳明"应酬纷纷"，而且"神情殊倦"。[2] 如此仓促、疲倦的状态，王阳明在天泉证道讨论问题的深刻性与全面性都受到严重影响。其二，在天泉证道中，王阳明对于龙溪的态度是正负参半，"虽赏其悟，而警戒谆谆"。然而，后人理解天泉证道时王龙溪的表现，重点几乎全部集中到"赏其悟"，而轻视王阳明的"警戒谆谆"。从道体论而言，王阳明认为"无善无恶之为权法"，并非定论；从功夫论而言，王阳明希望王龙溪"默默自修"，修悟平衡。王阳明肯定钱绪山之学，希望钱王两君相资为用，不可偏执一说。其三，在天泉证道后，王龙溪全面发展了"无"的道体与"悟"的功夫，但非常可惜，这种超越的良知学进路并未得到王阳明的再次订正；天泉证道之后的龙溪学不是王阳明订正的教法，龙溪学缺乏正统性与合法性。

---

[1] 方学渐：《读天泉证道记》，《庸言》，《桐城方氏七代遗书》，黄山书社2019年版，第140页。

[2] 在八日之夜分至九日之晨的不到十二小时中，估算如下：八小时正常睡眠，由此还剩余四小时。在这四小时内，假设两三小时耗费在应酬上，还要为次晨的远征准备行李一两个小时，则剩余不到一小时的时间证道。

　　为从根本上回应龙溪，须归本返源，还原天泉证道时王龙溪提出"无善"的语境：

　　　　昔天泉之会，汝中重无善，德洪重为善，新建虽两可之，而旋即警之，大略以"人有习心，不实用为善去恶之功，而空想本体，养成虚寂，其病非小，不可不早说破"。夫既示以宗旨矣，又何待于说破？既有待于说破，则始之所言犹是未说破之旨。然则新建虽亟许汝中，其意则惟恐无善无恶之终于误人，而说破以救之，此觉世之本意也。①

　　在天泉证道时，王阳明肯定钱绪山"为善"与王龙溪"无善"两种良知学诠释路径。从实际影响及后学发展来看，王龙溪在天泉证道脱颖而出，无善的宗旨深刻影响了阳明学的发展；与之相应的钱绪山之学平淡着实，未得到足够重视与充分展开。方学渐显然是站在钱绪山的立场上回应龙溪学，他认为王阳明在天泉证道时并未完全认可龙溪之学，而是有所保留，其重心在于"而旋即警之"，即王阳明预感到龙溪学可能导致的问题，说破其病以救之。方学渐沿着王阳明的警示语批评龙溪学，指出虚寂所导致的脱略实学，此说又见《心学宗》："人有习心，不教他在良知实用为善去恶工夫，只去悬空想个本体，一切事为，俱不着实，不过养成一个虚寂。此个病痛不是小小，不可不早说破。"方学渐评述："此先生着实之教也，知此则知无善无恶非着实之教也。后人舍其着实者，尚其不着实者，倡虚寂之说病痛，岂其小哉？此先生之忧也。"②当龙溪学发展遇到问题后，回视王阳明在天泉证道的警示语，才能认识到王阳明先见的忧虑以及警示的重要性，可以说方学渐之学遥接王阳明之教，且能避免龙溪学之病痛。但是，王龙溪的《天泉证道纪》亦兼顾到王阳明的警示："但吾人凡心未了，虽已得悟，不妨随时用渐修工夫。"③王龙溪有兼取钱绪山之学的进路，肯定"渐修"以及悟后之修，以此冲抵无善可能导致的"不着实""虚寂"之弊。就此而言，方学渐对于龙溪学的批评并不恰当，甚至有"画蛇添足"之嫌，这在一定程度上又显示出王龙溪与方学渐之学的一致性，两者均能接受王阳明的警示以及肯定钱绪山之学的进路。

---

① 方学渐：《善论下》，《庸言》，《桐城方氏七代遗书》，黄山书社 2019 年版，第 133 页。
② 方学渐：《王阳明》，《心学宗》卷四，清刻本，第 32 页。
③ 王畿：《天泉证道纪》，《王畿集》，凤凰出版社 2007 年版，第 2 页。

（三）方大镇回应龙溪学

方学渐之学的影响主要在桐城，其后学中的杰出代表是方大镇与吴应宾：方大镇恪守方学渐之学，进入以邹元标、冯从吾主盟的北京首善书院，从而将方氏之学由地方带到了全国学术的中心；吴应宾徘徊于儒释之间，深度回应龙溪学。方大镇与吴应宾有长时期辩论，可视为方学渐之学的展开。随着方吴两家联姻，方大镇与吴应宾的思想均传递到方以智，可视为方学渐之学的收拢，这为方以智回应龙溪学准备了丰富的思想资源。

据方大镇学友为其《宁澹语》作序，"先生取象山，不取其徒慈湖，谓为禅习；取阳明，不取其徒龙溪，谓是禅宗"[1]。传统观点认为杨简（慈湖）与王畿（龙溪）是陆王门下卓有创见者，而方大镇却将其视为儒门的异类，如前文所述，方大镇拒斥龙溪学、慈湖学的倾向来自方学渐，这表现出方氏家学内部传承的一致性，即共同应对龙溪学的挑战。

1. 下学与上达一理

从着实与超越区分，龙溪学侧重超越；据《论语·宪问》"下学而上达"，可以说龙溪学的重心在"上达"，但方学渐认为这并不契合王阳明之教，据《心学宗》引《传习录上》："凡可用功、可告语者，皆下学也，上达只在下学里。凡圣人所说，虽极精微，俱是下学。学者只从下学用功，自然上达去，不必别寻个上达的工夫。"方学渐评："深得上下一理之妙。今之学者好离下而语上，岂能有达乎？"[2]从"上达"与"下学"的择取来看，王阳明肯定并选择"下学"，学问"俱是下学"；即使讲"上达"，亦是基于"下学"。从功夫入手来看，唯有选择"下学"，方是正路，"下学"自然"上达"，这符合功夫渐进的规律，亦是步步着实之功。在肯定"下学"时，王阳明否定了"上达"功夫的独立性，"不必别寻个上达的工夫"。以此审查王龙溪"上达"之教的进路，王龙溪显然违背王阳明教学的初衷。正是基于王龙溪脱略"下学"的判定，方学渐指出"今之学者好离下而语上"，批评矛头直指龙溪学。

按照从王阳明、王龙溪至方学渐的学术发展阶次，三者依次为：下学（由下学而上达）、上达、下学（上下一理）。王龙溪偏离阳明之教，方学渐反转之，重回阳明教法。方大镇承接方学渐的"下学"，"《荷薪义》曰：虑而后能得，所以享其不虑之知也；学而不厌，所以享其不学之能也。"[3]《荷薪义》

---

① 刘洪谟：《读桐川方鲁岳先生论学序》，《宁澹语》，《桐城方氏七代遗书》，黄山书社2019年版，第201页。

② 方学渐：《王阳明》，《心学宗》卷四，清刻本，第24页。

③ 方以智：《总论中》，《药地炮庄》，《方以智全书》第2册，黄山书社2019年版，第66页。

为方大镇的著作,从方以智所引来看,从学虑超越到不学不虑,保证了由"下学"到"上达"之路的畅通,"下学"以实现"上达"为目的,这符合孔子"下学而上达"之"而"所表现的递进义,亦包容性吸收了王龙溪的"上达"进路,且符合王阳明"从下学用功"的教法。从王阳明到阳明后学发展来看,《传习录上》为王阳明早期思想;而王龙溪拜入王阳明门下较晚,多承接《传习录下》的王阳明晚年思想。从王阳明本人的思想发展来看,后者是前者的自然递进,王阳明能综合平衡前后,但随着阳明后学的展开,这种平衡遭遇破坏,据叶树声曰:"阳明直捷,指出本体,而传其说者,往往详于讲良知,而致处则略,坐入虚谈名理界中。如禅家以无言遣言,欲扫窠臼,而后人复向无言中作窠臼。"①王阳明的直捷是建立在早期的"下学"功夫之上,而后学往往忽略"下学"的着实处,从而一任超越"上达",造成了虚脱之弊,王龙溪便是其中的代表。方学渐与方大镇重视"下学",正是在阳明后学"致处则略"的背景下立说,既符合王阳明教法,亦有功于阳明后学甚大。

当龙溪学向"上达"着力时,亦面临超越产生的问题,引来同门弟子的挑战,如江右王门巨擘罗洪先《答王龙溪》:"本体工夫,故当合一;源头与见在,终难尽同。若识得者,愈加着到,愈无执着;愈加照管,愈无挂带。兄今言出便为轻重,人品工力不等,未可尽以解缚语,增他人之纵肆也。"②王龙溪超越的"上达"可以理解为摆脱实有之纠缠,从而进入"无"的境界。从"上达"回视,"下学"的实有之纠缠为束缚,超越便是摆脱束缚,以至无累。与束缚对应,便是功夫的执着、照管;与超越对应,便是本体的无执着、无挂带。王龙溪超越之意在于"无",解脱束缚,但由此带来的风险是:由于人品(先天资质)、功力(下学的功夫积淀)的差异,尤其是资质较差、功力浅薄者本应着实下学,但受上达"蛊惑",不但不能增速,反而揠苗助长,使得转向"纵肆"的不归路。针对这一问题,方大镇十分关切:

> 寸丝挂体,一锥卓地,犹是粘带。然寸丝不挂体,一锥不卓地,亦未便许其透脱。此中细微,最宜理会。(通曰:以为粘带,莫粘带于言顾行、行顾言矣,是可谓之粘带否乎? 以为透脱,莫透脱于视而不见、听而不闻矣,是可谓之透脱否乎? 不能去粘带者,虽无丝可挂、无锥可卓,犹为粘带;而真能透脱者,虽万丝挂体、千锥卓地,亦属透脱。)③

---

① 方以智:《总论中》,《药地炮庄》,《方以智全书》第2册,黄山书社2019年版,第65页。
② 方以智:《总论中》,《药地炮庄》,《方以智全书》第2册,黄山书社2019年版,第64页。
③ 方中通:《方文孝先生》,《心学宗续编》卷二,清刻本,第10页。

从超越的程度来看，"寸丝挂体"与"一锥卓地"均是超越未尽，尚有一丝之束缚、一锥之着实，表现为道体的"粘带"，为否定义。针对这种程度的为学者，按照龙溪学的指向，应是解缚寸丝，超越一锥，以此达到彻底的超越。但是，在方大镇看来，即使能够达到"寸丝不挂体，一锥不卓地"，亦不能说功夫达到极致。按照方中通的注释，超越程度的两种状态不是截然分别，而是相互纠缠，表现为功夫的"粘带"，是肯定义。"言顾行，行顾言"相当于：超越的道体需要兼顾下学的功夫，下学的功夫亦有超越道体的指向，从而做到"下学"与"上达"一致、本体与功夫照应。从超越的境界来看，即使透悟到"视而不见、听而不闻"，仍是未能尽超越之义，真正的超越并非道体的孤行独进，而是在超越时、超越后，均能兼顾"下学"的着实。能兼顾着实，即使在"万丝挂体、千锥卓地"处，仍可实现真正的透脱。否则，没有着实的支撑，纵然透脱，亦多是浮光掠影，于实学无益，反增纵肆之弊。

　　2. 当下一念

　　王龙溪重视见在良知，良知可还原到当下一念："人惟一心，心惟一念。""今心为念，是为见在心"，"心为见在之心，则念为见在之念，知为见在之知，而物为见在之物。致知格物者，克念之功也。"[1]从时间轴来看，王龙溪将过去、现在、未来都收拢至当下一念，将良知还原到"一念"之瞬。瞬息能做到符合良知，由此推至整个时间轴，则时时符合良知。这种还原到当下一念的致知进路突出了良知的实在性、现时性、鲜活性。从心之展开来看，心之"知"与意所在之"物"均可还原到"见在"，"知为见在之知，而物为见在之物"，从而《大学》的"致知""格物"均可视为围绕"当下"展开的克念之功。从理学发展来看：朱子致知格物是外在指向；王阳明内转，将致知内转为致良知，将格物内转为诚意；王龙溪从时间维度向内深入，知与物内化为瞬息之念。由外向内的进路使得理学深入一念之精微，但同时，亦有脱略外在之物的嫌疑，导致封闭在一心之内，拘囿于个体之学。从道体功夫合一的方式来看，龙溪的见在良知更倾向于良知致，即道体即是功夫，其风险在于使得功夫论亦强调见在，克念之功仅限于致见在之知与格见在之物，这很容易导致功夫的脱略，方大镇对此亦深有忧虑：

　　　　圣人之学，只在一念，而一念初起，全在知觉。知觉既真，全在保任。知其善而励精勇往，则圣可成；知其善而故因循则，难为圣矣。知其不善而毕力扫除，则狂可远；知其不善而仍因循则，终于狂矣。圣人

---

[1]　王畿：《念堂说》，《王畿集》，凤凰出版社 2007 年版，第 501—502 页。

知之,众则不知;圣人好学,众则弗好:此奚啻千里哉!《学》《庸》言独,《书》云昧爽,《诗》戒鸡鸣,孟子徵平旦,皆指一念初起处为训耳。(通曰:或云一念甚微,或云一念旋亡。夫此一念,固微也;又一念继之,继亦微也;更一念终之,虽微而不微矣夫。此一念已亡矣,又一念思之,思亦亡矣;更一念成之,虽亡而不亡矣。勿谓甚微而旋亡也,天下万世关乎此一念也。念之初起,我也;知其善不善,亦我也;励精勇往,毕力扫除,亦我也:岂有三我哉?良知在无念之先,力行在有念之后,圣人不失其良知而又好学,众人不存其夜气而无力行耳。)①

从时间轴来看,固然可以将圣人之学还原到"只在一念",但是,方大镇将"念"受制于"知觉",以"知觉"是否为真来审视"念",从而"念"不再是独立的"见在心",亦制约了后续将"知""物"收拢到一念的进路。方大镇以"知觉"作为道体论的中心,而此道体"全在保任",以保任的功夫来限制道体,即功夫即是道体,等于反转了王龙溪"即道体即是功夫"的进路。

从时间轴来看,以"念"为坐标,方中通将良知道体置于"念"之前,相当于方大镇所言"念"未起前,良知已经照临;"力行"功夫置于"念"之后,念起而知觉,相当于方大镇将功夫落在"全在保任",从而形成的时间序列为:良知道体—念—力行功夫。对比王龙溪收拢"念"至"当下",方大镇、方中通与王龙溪的诠释相背而行,他们将"念"前后破开:前面留给道体,后面留给功夫,导致道体与功夫的割裂,这亦是相背于龙溪的"即道体即是功夫",从而显示出方氏家学与龙溪学的根本分歧,或者说方氏家学试图"扭转"龙溪学。

从圣狂之别来看,龙溪认为:"圣之所以为圣,狂之所以为狂,存乎罔与克之间而已。"②这是从当下一念判定"圣"与"狂":圣能在一念处克,能克便是圣;狂是一念处不能克,表现为罔,罔时便是狂。这样诠释的风险在于判定仅适用于一瞬间。从长时间来看,一念瞬息而变,固然有时时克念之圣人,但大多数常人之念并不稳固,前后不一致,从而导致判定的困难。方大镇则取消了以一念判定圣狂的方法,而是从更长久的时间来看,"知其善而励精勇往,则圣可成",不仅能"知其善",而且能够"励精勇往",既能知,又能行,需要长期坚持积聚,才能成圣,由此提高了"圣"的标准;从反向来看,"其不善而毕力扫除,则狂可远",需要"毕力扫除"罔念,方能远于"狂",也

---

①　方中通:《方文孝先生》,《心学宗续编》卷二,清刻本,第7—8页。
②　王畿:《念堂说》,《王畿集》,凤凰出版社2007年版,第502页。

就是向"圣"接近,亦是提高了"圣"的标准,这种高标准有利于"圣"的稳固。

3."藏悟于学"的思想雏形

从一念功夫下手,亦有经典可依,据上节引文,"《学》《庸》言独",指《大学》"所谓诚其意者,毋自欺也。如恶恶臭,如好好色,此之谓自谦。君子必慎其独也";《中庸》"莫见乎隐,莫显乎微,故君子慎其独也"。从语境来看,《大学》《中庸》之"独"均可在"一念初起"展开:在一念初起处"毋自欺",真实呈现好恶的抉择;在一念初起处打通隐微,在隐微处能戒能慎。相对于王龙溪的"即道体即是功夫",《大学》《中庸》之"独"更强调功夫的重要性。"《书》云昧爽,《诗》戒鸡鸣",指《尚书·牧誓》"时甲子昧爽,王朝至于商郊牧野,乃誓"与《诗经·齐风·鸡鸣》"鸡既鸣矣,朝既盈矣",指在一念清明处保任;"孟子儆平旦",指《孟子·告子上》:"其日夜之所息,平旦之气,其好恶与人相近也者几希,则其旦昼之所为,有梏亡之矣。"唯有力行,方能存住平旦之气;否则,若无功夫着力,平旦之气很容易转瞬即逝。以上所引经典均强调了功夫的重要性,亦可说是方大镇力图纠正龙溪学脱略功夫导致的问题。更进一步,不仅要着功夫,而且亦须长时间用功:

> 学者之于道,非其身体之,非其心悟之,必不可几;非历岁月,亦不可几也。颜子从夫子年最少,而几于道最早,虽其聪明绝伦,要亦欲罢不能之志、竭才之功,诸弟子莫及也。悟者必从实体中求悟,体者必从心悟中求体。学者但希颜之志、摹颜之功而可矣。(通曰:学有顿渐,有渐中之顿,有顿中之渐:故安其渐而不求顿者,终亦必至于顿;恃其顿而不事渐者,究且归于不顿矣。)①

方氏家学重视实学传统,在继承方学渐实学思想的基础上,方大镇融入了"悟"的功夫论。在方大镇看来,进入道须具备两大必要条件:第一是"身体之"与"心悟之"。"身体之"相当于孟子的"践形"、《大学》的"修身",强调功夫的着实;"心悟之"相通于龙溪的三悟,侧重于功夫的超越。经由方大镇开拓,相当于将龙溪之"悟"引入方氏家学,由此形成实学与超悟的对立统一,但其重心仍在实学,这相当于向方以智"藏悟于学"的出场迈出了关键一步。② 第二是时间的积聚,须历岁月。第一个条件保证功夫的方向性

---

① 方中通:《方文孝先生》,《心学宗续编》卷二,清刻本,第8页。
② 张昭炜:《阳明学发展的困境及出路》,中国社会科学出版社2017年版,第510—525页。

正确,第二个是保证积聚的厚实,并且以此纠正龙溪学"悟"并非电光石火,而是需要长期提升,且与"修"相辅相成。

从儒学道统来看,颜子"聪明绝伦",于超悟处居孔门之首,但即便如此,颜子仍坚持"欲罢不能之志、竭才之功",在孔门以好学著称。据《论语·子罕》"欲罢不能,既竭吾才,如有所立卓尔",可见颜子之学具有全身投入的实学以及积聚的厚实。对于具有希颜之志的学者而言,功夫应落实在摹颜之功,而非"聪明绝伦"的超悟。王龙溪在王阳明门下亦以聪明绝伦著称,"先生以独悟微旨,一时学者推以为颜、曾,而先生亦自幸得其彻也。"①王龙溪亦将颜子得功夫概括为超悟:"孔门惟颜子为善学,吾人既要学颜子,须识病痛,斩除得净。"②"斩除得净"如截断众流,直接超越,这相当于"悟"的功夫。对比方大镇与王龙溪诠释颜子之学的方向可知,前者强调实体与功夫的艰巨,而后者更强调悟的洒脱与直截。在天泉证道中,王阳明评价王龙溪的功夫进路,"此是传心秘藏,颜子、明道所不敢言者。""正好保任,不宜轻以示人,概而言之,反成露泄。"③顺着王阳明的预言来看龙溪学的发展,在揭櫫颜子不敢言之秘藏后,龙溪学之流弊表现在将孔颜之学轻以示人,在超越中丧失了实学的精神。方大镇补漏堵泄之功在于以"保任"之实学纠偏独悟之超越,"体者必从心悟中求体",在保留龙溪学超悟精神时,更强调"悟者必从实体中求悟"。

方中通将方大镇的"实体"与"心悟"诠释为"渐"与"顿","悟者必从实体中求悟,体者必从心悟中求体"可表述为"顿者必从渐中求顿,渐者必从顿中求渐",也就是"渐中之顿"与"顿中之渐"。顿渐交相益,相互包含融通,这是正确的功夫路径:"安其渐而不求顿者,终亦必至于顿",相当于肯定了方学渐与方大镇的实学进路;"恃其顿而不事渐者,究且归于不顿矣",相当于否定了龙溪学超悟独进的路径。必须以实学之"渐"补充,方能实现真正的"顿",这又显示出从方学渐、方大镇以至方中通,方氏家学对于龙溪学的警惕与回应。

综上,方大镇在回应龙溪学时,基本学术立场仍是遵循其父方学渐,这反映出方氏家学传承的连续性,彰显方氏家学的底色。以顾宪成、高攀龙为代表的东林学者是纠正龙溪学流弊的重要力量,方学渐结交东林,这亦影响到方大镇,方大镇推崇顾宪成之学,"挽无善无恶之波澜,孟轲之传丕振;揭

① 王宗沐:《龙溪王先生集序》,《王畿集》,凤凰出版社2007年版,第1页。
② 王畿:《冲元会纪》,《王畿集》,凤凰出版社2007年版,第3页。
③ 王畿:《天泉证道纪》,《王畿集》,凤凰出版社2007年版,第2页。

庸德庸言于斋壁,子思之旨复明。"①从阳明学天泉证道的分化来看,方氏家学总体倾向于钱德洪、许孚远、顾宪成重视良知之"有"与功夫之着实的倾向,与王龙溪、周汝登、管志道所主的良知之"无"与功夫之超越流行不同。与方学渐相比,方大镇的学术视野更为开阔,他参与到讲学名流荟萃的北京首善书院讲会,结交邹元标、周汝登等继承龙溪学的阳明后学,"臣窃见今天下以理学称,如吉安邹元标,庐州之蔡悉,绍兴之周汝登。此三臣者,或抉性命之奥,造理入于精微",②加之与重视"无"的吴应宾长期辩论,"东向以请者又已三十年",③乃至方、吴两家联姻,这有利于方大镇开放性吸收龙溪学的超越精神,并将其融入方氏家学。从方氏家学的转折来看,方学渐可谓是完全拒斥龙溪学,方大镇包容龙溪学,从而为方氏家学带来了新气象,并且可以避免因拒斥龙溪学而带来的阳明学派之间的内耗。由方大镇向前看,回到天泉证道,他的回应符合王阳明肯定钱德洪所主之"有"与王龙溪所主之"无",亦如王阳明警告王龙溪:"人心自有知识以来,已为习俗所染,今不教他在良知上实用为善去恶功夫,只去悬空想个本体,一切事为,俱不着实。此病痛不是小小,不可不早说破"④;又如顾宪成评方学渐之学:"假令文成复起,亦应首肯。"⑤由方大镇向后看,据方以智悟道记《象环寱记》自述,方大镇与吴应宾是方以智哲学思想的两大重要来源,毋庸置疑,方大镇回应龙溪学,这为方以智哲学的出场提供了重要支撑。

二、阳明学的病与药:吴应宾评有无之辨

方大镇参与了邹元标、冯从吾等阳明后学主持的北京首善书院讲会,冯从吾是许孚远的弟子,亦主性善之实有。如本书第一章所述,首善书院禁毁,方大镇归隐,"论学以性善为宗",⑥吴应宾以"无"为宗,二人论学辨有无。吴应宾与方大镇同处桐城,共隐浮山,如方以智的老师余飏诗作:"浮山高千仞,广作十里围。上有帝释之都居,又有儒者之精庐。""由来真儒之所宅,形数直媲梵王宫。""观我先生指天处,野同居士点《易》所。""文人作

①　方大镇:《褒崇理学疏》,《宁澹居奏议》,《桐城方氏七代遗书》,黄山书社 2019 年版,第 165 页。

②　方大镇:《褒崇理学疏》,《宁澹居奏议》,《桐城方氏七代遗书》,黄山书社 2019 年版,第 164 页。

③　方孔炤:《跋》,《宁澹语》,《桐城方氏七代遗书》,黄山书社 2019 年版,第 252 页。

④　王守仁:《传习录下》,《王阳明全集》,上海古籍出版社 2011 年版,第 1443 页。

⑤　叶灿:《七代系传》,《桐城方氏七代遗书》,黄山书社 2019 年版,第 5 页。

⑥　马其昶:《方大理传第三十五》,《桐城耆旧传》卷四,黄山书社 2013 年版,第 91 页。

镇山千古,康节行窝在松坞。"①野同居士即是方大镇。今浮山尚存方大镇
题"野同岩"、方以智书"行窝"与"吴观我先生指天处"。相对之前的阳明
学有无之辨,方、吴二君论辩的特点有:求同大于存异,二君同隐一山,意境
闲暇超逸,明学求道之心相同;二君不会产生激烈的冲突,不急于在一次辩
论中解决争端,而是有充足的时间相互理解包容;"皖桐方君廷尉公与吴观
我太史辨析二十年",②如此长时间的辩论,势必具体而精微,成为阳明学有
无之辨理论发展的重要节点,这集中体现在吴应宾的《宗一圣论》中。《宗
一圣论》应包含方大镇的思想,如方大镇为吴应宾著作序言:"余与客卿笔
砚倾缘,休沐时复抵掌文成遗指,每有当焉。"③虽然二君持论不同,但均能
默会心契王阳明之学。二君良知学宗旨之间的合力与张力并存,在辩论中
深度融合,由此日趋精微。又如周汝登为吴应宾著作序言:"总之于阳明子
合辙。""喜取信之,皆同臭味,良有合也。"④吴应宾论"无"似周汝登,方大
镇持"有"似许孚远,吴应宾与方大镇之辨仍是天泉证道、《九谛》《九解》的
延续,此后方、吴两家联姻,孕育出方以智。方以智不仅继承了方氏家学,而
且"夙奉先宫谕三一之学,畅衍宗一家风"⑤。在融合两家之说的基础上进
行创新,有利于方以智深度解决阳明学的"有""无"之辨。

(一)"有""无"之病

从王阳明到方以智,阳明学发展经历了合、分、合三个主要阶段。天泉
证道是阳明学理论分化的重要标志,阳明学发展由合到分,展开成形态丰富
的阳明学。阳明学分化是其发展的内在需求,在分化中又有聚合与之相应,
吴应宾与方大镇在分化中渐趋融通,代表了阳明学发展由分再到合的重要
方向。总体而言,阳明学发展分合交错,从而呈现合中有分、分中有合的多
种思想形态。

在天泉证道中,钱德洪与王龙溪各有所证,由此显示出阳明学走向分化
的趋势,王阳明希望钱德洪与王龙溪应在差异中相互借鉴,彼此包容,王阳
明叮咛:"二君之见正好相资为用,不可各执一边。我这里接人原有此二

① 余飏:《读愚者浮山记》,《浮山志》卷九,黄山书社2007年版,第213页。
② 方以智:《仁树楼别录》,《青原志略》卷三,江西人民出版社1998年版,第82页。
③ 方大镇:《古本大学释论序》,《古本大学释论》,《宗一圣论　古本大学释论》,复旦大学出
版社2019年版,第111页。
④ 周汝登:《古本大学释论序》,《古本大学释论》,《宗一圣论　古本大学释论》,复旦大学出
版社2019年版,第112页。
⑤ 吴道新:《新建藏经阁碑记》,《浮山志》卷四,黄山书社2007年版,第35页。

种：……二君相取为用，则中人上下皆可引入于道。若各执一边，眼前便有失人，便于道体各有未尽。"①此处有三点值得注意："有"与"无"的关系、两种良知教导致的功夫论差别、无善与至善。

从先秦的老庄之学以至魏晋玄学，"有""无"是中国哲学史发展的重要问题，并在论争中推进思辨的深度，阳明学亦不例外。"有"与"无"是阳明学道体论分化的两个基本方面："有"与"无"如同相互对立的反对，但并非彼此隔绝，水火不容，而是表象对立，深层相和。"有""无"之间的通道顺畅，由"有"可以进入"无"，反之亦然。"有"通过"无"实现超越，"无"借助"有"落于实际；"有"可以避免"无"之沉空，"无"可以化解"有"之泥迹。"有""无"并不是彼此隔绝，而是相互涵摄，实在之"有"并不否定超越之"无"，超越之"无"依赖实在之"有"。

钱德洪与王龙溪所证代表了两种良知教，钱德洪之"有"针对有习心的中下根人，王龙溪之"无"适合利根之人。"有"通过功夫渗透本体，"无"即本体下贯至功夫。"有"与"无"是两种致良知的方式。虽然两者有渐修与顿悟入道的缓速之别，但本质一致，殊途同归，并且交相助发。

天泉证道以"无善"为焦点，如王龙溪在天泉证道中所言："若说心体是无善无恶"，钱德洪言："心体是天命之性，原是无善无恶的。"②至少从《传习录》记载天泉证道的文本来看，钱德洪与王龙溪均承认心体无善无恶。"无恶"的意思比较好理解，本体作为本来之体，不能附着恶。"无善"容易产生歧义，"无善"之"无"不是否定善，而是超越善，达到"有"的极致。在极致处，"无善"等同于"至善"，王龙溪的后学周汝登在与许孚远辩论中亦有类似之言：《大学》'善'上加一'至'字，尤可见。""皆因不可名言拟议，而以'至'名之。至善之善，亦犹是耳。"③至善是儒家伦理道德法则之极致，至善与无善相通，"无善"源于善在"有"处达到极致，因此，"无善"必然是富有之极，而不是单纯与"有"对立的贫乏之"无"。王阳明言："是故至善也者，心之本体也。"④王阳明、王龙溪与钱德洪三人当然奉持遵行至善，因此，既可以说三人认同心体至善、极善，亦可以说认同心体无善。正如方学渐所言："有无一致，上下一机，此阳明所以接性善之统也，恶用天泉之骈枝

① 王守仁：《传习录下》，《王阳明全集》，上海古籍出版社2011年版，第133页。
② 王守仁：《传习录下》，《王阳明全集》，上海古籍出版社2011年版，第133页。
③ 黄宗羲：《尚宝周海门先生汝登》，《明儒学案》卷三十六，《黄宗羲全集》第8册，浙江古籍出版社2005年版，第122页。
④ 王守仁：《大学古本序》，《王阳明全集》，上海古籍出版社2011年版，第271页。

为哉？"①既然王阳明、王龙溪、钱德洪肯认的最终本体指向相同，只不过是称呼不同而已，在方学渐看来，天泉之道的有无之辨甚至可以说是一个伪问题。方学渐笼统聚合"有""无"，有其合理性，但是如果不分"有""无"，不争辩，则终极本体之意则不丰满，亦不能一概否认阳明学"有""无"之辨的重要意义。

"无善"之"无"亦可以从方以智的相反相因思想理解："极则必反，始知反因。"②按照逻辑发展的顺序，由"有善"积累，达到至善，或称极善，物极必反，从而发展出"无善"。"无善"是"有善"积聚至极致所产生的无，二者深度统一。"无善"若脱离"有善"，则成为一个虚寂；"有善"若脱离"无善"，则不能实现超越。

本体明确后，具体的致良知功夫表现为两种：从后天诚意入手，通过诚有善有恶之意，达到纯粹至善，这是通过意之有实现致良知，是功夫进入本体；从先天正心入手，通过本体之无去感化意之有，从而"意亦是无善无恶的意"，这是由本体浸润功夫的进路。从执行效果来看，后天诚意稳健，步步归实际；而先天正心险峻，容易滑跌出偏。在天泉证道时，王阳明已经警觉到王龙溪之学的潜在风险："人有习心，不教他在良知上实用为善去恶功夫，只去悬空想个本体，一切事为俱不着实"③。当王龙溪之学展开后，这种"无"的风险与"有"交杂，演化成阳明学之病：

> 故言"有"，为瞪目见花之病；言"无"，为失志健忘之病；言"亦有亦无"，为寒热交攻之病；言"非有非无"，为阴阳俱脱之病。此四病者，方且据其膏肓，沦其骨髓，已乃扶杖呻吟，而号于人曰："吾能令死者生，痼者愈，而瘠者肥也。"岂不谬哉？④

从反因来看，"有"与"无"二者的逻辑可能性有："有""无"、"有"或者"无"、"非有"或者"非无"。阳明后学对此均有展开，表现为："有""无""亦有亦无""非有非无"。从吴应宾批评阳明学有无之辨的流弊来看，阳明学已沦落成假、大、空、虚之论。所论之有，不是实际之有，而是"瞪目见花"，是从知解幻化出的假有。所论之无，并非是超越之无，而是"失志"，进

---

① 方学渐：《性善绎》，《明善公》，《桐城方氏七代遗书》，清刻本，第18页。
② 方以智：《充类》，《易余》卷上，《易余（外一种）》，上海古籍出版社2018年版，第103页。
③ 王守仁：《传习录下》，《王阳明全集》，上海古籍出版社2011年版，第134页。
④ 吴应宾：《性善篇》，《宗一圣论》卷上，《宗一圣论　古本大学释论》，复旦大学出版社2019年版，第12页。

入丧失成圣之志的茫然之空中；亦是"健忘"，忘记了其所本有与实有，而呈现无存主的状态。在言"有"与言"无"皆病的情况下，试图通过"亦有亦无"来解决，不仅不能合之两益，反而两败俱伤，呈现"寒热交攻"之病：既放弃实际之有，又空谈茫然之无，两者本身亦是皆病，交相用之，则更是病上加病。另一种情况是双遣，试图通过非有非无去解决问题，其结果是"阴阳俱脱"，比失志健忘更加病重。综上，无论谈"有""无"，还是"亦有亦无""非有非无"，诸此种种，均已病入骨髓。在此情形下，继续辨析只能徒增缭绕，使用普通的疗法已无法医治阳明学之病，要超越而出，须另寻良药，甚至刮骨疗毒。

由吴应宾所言的阳明学之病返观天泉证道，四种病均源自不能准确理解天泉证道。在道体论上，将"有""无"隔绝，非此即彼，不能相反相因。脱离了"至善"去讲"无善"，无异于釜底抽薪，由此导致既不能准确理解"无善"，亦不能不遵循"至善"。道体源自功夫，脱略了功夫论的支撑，道体论异化为虚谈，既没有先天正心，亦没有后天诚意，仅凭"扶杖呻吟"而"号于人"，自己尚未能度，何谈度他人？虚言易谈说，实修难持行，吴应宾描述的阳明学之病主要纠缠在道体论层次，甚至是凭空臆想时出现的假问题，而不是实致良知时遇到的真问题。这些假问题引发的病症不可小觑，它们影响阳明学的声誉，腐化阳明学的真精神，侵蚀阳明学实致良知的功夫，由此激发吴应宾重新确立阳明学宗旨。

（二）宗 一 尽 性

按照王龙溪对于王阳明之学的发展，四无比四有更为重要，换言之，王龙溪之学的宗旨可以说是以四无超越四有，但在方学渐看来，仍可以进一步发展："四无之说将以扫四有之迹也；扫四有者将以扫为善之迹也；无我之说又将并四无之迹而扫之也。然四有之迹扫，使人无为善之证；为善之迹扫，使人避为善之嫌；四无与四有并扫，使人混其中而滑其外，恶睹所谓真性哉？"[1]"扫"有两层含义：一是对于扫除对象的不屑，被扫者如尘土；二是扫除后，追求一种向上的飞跃，飞跃者更为超洁。从阳明学的递进来看，"四无"比"四有"超越，这是王龙溪之学的进路；"无我"比"四无"更为超越，这是一种比王龙溪之学更为超越的进路。同时，有超越便有风险，如扫四有，容易丧失实致良知、为善之实，甚至"避为善之嫌"，这完全走向了王阳明之学的反面，由此之故，又须将超越归于实际。阳明学需要在超越与实际之间

---

① 方学渐：《性善绎》，《明善公》，《桐城方氏七代遗书》，清刻本，第18—19页。

找准平衡点,由此才能健康发展。吴应宾或许正是在与方大镇的论辩中,继承方学渐的思想,他要开出的阳明学新路径是:以"无我"立宗,比王龙溪的四无更为超越;以"尽性"为基础,使得超越更为着实。

在《宗一圣论》中,吴应宾明示学旨:"宗也者,宗其所可圣也。何谓圣?曰:尽性。何谓性? 曰:一。何谓一? 曰:无我。"①此处赋予"圣"以功夫论的含义。"圣"本来指儒家的圣人孔子,这是表层意思。王阳明言"个个人心有仲尼"②,人心中的仲尼即是良知,圣人孔子内在于每个人的心性中。圣的深层含义是尽性,是自性的实现,是致良知功夫的证成者,阳明学以立志实现成圣的人生第一等事。"宗圣"即是"尽性",是推致先天本具的良知,以至于极处,尽性亦可说是实现极善、至善,这是阳明学内在的理路。吴应宾亦是借此从功夫论之极处来解决道体论辩论出现的病症。尽性与至善必须有足够的、深厚的功夫积累,由此杜绝以虚言肯认良知道体的发展方向。

性是一,宗圣亦可说是尽一,具体而言,这个一是"无我",通过"无我"实现"尽性",实现宗圣。"无我"不能简单理解成佛教的人法无我,而是超越"有""无"之见所呈现的真实性善:"本无我之谓一善,知无我之谓明善,达无我之谓继善,忘无我之谓止善。出情离见,超对绝边,以成真实性善之义,而定万古一圣之宗。"③理解吴应宾此言的关键仍是阳明学的功夫与道体、天泉证道中"无善"与"至善"。将此言中的"无我"换成"尽性",那可以说是从功夫论来诠释善。从儒学伦理规范而言,"至善"是规范的终极指向、最高伦理准则,如《大学》以"止于至善"为纲领。"至善"可能会产生指向确定性与规范固定化问题;换言之,至善能经而不能权。止至善,是实有层次的极致追求,"忘无我之谓止善",以"忘无我"诠释止至善,使得至善在止之至极处再向上超越。"无善""无我"之"无"不是凭空而来的无根基之"无",而是基于至善的规范,并超越之:不仅是亘古不变之经,亦是因时因境变动之权;不仅是常,亦能化,是创造准则的深层依据。借助《中庸》结尾之言来说明:"《诗》曰'德辑如毛',毛犹有伦。'上天之载,无声无臭',至矣。""德辑如毛"可理解为确定的伦理规范准则,如至善,"则庶乎可以形容

①　吴应宾:《述志篇》,《宗一圣论》卷下,《宗一圣论　古本大学释论》,复旦大学出版社 2019年版,第 89 页。

②　王守仁:《咏良知四首示诸生》,《王阳明全集》,上海古籍出版社 2011 年版,第 870 页。

③　吴应宾:《述志篇》,《宗一圣论》卷下,《宗一圣论　古本大学释论》,复旦大学出版社 2019年版,第 102 页。

矣",①是德性落于实在处;"上天之载,无声无臭",这是善之极致,如无善、无我,不可形容,是德性的超越处。从《中庸》的理路比拟而言,"无"是比至善更高的层级,二者是层级递进的关系,"无声无臭"源于"德辖如毛"。若仅讲"德辖如毛",只能经,不能权;只能提供遵守的规则,不能创造规则;反之,若仅讲"无声无臭",则只有权,没有经;可以创造规则,但不能持循规则。更进一步而言,无我、无善与至善是《中庸》乃至王阳明、吴应宾所讲的最高道德本体的两个方面,只不过是"横看成岭侧成峰",在具体的语境中表现不同而已。

从超越的层次来看,有善、无善、无我,可以说是三个递进的层次,既是从有以至无,也是从有形质以至无形质的抽象与深化。与纯粹的理论哲学抽象不同,良知学的每一层递进是包容了前一层内容后呈现的自然递进,如"无善"包含了"有善"之所有,"无我"包含了"无善"之极致。如果递进时不能将前一层包络融合,则是跳跃,跳跃的风险是不颠即蹶:如单提无善,则善无所主,甚至否定善之有,则为颠;如单提无我,则可能偏离到假空,而非真实功夫之所证,则为蹶。

从吴应宾对于天泉证道"有""无"之辨的超越来看,"出情离见"能斩断良知道体与知识层次见解之间的联系;"超对绝边","有"与"无"是对待,"无我"是超越对待;"有""无""亦有亦无""非有非无",均是"边"见;"无我"是中道,中能统边,化解纷争。虽然"出情离见,超对绝边",但"无我"不是毕竟空,而是"以成真实性善",归根为实在有,如方大镇所言吴应宾的学旨归摄处:"以亲民、止至善为明明德之实,而壹本于无我。"②由此定宗后,以知起行,明善、继善、止至善,均是"无我"的展开:

> 无我者,无始之性,至善之体相也,赤子之心不与也;有我者,无始之习,不善之依止也,物交之引不与也。观其无我,以去其有我者,复性之习,一善之拳拳也,步趋之学不与也;忘其有我,并忘其无我者,合性之习,止善之安安也,忠恕之道不与也。③

此处以习与性这两个概念分解有无。无我属于性,有我属于习,性体本善,

①　朱熹:《中庸章句》,《四书章句集注》,中华书局 2012 年版,第 13 页。
②　方大镇:《古本大学释论序》,《古本大学释论》,《宗一圣论　古本大学释论》,复旦大学出版社 2019 年版,第 110 页。
③　吴应宾:《性善篇》,《宗一圣论》卷上,《宗一圣论　古本大学释论》,复旦大学出版社 2019 年版,第 16—17 页。

而习有不善。着实的功夫进路是存无我而去有我，"本无我之谓一善"，"复性之习"即是"一善之拳拳"，如《中庸》所言颜回："得一善，则拳拳服膺而弗失之矣。"得一善之性的功夫进一层，则是"无我"的功夫进步一层；同时，亦是恶之习减少一层，则"有我"削弱一层。超越的功夫进路是以"无我"忘"有我"，"忘无我之谓止善"，"合性之习"即是"止善之安安也"，是从终极本体入手，以此来化掉习。止至善的境界亦是止于无我，"无我"是"至善之体相"，至善以"无我"成就其体，以"无我"显示其相。从体用而言，"性之体无我，合于虚而无为；性之用无我，托于气而成事。"①无我之体并非一个虚寂之体，而是必然要转化为用，"托于气而成事"，通过气来展现，由事落实。吴应宾所言的"忘无我"，即是方以智的"无无我"，是止于至善，这在《易余》中有展开，将在本书下文探讨。

吴应宾"无我"为宗的立场是为对治阳明后学流弊，如泰州学派的罗汝芳以赤子之心为良知学宗旨，但赤子之心与至善有本质区别，吴应宾讲"赤子之心不与也"，赤子之心不能等同于至善。至善笼括天地、日月、四时、鬼神，由尽性能推至极处。赤子之心仅是至善之始，尚未锤炼成元良，不足以称之为至善。良知是道德性本体，超越了思辨层次知识性的"学虑之善"。因为本体是超越的，欲是形下的，"物交之引"亦属于欲的层次，良知不着"有欲"。如方大镇在序言中阐释："赤子之心何关于天地、日月、四时、鬼神，而大人以其不失乎？此者合乎彼，爱敬仁义达之天下者，惟其良也。可欲之谓善，不学之虑之谓良。良者无欲，善者可学而可虑。学虑之善，非其至也；无欲之良，乃至善也。"②赤子之心、良知均需要一个锤炼熟化的功夫，方能成就其至善本体，以此而言，至善的道德本体以功夫论为基础，同样，道体论中出现的问题可以由功夫论来解决：

> 故有我者之言性，言言病也；若夫无我者之言性，则言言药也。养性者，养其恻隐羞恶之息于天也，补治之药也。忍性者，忍其声色臭味之动于我也，对治之药也。好乐则王、好勇则王、好货则王、好色则王者，借其一己之私而诱之以天下之公也，从治之药也。求而可得者，明善未尝无，而不必有也，借曰必有，则不求亦得矣，未有家席素封而赖胼胝之作者也；舍而后失者，明恶未尝有，而不必无也，借曰必无，则舍亦

① 吴应宾：《述志篇》，《宗一圣论》卷下，《宗一圣论　古本大学释论》，复旦大学出版社 2019 年版，第 102 页。

② 方大镇：《古本大学释论序》，《古本大学释论》，《宗一圣论　古本大学释论》，复旦大学出版社 2019 年版，第 109 页。

不失矣,未有民不为盗而虞户外之踈者也。指南于可北之蹊,而尚玄于可苍之布,止于将病,以辅其不病,是通治之药也。①

阳明学有无之辨的病在于以"有我"言性,由此导致"言言病"。要根本解决问题,须以"无我"转化,超越有我之见,方能治病。具体而言,应从养性、忍性等功夫论用功。养性是"补治之药",之所以要补,因为道体的辨析缺乏实性,没有功夫支撑,泛滥成虚言。通过养性,由功夫证得本体,使得性体从无至有,由弱到强,从而使得性体得以充实。忍性是"对治之药",它对治的是导致性体丧失的声色臭味。性体容易被声色臭味牵动,从而丧失其本真,通过忍性,使得性体回归本位,得以休养生息。忍是对治,在本性与声色臭味二者激烈的争夺对抗中,屏蔽掉声色臭味,此强彼弱,从而本性得以增强。"从治之药"是通过好乐、好勇等私性引出公性,这是一种辅助疗法。最根本、最广谱的疗法是"通治之药",善由功夫所求而得,应承认善的实有;恶本来没有,应认清其无。善与恶如同南与北,是相反相对者,通过来指示与之对待者,便可一明俱明。在病刚要发起时,就应将其淬灭,这是"止于将病",其最终目的是追求"不病",即是不起恶。

吴应宾论"无善"可概括为:"以一善起众善,以众善归无善,以无善止至善。"②此处可谓一语道尽吴应宾对于"无善"的处心积虑,从源头与流向双重限定无善:从源头而言,无善是众善所归,从而赋予无善以实际之善的坚实基础,堵死以"失志健忘"谈无的流弊;从流向而言,以止至善引导无善的最终走向,由此不至于将"无"蹈虚荡玄。从"有""无"递进而言,起点在于"一善"之有,通过一善之有聚集众善,从小有以至大有;"以众善归无善",从肯定性的"大有"而超越至否定性的"无";"以无善止至善",从否定的"无"再达至极顶的"有"。经过"有""无"递进发展,其结果是穷尽了"有"与"无"的可能性,而达到至全之体。经过吴应宾与方大镇长期深度辨析,阳明学的"有""无"之辨分出了递进的层次,由平面转为立体;由"有"与"无"的水火不容发展成相互包容,这成为方以智深度总结阳明学"有""无"之辨的直接思想资源。

---

① 吴应宾:《性善篇》,《宗一圣论》卷上,《宗一圣论　古本大学释论》,复旦大学出版社 2019 年版,第 11—12 页。

② 吴应宾:《性善篇》,《宗一圣论》卷上,《宗一圣论　古本大学释论》,复旦大学出版社 2019 年版,第 23 页。

（三）返 本 穷 源

阳明后学以王龙溪沿着"无"的进路发展最为超越,但亦由此导致了诸多流弊。吴应宾对此有检讨,并指出由王龙溪之学重返王阳明之学的发展方向:

> 新建曰:"无善无恶者,心之体也;有善有恶者,意之动也;知善知恶者,知之良也;为善去恶者,物之格也。"是说也,以权而该实者也。何也? 言心之无善恶,而意之不有可知也;言意之有善恶,而心之不无可知也。知有善无善以为善,而为善之我可驱也;知有恶无恶以去恶,而去恶之我可丧也。神而明之,为交参,为曲当,而有无成坏之见病消矣。汝中曰:"心无善恶也,意亦无善恶也,知亦无善恶也,物亦无善恶也。"是说也,语上而遗下者也。何也? 言心之无善恶,而不言其为善恶之因也;言意之无善恶,而不言其为善恶之影也;言知之无善恶,而不言其为善恶之镜也;言物之无善恶,而不言其为善恶之缘也。胶而固之,为断灭,为恣睢,而温凉攻补之药病滋矣。①

吴应宾在此敏锐地指出了王阳明与王龙溪之学的差异,以及从王阳明之教到王龙溪之学发展的潜在风险。从逻辑三段论来看,王阳明的四句教似乎自相矛盾:从正推可知,言心无善无恶,意从心起,则意应无善无恶,王阳明却讲"有善有恶者意之动";从反证可知,言意之有善有恶,心包含意,则心亦应有善有恶,王阳明却讲"无善无恶者心之体"。吴应宾指出,王阳明的良苦用心在于:在矛盾处,显示如何在有无之间正确抉择,以实现恰用。知有善之用,则能有为善之意,由此而着实为善;亦须知无善之用,则知"为善之意"不可执。有意为善,善的行为依赖于意,这样所得之善不是自发的、无待的,而是受制于意,由意牵引,因此,要驱逐有意的"为善之我",呈现"无善"的无待性与自发性。知有恶之用,则能有去恶之意,由此将所认之恶去除;亦须知无恶之用,则知去恶之意不可执。恶本无,心体本是纯湛无恶的,本然之心无恶可去,因此,要丧失、消弭"去恶"之意。由此来看,王阳明的教法并不矛盾,而是有阶次、有层级,是针对不同的阶次层级而给出的整体性教法;或者借用吴应宾之言:王阳明的四句教是

---

① 吴应宾:《性善篇》,《宗一圣论》卷上,《宗一圣论 古本大学释论》,复旦大学出版社 2019年版,第21—22页。

"以权而该实",四句教是权教,王阳明因机说法,权宜方便,学者应因时因机择取受用。

从功夫论而言,王阳明之所以要在心意有无之间跳跃,是为了着实"意"的功夫。换言之,须先承认"有善有恶意之动",才能着诚意的功夫,并驱动我"为善去恶"。王阳明兼顾到了形下层的功夫实践以及形上的道体超越,呈现"交参""曲当":"交参"是上下相交、上下同参,有无相交参;"曲当",曲是权,当是实际,曲即当,以权该实。

王龙溪的问题在于心无善恶,意亦无善恶。从表象来看,这是无的连续,乃至将无贯彻到知与物,似乎比王阳明的四句教更为超越。虽然无心可以开启藏密,无意可以超越意的单向性限制,达到处处圆、处处应;但实际上,当一切归于超越之无时,重于此者轻于彼,将导致形下的脱略,流弊表现为"断灭""恣睢":"断灭"是毕竟空,在空言空,一无所有,这是将无贯彻到底后容易出现的流弊;"恣睢"是借助无的贯通性,从而放纵意、知、物,消解了着实的功夫,而呈现肆无忌惮的流弊。

在吴应宾看来,王龙溪之学不是在某一点上曲解王阳明之学,而是从心、意、知、物四个方面破坏了王阳明的全教。吴应宾从心意知物的四无予以分疏:"言心之无善恶,而不言其为善恶之因也",这是心无的诘难。既然心的本体是无、是超越的,那么如何解释心中之恶的来源呢?恶是有、是实存的,心中的恶之因何在?"言物之无善恶,而不言其为善恶之缘也。"这是物无的诘难。恶是缘,由心之因,导致恶之缘,由此因缘,恶成为实际之恶。如果将物超越到无的层次,那么恶缘何以为恶?因若无物,则是空因,是形式。因必缘物,乃成实际。无意与无知存在同样的问题:"言意之无善恶,而不言其为善恶之影也;言知之无善恶,而不言其为善恶之镜也。"意是心之所发,心是形,意如影,影随形动,当心是无时,影将何依?形与影,如同形上与形下,必须兼顾形上与形下的跳跃。知是知善知恶,如明镜,是非了然。当将知超越后,如何呈现辨别善恶之镜?

王龙溪之学导致"温凉攻补之药病滋矣",要医治这些病,需要重回王阳明的四句教,"而有无成坏之见病消矣"。从教旨来看,王阳明的四句教兼具上下,王龙溪是语上遗下,重回王阳明是兼具上下,因此,四句教能够医治王龙溪学之病。

此处需要说明,"胶而固之,为断灭,为恣睢",这并不是王龙溪之学的"法病",而是由于后学误解王龙溪之学所产生的"人病"。王龙溪反对胶固,重视生几,如其所言:"予谓君子之学,在得其几","若此几之前,更加收敛,即滞,谓之沉空;此几之后,更加发散,即流,谓之溺境。""夫沉空者,二乘之学也;溺境者,世俗之学也。"①儒家所体认的"无"之本体是不息之体,具有生生的活力。"断灭"与"沉空"之弊相似:断灭是切断道体的日用伦常之实际,淬灭生生之体;沉空是沉死水,没有几的生发。"恣睢"与"溺境"类似,二者均是荡漾在无的空妙中,不着实际,或流为猖狂,或玩弄光景。由此可知,在最终本体的体认上,吴应宾与王龙溪并无二致,二者反对的流弊亦相似。"几"之生机相通于怒化精神,这将在本书下文探讨。

解决无善之病,要从王龙溪回到王阳明;更进一步,要解决阳明学之病,须从王阳明回到孔孟:

> 君子务识性而已。识性然后能忍性,忍性然后能养性,养性然后能知性,知性然后能尽性。至于尽性,则鸢飞鱼跃皆可发善言之机,而时行物生皆可垂不言之教,又何拣择于善恶有无之间哉?故孟子之言性也,药也,有治而能善治者也;孔子之言性也,丹也,无治而无不治者也。此圣人之所以为万世医王也。②

如前文所述《宗一圣论》主旨,性是一,是无我,"识性"即是识"无我",这是从道体论辨析"有""无"。天泉证道、《九谛》《九解》等阳明学发展中产生的"有""无"之辨,其主要目的是识性,明晰"无我"的具体指向及含义,亦是明确"一",从而宗有所主。"有""无"道体之辨是致良知的起点,由识性依次推进,以功夫论逐步落实,则是忍性、养性、知性、尽性。如前所述,忍性是对治之药。明其所宗,必然要严加防范对于宗旨的偏离。养性是补治之药。若荡漾在道体,是虚,须由功夫补救,这是以实济虚,从而达到知性。在阳明学知行合一的语境中,"知性"之知源于功夫的积累,由真行而得真知。在道体明晰、功夫积累的基础上,从而实现尽性,"尽性"即是"一""圣",即能"鸢飞鱼跃""时行物生",这是《宗一圣论》核心宗旨的体现。

孟子是大药王,孟子在明确道体后,言尽心知性。养性、知性、尽性,各有所用,分别能对治不同的儒学之病,其总体表现为着实的功夫,是"有治而能善治者也"。灵丹的功效大于药,如王阳明所言:"真个是灵丹一粒,点铁成金。"③孔子是丹王,这是从时行物生的境界而言。天不言而时行物生,不言是悬搁争论,甚至可以说是不屑于道体层次的有无之辨,"又何拣择于

---

① 王畿:《周潭汪子晤言》,《王畿集》卷三,凤凰出版社 2007 年版,第 58 页。
② 吴应宾:《性善篇》,《宗一圣论》卷上,《宗一圣论　古本大学释论》,复旦大学出版社 2019 年版,第 23 页。
③ 王守仁:《传习录下》,《王阳明全集》,上海古籍出版社 2011 年版,第 106 页。

善恶有无之间哉”，由此将道体论的有无之辨转向功夫论。“垂不言之教”，这源于缄默躬行的功夫。孔子看似无治，即他没有给予具体的药，实则“无不治”。时行物生即是圣域的展现，“鸢飞戾天，鱼跃于渊”，这正是天不言而善言之机在其中，万物各得其所，各尽其性，同归于无我之一圣。

综上所论，吴应宾以“无我”“尽性”立宗，这是为对治阳明学发展中产生的病。阳明学发展的弊病主要表现为虚症，即沉湎于道体论的争论，各执一说。吴应宾开具“以实补虚”之药，从功夫论来解决道体论的问题。在着实的功夫中，亦有超越，从而“即实即虚”与“即虚即实”相统一。由此统一的“实学”亦为方以智所继承，这将在本书下文探讨。吴应宾与方大镇辩论“有”“无”，可视为天泉证道的延续，这种延续的理论贡献在于：将“有”“无”分出层次，从而超越了从平面层次辩论“有”“无”的局限，在立体上实现相互包容。这是阳明学道体论发展的新方向，亦是方以智“有”“无”思想的直接资源。

三、方以智对“无”与“悟”之扭转

（一）简述方以智与阳明学的五个发展阶段（传心谱系）

方、吴联姻后，两家之学均传给方以智，方以智可视为方学渐之学展开后的收拢，其总体呈现的形态为：合（方学渐）—分（方大镇与吴应宾）—合（方以智）。

经过阳明学盛势展开、龙溪学超越之泛滥，晚明儒学“脱实向虚”之弊渐滋，形成了反对龙溪学的阵营：“朱子忧高明之乱真，高、顾、邹、冯极愿分之，《宗一圣论》再三申之，盖为此也。”[1]高、顾、邹、冯分别指高攀龙、顾宪成、邹元标、冯从吾，四人都有尊奉朱子学、批评龙溪学的倾向，以实补虚。晚明讲学以东林、江右、关中为盛：顾宪成与高攀龙为东林主盟，是方学渐反对龙溪学的同道；江右讲学领袖邹元标亲身体证龙溪学，对于龙溪学的批评较为温和；[2]关中讲学领袖冯从吾师承许孚远，许孚远与龙溪后学周汝登继续天泉证道的有无之辨，表现为《九谛》与《九解》，冯从吾继承师说，亦是反对龙溪学。方大镇与邹元标、冯从吾论学；方以智晚年驻锡江右，由此充分吸收这些思想资源，集成创新。

---

① 方以智：《约药》，《易余》卷下，《易余（外一种）》，上海古籍出版社2018年版，第177页。

② 张昭炜：《阳明学发展的困境及出路》，中国社会科学出版社2017年版，第207—284页。

　　本书第一章论述了方以智与方学渐遥接的学术传承,以及方以智思想的四个直接来源,即赤、缯、黄三老人及一杖人,这四个直接来源与方学渐均有深厚的阳明学背景。方以智的阳明学传承于江右王门,这不仅是从邹守益、张绪至方学渐的学术谱系来看,而且方以智晚年归宿在江右。依据《明儒学案》地域为主的分派模式,阳明后学以江右王门、浙中王门、泰州学派、止修学派为主。这四大门派的判别最适合于开宗立派者,随着阳明学的发展,师承相交叉,学说相渗透,门派间的界限渐趋模糊。明季的学术格局主要体现在东林、关中、江右、紫阳四大书院群,唯有江右坚守阳明学,在这个意义上,江右王门是明季阳明学的代表;至清初,经过清军的血腥镇压,阳明学的真正继承者几乎消失殆尽,继续讲学者凤毛麟角,方以智则是振正铎于江右的学术领袖。

　　从思想广度来看,通过三老人,方以智几乎囊括了东林、江右、关中三大书院群主盟者的思想,代表学者有顾宪成、高攀龙、邹元标、冯从吾;通过孙慎行与张玮,直通刘宗周;通过方孔炤,直接黄道周,由此,亦将明末"二周"的思想吸纳。通过吴应宾,他对于焦竑、祝世禄、焦竑、袁宏道、袁中道等阳明学左派学者的思想;同时,吴应宾受业于憨山、莲池、紫柏三大高僧,三大高僧代表了明代中晚期中国佛学的最高水平。方以智将三老人一杖人之学合为一传,在汇聚明代思想家精英的基础上再创造,晚年驻锡江右,住持曹洞宗派祖庭、江右王门讲会的中心青原山,以披缯之退路为讲学之进路,既得时,又得位,在邹元标后学等学者的帮助下,再现弦歌良会的讲学盛况:"木犀早已传消息,一树花开香满山。"①通过"传消息",方以智为江右王门带来蓬勃生机。

　　方以智接续阳明学法脉,与施闰章(其祖施鸿猷为罗汝芳的后学)重振青原山传心堂。方以智后学刘洞、王愈扩编、郭林录的《传心堂约述》清晰勾勒了从王阳明至方以智的精神传承,此文收录至方以智定稿的《青原志略》卷三《书院》之首,并有《仁树楼别录》与之相应。《传心堂约述》所述的阳明学传心法脉起于王阳明,终于方以智,以方以智评王龙溪与罗汝芳之学为结语,表现出阳明学传心的开放性与整体性。传心法脉由王阳明开创,第一代弟子以邹守益、罗洪先、欧阳德、聂豹为代表,与王阳明并称"五贤"。传心主线是:第一代邹守益、罗洪先、欧阳德、聂豹、刘文敏与刘邦采;第二代王时槐、胡直;第三代邹元标;第四代施闰章与方以智。黄宗羲认为王阳明一生精神,俱在江右,"惟江右为得其传"②。《明儒学案》与《传心堂约述》

---

　①　刘洞、王愈扩编:《传心堂约述》,《青原志略》卷三,《青原志略》,江西人民出版社 1998 年版,第 81 页。

　②　黄宗羲:《江右王门学案》,《明儒学案》卷十六,《黄宗羲全集》第 7 册,浙江古籍出版社 2005 年版,第 377 页。

选择的阳明后学重要代表类似,"惟江右为得其传"相当于青原传心堂的传心主线,这表明方以智与黄宗羲把握的阳明后学重点学者基本一致,二者可以相互印证与发明。

从阳明学发展状态来看:王阳明的第一代弟子与再传弟子以顺境为主;三传弟子后,以困境为主,这既有张居正禁学等外部原因,亦有内在原因:"一似今世讲良知学,陈陈相因,即阳明子复起,未有不唾而走。"①从学理而言,阳明学创造性乏力;从践行而言,脱实向虚,假道学盛行,这是顾炎武、王夫之、黄宗羲明清之际三大家批评的焦点。从阳明学发展的主题来看,以王阳明教三变为基础,前三个阶段是:

第一,默坐澄心、静坐,江右王门主旨;

第二,致良知,泰州学派主旨;

第三,无善无恶、无是无非,浙中王门主旨。

在纠正泰州学派、浙中王门流弊时,产生了止修学及关联学派,这可作为阳明学发展的第四阶段。李材的止修学内生于江右王门,其同心友有万廷言、许孚远等,借助弟子李复阳知县无锡,并由此开启以顾宪成、高攀龙相继主盟的东林学派。冯从吾与顾宪成、高攀龙相和,亦以至善为宗旨,这一阶段的主题是至善无恶、艮背止修。方学渐的至善与实学宗旨属于阳明学发展的第四阶段。

第五阶段以邹元标与方以智为代表,邹元标以"学"为宗,以"愿学"统摄四大门派良知学宗旨,方以智以"藏悟于学"为要:学即是悟,是上达,是超越;学又是孝,是修,是下学,是着实。由此实现悟修合一,下学上达合一,学、悟、觉、孝、效合一。

五个阶段的困境及出路如下:

第一阶段的流弊在于沉顽空、守死寂,出路在于以泰州学派拆穿光景,即有而无,放开,流行,乃至超越至第三阶段的无。

第二阶段的流弊在于杂染情识、任情。初学者的出路在于补充第一阶段教法,锤炼赤子人心为真心,以臻纯良;中学者的出路在于超越至无,时时缉熙;老学者应即悟即修,悟修合一。

第三阶段的流弊在于玄虚高妙,出路在于补充第一阶段教法,如王阳明为王龙溪治静室。以止修学派平衡,悟修合一,即悟即修,即修即悟。

第四阶段的流弊在于泥迹,应以第二段教法流行之,推致良知;以第三阶段超越之,下学而上达。第五阶段是圆教,总体出路指引,亦是重回王阳

---

① 方以智:《总论上》,《药地炮庄》,《方以智全书》第2册,黄山书社2019年版,第19页。

明的天泉证道:"相取为用,则中人上下皆可引入于道。"①

相应于阳明学发展的五个阶段,产生了四种四句教法:前三个阶段,王阳明的四句教是:"无善无恶心之体,有善有恶意之动,知善知恶是良知,为善去恶是格物。"由此向"无"发展,产生第三个阶段王龙溪的"四无":"无心之心则藏密,无意之意则应圆,无知之知则体寂,无物之物则用神。"以万廷言为例,第四个阶段的学旨为:"至善无恶心之体,发窍是知意为足,意体物用步步路,心意知物止至善。"以方以智为例,第五个阶段的学旨是:"湛然则无静矣,善用则无动矣,因物则无心矣,知法则无物矣。"②从"有""无"考量四种四句教:王阳明倡导"有""无"平衡;王龙溪单提"无",本义是超越"有",却暗含了否定"有"的风险;万廷言、李材、顾宪成、方学渐等以至善之实有抵制"四无",是"无"之否定;方以智以实有涵盖"无",是王龙溪之学否定的再否定,重返实有。从方氏家学内部来看,方学渐崇尚至善,抵制"四无","有""无"势不两立;至方大镇,经与吴应宾长期深入探析,如本书第一章所论方大镇提出"善贯有无"③,此言可视为解决天泉证道中钱德洪主"有"与王龙溪主"无",即通过"贯"统合"有""无","有""无"的紧张关系渐趋缓和;方以智兼取吴应宾之"无"与方大镇之"有",藏"无"于"有",将阳明学的有无之辨带入一个新高度。

王龙溪为阳明学之利根,从道体而言,王龙溪之"无"如太阿之剑,有利于斩断"有"之泥迹,彰显"无"之超越,其流弊在于导致"倒持太阿",伤害实致良知,成为阳明学发展的"酖毒"。方以智批评王龙溪之学的道体是独心独性,而非公心公性,流弊为荡漾在一己之私心横行。从功夫论而言,王龙溪重视"悟",有解悟、证悟、彻悟,针对王龙溪之学由悟导致的脱实向虚,邹元标以"修"平衡悟,悟修合一,方以智以"学"铎人,以"学""修"实之。综合方学渐、方大镇、吴应宾的阳明学思想,方以智以"至善统有无",纠正王龙溪之学单提"无"的偏失。道体分显冒、密冒与统冒,合称三冒。显冒对应有,密冒对应无,显密关系如同有无,两者分出层次:由显以入密,此是超越与上达;由密以返显,此是归实与下贯。王龙溪之学超越上达,李材、顾宪成、方学渐之学着实下贯;上达与下贯的双向互动,从而促进"下学"与"上达"的黏合,显密无间。④

---

① 王守仁:《传习录下》,《王阳明全集》,上海古籍出版社 2011 年版,第 133 页。
② 方以智:《仁树楼别录》,《青原志略》卷三,《青原志略》,江西人民出版社 1998 年版,第 84 页。
③ 方以智:《慕述》,《合山栾庐占》,《方以智全书》第 10 册,黄山书社 2019 年版,第 367 页。
④ 以上论述参见拙著《阳明学发展的困境及出路》(中国社会科学出版社 2017 年版)。

（二）"藏无于有"与至善之统

吴应宾作《宗一圣论》，"再三申之"，深度回应龙溪学。与方学渐及高、顾、邹、冯的进路不同，吴应宾并不是直接抵制龙溪学，而是在吸收龙溪学超越精神的基础上，返回着实，这成为方以智回应龙溪学的主要指导思想："无我而备物，藏悟于学，学而不厌，此圣人之无我也。""而今日之荒亡莽荡，高标斗胜，当以此破之。"①"荒亡莽荡，高标斗胜"均是超越的龙溪学之弊，要破除此弊，须"藏悟于学"（将龙溪学的超越之"悟"隐藏于着实之"学"），即功夫即是道体，道体论对应"藏虚于实""潜无于有（藏无于有）"，方学渐、顾宪成之学亦有类似的"藏空于实"思想雏形："明此体即实而空，非离实而空也。"②"藏无于有"在吴应宾之学表现为"无我而备物"："无我"超越着实，且较之于"四无"，超越得更彻底；"备物（万物皆备于我）"则是再着实，且较之于"四有"，着实得更切实。藏无我于备物，这样既能充分吸收龙溪学的超越精神，又切合儒学的着实，也就是"藏超越于着实"。

综合以上诸思想资源，方以智回应龙溪学："'四无'之不可专标以教世，断断然矣。"③"四无"不能独行，独行则流弊甚多："向以窃仁义之药者罪圣人之方，乃今公然窃任放冥应之药，窃独尊无碍之药矣。"④"任放冥应"则茫荡不归，脱离实学；"独尊无碍"则异化成自我张扬的借口、消解伦理实学的手段。他由此提出应对之方："体其无善恶之素，而润生于善统恶之场。今以成德称之，乃至善也。"⑤这相当于将"无善"的超越精神作用到"有善"，并在更高的"至善"层次统摄"无善"与"有善"，相当于在逻辑上实现了螺旋发展的闭环，即分、合、再合：（一）钱绪山与王龙溪（许孚远与周汝登）分主"有"与"无"；方学渐、顾宪成、高攀龙抵制"无善"。以上是"有善"与"无善"的对峙，是分。（二）吴应宾以"无善"笼括"有善"，这是第一层次的合。（三）在吴应宾推进的基础上，方以智以"至善"统摄"有善"与"无善"，这是第二层次的合。第一层次的合相当于方学渐提出的"潜无于有"。通过潜藏，"有"获得了"无"的全部，亦可说"无"获得了"有"的全部，"无"不是空无一物，而是"万物皆备于我"，由此升华了吴应宾的"无我"。明清之际的实学思潮主要表现为以实学抵制虚学，甚至执实以废虚，实学与虚学

---

①　左鄝：《中五说》，《序说》，《青原志略》卷五，江西人民出版社 1998 年版，第 125 页。

②　顾宪成：《心学宗序》，《泾皋藏稿》卷六，明万历刻本，第 10 页。

③　方以智：《约药》，《易余》卷下，《易余（外一种）》，上海古籍出版社 2018 年版，第 177 页。

④　方以智：《约药》，《易余》卷下，《易余（外一种）》，上海古籍出版社 2018 年版，第 172 页。

⑤　方以智：《约药》，《易余》卷下，《易余（外一种）》，上海古籍出版社 2018 年版，第 172 页。

彼此不容。方以智继承发扬方学渐的"潜无于有""藏虚于实",吸收虚无的超越精神后,表现为综合的"新实学":打通虚实,能够做到"即虚即实"与"即实即虚":以实学对治虚学产生的荒亡莽荡之弊,虚者实之;以虚学对治实学的泥迹之弊,实者虚之。在此基础上,方以智亦创造性提出了新"四无":"时方举龙溪四无之标,或嫌之,或倚之。愚者曰:我亦标四无焉:无内无外心之体,无先无后意之动,无遗无过知之良,无实无虚物之格。"①龙溪学的"四无"侧重于儒学之密教,发掘儒学心性的秘密藏;而方以智的"四无"更多表现为消解之无。以相反相对的虚与实为例,通过"公因统反因"的辩证框架,一方面,他通过"无"来消解虚与实,这可视为"藏虚于实"的跃进;另一方面,通过"无"作为公因,可以打通"实"与"虚"的反因间的隔阂,从而为反因之间构建出双向沟通的媒介,不仅能够"藏虚于实",亦能够"藏实于虚"。

从正余关系来看,方以智的善恶论包含两层嵌套的互余关系:善与恶属于第一层;至善、无善属于第二层。首先来看第一层:

> 圣人尊阳尊善,故一以阳为主。其未分也,阳主藏于阴而不用;其既分也,阳为主而阴为臣,阳浑于阴,使阴用事。……阴者,阳之臣、阳之余、阳之用也;恶者,善之臣、善之余、善之用也。用即属恶,故曰天善地恶。圣人体善而用恶,地皆天,用皆体,则恶皆善也,故谓之妙善妙恶。水以浪得恶名,浪何尝非水乎?②

在第一层关系中,善为"正",恶为"余";亦可颠倒之。"正""余"关系如下:

表 5-1　善恶正余表

序号	正向		颠倒	
	正	余	正	余
1	善	恶	恶	善
2	体	用	用	体
3	阳	阴	阴	阳
4	君	臣	臣	君
5	天	地	地	天

---

① 方以智:《密之先生杂志》,《中国科学院文献情报中心藏古籍真本丛刊(抄稿本部分)》第36册,学苑出版社 2017 年版,第 95 页。
② 方以智:《颠倒》,《东西均》,《东西均注释(外一种)》,中华书局 2016 年版,第 169 页。

　　在第一层关系中,方以智对于"恶"采取了开放包容的态度,方以智既不像孟子那样独尊性善,亦不像荀子那样标宗性恶,而是兼提善与恶。善恶作为"颠倒"的概念,显示出"善""恶"的相对性,"相因者相反、相反者相因"①,"善"与"恶"可以相互转化。王阳明的"为善去恶"是将"善""恶"看作不可调和的两极,换言之,"善"与"恶"是此消彼长的关系,因此,必须将善扩充,如致良知;必须将恶消除,如无欲。由于恶的复杂性,王阳明的人性论导致的功夫是无限的,达到"至善"目标是理想型的。由于善恶相因且可以相互转化,因此,方以智的人性论无须必将"恶"诛杀殆尽,而是将"恶"转为"善",其功夫论是有限的,目标是现实的,只在当下"用"的转化。

　　从儒学人性论发展史来看,方以智的"善""恶"论有三个重要创新点:第一,从"有"的层次而言,人性并没有绝对的恶,亦没有绝对的善。这种人性论既可保留孟子的性善论,亦可接纳荀子的性恶论,同时亦可兼容扬雄人性论的善恶混。第二,"善""恶"的转化。善恶相反,相反相因,这是从逻辑关系保证了"善"与"恶"的互通性,由此可以实现对立统一。从体用而言,正向体用关系为"体属善,用属恶"②,结合颠倒来看,性之"善""恶"取决于"用":"水以浪得恶名",对于平稳行驶的船只而言,浪是"恶";但是对于踏浪者而言,需要乘风踏浪,浪愈大愈好,浪是"善"。"善""恶"的判决取决于能否善用,而不能抽象地言善言恶。第三,从善恶混而言,方以智深化了"混"的形式:"源一流二,二即善、恶。"③从源而言,善恶本是一源,其一源状态是"阳主藏于阴而不用";从流而言,"阳为主而阴为臣"。"一源"是正余的"二而一";"流二"是"一而二"。从体用来看,"体在用中,遂有善中之善、善中之恶、恶中之善、恶中之恶"④,这是交相渗透的善恶混,如同本书第三章所论互余关系的反对六象十错综,亦如本书第四章所论恶的正视与儒学人性论的统合。

　　"无善"是第二个层次,与第一个层次构成互余关系。针对天泉证道的有无之辨,可通过三冒、三均与之对接:"有"对应于显冒、费均;"无"对应于密冒隐均;"有""无"之间的断裂可通过"统冒(公均)"来贯通,由此三冒、三均"实三而恒一,实一而恒三"⑤。如同本书第三章所论互余关系的旋转

---

① 方以智:《反对六象十错综》,《易余》卷上,《易余(外一种)》,上海古籍出版社2018年版,第76页。
② 方以智:《颠倒》,《东西均》,《东西均注释(外一种)》,中华书局2016年版,第168页。
③ 方以智:《所以》,《东西均》,《东西均注释(外一种)》,中华书局2016年版,第307页。
④ 方以智:《颠倒》,《东西均》,《东西均注释(外一种)》,中华书局2016年版,第169页。
⑤ 方以智:《三冒五衍》,《易余》卷上,《易余(外一种)》,上海古籍出版社2018年版,第35页。

与吞吐：在静态关系基础上，三冒还可以如拨浪鼓一样旋转，显密二冒如同拨浪鼓的两个弹丸，统冒如中间旋转的鼓柄。又如书生鹅笼之喻，显密可以吞吐：显冒吞密冒，藏"无"于"有"；密冒吞显冒，隐"有"于"无"。在吞进后，显密一体，"有""无"为一原；又可以随时吐出，显密各有其用，"有""无"为流二。通过上述对接，活化了阳明学的有无之辨。

将"善"双向展开：从正向拓展至极致，是有善之极，则是"至善"；从负向拓展至极致，是贫乏之极，则是"无善"。通过相反相因，"无善"即是"至善"，两者在双向拓展之极处相会，实现"无善"与"至善"互余，吞吐成环。"无善"与"至善"的互余可解决天泉证道的分化：由于互余双方相互制衡，当讲王龙溪所言的"无善"时，不是彻底否定"善"的伦理价值，而是通过"至善"的相因与吞吐，"至善"的价值全部赋予"无善"，"无善"成为彻底彰显"善"的伦理价值，从而有效防止了"无善"向虚无荡肆方向发展。"无善无恶乃至善也，有善可为，即兼恶德矣。"①因为在"有"的层次，必然会出现善与恶相对，若要打破这种相对，防止恶的玷污，必须以"无善"超越之，超越到至洁、干干净净处，这是王龙溪对于阳明学的重要开创处。方以智以"无善无恶"定义"至善"，保留了王龙溪对于良知的超越，又杜绝了超越可能产生的流弊，这是方以智对于阳明学的重要理论贡献。同理，当讲李材、顾宪成、高攀龙的"至善"时，为防止泥迹，又可将"无善"的超越赋予"至善"，从而使得"至善"具有超越的性质，"榜之曰善，犹榜之曰无也。"②

从正、余、贯的关系来看，"至善（无善）"相当于善恶的统贯者，这是以第二层关系统摄第一层，也可以视作第一层"有善有恶"向第二层"无善（至善）"的超越。"贯"即是统冒，"至善统善恶，公是统是非，能明此因者谁耶？"③由此推论，则"至善"相当于"公因"，公因统反因，反因又在公因中，从而形成第一层与第二层关系的双向互动。追溯方以智这一思想的来源，当是方大镇"善贯有无"，这种理论的形成是方大镇与吴应宾长期论辩的结果。

在第一层与第二层的双向互动中，如同三眼的关系，开慧眼是第一层到第二层的超越，但这不是终点，而是中间阶段；最终还要还双眼，即从第二层返回第一层，将超越的精神寓居在日用伦常之教，也就是将"无善（至善）"返回到人们熟知的"为善去恶"："曰无者至矣，抑知始乎无善无恶，必卒乎有善

---

① 方以智：《颠倒》，《东西均》，《东西均注释（外一种）》，中华书局 2016 年版，第 170 页。
② 方以智：《公符》，《东西均》，《东西均注释（外一种）》，中华书局 2016 年版，第 153 页。
③ 方以智：《〈齐物论〉第二》，《药地炮庄》卷一，《药地炮庄校注》，台大出版中心 2017 年版，311 页。

有恶,不如张尊善化恶之号令,乃所以运真无善恶之璇玑。"①这反映到阳明学的具体问题,则是将王龙溪的"无"之超越转化为钱德洪的"有"之实际,以"尊善化恶"的"常膳"供人,这才是真正贯彻了双向互动,也可以说是三眼齐开。

综合上述诸阶段,可概括为:以"善"为出发点,经过"有"之实际;超越到"无善(至善)";再返回到"善"。在超越与返回中,"善"吸纳了超越与实际的精神,由此打通"善"之"有""无""至",达到圆融无碍的境界,可概括为:"正告明善,则有亦善,无亦善,亦有亦无亦善,非有非无亦善,不落有无之即有即无亦善。"②

(三)"藏悟于学"与"无悟学"

从功夫论而言,即道体即是功夫,道体论与功夫论一致:"标性善者,生机也;标四无者,死语也。下学藏上,则死语即是生机。"③若偏执王龙溪的"四无"之超越,则破坏道体论的"有""无"平衡,导致功夫论的"下学"与"上达"割裂:"执上达,坏下学"。王龙溪标宗"四无",其流弊为顽荒、率兽、一是皆良,是死语,是绝境;"虽然,下一转语,正谓上达之妙,不离下学之中。"④由此将"上达"转回"下学"。方以智通过"有""无"的再次平衡,"藏悟于学"⑤,重新激活"四无",是生机,是出路。"藏悟于学"即是"下学藏上",是"上学"与"下达"的再次平衡,映射至道体论,即是"藏无于有"。更进一步,"藏悟于学之无悟学,犹藏天于地之无天地,而天与地,悟与学,原不坏其代错也。"⑥这是在功夫论层次展开"有""无"关系的两层互动:第一层是"藏悟于学",从而将王龙溪为代表的"上达"超悟归于"下学"着实,这是从"无"向"有"的回归;第二层是为防止在回归中造成泥迹之偏,方以智在肯定"悟学"时,又以"无悟学"超越这种回归。两层关系使得"有悟学"与"无悟学"相代错,从而"悟学"在"有""无"之间得以平衡。

王龙溪主超越,要超越着实;方学渐重着实,他批评超越,致力于将龙溪学拉回到着实。由此形成了两者的冲突,方以智于两者兼取之,既要超越着实,以此容纳龙溪学,又要针对龙溪学之弊,从超越返回着实,捍卫并强化方

---

① 方以智:《公符》,《东西均》,《东西均注释(外一种)》,中华书局2016年版,第153页。

② 方以智:《绝待并待贯待》,《易余》卷上,《易余(外一种)》,上海古籍出版社2018年版,第114页。

③ 方孔炤、方以智:《系辞上传》,《周易时论合编》卷九,《周易时论合编》,中华书局2019年版,第1170页。

④ 方以智:《〈天下〉第三十三》,《药地炮庄》卷九,《药地炮庄校注》,台大出版中心2017年版,第941页。

⑤ 方以智:《礼乐》,《易余》卷下,《易余(外一种)》,上海古籍出版社2018年版,第141页。

⑥ 方以智:《中告》,《易余》卷上,《易余(外一种)》,上海古籍出版社2018年版,第54页。

氏家学。综合两者,便是由着实超越,再由超越返回着实:"行无事,必有事"①,着实者必有事,如"必有事焉而勿正,心勿忘,勿助长也"(《孟子·公孙丑上》),超越者行无事,如"禹之行水也,行其所无事也"(《孟子·离娄下》),这亦是方学渐"藏虚于实"的思想进路:"禹乘四载而行无事"②。按此,孟子思想中便具有超越与着实两种思想资源,但为什么超越性在儒学发展中被淹没了呢?方以智亦对此有反思:"行无事者必有事,教猱则法弊。龙威丈人窃禹书,仲尼弊其辜。"③大禹将超越的精神隐藏在"行水"等实事中,通过"着实"展现"超越",也可以说是"再着实"。"着实—超越—再着实"的进路不能僭越,如果忽略着实,直接僭越到超越,便会出现"教猱则法弊",猱如心猿,相当于人心本来具有悠扬向上的习性,超越者如同教猱爬树,更加刺激人心的悠扬,荡而不归。如同王阳明在天泉证道警示龙溪学"开"的风险,"仲尼弊其辜",孔子及后儒正是警觉到超越精神对于儒学的危害,因此,极力扭转此学:"教猱升圣,墨圆道之本而不知回互者","甚矣!人之好毒药也。则《六经》之教公橔者谓为毒毒药之药可也。"④《六经》代表了着实之学,以此着实,治疗超越之病,也可以说以"必有事"制约"行无事",超越与着实相回互,虚实皆可发挥正向价值:虚实独行,则两者皆病;善用之,虚实皆药。方以智将治病的理论与实践转用于儒学,大医贵在明症,则可以应病予药:有者无之,无者有之;实者虚之,虚者实之;着实者超越之,超越者着实之,"在人善用之。饮食与药饵,予夺随其时。"⑤"集药善制,不枉其材。皆在笼中,医医者来。"⑥由此展现出方以智作为治疗医生之病的"大医王"之担当,此医笼可以医治龙溪学之弊,相当于方以智将龙溪学纳入医笼,纠偏超越之弊,补足了着实的精神;同时,方学渐之学亦可纳入医笼,纠正实学泥迹之弊,吸收了超越的精神。这与王阳明在天泉证道时平衡钱绪山与王龙溪的用心一致,在这一点上,方以智可谓是继承并发扬了王阳明良知学的真精神。

"阳明门下一枭龙,药地收摄入医笼。"王龙溪如枭龙,既是阳明学理论超越发展的开拓者,亦是阳明学因"无"而堕落的始作俑者。方以智能够贞定住王龙溪之"无",他以"药地"为号,天地互余,药地即是药天,药天地之病,当然也包括陷入困境的阳明学。方以智对于阳明学之病批判愈深,反向

①　方以智:《忘忘》,《药集》,《方以智全书》第10册,黄山书社2019年版,第417页。
②　方学渐:《虚无论》,《庸言》,《桐城方氏七代遗书》,黄山书社2019年版,第126页。
③　方以智:《平称》,《合山栾庐占》,《方以智全书》第10册,黄山书社2019年版,第356页。
④　方以智:《约药》,《易余》卷下,《易余(外一种)》,上海古籍出版社2018年版,第181页。
⑤　方以智:《炮药》,《药集》,《方以智全书》第10册,黄山书社2019年版,第419页。
⑥　方以智:《忘忘》,《药集》,《方以智全书》第10册,黄山书社2019年版,第418页。

表明其爱之愈切,愈有利于阳明学的刮骨疗毒,"冬雷急雨洗晴梅",在这个意义上,方以智可称之为阳明学"真孤"。

从宋明理学的心学流派而言,较之于象山学、慈湖学、白沙学,阳明学在将心之良知作为道德本体时,更强调良知的推致:良知必然要转化为行,从而关联知行合一;反之,知不向行转化,则收缩成一己之自适,乃至导致虚寂之弊。知行合一带来阳明学经世致用的实学特征,有着强烈的现实关怀及责任担当:以行检验知、增强知,从而体现知的鲜活性与实效性。方以智的实学注重内在心体涵养及道德境界提升,卷裹了"上达""悟",这是超越顾炎武、王夫之、黄宗羲之处:方以智吸收了阳明学左派超越的精神,再返回实学,即虚即实;而顾、王、黄抵制、回避阳明学的超越维度,避虚就实,执实废虚。方以智的实学显然更符合阳明学的精神特质。从阳明学发展的困境而言,江右王门沉空守寂、泰州学派荡肆任情、浙中王门空亡顽荒,均表现为没有实事,良知着空,这是阳明学因末流牵连而饱受诟病的重要原因。如方中履所言:"五世相传,惟重立志不惑,岂敢漫言从心而执无实法之黄叶,以扫理而荒学哉!"①方氏家学可视为阳明学实学精神传承发展的缩影。王阳明"传习",方学渐"藏虚于实,潜无于有"②,方以智"藏悟于学"。从阳明学的病与药来看,阳明学道体论之病在虚无,当以实学救之;功夫论之病在超悟、上达,当以实修、下学医疗:"学"是最猛烈且最有效的良药。

综上,方学渐评议天泉证道,以着实之学批评龙溪的超越之学,遥接王阳明之教。方学渐对阳明学左派两大代表的不同态度根基在于学问,方学渐极力发扬王心斋之学的着实之教,批评王龙溪之学的超越之无,这是其遥接王阳明之教的自然结果。由于方学渐不能理解龙溪学的超越精神,导致批评缺乏针对性,亦不能真正解决问题。尽管如此,方学渐创造性提出了"潜无于有""藏虚于实",但并未展开,由其后学吴应宾、方以智发扬光大。方以智吸收龙溪学的超越,通过"潜无于有""藏虚于实""藏悟于学",更能有效纠正龙溪学之弊,形成了融合虚实的实学精神。从方氏家学内部来看,从方学渐、方大镇到方以智,方氏家学逐渐开阔,理论日趋精深,但是,始终以回应龙溪学为问题意识,坚持"实"学。从明清之际的儒学走向来看,吴应宾、方以智融合龙溪学的新实学,能够更有效兼取虚实、有无、着实与超越,具有极强的创新性,且能统合天泉证道中的王阳明、钱绪山、王龙溪之说,代表了阳明学理论发展的又一个高峰。

① (清)方中履:《跋》,《周易时论合编》,中华书局2019年版,第16页。
② (明)方学渐:《虚无论》,《庸言》,《桐城方氏七代遗书》,黄山书社2019年版,第126页。

四、附论　王龙溪统合"有""无"的进路

（良知精微之体的喻指与表达——王阳明与王龙溪对《中庸》
要义的诠释）

以上内容围绕方氏家学批评龙溪学展开，从方学渐奠基，严厉批判龙溪学，到方以智集大成，融合龙溪学，以"藏无于有"医救龙溪学的流弊。然而，溯源到龙溪学，他是否像桐城方氏及晚明诸儒批判的那样纯粹主"无"呢？答案是否定的。王龙溪与方以智都有"一分为三"的良知学展开的进路与结构，乃至对于《中庸》的诠释、良知学知识的探讨等方面，两者亦多有会通之处。

传统观点认为，阳明学建构以《孟子》与《大学》为主，王阳明创造性融合了《孟子》的"良知"与《大学》的"致知"，发展出"致良知"：从道体论而言，"良知"表现为个体的道德判断与道德情感；从功夫论而言，朱子学认为"致知"是知识的积累长进，"致，推极也。知，犹识也。推极吾之知识，欲其所知无不尽也。"①阳明将"知识"的积累扩充转用于道德良知的蓄积推致，使得以《大学》与《孟子》为思想资源的阳明学带有知识论特征；从境界论来看，"与天地万物而为一也"②，可谓"致广大"。在此之外，阳明学亦向"尽精微"发展，这有赖于《中庸》的思想资源，"良知"是"独知"，"无声无臭独知时，此是乾坤万有基。抛却自家无尽藏，沿门持钵效贫儿"③。这是阳明学在无声无臭的缄默（隐性）维度展开，要点有三：其一，独知的特征为"无声无臭"，源自《中庸》第三十三章"'上天之载，无声无臭'，至矣！"显示出良知不同于知识论的"表诠（正向言说）"面向，而更倾向于以"遮诠（缄渊不言）"表现其精微。其二，致良知方式不是"沿门持钵"式的积累考索，而是返回自身，向内挖掘。其三，"万有基"与"无尽藏"指向良知的本与源，是缄默维度的重要特征。④ 与《中庸》"君子慎其独也"对接，"致良知"便是"慎独"，由此可发展出阳明学的密教，如龙溪学与蕺山学。相对于《大学》

---

① 朱熹：《大学章句》，《四书章句集注》，中华书局 2016 年版，第 4 页。

② 王守仁：《大学问》，《王阳明全集》，上海古籍出版社 2011 年版，第 1066 页。

③ 王守仁：《咏良知四首示诸生》，《王阳明全集》，上海古籍出版社 2011 年版，第 870 页。

④ 中国儒学缄默维度有三个基本特征：第一，缄默维度关联的儒学道体需要功夫才能呈现；换言之，它并非现成，而是有待功夫揭示。第二，即功夫即是道体，随着功夫的深入，道体呈现出不同的形态，从动静而言，依次是：动而趋静、静极而真动、真动而生生。第三，缄默维度表达在显性维度，即是生生春意。以上三个基本特征是中国儒学缄默维度的"三法印"，可作为判教标准。（张昭炜：《中国儒学缄默维度》，中国社会科学出版社 2020 年版，第 6 页。）按照王阳明所咏良知，"万有基"的体证与"无尽藏"的开掘均依赖慎独的功夫，基于"独知"的道体。

《孟子》与阳明学的深度关联研究,《中庸》的关联研究较弱,实有必要强化,在此基础上,综合显性与缄默维度,以良知学打通《大学》《孟子》与《中庸》,丰富儒学的精神人文世界。

阳明的良知学道体论包括显性之"有"与隐性之"无"两个方面,天泉证道,王龙溪主"无",钱绪山主"有"①,阳明平衡之,良知的有无之辨由此肇端。学界有关龙溪学定位以及"无"的发展主要有两个研究方向:第一,龙溪推进并展开"无"之密体,以"四无"说为代表,相应的功夫便是"悟"②,由此形成以"无""悟"为特色的先天正心学;第二,龙溪重"无",亦不废"有",贯通"有""无",相当于龙溪化解有无之辨,亦相当于继承阳明平衡之论,此方向的研究成果较少。下文以阳明与龙溪诠释《中庸》为主,引入未发三喻诠释良知的精微之体,简述《中庸》展现的良知三面以及与知识的关系。

（一）未发之中三喻

龙溪认为:"至于《大学》致知、《中庸》未发之中,此古今学术尤有关系"③。如同《大学》"致知",《中庸》"未发之中"在良知学中亦占有重要地位,《中庸》的思想资源不仅有助于阳明学向深隐开拓,而且从根本上解决良知发用必定正确、道德动力的来源、道德判断的指向无误等重要问题,下文以病根喻、钟声喻与北辰喻来说明。

阳明以病根喻与钟声喻阐释未发之中,以揭示良知的缄默维度特征。病根喻指出良知发用的潜在风险,并说明要向"未发"做功夫的原因:"譬之病疟之人,虽有时不发,而病根原不曾除,则亦不得谓之无病之人矣。须是平日好色、好利、好名等项一应私心,扫除荡涤,无复纤毫留滞,而此心全体廓然,纯是天理,方可谓之喜怒哀乐'未发之中',方是天下之'大本'。"④病疟之人不发病时,良知的显性表达与常人无异,如果不彻底去病根,则良知在显性维度的发用始终潜藏着风险。对于医生而言,病人在疾病发作时易施救,病未发时难诊断;与此类似,在道德领域,显过易去,隐恶难除。病根现象普遍存在于大众,且深植于人性中,即使大理学家亦难免,以程颢为例:"又曰:吾年十六七时,好田猎。既见茂叔,则自谓已无此好矣。茂叔曰:'何言之易也! 但此心潜隐未发。一日萌动,复如初矣。'后十二年,复见猎

①　王守仁:《传习录下》,《王阳明全集》,上海古籍出版社2011年版,第133页。

②　彭国翔:《良知学的展开:王龙溪与中晚明的阳明学》,生活·读书·新知三联书店2015年版,第166—224页。

③　王畿:《书婺源同志会约》,《王畿集》,凤凰出版社2007年版,第39页。

④　王守仁:《传习录上》,《王阳明全集》,上海古籍出版社2011年版,第27页。

者,不觉有喜心,乃知果未也。"据案语:"方未见时,不知闪在何处了。知此,可知未发之中。"①田猎如病根,周敦颐从"未发"指出拔除病根的困难性。程颢从学周敦颐后,自信病根已除,但在十二年后发现病根犹在,由此可见未发之恶的隐蔽,以及实际操作的艰巨。从中西道德哲学比较视野来看,病根喻关乎人性固有的"根本恶":"人意识到了道德法则,但又把偶尔对这一原则的背离纳入自己的准则。""人的本性中的一种根本的、生而具有的(但尽管如此却是由我们自己给自己招致的)恶"②。病虐之人在大多数情况下表现为"无病之人",即能够遵循良知,按照道德准则去行动。但是,由于病根的存在,他随时可能背离良知,违反道德准则。病根喻可发展出张灏所言的"幽暗意识":龙溪对潜藏的罪咎有深刻体认,"是千百年习染";江右王门的罗念庵在致良知功夫中,亦感觉到"用力已深,益巧于藏伏","吾辈一个性命,千疮百孔,医治不暇";蕺山认为"通身都是罪过"。"宋明儒学发展到这一步,对幽暗意识,已不只是间接的映衬和侧面的影射,而已变成正面的彰显和直接的透视了。"③但是,阳明学总体上是以良知之善为主,即使有病根在,通过扫除涤荡的功夫,仍能达到无纤毫留滞的境地。尽管龙溪对于病根习染有悲观的一面,但主要是乐观的,对去除病根充满自信,实现途径主要有两点:一是通过后天为善去恶的功夫,能够恢复纯善之体:"吾人本来真性,久被世情嗜欲封闭埋没,不得出头。譬如金之在矿,质性混杂,同于顽石,若不从烈火中急烹猛炼,令其销镕超脱,断未有出矿时也。"④二是自信良知包含内在冲力:"不知本来灵觉生机,封闭愈密,不得出头。若信得良知及时,意即是良知之流行,见即是良知之照察,彻内彻外,原无壅滞,原无帮补,所谓'丹府一粒,点铁成金'。"⑤这种自信基于先天正心,通过先天化后天,可以实现点铁成金,消除病根与幽暗意识。另外,外在功夫的锤炼与良知内在冲力相互作用⑥,外内相合,打开启动"真性"。

---

① 黄宗羲、全祖望:《濂溪学案下》,《宋元学案》,中华书局 1986 年版,第 520 页。
② 康德:《纯然理性界限内的宗教》,《康德著作全集》第 6 卷,李秋零主编,中国人民大学出版社 2013 年版,第 32 页。
③ 张灏:《幽暗意识与民主传统》,新星出版社 2006 年版,第 39 页。
④ 王畿:《南谯别言》,《王畿集》,凤凰出版社 2007 年版,第 448 页。
⑤ 王畿:《冲元会纪》,《王畿集》,凤凰出版社 2007 年版,第 682 页。
⑥ 这基于中国儒学缄默维度第七个基本特征,"即功夫即是道体,随着功夫的深入,道体呈现出不同的形态,从欲与善而言,依次是:无欲而趋静、静极而元善启动、元善动而生生。"(张昭炜:《中国儒学缄默维度》,中国社会科学出版社 2020 年版,第 110 页。)无欲的功夫是消解世情嗜欲的封闭埋没,是从外向内用功;"元善启动"属于"本来灵觉生机",是从内向外流行;"元善动而生生"相当于"丹府一粒,点铁成金"。

通过去除病根,保证良知的发用无误,借用《孟子·万章下》射箭的力巧之喻,病根喻是为了解决"巧"的问题,保证未发前道德指向正确;钟声喻则是为了解决"力"的问题,保证道德动力充足。如同独知的"万有基"之体,钟声喻以"未发之中"阐发良知之体:"未扣时原是惊天动地,既扣时也只是寂天寞地。"①从常识而言,叩钟时,钟声为听者所闻,此时惊天动地;未叩时,钟声为听者所不闻,是寂天寞地。以此喻良知:良知表达在显性维度时,为人所知见,才能显示出良知的力量;良知尚未表达在显性维度时,不为他人所知见,良知表现为缄默的沉寂。阳明反转常识,在反转中显赫良知隐微之体的重要性。如同《庄子·在宥》"渊默而雷声",尽管良知处于未发状态,尚未表达在显性维度,貌似寂天寞地,但实际是惊天动地,爆发的动能蓄积充满,显示出良知在缄默维度的力量。在已发后,如同钟鸣而息,良知表达已经结束,动能衰竭殆尽,反而是真正的"寂天寞地"。从良知的"有""无"来看,"未扣"与"既扣"可分别对应"无"与"有",钟声喻指向"无"蕴含的"无尽藏"。

天泉证道时,阳明重申未发之中的要义:"人心本体原是明莹无滞的,原是个未发之中。"②"明莹"表明良知之体的纯粹廓然,如明镜,无病根,反指病根喻;"无滞"相当于病根喻的"无复纤毫留滞",良知流行顺适,这可衍生出泰州学派王心斋、罗近溪的良知学宗旨;"原是个未发之中",虽然未发,依然惊天动地,可通钟声喻。在天泉证道(嘉靖丁亥,1527 年)三十年后(嘉靖丁巳,1557 年),龙溪与同道相与订绎阳明遗教,继续探索良知的隐秘,"夫良知即是未发之中,譬如北辰之奠垣,七政由之以效灵,四时由之以成岁,运乎周天,无一息之停,而实未尝一息离乎本垣,故谓之未发也。千圣舍此更无脉路可循"③。此处涉及良知的五个特点:第一,处于未发,承接天泉证道时阳明所言"原是个未发之中",这是良知的隐微之体,亦应受到王阳明咏良知的启发:"人人自有定盘针,万化根源总在心。"④龙溪进一步说明:"人人自有良知,如定盘针,针针相对,谓之至善"⑤。在指向确定方面,"定盘针"可等同于北辰。第二,指向确定,如北辰始终位居北方。此未发之定体决定了已发的方向,保证了良知判断正确无误,犹如北辰指向始终不变,以此可发展出蕺山的"归显于密",如"北辰"必指向北,意密"正如司盘

① 王守仁:《传习录下》,《王阳明全集》,上海古籍出版社 2011 年版,第 130 页。
② 王守仁:《传习录下》,《王阳明全集》,上海古籍出版社 2011 年版,第 133 页。
③ 王畿:《书婺源同志会约》,《王畿集》,凤凰出版社 2007 年版,第 39 页。
④ 王守仁:《咏良知四首示诸生》,《王阳明全集》,上海古籍出版社 2011 年版,第 870 页。
⑤ 王畿:《格物问答原旨(答敬所王子)》,《王畿集》,凤凰出版社 2007 年版,第 143 页。

针必指向南",确保所发必为纯良之善。① 北辰奠垣,奠为定,垣为环绕,如《论语·为政》"为政以德,譬如北辰,居其所而众星拱之",所发之显"用"始终围绕未发之定"体",北辰与诸星相当于体用关系。第三,承接体用关系,未发之"体"能够自由转化为已发之"用",已发相当于显化的感通,未发已发联动,"神感神应"②,这是良知在显性维度的表达。从本末来看,七政、四时相当于用,亦相当于末,之所以七政效灵、四时成岁,其根源在于北辰之本,即良知的隐微之体。第四,再向隐秘处窥探,引申阳明在天泉证道时所言的"无滞",未发之体"无一息之停";如文王之"於穆不已",在隐秘的幽深中生生不息;又如扬雄之太玄,深层运动不息。"其机自不容已,无善可名。"③"不息""不容已"正是良知学的道德动力之源,亦暗合钟声喻,贯通儒学道统的文王、扬雄、阳明,还可以关联尧舜十六字心传的"道心惟微"之"微","此是传心秘藏,颜子、明道所不敢言者。""不如此,不足以超凡入圣"④。或者说"千圣舍此更无脉路可循",这涉及孔颜之学,将在第三节论述。第五,"无"具有"无尽藏"的特征。"无"不是剥夺所有后的贫乏,而是富有的流溢,是"无尽藏"。由此返观天泉证道的有无之辨,龙溪所主之"无"是在极有之后达到的一种"无",是极富有,当然能融摄"有",甚至比钱绪山更重视"有",在这个意义上,可以说龙溪思想中并没有"有""无"的撕裂,而是在更深层次统合有无之辨。

综合力与巧:北辰喻重在巧,即保证良知发用的正确方向,这是病根喻的重心,就此而言,北辰喻可以说是病根喻的解决方案。北辰喻深入到意根处,北辰的定向保证了良知发用无误,可消除病根的风险。如果良知为病根沾染,其道德动力愈强劲,病根发作愈剧烈,其导致的破坏力愈大,因此,解决病根喻的问题自然成为龙溪学的重心。当然,北辰不仅指向正确,而且亦是深层的"不息""不容已",这又可涵盖钟声喻。

从正负考量:钟声喻揭示良知隐秘之体的正面价值,钟声未叩时,良知动力充满;病根喻警惕隐秘良知之体潜藏的风险(负面价值);北辰喻趋向于综合正负。从道德境界目标来看,由独体可以打开"无尽藏";"无尽藏"的打开与否,可作为成圣的关键。龙溪在继承阳明之教时,亦表现出超越,甚至是激进:"千圣舍此更无脉路可循",在密教与显学的选择中,龙溪完全倒向了密教,并将此作为儒家圣学的唯一法门,这相当于将以显学为宗的阳

---

① 张昭炜:《中国儒学缄默维度》,中国社会科学出版社 2020 年版,第 266 页。
② 王畿:《天泉证道纪》,《王畿集》,凤凰出版社 2007 年版,第 1 页。
③ 王畿:《天泉证道纪》,《王畿集》,凤凰出版社 2007 年版,第 1 页。
④ 王畿:《天泉证道纪》,《王畿集》,凤凰出版社 2007 年版,第 2 页。

明后学排除师门正宗,显然有违阳明平衡之教。

(二) 良 知 三 面

"未发之中"三喻可直通王龙溪的先天之学,并涉及未发与已发的体用关系与相互表达。

1."无"之密体

据《中庸》"中也者,天下之大本也;和也者,天下之达道也",朱子注释:"大本者","道之体也";"达道者","道之用也"①。未发之中是大本之体,已发之和是达道之用。朱子综合道南一系重视未发与湖湘学派偏重已发两个传统,形成己丑之悟,"但是,在朱子的心性哲学中,仍然有把未发已发作为体用范畴的地方",这也影响到阳明认为未发与已发"是本体与现象的关系"②。据《中庸》首章"莫见乎隐,莫显乎微,故君子慎其独。喜怒哀乐之未发,谓之中;发而皆中节,谓之和",隐微与显见分别对应未发之中之体与已发之和之用,形成良知的体用两面,如阳明所论:"未发在已发之中,而已发之中未尝别有未发者在;已发在未发之中,而未发之中未尝别有已发者存"③。"未发在已发中",以集合符号⊃"包含"表示:(已发⊃未发);"已发在未发中",表示为(已发⊂未发):综合两者,集合运算结果为:(未发=已发),即未发之中与已发之和对等一致,这可呼应钟声喻的"未扣时原是惊天动地"。在继承阳明的基础上,龙溪将重心转移至"未发"("无"之密体),主要包括三个方面:

第一,超越的预设。"未发之中,先天之学也。""先天是心,后天是意。至善是心之本体,心体本正,才正心便有正心之病,才要正心,便已属于意。"④龙溪预设了存在一个超越的"先天之心",心体至善("本无不善"),恶起源于后天之意。承接阳明四句教的"无善无恶心之体",龙溪提出"无心之心则藏密":"天命之性,粹然至善,神感神应,其机自不容已,无善可名。恶固本无,善亦不可得而有也。是谓无善无恶。若有善有恶,则意动于物,非自然之流行,著于有也。"⑤"先天"源于《中庸》的"天命之谓性",超越的心体具有"不容已"的特征,道德动力充足。以此返看未发三喻:"无"之密体既是粹然至善("无善"之无是"富有",相当于至善、"无尽藏";亦是在超越义上讲"无善可名"),又是彻底的"无恶"("无恶"之无是"贫乏",彻底

① 朱熹:《中庸章句》,《四书章句集注》,中华书局 2016 年版,第 18 页。
② 陈来:《有无之境:王阳明哲学的精神》,北京大学出版社 2013 年版,第 61—63 页。
③ 王守仁:《传习录中》,《王阳明全集》,上海古籍出版社 2011 年版,第 72 页。
④ 王畿:《致知议辩》,《王畿集》,凤凰出版社 2007 年版,第 133 页。
⑤ 王畿:《天泉证道纪》,《王畿集》,凤凰出版社 2007 年版,第 1 页。

否定），无病根（"恶固本无"），消除了根本恶。"无"之密体"不容已"，生生不息，道德动力充足，可合钟声喻。北辰"无一息之停"即是"不容已"，始终不变的指向充当道德选择的依据；"未尝一息离乎本垣"即是一直保持先天超越的状态，以此先天之心正后天之意，若反此而行，将会"意动于物"，相当于北辰离开本垣，堕落到后天"有善有恶"。

第二，先天之学基于儒学的道统，源于往圣的实证心传，"道在心传，是谓先天之学"①。"吾儒未尝不说寂，不说微，不说密，此是千圣相传之秘藏"②。"无"之密的含义丰富："寂"是表象的沉静；"微"显示出"无"的深度与富有；"密"是秘密藏，是富有之极。"未发之中，性之体也。虞廷谓之'道心之微'，周文谓之'不显之德'，孔门谓之'默'，《易》谓之'密'、谓之'虚'、谓之'寂'，千古圣学惟此一路。"③主流儒学史主要展现儒家之道的言说与显性教化，而龙溪揭示出儒学的不言与隐微，实证缄默维度的密体。更进一步，"千古圣学惟此一路"，尧、舜、周、文、孔均是此路的重要传心者，儒学精微深密的根本精神便隐身在缄默维度。道统心传亦涉及经典的贯通，包括《尚书》"道心惟微"、《诗经》"不显之德"、《周易》"密""虚""寂"、《论语》"默而识之"等，以《尚书》与《中庸》为例：

> 密为秘密之义，虞廷谓之"道心之微"，乃千圣之密机，道之体也。自天地言之，则为无声无臭；自鬼神言之，则为不见不闻。天地尸其穆，鬼神守其幽，圣人纯其不显之德，故能建天地，质鬼神，不悖而不疑。是道也，天地不能使之著，鬼神不能使之著，圣人亦不能使之著，所谓未发之中也。④

此处以《中庸》之"微"对接《尚书》之"微"，据龙溪引阳明之言："良知至微而显，故知微可与入德。唐虞受授，只是指点得一微字。《中庸》'不睹不闻'以至'无声无臭'，中间只是发明得一微字。"⑤"不睹不闻"出自《中庸》首章"戒慎乎其所不睹，恐惧乎其所不闻"；"无声无臭"出自末章"'上天之载，无声无臭'，至矣！"借助季本之论："故不睹不闻，即是无声无臭"，"首章与末

① 王畿：《抚州拟岘台会语》，《王畿集》，凤凰出版社2007年版，第16页。
② 王畿：《三山丽泽录》，《王畿集》，凤凰出版社2007年版，第15页。
③ 王畿：《致知议辨佚文》，《王畿集》，凤凰出版社2007年版，第802页。
④ 王畿：《藏密轩说》，《王畿集》，凤凰出版社2007年版，第496页。
⑤ 王畿：《刑部陕西司员外郎特诏进阶朝列大夫致仕绪山钱君行状》，《王畿集》，凤凰出版社2007年版，第585页。

章意同。"①"微"亦出现在首章("莫显乎微")与末章("知微之显"),两者亦意同。"道心惟微"指出缄默维度的幽深与富有,"知微之显","微"不是封闭在缄默维度,而是要表达在显性维度,且只有表达在显性维度,才能展现其体之用。相对于良知在显性维度的表达,微之体更为内在;相对于显性维度良知的公共性,微之体更倾斜在个性知识。钟声喻与北辰喻亦是揭示良知之微:"知微之显",钟声喻显赫出微之体的强大,含有"无尽藏";北辰喻在于强调微的定向性与统摄性,定向性如北辰指向明确,统摄性如诸星环绕北辰。

第三,从事物类比推出"微"之主。"知微可与入德","入"表现为融入性与具身性,"微"的获得需要个体实证功夫。自家本有无尽藏,"微"向每个人敞开,且可通过类比天地、鬼神推出。天地为显,但以不显的"於穆"为隐微本体,如同"无声无臭"是"乾坤万有基";鬼神亦以"幽"为持守,以"不见不闻"为秘密藏。据《中庸》第二十九章:"故君子之道:本诸身,征诸庶民,考诸三王而不谬,建诸天地而不悖,质诸鬼神而无疑,百世以俟圣人而不惑。"由天地、鬼神之所持守类比,可推出圣人以"微"为主宰,在"本诸身"的实证基础上,可以将"微"推至到庶民、往圣、天地、鬼神,从而无限打开"微"的场域。经此一番诠释,可知"微"不是"不显",而是"大显"。

以上是从超越的预设、往圣的实证与心传、事物类比三个方面诠释先天之学的"未发"之"密"。经过往圣的实证,超越的预设不再仅作为预设,而是转化为先天正心的经验,因此,预设不是独断的、臆想的,而是向每个人敞开的、实证的。这种经验不限于人道的个体,天道、鬼神亦是如此,这又可视作功夫论视域下的天人合一。

2. 通一无二

龙溪立主良知第一面之微之密,"至微而显",这涉及两面互通:

> 良知即所谓未发之中,原是不睹不闻,原是莫见莫显。明物察伦,性体之觉,由仁义行,觉之自然也。显微隐见,通一无二,在舜所谓玄德。自然之觉,即是虚、即是寂、即是无形无声、即是虚明不动之体、即为《易》之蕴。致者致此而已。②

此论以《中庸》为据,分解良知两面:第一面,良知之无,是未发之中、不睹不闻、莫见之隐、莫显之微,此是良知之体。第二面,良知之有,是已发之

---

① 季本:《中庸私存》,《四书私存》,台北"中研院"文哲所 2013 年版,第 56 页。
② 王畿:《致知议辩》,《王畿集》,凤凰出版社 2007 年版,第 136 页。

和,可睹可闻,可显可见,此是良知之用,表现在两个层次:其一,明物察伦,性体之觉。性体之觉相当于人类道德意识的觉解,由此觉解推致,觉他觉物:由他者展开,至孝悌慈等伦理;由物展开,便是万物一体。正是道德觉解的扩充与推致,使得良知笼括范围由个体扩充到他者与万物,从而实现良知在察伦明物的表达。其二,由仁义行,觉之自然。这可追溯至孟子的四端之心,推致恻隐之心,便是由仁;推致羞恶之心,便是行义。"觉之自然","自然"是先天具足、流行无滞,仁义均是良知自然而然的表达。以上两个层次均属于良知的显性表达,即第二面。

根据王阳明所论的未发与已发对等一致,良知两面的关系是"通一无二":"二"相当于两面,由"一"贯通。这种观点普遍存在于阳明后学中,如季本所论:"用在体中,体在用中,通一无二者也。"①"通一无二"可衍生出方以智的"一在二中",抓住了"通一",便可以统摄、驾驭、打通"有(已发)"与"无(未发)"之"二":"发而中节处,即是未发之中。"②"自然之觉,即是虚,即是寂",第二面是第一面,也可以说"用即是体";自然之觉是"无形无声",如阳明咏良知的"无声无臭",相当于"有即是无",当然,"无"不是贫乏的纯无,而是如同钟声喻惊天动地的未发之中;自然之觉是"虚明不动之体","明"即是"明莹",反指病根喻,"不动"可对接北辰喻,此体具有定向性与统摄性;自然之觉是"《易》之蕴",相当于《易传·系辞上》的"寂然不动,感而遂通"。即道体即是功夫,道体的肯认决定了功夫的方向,"致者致此而已","致良知"为寻致隐微的未发之中,开掘"无尽藏",这与显性的致良知风格迥异:显性的侧重用,隐微的侧重体,两种致良知可由体用一原、显微无间互通。

3. 一即是三

拓展"通一无二",将"通一"独立,与"二"共同组成良知三面。从体用来看,"虚寂原是良知之体,明觉原是良知之用,体用一原"③。虚寂与明觉是二,体用一原是通一;由此推广,无与有是二,有无之间是通一。④ 龙溪学

① 季本:《中庸私存》,《四书私存》,台北"中研院"文哲所 2013 年版,第 57 页。

② 王畿:《答耿楚侗》,《王畿集》,凤凰出版社 2007 年版,第 242 页。

③ 王畿:《滁阳会语》,《王畿集》,凤凰出版社 2007 年版,第 35 页。

④ 肯认寂、未发为良知者,即道体即是功夫,从而实施归寂、求未发之中的功夫,亦以"体用一原"为预设,如聂双江所言:"师曰:'良知是未发之中,寂然大公的本体,便自能发而中节,便自能感而遂通。'感生于寂,和蕴于中,体用一原也。"(王畿:《致知议辩》,《王畿集》,凤凰出版社 2007 年版,第 139 页。)龙溪对此批评:"自然之知,即是未发之中,后儒认才知即是已发,而别求未发之时,故谓之茫昧支离,非以寂感为支离也。"(同上书,第 140 页。)在道体论上,双江以寂(中)统感(和),由寂然之体而归寂;龙溪则认为道体无分寂感,感即是寂,因此,当试图由寂体独进时,已经在起点处导致了体用割裂。总体来看,较之于双江,龙溪的道体功夫论更彻底贯彻了"体用一原"。

的重心在于第一面，"万有生于无"①。无是体，有是用，用源于体。在功夫论上，"孔门括《大学》一书为《中庸》首章"，"未发之中与发而中节之和，是正心修身之事"②。心主宰身，即道体即是功夫，正心主导修身，体现出第一面在功夫论的主宰性。综上，列表如下：

表5-2　良知三面表

序号	第一面	第二面	第三面	备注
一	无	有	有无之间	有无之辨
二	体	用	体用一原	体用之辨
三	微	显	莫显乎微	《中庸》
四	隐	见（费）	莫见乎隐（费而隐）	《中庸》
五	未发	已发	中和	《中庸》
六	寂（虚寂）	感（明觉）	几	《易传》
七	正心	修身	慎独	《大学》释《中庸》

　　据《中庸》第十六章"夫微之显，诚之不可掩如此夫"，由微至显，相当于第一面表达在第二面；第十二章"君子之道费而隐"，由费至隐，相当于第二面隐身到第一面，良知第三面通过转折连词"而"呈现，据朱子注释《中庸》"莫见乎隐，莫显乎微"："隐，暗处也。微，细事也。""言幽暗之中，细微之事，迹虽未形而几则已动，人虽不知而己独知之"③。"而"的名词形式是"几"与"独知"："迹虽未形"，还未表现在显性维度，"则已动"，已经从缄默维度表达出来；"人虽不知"，是在显性维度隐退，"己独知之"，可由此向缄默维度推进。"几"相当于从第一面表达到第二面，"独知"相当于由第二面深入第一面，两者形成对冲之势。朱子以"几"联系两面：两面既是递进关系，由隐至显递进；亦是转折关系，由隐至显转折：两者均是"几"之作用。"有无之间者，几也。""有无之间是人心真体用，当下具足，更无先后"④。"几"既可以担当"体用一原"的媒介，凝聚体用；又可以展现前两面的相互作用。由自然之觉之"用"追溯至隐微之"体"（第二面至第一面），此为"逆觉体证"；从北辰之体渗透影响到后天之用（第一面到第二面），此为"先天正心"。统合两者，形成先天与后天相辅相成的道体与功夫。三面雏形还

① 王畿：《天根月窟说》，《王畿集》，凤凰出版社2007年版，第186页。
② 王畿：《书婺源同志会约》，《王畿集》，凤凰出版社2007年版，第39页。
③ 朱熹：《中庸章句》，《四书章句集注》，中华书局2016年版，第17—18页。
④ 王畿：《三山丽泽录》，《王畿集》，凤凰出版社2007年版，第705页。

可追溯至《尚书·舜典》的"玄德升闻"。"在舜所谓玄德":"玄德"是第一面的隐微幽深之体,"升闻"是第二面的德行之用,"玄德升闻"合称,相当于第三面。龙溪学向后发展,良知三面可分别对接方以智的三冒(密冒、显冒、统冒)、三均(隐均、费均、公均),由此发展出"一分为三"与"三即是一"的思想。①

阳明以成圣为人生第一等事,龙溪继承师说:"阳明先生云'心之良知是谓圣',揭出致良知三字示人,真是千古之秘传、入圣之捷径。"②"圣"根源于"心之良知",由良知三面可分解出圣之三面,三面皆具,方能成圣,龙溪从第一面入手:"良知即是未发之中,只此二字,足以尽天下之道。"③"尽天下之道",即是由第一面贯通三面。"所请《中庸》未发之旨,乃千古入圣玄机,虚以适变,寂以通感"④。"人心本来虚寂,原是入圣真路头。"⑤"千古入圣玄机""入圣真路头"均落在第一面的"未发"(与之关联的虚、寂、体),以此统摄"已发"(与之关联的变、通、用),表现为"虚以适变,寂以通感",相当于"体以适用,体以通用",由体以达用(第一面会通第二面),从而实现体用一原。反向来看,"感生于寂,寂不离感。舍寂而缘感谓之逐物,离感而守寂谓之泥虚。"⑥寂感不能分开,若单面突进,将导致逐物与泥虚之弊,由此可反向印证寂体不是废体,而是能够感而遂通,转化为诸用;用亦非盲用,而是时时返回到体。

在"一即是三"基础上,还应注意以下三点:第一,从三面的"分别"看"无分别",这亦是阳明思想的一贯理路:"'未发之中'即良知也","良知无分于寂然感通也。"⑦"良知无分于寂然感通",相当于三面打通,肯定良知的任何一面;直接以"未发之中"定义良知,显示出偏重第一面。第二,龙溪更强化了第一面,并且打破"未发"与"已发"的对等性:从显性层次来看,"思虑未起不与已起相对"⑧。从词义理解,未发与已发是从时间上断开(未发在前,已发在后),龙溪对此予以否定:"未发不以时言,心无体,故无时无方","吾人思虑自朝至暮,未尝有一息之停,譬如日月自然往来,亦未尝有一息之停","若思虑出于自然,如日月之往来,则虽终日思虑,常感常

①　张昭炜:《阳明学发展的困境及出路》,中国社会科学出版社 2017 年版,第 471—484 页。
②　王畿:《与潘水帘》,《王畿集》,凤凰出版社 2007 年版,第 220 页。
③　王畿:《答吴悟斋》,《王畿集》,凤凰出版社 2007 年版,第 251 页。
④　王畿:《答陆平泉》,《王畿集》,凤凰出版社 2007 年版,第 221 页。
⑤　王畿:《南游会纪》,《王畿集》,凤凰出版社 2007 年版,第 153 页。
⑥　王畿:《致知议辩》,《王畿集》,凤凰出版社 2007 年版,第 133 页。
⑦　王守仁:《传习录中》,《王阳明全集》,上海古籍出版社 2011 年版,第 72 页。
⑧　王畿:《答万履庵》,《王畿集》,凤凰出版社 2007 年版,第 216 页。

寂,不失贞明之体,起而未尝起也。《中庸》喜怒哀乐观于未发之前,可以默识矣。"①由此强化"未发之中"的缄默义,"起而未尝起",可一直保持缄默状态,弱化了显性表达的面向。"出于自然",强化了未发的先天性;从道德动力而言,生生不已,"无一息之停";从"贞明之体"来看,相通于北辰喻,突出未发的定向性,如北辰奠垣,偏重于体。"未发之中"须通过"默识"体认,由此亦可通"微":"孔子有云'默而识之',此是千古学脉。虞廷谓之'道心之微'。学而非默,则涉于声臭;诲人而非默,则堕于言诠。""若于此参得透,始可与语圣学。"②按此而言,唯有通过默识未发之中,才能见道之全体,实现与千圣学脉相接。第三,良知三面内部概念内涵与指向有差异,尤其体现在《中庸》与《易传》,牟宗三对此有敏锐察觉:"《中庸》云:'莫见乎隐,莫显乎微',此是形容独体之森然",与寂感之"几"不同,"此种隐微显见之相对并不能落实而为可以平铺得下的体用或寂感。"③"平铺得下"即能够"对应得上",据阳明之论:"良知即是未发之中,即是廓然大公,寂然不动之本体"④。未发与寂然可以对应。牟宗三之所以会察觉到对应的问题,主要在于两个维度的切换。一般而言,《易传》的寂、感、几均属于显性维度,是后天、形下层次;龙溪以先天后天区分寂感,"先天寂然之体,后天感通之用","体用一原"⑤。"寂"向先天的超越,"夫寂者","先天之学也。"⑥龙溪将"几"作为先天与后天的"通道",并成为先天正心的枢机与把柄:"千古圣贤只在几上用功。""几前求寂便是沉空,几后求感便是逐物。""圣人则知几","是谓无寂无感,是谓常寂常感,是谓寂感一体。"⑦"沉空"与"逐物"对应前文所论的"泥虚"与"逐物"之弊。"几"是凝聚寂感的合力,并且容易成为功夫的着力点,乃至成为功夫核心,王时槐便是重要代表:"寂其体,感其用,几者,体用不二之端倪也。当知几前无别体,几后无别用,只几之一定尽之","研几者,克己入微之功,古之君子所以没齿而不敢懈也。"⑧在这个意义上,"几"是进入缄默维度之"微"的通道,"几"相当于"独知",如龙溪所

①　王畿:《答万履庵》,《王畿集》,凤凰出版社 2007 年版,第 216—217 页。
②　王畿:《三山丽泽录》,《王畿集》,凤凰出版社 2007 年版,第 701—702 页。
③　牟宗三:《从陆象山到刘蕺山》,台湾学生书局 1979 年版,第 364—365 页。
④　王守仁:《答陆原静书》,《传习录中》,《王阳明全集》,上海古籍出版社 2011 年版,第71 页。
⑤　王畿:《图书先后天跋语》,《王畿集》,凤凰出版社 2007 年版,第 420 页。
⑥　王畿:《致知议辩》,《王畿集》,凤凰出版社 2007 年版,第 133 页。
⑦　王畿:《三山丽泽录》,《王畿集》,凤凰出版社 2007 年版,第 705 页。
⑧　王时槐:《书卷赠王林二生还琼州三条》,《王时槐集》,上海古籍出版社 2020 年版,第586 页。

言"夫独知者,非念动而后知也,乃是先天灵窍"①。"独知"相当于"独体",是先天之发窍,是从后天进入先天的通道。从缄默维度的第十六个基本特征来看,"几"便是透关入"微"的通道,如方以智所言的把至日关之"狭小门"②。由此,隐微显见之相对能落实而为可以平铺得下的体用或寂感。

(三) 转 识 成 知

据《中庸》首章"君子戒慎乎其所不睹,恐惧乎其所不闻",类似于良知第一面与第二面的相互表达,不睹不闻对应缄默维度,与之相对者便是睹闻的显性维度,也可称作识知(知识)。由《中庸》引出的知识仅指见闻之知,如宋儒邵雍所言:"目见之为识,耳闻之谓知。"③见闻知识在外向性、积累性等方面可对接现代知识论意义上的知识;缄默维度则重在默识不睹不闻,屏蔽消解知识,这亦是儒学的古老传统,如龙溪后学所言:"昔《大雅》之称文王无歆羡、无畔援、泯识知"④,文王"泯知识"当指"不识不知,顺帝之则"(《诗经·大雅·皇矣》),关闭睹闻知识是手段,顺帝则是目的;换言之,帝则是天命之显,为集中精力默识帝则,需要暂时关闭后天的知识(坎陷知识)。由文王之学发展出孔颜默会,龙溪正是承接了这一谱系。

在现代知识论语境中,波兰尼的"默会知识(缄默维度)"广为流传,此处须注意良知学语境下的特殊性:第一,良知是德性之知,属于道德伦理领域,如龙溪记述阳明之言:"知乃德性之知,是为良知,而非知识也。"⑤阳明区分良知与知识,是为显赫良知,亦是绍承文王的"不识不知"。第二,缄默维度"无声无臭",含有"无尽藏",可通过道德修养功夫打开,以默识体证。第三,独知以缄默维度之"体"为支撑,以显性维度之"用"为表达:"良知即是独知","独知之体,本是无声无息,本无所知识,本是无所粘带拣择","独知便是本体,慎独便是功夫","只此便是未发先天之学"⑥。结合阳明咏良知,从遮诠义来看,"无所知识"相当于"不识不知",与后天知识之"用"划清了界限;"无所粘带拣择",使得独知之"体"摆脱知识,向上超越至"无声无臭"。从表诠义而言,知识是后天之学,而惊天动地的缄默维度直通"未

---

① 王畿:《答王鲤湖》,《王畿集》,凤凰出版社 2007 年版,第 264 页。
② 张昭炜:《中国儒学缄默维度》,中国社会科学出版社 2020 年版,第 290—291 页。
③ 邵雍:《知识吟》,《伊川击壤集》卷八,《邵雍集》,中华书局 2010 年版,第 297 页。
④ 贡安国:《龙溪先生会语序》,《王畿集》,凤凰出版社 2007 年版,第 677 页。
⑤ 王畿:《刑部陕西司员外郎特诏进阶朝列大夫致仕绪山钱君行状》,《王畿集》,凤凰出版社 2007 年版,第 585 页。
⑥ 王畿:《答洪觉山》,《王畿集》,凤凰出版社 2007 年版,第 262 页。

发先天之学"，是万有基，如北辰奠垣。作为良知第三面的"独知（几、先天灵窍）"可突破明物察伦、仁义之觉的伦理学领域：独知向显性维度之"用"下行，积累扩充，便是知识；独知向缄默维度之"体"上达，便是"无声无臭"，由此开启先天灵窍，发现无尽藏，奠定万有基，实现惊天动地。如同龙溪在重视良知第一面基础上的"通一无二"，他重视良知缄默维度，并兼顾会通知识：

> 良知与知识，所争只一字，皆不能外于知也。良知无知而无不知，是学问大头脑。良知如明镜之照物，妍媸黑白，自然能分别，未尝有纤毫影子留于镜体之中。识则未免在影子上起分别之心，有所凝滞拣择，失却明镜自然之照。子贡、子张多学多见而识，良知亦未尝不行于其间，但是信心不及，未免在多学多见上讨帮补，失却学问头脑。颜子便识所谓德性之知，识即是良知之用，非有二也。识之根虽从知出，内外真假毫厘，却当有辨。苟不明根因之故，遂以知识为良知，其谬奚啻千里已哉？①

以上从多方面区分良知与知识：良知明莹，无病根，属于内在的"真"体，是头脑主宰，功夫向"无知之知"（不识不知）发展，上行至先天之体，这是文王、孔颜之学的传统，指向缄默维度；知识重在分别，凝滞拣择，可以不具备道德性，属于外在之用，其功夫方向是知识的积累，多学多见，重在后天之用，甚至为"假"用，这是子贡、子张之学的传统，指向显性维度。颜子之学向内用功，挖掘自家无尽藏；而子贡、子张之学是求诸外，"抛却自家无尽藏，沿门持钵效贫儿。"从里外来看："颜子从里面无处做出来，子贡、子张从外面有处做进去。"②颜子立本（里）以达末（外），以无驭有，以先天统后天；子贡、子张用功于外而失本、逐物，迷失在后天，效贫儿。此处引入镜喻，与之相应者有谷喻："良知不学不虑，寂照含虚，无二无杂，如空谷之答响、明镜之鉴形。"③两喻均强调缄默维度的明莹与屡空，只有这样，才更有利于良知分别是非善恶；反之，知识会对良知的明莹与屡空造成负面影响，如同影子干扰明镜，实物填塞山谷，导致照物的失真与回声的凝滞。更通俗而言，缄默维度如同电脑的处理器，重在运算能力，在新机时效率最高；知识如同

---

① 王畿：《答吴悟斋》，《王畿集》，凤凰出版社 2007 年版，第 255 页。
② 王畿：《留都会纪》，《王畿集》，凤凰出版社 2007 年版，第 93 页。
③ 王畿：《答刘凝斋》，《王畿集》，凤凰出版社 2007 年版，第 273 页。

不断安装的程序、积聚的残留进程、增加的存储量,这都将降低处理器的运算能力。因此,缄默维度更注重能,知识更重于知,如缄默维度的第十八个基本特征:"能比知重要。"①镜喻强调良知未发的明莹,谷喻侧重良知无知的"屡空",均是为了保持与提升"能"。

　　良知与知识均含有"知",以此为基础,龙溪试图打通两者,实现手段有五:第一,良知与知识为体用关系,以"体用一原"打通。"识即是良知之用",后天可为先天所用,通过后天之识来锤炼先天良知之体。第二,"同一知也,良知者,不由学虑而得,德性之知,求诸己也;知识者,由学虑而得,闻见之知,资诸外也。未发之中是千古圣学之的。"②承接上文所论颜子与子张之学的内(里)外之别,良知是向里求诸己,不学不虑,是先天之学;知识是求诸外,须学虑闻见,学虑的知识是后天之学。如同独知"先天灵窍"贯通先天与后天,"知识"与"良知"均含有"知",以"知"打通内外。第三,"未发之中"之"学的"通向先天之学,以此确立道德本体:"根于良,则为德性之知;因于识,则为多学之助。""子贡之亿中因于识,颜子之默识根于良,回、赐之所由分也。苟能察于根因之故,转识成知"③。如同龙溪主"无",亦不废"有",他重视先天的"无知之知",但并未否定后天的识知,通过"转识成知",转后天为先天,实现两者的统合,其深层依据在于体用一原,"变识为知,识乃知之用"④,"转识成知"即是"变用为体",关键在于默识"体":"若能深求密究,讨个变识为知路径","其机只在一念入微取证。"⑤从微入德,从深密处体证良知第一面,以此来转化显性知识。"知"可表述道德理性,"识"为知识理性,阳明致良知"皆贯彻道德理性知识理性的结合这一精义。他处处强调道德理性对知识理性的统领、带动,知识理性对道德理性的辅翼、促进"⑥。阳明提倡道德理性与知识理性并重,龙溪在继承阳明之学基础上,偏向道德理性,并转化知识理性为道德理性。"在阳明学的视域中,圣人则成为摆脱了知性向度的纯粹德性人格。"⑦道德理性的转向将导致阳明学退守到德性之学,阻碍了知识论进路的发展,亦可说违背了王阳明的初衷。第四,从根源处追溯,两种知的发动者不同。良知属于先天之学,"文

---

① 张昭炜:《中国儒学缄默维度》,中国社会科学出版社 2020 年版,第 293 页。
② 王畿:《书婺源同志会约》,《王畿集》,凤凰出版社 2007 年版,第 39 页。
③ 王畿:《别见台曾子漫语》,《王畿集》,凤凰出版社 2007 年版,第 464—465 页。
④ 王畿:《金波晤言》,《王畿集》,凤凰出版社 2007 年版,第 65 页。
⑤ 王畿:《答梅纯甫》,《王畿集》,凤凰出版社 2007 年版,第 319 页。
⑥ 张学智:《明代哲学史》,中国人民大学出版社 2012 年版,第 741 页。
⑦ 彭国翔:《良知学的展开:王龙溪与中晚明的阳明学》,生活·读书·新知三联书店 2015 年版,第 374 页。

王不识不知,故能顺帝之则,才有知识,即涉于意,即非於穆之体矣。"①颜子继承文王之学,先天良知源于暗流涌动的"於穆"之体,随顺先天"帝则";知识源于后天所起之意:两者在根源处不同。"识根于知,知为之主,则识为默识,非识神之恍惚矣。"②"识神"相当于后天意识,是用,其体在于知,通过以良知(默识)统摄知识(意识),从而将意识超越到先天,实现两者的统一。第五,按照慎独进路,龙溪打通的努力可分两步:一是"良知无知,然后能知是非,圣学之宗也。"③即道体即是功夫,由慎独向"无知"用功,以达先天,"慎之云者","还他本来清净而已。"④"无知"不是愚钝不知,而是指向本来清净处,如明镜空谷,是先天的超越状态。二是由先天"无知"统摄后天"识知",从而实现"无知而无不知":"无知"指先天之学,"无不知"指后天之学由先天所统摄。两步不可或缺:如果没有第一步,儒学则缺乏超越精神;如果没有第二步,则将导致否定知识,亦不符合儒学的实学精神。在良知学语境中,两种知识的互通有赖于功夫,尤其是慎独功夫,唯有在功夫的带动下,独知才能贯通体用:由体,开启缄默维度的"无尽藏";由用,实现"转识成知",将显性维度的知识转化到缄默维度。

龙溪以"独知"统合朱子学与阳明学:"晦翁既分存养省察,故以不睹不闻为己所不知,独为人所不知","先师则以不睹不闻为道体,戒慎恐惧为修道之功。不睹不闻即是隐微,即所谓独。存省一事,中和一道","晦翁随处分而为二,先师随处合而为一,此其大较也。"⑤即功夫即是道体,存养与省察二分的功夫论导致"不知"与"知"分裂。朱子封闭"不睹不闻",将"独"拉向显性维度(相当于以良知第二面涵盖第三面);阳明将"不睹不闻"打开,将"独"拉向缄默维度(以良知第一面涵盖第三面),两者分别从第二、第一面消解了第三面。龙溪区分颜子默会与子贡识知,亦有对抗朱子学之意:"子贡从事于多学而识,以言语观圣人","颜子没而圣学亡,后世所传,乃子贡一派学术","文公为学,则专以读书为穷理之要,以循序致精、居敬持志为读书之法","迨其晚年,自信未发之旨为日用本领工夫,深悔所学之支离"⑥。阳明学传承颜子默识之学,指向缄默维度之体;而重视读书、穷理的

① 王畿:《慈湖精舍会语》,《王畿集》,凤凰出版社2007年版,第114页。
② 王畿:《意识解》,《王畿集》,凤凰出版社2007年版,第192页。
③ 王畿:《艮止精一之旨》,《王畿集》,凤凰出版社2007年版,第184页。
④ 王畿:《答王鲤湖》,《王畿集》,凤凰出版社2007年版,第264页。
⑤ 王畿:《书婺源同志会约》,《王畿集》,《书婺源同志会约》,凤凰出版社2007年版,第39页。
⑥ 王畿:《答吴悟斋》,《王畿集》,凤凰出版社2007年版,第248—249页。

朱子学属于子贡学脉,重言语与积累,指向显性维度之用。朱子学之弊"支离",即迷失在用,朱子晚年返回未发之旨,重回体,这亦反向证明了阳明学重视"未发"、默识进路的正确性与根本性。据龙溪弟子周海门为师作传:"我先师首倡良知之旨,一洗支离之习,以会归于一,千圣学脉赖以复续。"①正是在转化朱子学为代表的子贡学脉基础上,阳明、龙溪接续孔颜之学,复活孔门的大本精一之学,并将两个传统合为一传。

当前良知学研究有两种新命名的知识:其一是能力之知,其二是动力之知。两者均是为了与显性维度相区别,由此指向缄默维度。能力之知与命题性知识相对,可分别对应缄默维度与显性维度,这源于赖尔的知识论,陈来将两种知识的特性及区分引入良知学②;郁振华进一步拓展③;为解决类比中出现的问题,黄勇提出"动力之知":"动力之知和能力之知的关系就像树根(根本)和枝条(条件)的关系。枝条(能力之知)会自然地从树根(动力之知)中生长出来。"④从深浅来判断,动力之知比能力之知更深,更接近于体,如缄默维度的渊与根喻⑤,龙溪亦有根喻:"譬之种树,只养其根,根得其养,枝叶自然畅茂"⑥。结合钟声喻,钟未叩,便有惊天动地的动力;结合北辰喻,北辰具有定向与统摄诸星的能力,表现为能力之知,虽然未发,但确保指向之正"中",亦有"无一息之停"的深层动力。在"转识成知"基础上,亦可发展出"转命题性知识为能力之知",从而统合新知识与传统知识。

较之于理性化的知识论,龙溪诠释的"未发之中"洋溢着神秘性,"未发之中不可谓常人俱有,须用戒慎不睹、恐惧不闻工夫,始有未发之中"⑦。"戒慎恐惧乃是孔门真火候,不睹不闻乃是先天真药物。"⑧结合中国儒学缄默维度的第一个基本特征来看,未发之中密体的打开有赖于功夫;换言之,它不是现成的,而是有待揭示的,药物(缄默维度的道体)与火候(功夫)并用,方能成就"丹府一粒,点铁成金",化掉幽暗意识与根本恶,将病根转为天地灵根,开启先天之门。"'未发之中,由戒惧而得,不可谓常人俱有',先

---

① 周汝登:《王畿传》,《王畿集》,凤凰出版社 2007 年版,第 836 页。
② 陈来:《有无之境:王阳明哲学的精神》,北京大学出版社 2013 年版,第 105—108 页。
③ 郁振华:《论道德—形上学的能力之知——基于赖尔与王阳明的讨论》,《中国社会科学》2014 年第 12 期。
④ 黄勇:《当代美德伦理:古代儒家的贡献》,东方出版中心 2019 年版,第 316—324 页。
⑤ 张昭炜:《中国儒学缄默维度》,中国社会科学出版社 2020 年版,第 87—91 页。
⑥ 王畿:《留都会纪》,《王畿集》,凤凰出版社 2007 年版,第 98 页。
⑦ 王畿:《致知议辨佚文》,《王畿集》,凤凰出版社 2007 年版,第 802 页。
⑧ 王畿:《示宜中夏生说》,《王畿集》,凤凰出版社 2007 年版,第 510 页。

师尝有病疟之喻矣。常人亦有未发之时,乃其气机偶定,非大本达道也。"①
龙溪在此反向使用阳明的病根喻,如同患虐之人偶然发病,虽然常人先天具
备未发之中的潜质,但由于未经功夫开掘,处于隐默状态,偶尔呈现,亦是电
光石火,转瞬即逝。功夫的意义在于掌握正确方法与足够的积累,随着持控
力的加强,可以将瞬时转为持续,将偶发转为常态,实现缄默维度的"暂时
性"向"持久性"转化。② 转化成功的典型实例便是阳明:"先师龙场一悟,
万死一生中磨炼出来,蠢蠢地一根真生意,千枝万叶皆从此中发用,乃是千
圣学脉。"③由此可见未发之中储藏蓄积的"无尽藏"与"惊天动地"的潜能。
尽管病根喻指出清除深层之恶的复杂性与艰巨性,但由于功夫敞开的缄默
维度,使得阳明、龙溪自信良知,对于心体的"明莹"廓然、先天的定向保持
乐观,在先天正心中高扬人性的光辉,在内向默识中开掘自家无尽藏。功夫
论不仅是阳明学的特质,而且表现出中西哲学的显著差异。从实际影响来
看,龙溪的乐观导致了阳明学向超洁方向发展,蕺山批评龙溪,亦是对此而
发。蕺山慎独诚意,致力于消除隐恶,他更像是一个悲观主义者,意识到清
除深层之恶的艰巨性,类似于康德的道德宗教哲学。

综上,良知学诠释的《中庸》"未发之中"之"尽精微"与《大学》"致知"
之"致广大"方向不同,若能相互补正,将有利于儒学经典的内部融通与集
成创新。从负面看,缄默维度局限在个体良知内省,不利于中国哲学向知识
论发展;从正面看,显性维度侧重知性与知识积累,不利于个体灵性与能力
培养,而缄默维度更侧重灵性与能力培养,显示出阳明与龙溪之学的现代价
值。通过"转识成知",可以将这两种知识融会贯通,以知识锻炼能力,以能
力促进知识,在此方面,阳明与龙溪之学具有开拓性。从儒学传统来看,阳
明与龙溪从"未发之中"、超越之"无"寻求善的终极依据,在先天处建构善
的本体,这是儒学性善论的新发展。从中西哲学的比较视野考量,基督教影
响下的道德哲学更重视根本恶与原罪,将善的根源与动力归于上帝。阳明
学在以病根喻警示根本恶时,主要是从先天超越层次展现善的根源与动力,
这相当于将上帝的属性归于人的先天,通过先天正心,展现并运用超越之
"无",这一传统并可以追溯至文王的"不识不知,顺帝之则"与孔颜默会,显
示出中国哲学的深厚底蕴以及对于人性光辉的彰显,并洋溢着人文精神。
当然,这种人文神圣性的实证依赖道德修养功夫,这亦是中国哲学对于世界

---

① 王畿:《〈中庸〉首章解义》,《王畿集》,凤凰出版社 2007 年版,第 180 页。
② 张昭炜:《中国儒学缄默维度》,中国社会科学出版社 2020 年版,第 180 页。
③ 王畿:《复颜冲宇》,《王畿集》,凤凰出版社 2007 年版,第 260 页。

哲学的重要贡献。

综合本章之论,王龙溪是王阳明之后理论创建最为杰出的弟子,尤其是对于"无"的推进,在阳明后学中一枝独秀。然而,"无"的泛滥对于阳明学的实致良知造成了严重的负面影响,回应龙溪学成为阳明后学的重要议题。方氏家学亦是其中的重要参与者,从方学渐、方大镇、方孔炤、方以智,方氏家学对于龙溪学之"无"的回应日趋深化,至方以智而集大成。总体来看,方氏家学对于龙溪学持批判否定态度。正如方以智哲学思想的"相反者相因",到方以智,方氏家学与龙溪学的冲突已经不再是单纯否定"无",而是通过"藏无于有",将龙溪学之"无"隐藏在"有"中,以此化解"有""无"的对峙,并吸纳了龙溪学重无的超越精神。从方以智的思想再返观龙溪学,回到王龙溪的哲学,王龙溪并非仅主"无",而是继承了《中庸》的哲学精神,具有统合"有""无"的进路,而这种进路正是方氏四代家学凝聚出的哲学形态。方氏家学与龙溪学在理论形态上具有一致的思想框架。总体来看,按照思想史发展的进路,其进程简化如下:

王阳明(有无平衡)—王龙溪(无)—方氏家学(有)—方以智(有无再平衡)。

这种进路较为直接明显。从王阳明之合,分化出王龙溪之"无",王龙溪将"无"单极发展,拓展了阳明学"无"的视域;方氏家学为纠偏龙溪学之"无",特重"有",强调实致良知。方以智在继承家学的基础上,融入了龙溪学之无的进路,从而实现"有"与"无"的再平衡,也就是"藏无于有"。另外的进程简化如下:

王阳明(有无平衡)—王龙溪(有无平衡)—方以智(有无再平衡)。

这种进路较为间接隐晦。通过深入研究龙溪学可知,王龙溪注重"有""无"的平衡,方以智亦是如此,这显示出王阳明、王龙溪、方以智三者思想的一致性,也就是同宗《中庸》。两者的差别表现在:王龙溪更注重良知的体察觉悟,致良知功夫占据基础地位;方以智更注重良知的辩证逻辑,良知的体系性、知识性意味更强。

综合以上两种进路,可以更为全面把握方以智对于龙溪学的态度,以及两者在对立中的统一性。

第六章　道德的体用及公私

> 法非道,而法即道也。知主用宰,则於穆即在暗天明日之中矣。天性二句,归责末句,以全赖教也。天岂忧增损乎?(《易余目录·法能生道》)①

考量明清之际中国儒家伦理学的创新性,有两个重要衡量指标:第一,对于清初之前的中国儒学传统进行反思,在继承儒学核心价值的基础上,深刻认识到儒学自身短板;第二,突破中国传统思想资源与范式,产生类似于现代伦理学的思想萌芽。这两个指标可概述为:自我评判与推陈出新。与上述两个指标相关,下文要讨论的对象为:第一,如何破解中国儒学在明清之际遭遇的困境;第二,超越旧传统,以公道公德开启新格局;第三,公德与私德的双向关系。

阳明学是明代儒学的显学,以"良知"为宗,扩充、长养、推致良知,以期达到至善的道德境界。从实际发展来看,阳明学的展开有两种表现:从积极意义而言,"个个人心有仲尼"②,这有利于激发个体内在的道德活力,"满街人是圣人"③,从而将神圣的道德典范世俗化,全民参与道德践行。从消极意义而言,因为良知源于个体内证,缺乏公共性标准,由此道体论表现为良知异见,功夫论表现为道德践行路径各异,乃至由此流弊渐滋:江右王门"收摄保聚"导致虚寂、泰州学派推致良知导致自恣猖狂、浙中王门"超悟"导致脱略实修。方以智的道德观在此背景下形成,并有深厚的阳明学传承,经由方学渐、方大镇至方孔炤蓄积,方氏之学至第四代方以智而集大成,指出阳明学的问题在于"私心""私性",或是"独心""独性"。用现代语言来说,阳明学拘囿在"私德":"良知却是独知时,此知之外更无知。""知得良知却是谁? 自家痛痒自家知。"④要解决阳明学问题,须从"私德"上升至"公德",以"公心""公性"对治"私心""私性":"杨时乔恶心宗,恶其私己也。私己者,以不知有公心耳。圣人知私心横行之

---

① 方以智:《易余》,《易余(外一种)》,上海古籍出版社 2018 年版,第 8 页。
② 王守仁:《咏良知四首示诸生》,《王阳明全集》,上海古籍出版社 2011 年版,第 870 页。
③ 王守仁:《传习录下》,《王阳明全集》,上海古籍出版社 2011 年版,第 132 页。
④ 王守仁:《答人问良知二首》,《王阳明全集》,上海古籍出版社 2011 年版,第 871 页。

弊,而表其空空之公心以天之,故不专标性命而以时学铎人。"①从功夫论来看,"时学铎人"是以躬行实修代替内在的超越,或者说是"以行兼知""藏悟于学",从而带动实学的转向。从道体论来看,"公心""公性"突破了一己之"私""独",并关联着公道公德,显示出以公共性为特征的现代伦理学萌芽。

一、道德的公共性

宋明理学的道与德定义可以追溯至韩愈的《原道》,"博爱之谓仁,行而宜之之谓义,由是而之焉之谓道,足乎己无待于外之谓德。仁与义为定名,道与德为虚位。"②按行文次序,韩愈先定仁义,再以仁义定道德,行文次序暗含了重要性次序;换言之,"道与德"是在仁义为核心的价值观念下展开。从"定名"与"虚位"的区分来看,"虚位"弱化了道与德的重要性及优先性,从而使仁义凌驾于道与德之上。以"由是而之焉"定义"道",在文意上延续了"道"的"道路"之义,结合仁义的优先性,"道"是仁义展开形成的道路。从《论语·述而》孔子"志于道,据于德,依于仁"来看,道与德应优先于仁,韩愈之论貌似有违于孔学,但韩愈并非降格"道"的始作俑者,如《中庸》"天命之谓性,率性之谓道",道是在率性下展开,率性又从属于天命。即便如此,韩愈之论仍遭到宋代理学家的反驳,如杨时据《中庸》两句指出:"仁义,性所有也,则舍仁义而言道者,固非也;道固有仁义,而仁义不足以尽道,则以道德为虚位者,亦非也。"③《中庸》以天命定义性,以性定义道,仁义仅是性之局部,杨时由此反驳韩愈之论:"道"的概念外延远大于仁义,当用含义狭窄的仁义范围"道"时,将"道"限制在仁义范围内,反而不利于儒家之道的展开,且会削弱道的丰富含义,如孔子"志于道,据于德,依于仁"将简化为"志于仁,据于仁,依于仁"。据《道德经》十八章"大道废,有仁义",道家的"道"优先于仁义,甚至将仁义视为道的糟粕,大道独尊;韩愈之论可表述为"仁义废,无大道",仁义至上。韩愈翻转老子之论,并深刻影响了宋明理学的发展,这种翻转有利于儒学核心价值的显赫,但不利于儒学开放性吸收道家的思想资源,且会加剧儒道核心价值的分裂与对立。

---

① 方以智:《译诸名》,《东西均》,《东西均注释(外一种)》,中华书局 2016 年版,第 240—241 页。

② 韩愈:《原道》,《韩愈文集汇校笺注》,中华书局 2010 年版,第 1 页。

③ 杨时:《答吴仲敢》,《杨时集》卷十七,《杨时集》,中华书局 2018 年版,第 477 页。

与韩愈及杨时等先儒不同,方以智弱化了道与德的仁义属性,甚至放弃了道德和仁义的关联,将道德与仁义脱钩。据方以智定义道与德:"'道'者,指共由之路","无非是而有公是者也。'德'者,直心无不自得也。"①道是共同行走的道路,由此向公共性敞开,这种开放性的解释不仅符合道的"道路"之义,而且有助于儒家与道家、法家会通。"世之言道者,或以法目道,或以德目道,故称大道者曰天。"②"目",称也。以道为中心,"德""法"是"道"的两种指称方式。道、德、法三者本于一源,三合为一,这是合;由合而分,一分为三,道、德、法能够显示各自的独特价值。道的开放性将带来儒家、法家、道家的共通性,打开三者交流的通道,儒学的道德不再是狭隘的、封闭的,而是开放的、公共的,在开放中汲取道家与法家的思想资源。

从儒道法三家来看,道表现为三家共同认可之路,并以"公是"为基本特征。"公是"有两层含义:第一层,"无非是",表示没有反对的声音,均认可并赞同;第二层,"而有公是","而"为递进的意思。"公是"为三家宗旨的公共性部分,即三家之道的交集,又如公因数。第一层含义是笼统、轮廓性的,第二层含义更为清晰、具体。从现代哲学概念来看,道的"是"符合公共的规范,可以说是追求公共正义,简称"公正"。德的定义不依赖于仁义,德的"无不自得"继承了韩愈的"足乎己",个体在行道时有获得感、实在感,由此生发内在的愉悦,从而有助于克服宋明理学以"天理"定义"德"导致的抽象与干枯,并相通于道家,如《鹖冠子·泰鸿》:"圣人之道与神明相得,故曰道德。"以"直心无不自得"定义"德","直心"保留了儒学传统的道德性。"直心"可以从与《中庸》"致曲"相对的"至诚"来理解;也可以从"义"来理解,义是"宜之","取其裁断有金刚之勇也。"③"直心"的德性不像"天命之性"那样抽象、超越与孤冷,而是既具体、平实且温和,渗透着儒家仁勇的刚毅,体现了儒学道德的核心价值。

道是公道,德出于"直心",直心是公心,由此德亦是公德,这是中国传统道德哲学发展的新突破。方以智将"心"分成"独心"与"公心","独心则人身之兼形、神者,公心则先天之心而寓于独心者也"①,按此定义,程朱陆王所言之心基本是在"独心"视域下展开。通过"公心"的先天寓居,"独心"内含了"公心"的特征,这涉及"公心"与"独心"的双层关系,将在下文

---

① 方以智:《译诸名》,《东西均》,《东西均注释(外一种)》,中华书局2016年版,第238页。
② 方以智:《非喻可喻》,《易余》卷下,《易余(外一种)》,上海古籍出版社2018年版,第212—213页。
③ 方以智:《译诸名》,《东西均》,《东西均注释(外一种)》,中华书局2016年版,第236页。
④ 方以智:《译诸名》,《东西均》,《东西均注释(外一种)》,中华书局2016年版,第240页。

论述。通过区别宋明理学的心性传统，方以智带动儒学向"公心"转向。他寻求的"公心"形式上保留有牢固的传统，如"先天之心"的名称类似于王龙溪的"先天正心"，但两者在具体内容上有根本差别：王龙溪的"先天"属于"独心"的超越，而方以智从天地万物的大视野寻求公共性："谓之心者，公心也，人与天地万物俱在此公心中。"①"公心"可以纠正心学"独心"囿于个体的封闭性，又如前文所论"圣人知私心横行之弊，而表其空空之公心以天之"。方以智对于"公"的定义还处在探索阶段，表述不一："空空""先天""无始"，这与中国传统哲学概念牵连胶着；这些概念均围绕着"公"展开，显示出现代公共性的萌芽。从形下与形上的区分来看，独心是人身之兼形神，是个体性的，是后天，是有始；公心超越人身，追求公共性，是空空的，在超越过程中抽象掉了形质，也可说从后天返回到先天，从"有始"超越到"无始"。"独心"与"公心"的"形下"与"形上"之别同样赋予了"私德"与"公德"：私德多表现为个体性、有形质；公德则多表现为公共性、空空。

与宋明心学对照而言，无论是杨简尊崇的"心之精神是谓圣"，还是王阳明的良知良能，其道德出发点均是个体的、动态的，或者说是以"独心"为起点；方以智"公心"的出发点是公共性、稳定的，"公心"可以将宋明心学带入新境界。由公心推出公性，由《中庸》"率性之谓道"，推出"率公性谓之公道"。"圣人体道尊德以立法，用心明善以统天"②，这是在公心中寻求先天的依据，展开道、德、法。从道德证成而言，"用心明善以统天"，心的境界指向统天，"称大道者曰天"，即心以天之公心、公道为追求，"大道"可称之为"公道"，对应"公心""公德"。由道与德而成法，立法的根基在于体道与尊德；换言之，若无体道尊德，则无资格立法。立法体现共由之道，法以公共利益、公正为基石，由此产生的法必然不是秦代实施的严刑酷法，而是体现公道之法，不妨称之为"公法"；立法也是为了尊德，公法以体现公德为诉求。经此拓展，公道、公德、公法相互作用，"公德"具有了"公道""公法"的属性，从而拓展了儒学公德的外延与视域。

当以公心、公道、公德诠释方以智的思想时，须注意这些概念与现代哲学概念的区别。方以智并未提出"公德"这一概念，上文是由公道与公心推出公德。在方以智去世两百多年后，梁启超将私德、公德的概念引进中国，以"独善其身"与"相善其群"定义私德与公德，"中国文化中重私德、轻公

---

①　方以智：《象数》，《东西均》，《东西均注释（外一种）》，中华书局 2016 年版，第 288 页。

②　方以智：《非喻可喻》，《易余》卷下，《易余（外一种）》，上海古籍出版社 2018 年版，第212—213 页。

德,这种情形必须改变,否则,中国在近代世界的衰落是无法挽救的。"①由梁启超之论返观,方以智突破传统伦理框架,提出公心、公性、公道、公德等关联概念,在当时世界思想界具有开创性贡献。从中国传统反思而言,宋明心学的道德修养重在"私己",也可以说是"独善其身",当以公心、公德超越时,这是对于宋明心学传统的升格,在这一点上,方以智与梁启超一致;所不同者,方以智的道德观是本土"内生",而梁启超的由国外"舶来"。

二、道德的君臣喻

由公道推出公德,还可以借助道德的君臣喻:"道之于德也,有似乎世之于君,然非世之于君所可比也。道若主其德,德又主其道,而道实与德同体者也。"②君臣喻在这里主要表明统摄的含义,即君统摄臣,臣服从于君,如同黑格尔哲学的主仆(奴)关系。道统摄德,由此将道的精神体现在德中,亦可说由公道推出公德。统摄的哲学含义可以拓展出君道的独立性与臣德的依赖性,相通于黑格尔所讲的两种意识:"其一是独立的意识","另一是依赖的意识","前者是主人,后者是奴隶。"③独立性显示出道的自在自为,道不需要依赖德而存在,并在自我肯定中显示其独特价值。正是由于道的独立性,使得道有别于德,甚至统摄德,将德笼罩在道的自在自为中。依赖性显示出德的本质是为道而存在,通过依赖道,德自我否定:在否定中,德获得了道的独立性;在依赖中,德将其特质赋予道。

"道实与德同体者也",既然道与德本为一体,在一体中,道与德具有相同的特质,由此道的公共性可以传递给德,可以说公道即是公德。这还可以通过双向的君臣(主仆)关系实现:

第一层,"道若主其德",道是君,德是臣,德依赖、服从于道,也可以说参赞道的流行。对于道家而言,通过纳入儒家之德,拓宽了共由之路,形成多元包容的大格局。对于儒家而言,通过这层关系,儒学之德自我否定,德以"公正"之道为终极诉求,这有利于提升儒家道德哲学的形上学建构,将儒学内在的良知之德由"独(私)"提升为"公"。从阳明学而言,以道统摄

---

① 陈来:《中国近代以来重公德轻私德的偏向与流弊》,《文史哲》2020年第1期。陈来先生的文章引起了学界热议,探索私德与公德利弊,实现传统与现代伦理观的融合,对于中国现代道德伦理建设理论具有重要意义。

② 方以智:《非喻可喻》,《易余》卷下,《易余(外一种)》,上海古籍出版社2018年版,第212—213页。

③ 黑格尔:《精神现象学》(上卷),贺麟、王玖兴译,上海人民出版社2013年版,第186页。

德,有利于突破局限于一膜之内的"独心""独性",提升到"公心""公性",追求公共正义。通过德的自我否定,儒学的价值追求转向"共由之路"的道,这可理解为儒家借助道家的思想资源,实现向公共精神追求的升格。谈到公共精神,通常认为是西方哲学启蒙的产物,而此处展现出中国哲学内生的思想资源。公共精神的发展方向将带动中国道德哲学质变的飞跃,即使这种精神只是方以智思想局部的甚至是零星的体现,却代表了道德哲学新境界之门的开启。方以智道德哲学的重要价值可以借助 1785 年出版的康德《道德形而上学奠基》来看(距方以智 1671 年去世已百年有余)。此书论述了一个无条件的定言命令式:"要只按照你同时能够愿意它成为一个普遍法则的那个准则去行动。"①这样直译的好处在于忠于德文,却与中国哲学传统话语相隔。按照方以智的道德哲学来看,"一个普遍法则"(ein allgemeins Gesetz)便是"无非是而有公是"的公道,康德定言命令式的核心问题是个体道德行为应该符合公道;换言之,即是在公道的主导下展开德,"直心而行",由此依循公道之德便是公德。康德意识到定言命令式存在"蹈空"的指责:"我们尽管尚未确定人们称为义务的东西是否在根本上是一个空概念,却至少能够说明我们由此所思维的是什么,以及这个概念想说明的是什么。"②这句话可从两方面理解:其一,公道仅制定了最高的道德准则,这个准则指出了由通俗的道德哲学向道德形而上学超越的方向。其二,超越的方向潜藏着风险,即最高的道德准则可能仅是"一个空概念"(ein leerer Begriff)。这个空概念也可以理解为只有形式,没有质料;只有崇高的理想,而不需要获得感。如同方以智所言的"空空之公心",要解决这个问题,可以通过道德反向的关系来填充,即第二层关系。

第二层,"德又主其道",德是君,道是臣,道以服务德为目的。方以智将德定义为"无不自得也","自得"的基础在于德的独立性,即能够充当君、主,有获得感、自尊感、责任感。通过这层关系,在德的统领下,有助于防止道家之道向消息无为方向发展,向道注入刚健的进取精神,可以将道家无为之道转为儒学的大为之道。再从康德哲学来看:"意志不是仅仅服从法则,而是这样来服从法则,即它也必须被视为自己立法的,并且正是因此缘故才服从法则(它可以把自己看做其创作者)。"③以德为中心:第一层关系的德是被动的服从者,在第二层关系中却转化为主动的承担者。德需要独立担

① 康德:《道德形而上学奠基》,李秋零译,中国人民大学出版社 2013 年版,第 40 页。
② 康德:《道德形而上学奠基》,李秋零译,中国人民大学出版社 2013 年版,第 40 页。
③ 康德:《道德形而上学奠基》,李秋零译,中国人民大学出版社 2013 年版,第 52 页。

当,自我创作,自己立法(selbstgeseztgebend),也可以说是公德制定公道,即公德为自己铺路。在阳明学中,通常将道德良知作为自家的准则,"自家痛痒自家知",自家良知自家依,其中潜藏有自恣猖狂、私心横行的危险。方以智的道德论如何避免这个问题呢? 其一,德自己立法,这里的德指向公德,而自家良知更倾向于私德。公德的公共性可以消解私德的功利性,从而堵死向自恣猖狂发展的进路。其二,"道若主其德"与"德又主其道"相互制约,换言之,以"道若主其德"来平衡"德又主其道",即所立之法是公道,公道又反制于公德,以保证公德所铺之路为公道。

通过道与德的双向关系,由公道推出公德,由公德反推出公道。这两层关系横摄合观,则是君臣一体:道或德在为君时,能够充分发挥其主人性(Herrschaft)优势,从而各显其长;在为臣时,体现奴隶性(Knechtschaft),这里的奴隶性相对于主人性而言,是赞佐、辅助、服从的能力:道与德从而各避其短。这两层关系纵贯合观,则是由第一层超越至第二层,从第二层返回第一层。以道为中心,则依次为:道之肯定;道之否定;道之否定之否定,即是返回道之肯定。以德为中心,则依次为:德之否定;德之肯定;德之否定之肯定,即是返回德之否定。在纵向递进时,道吸收了德之长,扬弃了道之短;德亦吸收了道之长,扬弃了德之短。

以上论双向的君臣关系,"然非世之于君所可比也",指道德与实际的君臣关系不同。实际的君臣关系是单向的,而道德关系是双向的。单向关系表明"主必统仆"[1],"主仆秩叙,历历孤明"[2];双向关系在涵盖单向关系的基础上,还包括"君在臣中"[3],这类似于黑格尔主奴关系的"主人在奴隶中":"独立的意识的真理乃是奴隶的意识。"[4]由此转借到公道与公德的关系,公道的真理乃是公德。还原这一过程,可理解为儒学让渡出德,甘心成为奴隶,通过"主人在奴隶中",儒学之德获得了主宰。在君臣关系之外,还可引入第三者——"政府":"政府宰民,并以宰君,主仆一家"[5],这里的"民"相当于"臣","政府"充当君臣、主仆的贯通者,兹不详论。通过君臣(主仆)关系对比,我们可以看出方以智与黑格尔哲学的相似性。方以智(1611—1671年)较之于黑格尔(1770—1831年)提前约160年,由此显示出方以智哲学的原创性及在世界范围内的领先性。

---

①　方以智:《性故》,《性故注释》,中华书局2018年版,第54页。

②　方以智:《性故》,《性故注释》,中华书局2018年版,第102页。

③　方以智:《性故》,《性故注释》,中华书局2018年版,第103页。

④　黑格尔:《精神现象学》(上卷),贺麟、王玖兴译,上海人民出版社2013年版,第188页。

⑤　方以智:《性故》,《性故注释》,中华书局2018年版,第114页。

三、道德的仁体与树用

方以智的道德君臣喻附属于体用关系,体用是中国哲学的重要范畴,较之于传统的"体用一源"与"体用不二",如本书第三章所论:方以智阐发的体用吞吐成环的九个重要创新点,都相通于君臣关系,与"德"有关,此处以仁体与树用略作展开:

> 张子曰:"德为体,道为用。"又当知道以其用为体,而德以其体为用。荄为树本,核为荄本,树生花而为核之本矣。芽滋干,而上既生枝,下且复生本矣。核中之仁,天地人之亥子也,全枝全干全根之体也。苗茂之后,仁弃其体,而为此树之用矣。由此言之,仁亦时寓于核中,而仁乃用也。天地之心,时于亥子,《复》见之,而非以亥子为天地之心也。有所以生者焉,此全根全枝全干全仁之大体大用也。①

上文涉及道德体用的相互转换:未转换前,德为体,道为用,"德,其体;道,其用。"②张载之言代表了儒学正统的思想,宋明理学又称道学,明道体,以为德之用,"德以其体为用",即道的形上学建构服务于儒学的德治。将德体道用转换,便是道为体,德为用。从形式而言,这似乎重回老庄的以道统德,如《道德经》二十一章"孔德之容,唯道是从"。《庄子·天地》:"故通于天者,道也;顺于地者,德也。""德兼于道"。从内容而言,道体德用,这是儒学向道家敞开,以便开放吸收道。如《道德经》三十六章"将欲夺之,必固与之",儒家将德"与之"道,这是手段;"夺之"道的真精神,这是目的。通过道德体用的相互转换,儒家之德、道家之道由小体升级为大体,大体兼具道与德;由小用超越成大用,大用亦统收道与德。综上,方以智的道德转换超越了宋明理学的传统,他一方面完全继承了德体道用;另一方面又吸收了道家的道体德用。综合这两方面,道德体用互换的结果是:在保证儒学核心价值之德的基础上,通过吸收道家之道,充实并发展了儒学之德,也可以说烹炮道家之道,以道为药,医救儒学德之病。

细化道与德的转换过程,可引入仁树喻。从黑格尔的主奴关系来看,主

---

① 方以智:《体为用本 用为体本》,《易余》卷上,《易余(外一种)》,上海古籍出版社 2018 年版,第 124 页。
② 张载:《神化篇第四》,《正蒙》,《张载集》,中华书局 1978 年版,第 15 页。

奴交互作用可理解为"培养或陶冶"①。从哲学外延来看,方以智的仁树喻基于"生成",生成过程包括了培养或陶冶。从体用互换来看,仁可以喻道,亦可喻德,暂且先取后者。仁生荄,可以理解为仁之德"孕育培养"(bilden)了道之根;道之根本成长为全树,树开花结果,"赋形陶冶"(Formieren)成核仁。进一步分解,仁树喻呈现四层生成:荄生树、树生花、花生核、核生荄,这是以荄为始终;仿此,核仁亦可为始终,树亦可为始终。四层循环,可依次将前者视为后者之体,螺旋上升,上升中又有回旋,在卷裹了用之后,再重返体,由此道与德循环互生,绵绵不绝。经此四层生成,在儒学之德超越时,道亦得以升华,道之根荄似天地根,道在不断创生,在创生中又回到了自身,吸收了德,充实了道。四层生成并不是往复循环,而是含有量的增长,"舍一无万,舍万无一,譬如全树体其全仁,而根干枝花各中其节,岂必执树未生前之核哉!"②一即是道体,万即是德用,一颗核仁长成全树,一棵全树可以结出万颗核仁,这是从一体到万用。树之根干枝花,如万,再凝聚成一颗核仁,如同德之用将全部的生命信息凝聚在道体之一,这是从万用到一体。从否定之否定来看,核仁通过否定自我,创造了根荄,"苗茂之后,仁弃其体",当德之体转化为道之用时,体已经不复存在,"而为此树之用矣",体在全树之用中现身;这个否定自我的根荄是核仁重返自身的手段,通过根荄长成全树,全树再结核仁。对于核仁而言,如同经过了否定之否定,又重新返回了自我,这种返回是满载而归,其飞跃处不仅在于卷裹了道,而且实现了从一颗核仁到万颗核仁的超越。

　　仁树喻暗合"生生",表现为"天地之心",也可以说天地之心是一团生意。从仁树喻来看,树木的"生生"源于"核仁"与"根荄",也可以说是"静极而真动、真动而生生",③核仁是"生生"蓄积之静、根荄是"生生"的真动之源。"核"与"荄"可以互释,如"入地则孕毓根核,保藏蛰虫",颜师古注"核,亦荄字,草根曰荄"④。"核中之仁,天地人之亥子也",从语义哲学来看,"核"分解为"木"与"亥",核仁是"生生"的凝固态,"生生"尚未展开,可以说"亥子中间"偏于"亥",即倾斜在静极;"荄"分解为"艹"与"亥",为卑根,当然可以指树木之根,是"生生"展开之初,可以说"亥子中间"偏于

---

①　黑格尔:《精神现象学》(上卷),贺麟、王玖兴译,上海人民出版社2013年版,第189页。

②　方以智:《天地第十二》,《药地炮庄》卷四,《方以智全书》第2册,黄山书社2019年版,第371页。

③　张昭炜:《中国儒学缄默维度》,中国社会科学出版社2020年版,第7页。

④　班固著,颜师古注:《五行志第七》,《汉书》卷二十七中之上,《汉书》,中华书局1962年版,第1364页。

"子",即倾斜在"真动"。综合了"核"与"荄"的"亥子中间"可以表述为《坤》《复》之际、贞下起元、天根、冬关,这也正是德与道能够实现循环、绵绵不绝的根本。《庄子・天地》亦有以"生"释"德"的进路:"物得以生,谓之德",方以智解释为:"物得以生,明物生之自得"。[①] 这综合了仁树喻的"生生"以及定义德的"无不自得"。仁与树均建立在"生生"的基础上,也可以说"生生"统贯"道"与"德","生生"相当于君臣喻的"政府"。从中国哲学重视"生生"的传统来看,"道""德"并不是抽象的、超越的本体,而是以"生生"为基础,"生生"是中国哲学道体论的底色;换言之,当我们去追问道与德的根源时,可以还原至"生生",即在"生生"中展开道与德。

"仁"为儒学德之首:"仁,人心也,犹核中之仁,中央谓之心,未发之大荄也。全树汁其全仁,仁为生意,故有相通、相贯、相爱之义焉。"[②]此处可视为以"核中之仁"与"未发大荄"合释仁体,"生生"之仁综合了"亥子中间"的"核"(静极)与"荄"(真动)。树之于仁的关系为"汁",如"叶""协",如陶冶,引申为树用与仁体"妙叶"的关系;仁之于树的关系为"化","叶节以化,芒无不容",[③]如赋形,树全为仁之所化。综合两者,"汁"与"化"构成双向的君臣关系,君臣与仁树喻相通。由仁之"生生"衍生出相通、相贯,这相当于以"生生"统贯"道"与"德";由仁之"生生"衍生出相爱,相当于"仁之谓相爱(博爱)",与"博爱之谓仁"对冲,两者双向互动。韩愈以仁义之定名来范围道德,而方以智以"生生"作为"仁""道""德"的底色,由"生生""仁"自然相爱,也可以说"仁"派生出"博爱"。"心生曰'性'"[④]。德以仁体立名,可以生出道,并吸收道,再返回仁,这可以说是以"仁"统"道"与"德",亦可以说重返韩愈的博爱之仁,这当然不是简单回复,而是在经过仁、荄、树、花展开后的超越,道、德、仁、心、性相互激荡成一体,形成"大仁",亦可说是公道、公德、公心、公性的统一体。

君臣喻与仁树喻从两个角度展开道德关系,两者既一致,又有差异,可以互补。两者的一致性可概括为三点:第一,君与仁(道)可视为独立之主,君统摄臣,仁主导树的生成;臣与树(德)表现为依赖性,受制于君与仁。第二,依赖性可以反转为独立性,君在臣中,德又主道,树又生仁。第三,交互性。将上述两点合观,则是道与德交互,通过交互,道德具有了共同的特质。

---

① 方以智:《天地第十二》,《药地炮庄》卷四,《方以智全书》第 2 册,黄山书社 2019 年版,第 377 页。

② 方以智:《译诸名》,《东西均》,《东西均注释(外一种)》,中华书局 2016 年版,第 236 页。

③ 方以智:《译诸名》,《东西均》,《东西均注释(外一种)》,中华书局 2016 年版,第 241 页。

④ 方以智:《译诸名》,《东西均》,《东西均注释(外一种)》,中华书局 2016 年版,第 235 页。

两者的差异性也可概括为三点：第一，君臣喻只在君臣之间相交互，可视为闭环；仁树喻具有传递的无限性，是开路。在开路中，仁成一树，一树可以结出多仁，由此可衍生出道德的一多关系，即道的一贯性与德的多样性。第二，君臣喻表明道与德的相互统摄，在相互统摄中黏合成一体；仁树喻如同母子本是一家，较之于君臣统摄关系，仁树喻指向的一体更加紧密。第三，仁树喻中暗含“生生”，以“生生”统摄道与德。

君臣喻与仁树喻的双向性可映射至“公”“独”关系，延及公德与私德，以三眼喻说明：“矐肉眼而开醯眼，又矐醯眼而还双眼者”①，醯眼是摩醯首罗天顶门慧眼，可视为公德（公性、公心）；肉眼可视为私德（独性、独心）。三眼喻的双向性由两次否定实现，即通过使失明之“矐”与复明之“开”，第一层是超越：关闭、否定肉眼，提进、纯化私德，从有形质之“私（独）”超越至无形质之“空空（公）”，从后天返回先天。之所以能够超越，在于“公心则先天之心而寓于独心者也”，公心先天存在于独心中，从而使得独心能够超越；亦可说公德先天寓居在私德中，从而私德得以先天可能。第二层是返回：空空、先天、无始是儒家伦理学“公”的特征，亦指向具有最高道德准则的公德，如慧眼能够洞悉超越之体，指向形而上的超越，也可以说探源根本之故。但是，公德只有纯形式，必须要返回到私德，即失明慧眼、复明肉眼，才能具备质料，实现获得感。兼取两层关系：私德超越到公德，可构建中国伦理学的道德形而上学；公德要借助私德表现出来，私德经过超越，再返回至私德时，已经实现了公德与私德合流，或者说私德经过了否定之否定，成为融合公德之后的新私德。这两层关系交相益：中国儒学重视私德，可以借助西方伦理学发展公德，由此实现中国传统伦理学的升华；西方重视形而上学的伦理学亦可吸收中国传统的私德，从而带动德性的多元化。

从道德践行来看，“下学上达，是谓公心之太宗。”②“下学”与“上达”可指道德实践层次的“肉眼”与“慧眼”，亦包含两层关系：由“下学”实现“上达”的超越，由学而悟，私德超越到“上达”的公德；再返回，亦可以说“上达下学，是谓私心之太宗”，“公德”回落到“私德”，从“上达”返回“下学”，“藏悟于学”，以此展开个体的道德实践。在两层关系中，超越依赖“下学”，返回落实在“下学”，这符合方以智“时学铎人”的实学思想，也可以说是以学兼悟、以行兼知，从而实现以学统悟、知行合一。从阳明学传统来看，方以智的道德观可视为独知、独心、独性导致良知学流弊的自愈；从传统伦理学创

① 方以智：《附录》，《易余》，《易余（外一种）》，上海古籍出版社 2018 年版，第 215 页。

② 方以智：《译诸名》，《东西均》，《东西均注释（外一种）》，中华书局 2016 年版，第 242 页。

新来看,方以智重视道的公共性以及德的实在性,甚至可以说在公共正义之外,没有更超越的道,由此可以统合良知异见。

从思想资源来看,方以智的道德观源于中国哲学内部的传统,其表现形式为借助道家之道的公共性,发展出公道公德,并以"生生"统摄道德。从创新性衡量,方以智的道德观综合了韩愈、张载、杨时及阳明学传统,尤其是对治阳明学流弊,引道入德,以奇救正,有功于儒学甚巨。方以智苦心卫道,是明清儒学发展趋势中的特立独行者,对于公道、公德的思考闪耀着现代伦理政治学的光芒。当然,方以智的伦理学亦有其局限性,如将"公"视为"空空""先天""无始",仍与传统胶着,但瑕不掩瑜,方以智的理论开拓将儒学带入更开放、更包容、更现代的新境界。

第七章　会通道法以卫德

> 法非道,而法即道也。知主用宰,则於穆即在暗天明日之中矣。天性二句,归责末句,以全赖教也。天岂忧增损乎?(《易余目录·法能生道》)①

道德与法治是现代社会文化建设的重要内容,两者协同发展,可各尽其所长。在中国传统文化中,儒学尚德,以道德典范带动社会伦理道德建设;法家崇法,注重规则与约束,乃至异化为残苛酷刑,为儒学所拒斥。儒法两家总体上表现为柔性之德与刚性之法的对峙,但可以通过黄老学派《鹖冠子》中的道法思想化解这一对峙。当然,儒学亦有重法传统②,如《礼记·坊记》"礼以坊德,刑以坊淫"、荀子"隆礼重法",由此传统,儒学在发展法的规则与约束基础上,可以实现德法刚柔并济,明末清初的方以智便是开拓此进路的杰出代表。

与明清鼎革之际的政治危机并存,儒学亦面临道德危机,孔孟称乡愿为"德之贼"(《论语·阳货》《孟子·尽心下》),而明清之际乡愿亦难求:"乡愿以苟可之意见窃弥缝之嗜欲,然护名附教,坊表犹相安也","使今日而十有五愿,亦太平矣"③。从宋明理学的存理遏欲来看,理与欲如水火不容,乡愿"窃弥缝之嗜欲",这既不符合程朱理学的天理,亦丧失陆王心学的本心、良知,可谓是背离了儒学之德。孔孟创学立说,以高标准立德,将"德之贼"的乡愿拒之儒门之外;方以智正视乡愿,以图天下太平,由此折射出儒学的衰落。从德与法的界限而言,乡愿是儒学之德辐射的末端,乡愿乱德,但不乱法,能守住法的底线。当儒学堕落至以乡愿护名附教时,这几乎将其奉行的伦理道德逼到了绝境。危机与机遇并存,当病入膏肓时,亦是迎来新发展的良机。方以智亲历崇祯、弘光、永历政权,且深入政权核心,明亡的教训刻骨铭心;他又有深厚的阳明学与朱子学背景,深知儒学之病,"天地间生生而蠢蠢也,奈何不救?"④他"操心也危,其虑患也深"(《孟子·尽心上》),

---

① 方以智:《易余》,《易余(外一种)》,上海古籍出版社2018年版,第8页。
② 专题研究成果如俞荣根:《儒家法思想通论》,商务印书馆2018年版。
③ 方以智:《中告》,《易余》卷上,《易余(外一种)》,上海古籍出版社2018年版,第51页。
④ 方以智:《象环寤记》,《易余(外一种)》,上海古籍出版社2018年版,第224页。

"烹雪炮漆,以供鼎薪,偏教医活死麒麟"①。据《春秋公羊传·哀公十四年》"西狩获麟,孔子曰:'吾道穷矣?'","偏教医活死麒麟"中"麒麟"代指儒学。如同借佛学之超越(雪,雪山,代指佛学)以去儒学之泥迹、用庄学之怒化(漆,漆园吏,代指庄学)以激儒学之懦弱,方以智将公共性的道与约束性的法作为药②,疗救儒学,重塑儒学之德,可以说"烹道炮法,以供鼎薪,偏教医活儒之德"。

一、道 法 相 生

方以智引法救德,以道缓冲,可避免德与法的直接对抗。道的意义在于拓展德的公共性,"'道'者,指共由之路","无非是而有公是者也"③。这个定义破除了道家之道向重玄发展的神秘性,凸显了道的公共性;扭转了道的自然无为,落脚于实在的"共由之路"。此"道"与儒家之"德"对接,可促进儒学道德的公共性升级,如本书第六章所论:道生德,道亦生法,道赋予法以公共性,以此带动道、德、法的现代转型。

中国哲学传统的"道生法"源于黄老学派。④ 据《黄帝四经·经法·道法》:"道生法。法者,引得失以绳,而明曲直者也。故执道者,生法而弗敢犯也,法立而弗敢废也。"又据《鹖冠子·兵政》:"圣生道,道生法。"⑤方以智当然未见《黄帝四经》,而《鹖冠子》常被当成伪作,但他以《鹖冠子》作为道法思想的重要来源,显示出他敏锐的哲学眼光。他先引入君臣喻:"道之于法也,有似乎君之于相,然非君之于相所可比也。道若臣其法,法又宰其道,而道实与法同处者也。"⑥"相"为臣,道法如君臣,又如主仆(奴)。君统臣,道统摄法,这是第一层关系;道法关系又超越君臣,"法又宰其道",法立

---

① 方以智:《附录》,《易余》,《易余(外一种)》,上海古籍出版社2018年版,第215页。

② 为避免引入过多论证,本文所论之法不包括法家之法。

③ 方以智:《译诸名》,《东西均》,《东西均注释(外一种)》,庞朴注释,中华书局2016年版,第238页。

④ "《鹖冠子》是战国后期楚国黄老道家的重要作品,此书长期受到冷落,近来由于马王堆《黄帝四经》的发现,参加帛书整理的学者开始注意到它与《鹖冠子》的关系","《文子》《鹖冠子》与它的内在联系最为密切,两书与《四经》重出互见之处触目皆是","《鹖冠子》征引《四经》多达十七处"(陈鼓应:《先秦道家研究的新方向》,陈鼓应注译,《黄帝四经今注今译——马王堆汉墓出土帛书》,商务印书馆2013年版,第4、23、23页。)。

⑤ 此处"圣"可换作"法"。据《鹖冠子·能天》"道者,通物者也;圣者,序物者也",按照"序物"理解,圣是法的制定者,以法来序物。

⑥ 方以智:《非喻可喻》,《易余》卷下,《易余(外一种)》,上海古籍出版社2018年版,第213页。

而成为君,道为臣,这是第二层关系。两层关系统合,道法互换,亦可推出"法生道",并发展成道法一体。"然非君之于相所可比也",可比性在于君统臣(第一层关系),不可比性在于臣亦统君(第二层关系)。道法的双向生成将导致:法虽然源于道之母体,却获得独立性与主宰性,并反向生成道。从先秦诸子学派来看,黄老学派源自道家,道生法;荀学转为韩学,德成法;综合两者,则是道与德生法。引入君臣喻的第二层关系,则是法生道与德。

道法君臣喻表现为"道实与法同处",即道与法并置①,这还可借助四时喻说明:"三时以冬为余,冬即以三时为余矣。"②冬是余,春夏秋三时是正。四时更迭,组成一环。从一环整体来看,冬与三时并置:春夏秋发舒展开,为"正"用;冬收敛闭藏,为"余"体。相对于发舒的正用而言,冬之余体是多余、无用之物,以此再看道法关系:"法者,道之余,法立而道转为余,以神其用矣。"③道为正,道体现自主性、独立性,人与物皆沿"共由之路"而行,法多余无用,法为余;反之,法为正,法体现主导性、强制性,皆依法而行,道亦为多余无用之物,道为余。如同三时以冬为体,冬之收敛闭藏是涵养、壮大余之体,以此展开三时之用,当道或法作为余之体时,表现为"无用"。余之"无用"不是毫无价值,恰恰相反,而是具有用的最大价值,实乃无用之大用,能够"神其用":不仅能够转化为用,而且用如神。从四时喻来看,余之体如闭关,在闭关中涵育积聚,以期出关时能够满足长途旅行之需。"无

---

① "同处"即是"同时"出现:"圣人视天地间神之与迹、道之与法,一条一理,一默一影,皆具此同时之六象焉,皆具此同时之离断常焉,皆具此同时之十错十综焉。"(方以智:《反对六象十错综》,《易余》卷上,《易余(外一种)》,上海古籍出版社2018年版,第80页。)从"神之与迹"来看,道如无形之神,是余之体;法如有形之迹,是正之用。神表现出余体的深密、不可测,迹表现出可识别、可循持。道法如条理,条如纲,理如目。道法亦如默影,默表现出道之玄冥幽深的状态,为穆然,恍若有物;法之影从属于道之形,如森然。综合神迹、条理、默影,道法的关系更为丰富。道法同时俱存,既可离断分别,又共为一体,"同时"可理解为并置,即统辨、同异、成毁同时出现。兹以同异、成毁为例说明:"门牖,宅之门牖也,堂室,宅之堂室也,同象也。堂自堂,室自室,门自门,牖自牖,异象也。"(方以智:《反对六象十错综》,《易余》卷上,《易余(外一种)》,上海古籍出版社2018年版,第78页。)"门牖"与"堂室"相当于道与法,二者属于一宅,同时出现,这是并置;"门牖"与"堂室"各自独立,各有其存在的价值,由此道与法各得其用。"堂兼室,室兼堂,门兼牖,牖兼门,此宅之成象也;栋梁不可为阶壁,阶壁不可为栋梁,此宅之毁象也。毁宅之中,具有成象;成象之中,具有毁象。同不毁异,异不毁同。"(方以智:《反对六象十错综》,《易余》卷上,《易余(外一种)》,上海古籍出版社2018年版,第78页。)"成"为相兼带之义,通过道兼带法、法兼带道,由此而共同促成一体;"毁"是相互独立,在各自独立中,将一体分割,从而并置,各得其用。将道法关系解释为同异、成毁之后,再进一步,便是超越同异、成毁,毁中有成,异中有同,反之亦然,由此将道法之辨展开得更为丰富。

② 方以智:《小引》,《易余》,《易余(外一种)》,上海古籍出版社2018年版,第1页。

③ 方以智:《小引》,《易余》,《易余(外一种)》,上海古籍出版社2018年版,第1页。

用"是余之体的沉寂;"神其用"是唤醒余之体作为主宰,主导诸用。

道法互余,由于"正"与"余"共同组成一个整体,由此道与法共为一体:"即余而一其体用者也。"①君臣喻的双向关系可推出道法互为体用,亦可以说道法"一其体用":"道以法用,法以道用,全用全体。"②道法互为体用,并可升级为"全用全体":"全用"是在"用"的基础上融合了体;全体是在"体"的基础上融合了用。道之体融合了法之用,道具有了法的秩序与威严;法之用亦融合了道之体,表现为道的"共由"与公正。

与道法君臣喻"互主"类似,方以智突破了黄老学派单向性的"道生法",发展成道法"互生":"法生于道,而法能生道。"③"法生于道"是正生;"法能生道"是返生,返回式生成,即子产母,或者说是反生,反转正常母生子的生成方式。道法相生的双向性类似于君臣喻的"互生",并可展开为丰富的生成关系:"法生于道,而法能生道,何也? 曰:芝菌不根而成,蠐螬不母而育,不死之榕,枝复生根。非独此也,稼也反生,仁先芽而后荄,实悬于枝而为树本,此非枝之自生本乎?"④仁树喻显示出生成的回互:正生是核仁发芽生根荄,长成大树,核仁为道,树为法,这是道生法;返生是树为法,仁为道,树生果实,果实孕育核仁,这是法生道。这两次生成勾连成环,依次递进,则是道生法,法生道,道又生法,法又生道。在递进生生中又可叠加量,"道同法异"⑤,并发展出"道"之体的一源性与"法"之用的多样性。又如芝菌、蠐螬与榕树的生成方式:芝菌是灵芝,灵芝通过菌丝或孢子繁殖,是"不根而成";蠐螬是天牛的幼虫,天牛产卵方式是雌虫用产卵管在树皮缝隙内产卵,卵及幼虫隐蔽,且幼虫发育周期长,古人很可能未发现产卵的过程,认为它不需要母体生育;榕树不需要经过核仁,直接在树枝生根。这三种特殊的生成方式表现出"生"的多样性,其多样性可以转用到道法的双向生成,充实正生与返生。仁树喻(荄—树—核仁—荄)可以简化为榕树喻(树—根—树)的生成方式,这是道法更直接或浓缩的生成方式;而灵芝不需要经过根,通过菌丝、孢子等隐秘的方式生成,古人理解的天牛之生超越了母产子的常识,灵芝与天牛喻加深了道法相生的神秘性。多样性的生成思想直

①　方以智:《小引》,《易余》,《易余(外一种)》,上海古籍出版社 2018 年版,第 1 页。

②　方以智:《通雅·疑始》,《方以智全书》第 1 册,上海古籍出版社 1988 年版,第 80 页。

③　方孔炤、方以智:《系辞上传》,《周易时论合编》,中华书局 2019 年版,第 1170 页。

④　方以智:《法能生道》,《易余》卷上,《易余(外一种)》,上海古籍出版社 2018 年版,第120 页。

⑤　方以智:《易余目录·约药》,《易余》,《易余(外一种)》,上海古籍出版社 2018 年版,第13 页。

接来源可追溯到方以智的外祖吴应宾,"先外祖曰:道之生物,非若祖父子孙也,生之而与之同时者也。道之成物,非若工于器也,成之而与之同体者也。道之函物,非若筐于实也,函之而与之同处者也,无先后、能所、内外而一者也"[1]。道生法,如同不母而育,超出正常的人类繁衍的方式。在祖父子孙的生成方式中,祖父与曾孙、玄孙还有可能同堂,但由于人的寿命限制,祖父与云孙、礽孙很难在同一时空相遇,而道生法是"生之而与之同时",即道与法出现在同一时空中。同样,道成物的方式不像工匠与器物的分隔,而是工器一体,即创造者与被创造者一体,道法在生成中仍保持一体。筐实关系显示出道包容法,被包容者同样可以反包容,即法包容道。吴应宾所言三喻指向道与物,法为一物,由此之故,三喻均适用于道生法;德亦为一物,道生法的多样性亦可用于道生德。综上,方以智阐发的道法关系有三个基本点:第一,道法互主;第二,道法互生,生成方式多样;第三,道法并置。

二、作为道法底色的"於穆"之德

在方以智哲学的体用吞吐成环语境中,由道与法关系可以推出道与德、德与法关系:道生法,道亦生德,道是德、法的共同母体,德与法如兄弟,本是同根生,如图 7-1 所示;法生道,德亦能生道,道是法与德共同生成之子,可将德与法视作父母(夫妇),如图 7-2 所示。

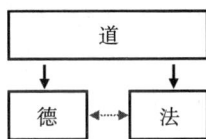

图 7-1　道生德法图　　　　图 7-2　德法生道图

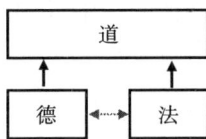

由图 7-1"道生德法图"可知,德与法如兄弟连理情深,同源于道,换言之,道是德与法联系的纽带;由图 7-2"德法生道图"可知,德与法如夫妇并蒂深情,德之柔与法之刚同时赋予道,从而使得道兼具刚柔。然而,实际的德与法的关系并不融洽,表现为兄弟反目成仇、夫妇相爱相杀,这应当是受到儒法之争的影响。法家以"法"为核心,"韩子引绳墨,切事情,明是非,其

---

[1]　方孔炤、方以智:《系辞上传》,《周易时论合编》,中华书局 2019 年版,第 1167 页。

极惨礉少恩"(《史记·老庄申韩列传》)。法的"惨礉少恩"背离了儒学的仁义恩情,导致德与法对峙。"杀戮之谓刑,庆赏之谓德"(《韩非子·二柄》),法家之"德"具有功利性,且与刑并列。儒家之德与法家之法的分歧,影响到儒学内部"德"与"法"的分裂,可借助"道"的共通性来弥合"德"与"法",如傅山批注《鹖冠子·世兵》"明者为法,微道是行":"法固当任,若内不以道消息之,唯有惨刻耳。"①道可以消解法的惨刻,不仅有利于道法关系的融洽,如韩非《解老》《喻老》,而且还可以滋润德法关系,如"夫道者,弘大而无形;德者,覈理而普至"(《韩非子·扬权》),覈理之德具有法的特质。由德至法,曲折地表现为由德至道,由道至法,借助道,德法互通;由法至德,曲折地表现为由法至道,再由道至德,借助道的公共性,德被赋予法的约束性。方以智认为:"道自以理法之极,奉德行神明之人;德自以理法之枢,宰其全用全体之道。"②法之极出于道,法以最终实现"共由"之道为终极指向。从传递性来看,道生法,法至德,道将法的约束性奉于德,德握法之枢以宰道,德是连接道与法的媒介。以德为中心,德是道法相生的要枢,法与道围绕德展开。从烹炮制药而言,相当于以道与法为药,医治德之病。从德自身的发展来看,相当于为德增添了道法的双翼,使得德可以笼括道法,有利于德向公共性与约束性发展。

儒学之德具有生生不息的特性,据《中庸》:"《诗》云:'维天之命,於穆不已!'盖曰天之所以为天也。'於乎不显!文王之德之纯!'盖曰文王之所以为文也,纯亦不已。"文王法天之德,表现为"於穆不已"。德的"於穆"隐微之义可借助道法的天日喻来看。方以智认为,"人知天生日以为官耳","故知天日同生,日用其天,以日治天,以天养日"③。此处以天喻道,以日喻法;天生日,道生法。"天生日以为官",天生日,所生之日反而主宰天,这相通于君臣喻的第二层关系,君统臣,亦为臣所统。天本独立自主,却创造了否定自己的存在——日。天(君)将统摄、主宰性让渡给日,天沦落为日之仆(臣),表现为依赖性、奴隶性。这种让渡的意义在于,通过法作为主宰,以法宰道,突出法的独立性与权威性,"天地之政在日,君民之纲赖法"④。

---

① 傅山:《鹖冠子精语》,《傅山全书》第5册,山西人民出版社2016年版,第154页。
② 方以智:《体为用本　用为体本》,《易余》卷上,《易余(外一种)》,上海古籍出版社2018年版,第124页。
③ 方以智:《法能生道》,《易余》卷上,《易余(外一种)》,上海古籍出版社2018年版,第120、121页。
④ 方以智:《易余目录·继善》,《易余》,《易余(外一种)》,上海古籍出版社2018年版,第10页。

"天日同生"即是道法并置,在并置中相互生成。道与法并置是二,相互生成导致"二合一","是二而一者,必不可须臾离也"①。这可从体用一源、显微无间、相生相养来分解。

从体用一源来看,道体法用,"日用其天",法用其道;"以日治天",以法治道,法作为主宰,统摄道,法亦应围绕"共由"之道展开;"日用其天"与"以日治天"呈现为互摄关系,在互摄中,道法交相加强,如《鹖冠子·环流》"唯道之法,公政以明",亦可反推出"唯法之道,体固源清"。体用双向互动:体必然表现为用,方为真体;用既能服务体,又能强体,方是真用。

从显微无间来看,法之"用"显,道之"体"微,显化之法易持循,隐微之道难体认。通过显微无间,借助法,道得以显赫大明,从而消解道的神秘感;借助道,法得以隐微,厚重有本,从而增强法的厚重感。从否定意义来看,日暗而见天,当法崩溃时,道之体显现;反之,暗天而明日,当道沦丧时,法则成为显学。进一步引申否定义,当道、法均消退时,作为生生之德的"於穆"现身:"其始也不暗日,则安能知天? 知之,则何碍暗天而明日? 知於穆者,忘日并忘天矣。"②从超越的角度而言,忘日并忘天,体用双遣,在无天无日时,最底层的天地之心的"於穆"之德显现;道与法只是表现为德的显性工具,要看到德的真面目,需要在显性工具隐退时。另外,通过"於穆"之德,道与法得以贯通,换言之,道与法均以"於穆"为基础,在此共同基础上,当然可以实现道法相生、并置与共生,而"於穆"之体正是维持道法相生、互生的不息之源。以"於穆"对接德之本体,亦可说道法同归于德,以德统道法,从而确立起儒学之德的主体,凸显德之生机。

从相生相养来看,"以天养日",即以道养法。有道之根的滋养,法有本有源,富有活力,能够不断创造发展;有道的公共性作为源与体,可以防止"金口玉言"式的随意立法;有道的深邃笼罩,法具有含光内敛之象,可以应对借助法追求一己私利的残暴飞扬;有道的"共由"之路,法不再向酷法严刑异化,而是以维护公共诉求为主要目的。在以道养法的基础上,道法关系的深入贯通可分为三层递进:第一,从道法的相反相因,"以天养日"可反推出"以日养天",即以法养道,或是"以法卫道",以法的威严捍卫道之主。

①　方以智:《法能生道》,《易余》卷上,《易余(外一种)》,上海古籍出版社 2018 年版,第 121 页。
②　方以智:《法能生道》,《易余》卷上,《易余(外一种)》,上海古籍出版社 2018 年版,第 121 页。

"法生于道,而以法知道,以法理道。无法则道熄,是法之能生道也明矣"①。"法生于道"继承了黄老学派的"道生法"。第二,"以法知道,以法理道",引向"法生道",从而实现道法相生的回环。第三,"无法则道熄",是从反证推出道法共存亡,一存俱存,一熄俱熄,道即是法,法即是道,道法互即。在这三层递进关系中,第一层已在前文论述,第三层"互即"简单直截,第二层的阐释尚有未竟之余韵,表现在"以法知道"之知与"以法理道"之理。"知"基于"生"的传递性,如母子连心,母必知子,故由法可以知道;"理",据《说文》"理,治玉也",为动词,如《韩非子·和氏》"王乃使玉人理其璞而得宝焉",转用至此,"以法理道"如同理璞而成宝玉,通过雕琢道之自然的玉料,宝玉兼具了道的内在质料与法的密察文理。"以法理道"暗含着《庄子·应帝王》南北二帝凿浑沌之道的隐喻,浑沦之道分崩离析。从老子之道的展开来看,庄子与黄老学派从两个相反的方向发展:庄子力图维护浑沦之道的生生活力;黄老学派尝试将道阐释得更清晰,并表达为法理的秩序。方以智对于两个方向的道家思想均有继承,并引入儒学之德:浑沦之道的生生活力对接"於穆不已",以此诠释儒学之德的生生仁体;秩序法理救正儒学之德的危机,以此强化儒学之德的显性表达。

综上,方以智论道、德、法主要有三点创新:第一,通过道的媒介缓冲,避免了德与法的直接对峙,实现德与法的互通互补。第二,德与道法具有双向关系:德展开为道与法;道的公共性与法的约束性反哺德,以补救儒学之德的缺陷,从而使德展开得更加饱满。第三,道生法,法生道,道法可直接互生,似乎回避了德;但从更深层次来看,以"於穆"贯通道法,并以"於穆"诠释儒学生生仁体,从而使得道法建立在"於穆"的底色之上,"於穆"亦使得道法互生成为可能。"於穆"亦有先天的"缺陷",由于其不显的特性,必须借助道、德、法,才能将其充分表达,而且必须要表达出来,才能发挥作用,"於穆"深厚的底蕴显示出缄默的力量。② 如前所论,道被方以智定义为公共性的"共由之路",结合道、德、法的相互生成与统摄,道的公共性被赋予德与法,不妨称之为公德、公法,公法是为了维护"共由之路",这与先秦之法已出现根本差别,亦显示出方以智法哲学精神的现代性。

---

① 方以智:《法能生道》,《易余》卷上,《易余(外一种)》,上海古籍出版社 2018 年版,第120 页。
② 张昭炜:《中国儒学缄默维度》,中国社会科学出版社 2020 年版,第 479 页。

三、人的道德水平类型与表现

方以智以法卫道、卫德的应用主要表现在借助法惩治无忌惮之小人。他说,"以意见纵嗜欲,则无忌惮之小人矣","无惮之小人,则公然乱尧舜之法矣","荡灭理法,极言无理"①。无忌惮之小人肆行乱法,以法绳之,捍卫法的威严,显示出以法卫道、卫德的现实意义。无忌惮小人不仅是儒学之德的毒瘤,而且是道与法共同克治的对象,要通过切除毒瘤,恢复道德自身机能。由于儒学之德的"柔性",实际应对无忌惮小人的效果并不理想,而法的"刚性"优势明显。另外,在阳明后学末流中,将良知杂染情识的泰州学派与向"无"超越的浙中王门,很容易嬗变为无忌惮者。杂染情识者以纵欲为推致良知,无所顾忌;"无"的超越者堕入空空,无所戒惧。这些末流相当于"公然乱尧舜之法"。借助法的严惩,从而有效保护道与德,同时亦为儒学找到了一个有固定标准、能切实把握的底线,法的底线为儒学之德提供了保障,并确保"共由"之道不被践踏。

法对于"德之贼"的乡愿不起作用,显示出法的限制性,这需要激活德,德法并举,共同踏上"共由"之道。乡愿不乱法,符合法的约束;乡愿为孔孟拒斥,不符合德之标准。由上之故,乡愿可作为德与法的界限,换言之,德之道德标准高于法,乡愿合乎法,但不合乎德。从方以智在明清之际正视乡愿的现实来看,时人的道德水平在德与法均失守,直接击穿法的底线。儒家立德标准高,用意在于提升道德,以显示有德君子道德的高洁。但德是内在性的,缺乏客观的外在评价标准;德是柔性的,缺乏刚性的执行力;德教是劝导性的,缺乏强制性的约束。由此为乡愿提供了可乘之机,造成道德理想丰满与现实道德沦丧的巨大反差。

儒学的乡愿困境主要表现在三个方面:其一,孔孟讨伐乡愿,但并没有提供有效防治乡愿之贼的对策。乡愿圆滑顺遂,较之于严毅方正、曲高和寡的有德君子,反而更容易大行其道。其二,从内在之德而言,个人无法向他者表明内心之德的可靠性,没有固定的标准,难以与乡愿划清界限,在此困难下,只能预设一个标准,"即人心有一个可以把握的底线,如果被遮蔽了就要重新找出来,如果没有也要假定一个,这样才好安安心心地做人。但其

---

① 方以智:《中告》,《易余》卷上,《易余(外一种)》,上海古籍出版社 2018 年版,第51—52 页。

实人心并不存在这样一个固有的底线"①。儒家试图以德为固有的底线,但由于内在之德缺乏公共性、清晰性、稳定性,将面临向个体性、朦胧性、漂移性倾斜,由此相似于乡愿的苟可性、弥缝性、曲意逢迎性。以孔孟为代表的先秦儒学驱逐乡愿,然而明清之际的儒学却向乡愿堕落,并导致"结构性"乡愿。其三,结构性伪善牵带出体制性伪善。"既然'上'面本身就是政治乡愿,德之大贼,则上行下效就是顺理成章的了,儒家伦理的结构性乡愿就成了体制性的乡愿"②。儒学树立道德典范,以典范带动道德实施,如《大学》"上老老而民兴孝,上长长而民兴弟,上恤孤而民不倍",这是健康的、理想的上行下效。但由于居上位者之德的标准不明确及底线不固定,道德提高难,滑坡易,上行下效的拓展反而扩大了德性的朦胧,加速了德性的漂移,伴随着道德滑坡下行的强大势能,上下均被乡愿同化,导致个体性乡愿在群体中的蔓延、结构性乡愿向体制性乡愿的腐化。要解决乱德不乱法的乡愿问题,方以智不是急于提高儒家君子的道德标准,而是退守到法的底线。之所以如此,是因为社会道德水平整体滑坡,诉诸更高道德标准,藐视或与抵制乡愿,儒学已力不从心。在此情况下,与其进一步孤峰险峻,不若退一步海阔天空,儒学在退守至乡愿后,诉诸法,将应对的重心转移至荡灭德法的无忌惮者。

以道、德、法为标准,人的道德水平可分三种类型:第一类,有道有德,遵循"共由之路"、开掘内在德性、在隐微之体中提升道德的君子;第二类,位于道与德之中、法之上,遵循公共性之道的大众(包括处于底部的乡愿);第三类,位于法之下,无忌惮乱法的小人。从基数来看,第一类道德水平较高的君子为数较少;第二类是大多数;第三类亦少,虽然少,但可以侵蚀第一、二类,造成整体道德水平的崩溃。第三类无忌惮小人无所顾忌,甚至假借良知之名,如果第三类得不到相应惩罚,却由此欲望满足获得私利,会为第一、二类带来极坏的示范效应,导致第二类中的摇摆者向第三类坍塌。因此,要维护整体社会道德水平,最直接有效的手段是惩治无忌惮者。有道有德的君子道德水平居于法之上,是"共由"之道的引领者,"共由"之道与底线的法不构成对于有德君子的限制,如同孔子从心所欲而不逾矩,有德君子从道德所行而不逾法。

通过法,为道与德托底,使得第二类及第一类基础牢固,以此强化第二

---

① 邓晓芒:《从康德的道德哲学看儒家的"乡愿"》,《康德哲学诸问题(增订本)》,文津出版社2019年版,第113页。

② 邓晓芒:《从康德的道德哲学看儒家的"乡愿"》,《康德哲学诸问题(增订本)》,文津出版社2019年版,第117页。

类。由于第二类位居中间,体量大,弹性空间亦大,弹性空间不仅赋予中间类以充分自由,同时也是有道有德君子的孵化器。从概率来看,正是由于中间类体量大,大体量有助于产生作为金字塔尖的有德君子。从明清之际的现实来看,"使今日而十有五愿,亦太平矣",按此推算,如果乡愿能够占据总量的半数以上,就能够维持稳定的社会道德水准,实现天下太平,由此也不难理解方以智重视乡愿的现实意义。方以智接纳乡愿的主要原因包括两个方面:其一,针对社会道德水准严重滑坡的现实,接纳乡愿可扩大儒学阵营,将儒学对于乡愿的讨伐转为接纳,从而将讨伐的精力集中到惩治无忌惮的乱法者①。其二,既然乡愿不乱法,又有德性提升的空间,应成为儒学"统战"的对象,而非划清界限的对象。乡愿能够将道德水平稳定在法之上,通过增大乡愿体量,促进社会道德总体水平的稳固。从概率论理解,通过"统战"与教化,不乱法乡愿的道德水平可提升至乡愿之上,乃至成为有道有德的君子。假设晋级的概率是50%,如果十人中有乡愿四人,则有两人可能晋级。通过惩治威慑,最低道德水平的无忌惮者两人转为乡愿,乡愿成为六人,则有三人可能晋级。体量的基数越大,在概率一定的情况下,乡愿中的道德晋级者理应越多。由此大致可以推出方以智解决乡愿困境的策略:第一,他不讨伐乡愿,而是吸纳乡愿,以此扩大儒学阵营,增大有道有德君子的"培养基"。第二,以法捍卫道与德,为儒学的道德水平设置明确的底线之法,且法为公共性之道所生,以法应对结构性伪善。第三,将上行下效的德范模式转为上下均须踏上"共由"之道,且均受法的约束,从而解构产生体制性伪善的体制。

从先秦儒学传统的选择来看,方以智并未诉诸孟子的性善论,而是向荀学"隆礼重法"倾斜,这或许是针对发扬孟子性善良知的阳明学在明代展开的流弊,尤其是荡肆乱法者。善恶为两端,从《中庸》"隐恶而扬善"来看,方以智在保留"扬善"时,重视"隐恶",更准确地说,不深入追究"乡愿"德性之恶,仅惩治践踏法之底线的无忌惮者,从而扩大儒学阵营,并为善的成长提供了一个隐性空间。"隐恶而扬善"是大舜的伦理政治学要旨,亦可说是大舜为政实践之精要,由此可称方以智接续了比孟荀更古老的儒学传统。

---

①　按照正态分布理解,一种可能的道德水平是:十人中,有道有德的君子两人(20%);无忌惮者两人(20%);中间类六人(60%),其中乡愿四人(40%)(特指孔孟讨伐的"德之贼"),道德水平居于乡愿之上者两人(20%)。如果儒学完全拒斥乡愿,儒学阵营总人数为四人(居于乡愿之上者两人与有道有德的君子两人),要对抗非儒学阵营六人,显然在数量上不占优势。如果吸纳乡愿,儒学阵营总人数将增加为八人,在数量上占据优势,更容易集中精力惩治无忌惮者。

　　方以智解决乡愿问题的现代性可通过康德哲学参照说明。康德认为："一种行为与义务法则相一致构成此行为的合法性;这种行为的准则与义务法则相一致构成此行为的道德性。"①按照合法性与道德性划分:无忌惮者不合法,亦不合德;乡愿具有合法性,不具备道德性,缺乏行为的准则。以法卫德的核心体现在行为的准则,准则须建立在合法性之上,且与义务法则相一致,即德融合了法的精神,不妨成为"法德"。由此进一步引申,"道德学科的最高原则是:'依照一个能够像一项普遍法则那样有效的法则去行动。'凡是不符合这个条件的准则,就是违背道德"②。法则的"普遍性"即公共性,这是"共由"之道赋予法的特性,按照康德的定言命令式原则,方以智的道、德、法思想可表述为:只按照你同时能够让它不僭越公道之法去行动。这是一种负向的防御之法,从而开辟出儒学道德伦理的普遍性、公共性法则。这种公共性特征的道、德、法思想并不妨碍以孟子为代表的性善说,个体的内在德性仍可主动提升,且有利于生生之德流行的顺畅。综合两者,外有公共性法则的限制,内有德性的提升,内外交相进,在保留儒学核心伦理价值的基础上,这种新理论的外在公共性与康德哲学有异曲同工之妙。

　　法由道生成,以"於穆"之德贯通道法,显示出方以智所论之法的浑沦性,缺乏成文法规定的明晰性;"体道尊德以立法"③,"尊德"是立法的必要条件,这又显示出坚守儒学重德传统,当且仅当由公道产生的法,才能成为独立可信任的法。方以智所论之法具有浑沦性及德性优先的特点,与现代社会之"法"存在差异,但两者又有共同的约束性与强制性,对比西方政治哲学,法"只作用于那些能够归入立法范围的外在行为,并且只实施外在的约束而不管人的内在目的和动机","要求政治社会坚持普遍的因而是最低限度的限制,以为人们的自由留有充分的余地","国家不能也不应该强迫其公民行为道德"④。"自由"表现在较大的弹性空间,但并不是无底线的自由,一旦踩到法的底线,自由将受到限制。方以智所言之法亦为自由留有充分余地,这又接近于现代社会之"法"。稍晚于方以智的孟德斯鸠指出:"人民一旦拥有了良好的准则,就会比那些所谓的正人君子更长久地坚持遵行。"⑤"良好的准则"可对应于方以智所论的"公法","正人君子"相当于

　　① 康德:《法的形而上学原理》,沈叔平译,商务印书馆 1991 年版,第 29 页。
　　② 康德:《法的形而上学原理》,沈叔平译,商务印书馆 1991 年版,第 29 页。
　　③ 方以智:《非喻可喻》,《易余》卷下,《易余(外一种)》,上海古籍出版社 2018 年版,第 212 页。
　　④ 列奥·施特劳斯、约瑟夫·克罗波西主编:《政治哲学史》,李天然等译,河北人民出版社 1993 年版,第 694、695、695 页。
　　⑤ 孟德斯鸠:《论法的精神》,许明龙译,商务印书馆 2012 年版,第 55 页。

儒家的道德典范,孟德斯鸠之言可转述为:与"共由"之道互生的公法,较之于儒学的道德典范带动,更有利于人民遵行。由此显示出方以智道、德、法思想的现代精神。

方以智会通道法,以道法为药,医救儒学德之病。方以智以卫德为目的,以会通道法为手段,从道与法两方面扶正德,也可以说从道与法两个方向发展德,以道赋予德公共性,以法赋予德约束性。方以智"烹道炮法"的思考深度已经触及如何解决结构性与体制性乡愿问题,显示出方以智道德哲学的原创性、超前性以及对于道德文明建设的重要意义。

方以智会通道法主要借助五喻:君臣喻、四时喻、仁树喻(芝菌、蝤蛴与榕树喻)、筐实喻、天日喻。五喻各有侧重,且相互渗透。君臣喻重在正向的统摄生成,道统法,道生法;反向君臣喻表现为臣统君,即法统道,法生道。四时喻的冬之道与三时之法互余,从体用的吞吐成环诠释道法关系。君臣喻与四时喻有两个共同特征:其一,双向性,且在双向性中达到一体;其二,同处并置,在统摄与体用关系中保持各自的独立性。仁树喻是将道法的生成回互成环,成环的特征又可与四时喻相通。仁树喻可拓展或简化为芝菌、蝤蛴与榕树三种生成方式,这进一步丰富了道法的生成方式。通过"生生",仁树喻将君臣喻的双向生成吸纳,从横向的相互生成发展成纵贯的更迭生成。筐实喻源自吴应宾,筐之道包容法之实,因为包容,从而能够随时生成,以此相通于君臣喻、四时喻、仁树喻。在筐实喻中,子体在生成后又能保持母体的独立性,这与仁树喻不尽相同:仁生树后,仁不复存。二者亦有相一致处:树生仁后,树依然存在。道与法的相互统摄关系亦体现在天日喻中,天生日,日又反治天,即道生法,法又治道。天日喻与仁树喻在"生生"的根本处相通,如同超越天日,"於穆"现身,"於穆"之德是道法的底色,亦可说道法是"於穆"之德的显化。仁树喻的更迭生成源于"生生",也可以说"生生"之德统贯道法。综合仁树喻与天日喻,"於穆"即是"生生",是儒学之德的仁体,"生生"会通道法、统贯道法,或者说道法统归于"生生"。

以上五喻极大丰富了道法的生成关系,以五喻为基础,还可破除诸喻,过程分两步:以"非喻"超越"可喻";以"不得不喻"重返"可喻"。简化为以"可喻"为起点的超越与返回:"问:喻道者,何喻最乎?曰:此非喻可喻也,而不得不喻","道自祖祢而云孙礽孙,生而同时者也。一时同生,而又不碍有循节缘生、展转相生者也","同时生之,而分体同之者也。"①此处重申诸

① 方以智:《非喻可喻》,《易余》卷下,《易余(外一种)》,上海古籍出版社2018年版,第212—213页。

喻所示道法关系的五个重要特征:其一,正向生成,如祖生孙;其二,反生,或返回式生成;其三,并置,生而同时;其四,生的次序,循节缘生,如仁树、芝菌、榕树等;其五,成环,正生与反生展转,如四时成环、仁树更迭。五喻是为了显示五个重要特征,把握五个重要特征,可以实现以"非喻"超越"可喻"。实际道法关系的复杂性与丰富性超出诸喻,"可喻"是帮助理解道法关系的手段,在此基础上,如同得鱼忘筌,以"非喻"超越"可喻",从而达到认识道法实际关系之目的。从方以智深入发展的辩证关系来看,以上五个重要特征可集约表述为"吞吐成环",体用吞吐成环包含了体用一源、显微无间、相生相养,道法既能一体,亦能保持各自的特色,显示出道法间合力与张力的丰富关系。

从传统中国哲学的创造性而言,方以智会通道法及卫德包括三点创新:第一,法生道。从形式来看,这是对于黄老学派"道生法"的反向发展,亦可说综合了"道生法"与"法生道",并实现两者平衡。第二,道法互生,即"道生法"与"法生道",并以"生生"之德统摄之,或者说"烹道炮法,以供德之鼎薪"。第三,以法卫道与德,凸显法的作用及价值,缓解传统的儒法之争,实现道、德、法交相益,增强中国传统文化的整体合力。儒家尊德,但缺乏道的公共之体与法的约束力。方以智会通道法以卫德,不仅有利于纠偏儒学尊德之弊,而且丰富了儒学之德的内涵,有利于以德为中心,从道与法两个方向发展:从道而言,德可以吸收"共由"之道的公共与正义,德亦当循此公道,除此之外,再没有更超越的道;从法而言,应从德治走向法治,以法卫道,以法卫德,德贯道法,或者说道、德、法并举。当然,以今观古,方以智思想的不足之处亦很明显:从法的约束性来看,他并未提出一套系统的法学,其所言之法只是前瞻性的学理探讨,对于法的约束规则并未深入,其所言之法缺乏实践性与可操作性;从公共性拓展来看,他处于返回黄老学派的传统与开启公共性道德之间的胶着状态,他试图在保守与创新之间达到平衡,这在一定程度上又削弱了其学说的创新性。

从现实意义来看,儒学在明末流弊四起,方以智引道、法入德,以奇救正,以法惩治无忌惮者,以法为道与德托底,从而切除侵蚀儒学德治的毒瘤,疗救儒学,有功于儒学甚巨。当乱法的无忌惮者被惩治后,再进一步,德法并举,唤醒"乡愿"之德,乃至以德为治,踏上"共由"之道。这不仅是对于儒学发展困境的指引,指出了儒学融合道法思想发展的方向,也显示出中国文化的自信。

四、道德法"三位一体"

通过两两吞吐成环,道、德、法呈现出"三而一""一而三"的关系,可表述为"三位一体"。与基督教圣父、圣子、圣灵的三位一体(Trinity)不同,此处所言的"位"是处于不同位置:

> 台谏宪章,必争是非,犹之法也;宰相则是非燎然,而休容大体,犹之德也;大君垂拱无为,而藏其不测,犹之天道也。曾凡之乎?然君亦藉宰相、台谏以自治,而天下之视宰相、台谏皆君也,则体天乘时者贵矣。[①]

法、德、道之"位"如台谏、宰相、大君,三者各有其位,各司其职,各尽其性:台谏之职以宪章为依据,明辨是非善恶,不徇私情。宰相管制台谏,他不仅要采纳明谏,而且要有德之柔性;不仅要考虑宪章之法的威严,而且要考量道德的全局;不仅要注重显性层次上的是非曲直,而且要护持国之大体。大君处于道位,垂拱无为而无不为,藏其不测而用其测,"两端用中,而明四目。不过通上下之情,就天下用天下,而恭己无为矣。"[②]大君貌似无为,实则总持纲纪;貌似无权,实则为大权。大君的大权显然不是集权独裁,而是分权给宰相与台谏。从阶次而言,在三位一体中,道统摄德,德统摄法,法处于末位。从君臣一体来看:君在宰相中,道在德中;宰相在台谏中,德以法体现,"天下之视宰相、台谏皆君也",如同仆亦是主,臣皆是君,德与法成为道的体现者,亦可居主位。台谏持守宪章,明辨是非,以确保法明道直,无须宰相之"德"与君主之"道"的干预。同理,宰相贯彻德,大体休容,君亦无权干预,由此显示出三种权力之间的制衡。

道可隐可显:道隐身,君之大权分散在宰相、台谏中,"敬大臣,体群臣,道本如是。"[③]由隐到显,当德与法出现问题时,道从无为转向有为,扶正德与法;道必然要表现为德,成文于法,如果将道封闭,既不能尊德,亦不能体

---

① 方以智:《知言发凡》,《易余》卷上,《易余(外一种)》,上海古籍出版社 2018 年版,第19 页。

② 方以智:《帝学》,《曼寓草上》,《浮山文集前编》卷四,《方以智全书》第 9 册,黄山书社2019 年版,第 383 页。

③ 方以智:《帝学》,《曼寓草上》,《浮山文集前编》卷四,《方以智全书》第 9 册,黄山书社2019 年版,第 385 页。

法,则为废道。以儒学之德为中心,三位尤重"相位"。宰相上承君之道,以道之大体为务,下摄台谏,是非燎然。《大学》以休休为宰相经①,宰相之德既秉承道之体,有休容;又有法之用,以法护持大体:"但得一休休仁智之相,因民好恶,振纲纪,申教养,通变旧例,鼓以报效,则百职自理,天下自平矣。"②"朱子曰'惟公惟明',相道毕矣。"③"公"可解释为公共之道、共由之路,德上接公道,则德为公德;"明"为明辨是非,公道公德衍生出明法。宰相以"公"与"明"为务,公德兼具公道与明法。台谏、宰相、大君三位的比喻能有效说明道、德、法各自的特性及主要关系,如前文论述道德君臣喻的双向性以及道法诸喻的非喻可喻,道德法关系超越三位一体的局限性,如按照道德君臣(主仆)喻,德与法亦可为君,道亦可为台谏、宰相之臣。

以上论三位一体,是综合而言,于三位中突出相位,即推重儒学的德治。在封建社会,君权至上;与综合一体相对,则是如何将君道的一体三分。据方以智诠释作为理想之君的大舜:"无为垂拱之舜,即命官勤死之舜,要不出于深山决河之舜也。"④此处将舜之一体分解成道、德、法三种精神:舜垂衣裳而天下治,如《道德经》第六十章"治大国,若烹小鲜",此舜是道家无为而治;命官勤死,殚精竭虑,励精图治,此舜具有法家的精神,"三岁一考功",乃至崩于南巡狩;深山决河之舜,此舜表现内在德性,渴求至善,见闻一善行善言,"若决江河,沛然莫之能御也",这是儒学内圣。从儒学立场来看,内在德性是根基,是本体,这种内在的德性既可以展现为考功,也可以是无为而治。以德治为中心,"命官勤死"是显性地彰扬德性,"无为垂拱"是隐性地潜藏德性。

借古言今,"知今心之即古心,即知古心之即今心矣。"⑤方以智的理想之君既能集权,使得权在道的展开中运行;又能分权,实现无为而治;还能正心修身,涵养内在德性,夯实儒学根基。方以智炮制《庄子·应帝王》圣人之治"正而后行,确乎能其事者而已矣":"高皇曰:'圣人允执之性无所名,特以旷大永长之事配而言之,故以道称衡,以权合之。法布天下,虽至巧者

---

① 方以智:《相道》,《曼寓草上》,《浮山文集前编》卷四,《方以智全书》第9册,黄山书社2019年版,第386页。
② 方以智:《帝学》,《曼寓草上》,《浮山文集前编》卷四,《方以智全书》第9册,黄山书社2019年版,第385页。
③ 方以智:《相道》,《曼寓草上》,《浮山文集前编》卷四,《方以智全书》第9册,黄山书社2019年版,第386页。
④ 方以智:《〈应帝王〉总炮》,《总论下》,《药地炮庄》,《药地炮庄校注》,台大出版中心2017年版,第244页。
⑤ 方以智:《如之何》,《易余》卷上,《易余(外一种)》,上海古籍出版社2018年版,第60页。

无所施其奸,至愚者凭此而不惑,故以衡称。'此圣人所以易简而确能其事也。"①此处体现方以智坚守明朝遗制的遗民精神,推崇明太祖朱元璋的政治。"允执之性"即是尧舜十六字心传的"允执厥中",将隐性之德通过具体的事与法来展现。"中而离乎四海,则天地万物失其体矣。"②"中"是道、德、法的向心凝聚力;反言之,若"中"离,则导致道、德、法分裂:德沦落成孤魂野鬼,法异化为冰冷的条律,道堕落至彻底的无为。布天下之法基于道,法由道生,法在执行时,满足道的共由性,"至巧者无所施其奸",限制了无忌惮者对于德与法的破坏,强迫至巧者合乎道;至愚者即使不能明晰道与德,仍能在法的框架下,踏上共由之路。"事"为实事,这显示出方以智的实学倾向,"即器是道,帝王相传之镜也"。③ 如同道法关系中的神与迹,无方之道必须要展现为赫奕之迹,帝王之治必定要将道与德落实在具体之事中,通过"有"彰显"无",通过具体的"器"表现抽象的"道"。"玉殿苔生,四臣不昧。朝不受礼,违则必诛。"④方以智引用禅宗语录展现"无为"与"大为"的统合,"玉殿苔生",君主鲜上朝,可谓是无为而逍遥,但这并不是不作为,而是政体的高效稳定运转依赖公正的政府,依靠道德法的运行,依靠有为而治的大臣。"四臣不昧",这是恪尽职守、鞠躬尽瘁的有为。违反礼法者必诛之,违法必究,这又借鉴了法家思想。如果仅有"玉殿苔生",若无"确能其事",只能是亡国之音,如明神宗。"高皇曰:古今以老子为虚无,谬哉!老子密三皇五帝之仁,法天正己,动以时而举合宜,言简而意深。"⑤明太祖深知道、德、法之用,故建国强国;明神宗失太祖之训,故国衰,乃至为明朝灭亡埋下祸根。

明亡后,在无君的情况下,明代遗民思考如何建立理想政府,据王夫之:"有圣主兴","预定奕世之规,置天子于有无之处,以虚静而统天下"⑥,这还存有对于圣明君主的期待。熊十力据此认为王夫之"欲创定天子徒拥虚

① 方以智:《〈应帝王〉第七》,《药地炮庄》卷三,《药地炮庄校注》,台大出版中心 2017 年版,第 520 页。

② 方以智:《〈应帝王〉第七》,《药地炮庄》卷三,《药地炮庄校注》,台大出版中心 2017 年版,第 522 页。

③ 方以智:《〈应帝王〉总炮》,《总论下》,《药地炮庄》,《药地炮庄校注》,台大出版中心 2017 年版,第 243 页。

④ 方以智:《〈应帝王〉第七》,《药地炮庄》卷三,《药地炮庄校注》,台大出版中心 2017 年版,第 521 页。

⑤ 方以智:《〈天下〉第三十三》,《药地炮庄》卷九,《药地炮庄校注》,台大出版中心 2017 年版,第 937 页。

⑥ 王夫之:《成帝》,《读通鉴论》卷十三,《读通鉴论》,中华书局 2013 年版,第 358 页。

位、全无实权之法制","颇近于虚君共和"①。较之于王夫之,方以智则更为彻底,在他的理想政府中,甚至不需要君主。"明清以来的儒家不得不放弃'得君行道'的旧途,转而向社会和个人生活领域中开辟新的空间。这是儒学脱离制度化的一个信号。"②方以智在怀念旧途时,转向公道、公德、明法的新空间,在公共之道中提升儒学的境界。方以智关注的焦点在于新政府充分发挥道、德、法之长,实现公道的共由之路。"人知圣人以仁义为政而已矣,曾知政府既立,下以治万古之民,而上即以治万古之君乎?"③"上即以治万古之君",方以智以仁义立本,接续儒家以德治国的传统,而据《韩非子·显学》"言先王之仁义,无益于治"。这与法家韩非子的立场完全不同。从道的现实公共性反推,万古之君亦是在他那个时代能够体现道的公共性,从而将儒学崇尚道统的思想归为现实的公正。如前论道法关系,"圣人体道尊德以立法":立法基于道,即法治诉诸公共正义;尊崇德,以德与法向制衡。由此所立之法是符合公道、公德的明法。"下以治万古之民",方以智不仅要继承前圣,致力于当下现实需求,而且要为万世开太平:"天下为公"。④ 此据《礼记·礼运》:"大道之行也,天下为公。"公道的共由性、公共性也可以说是公众意志,公众的判断及所行大于个体的意志。如黄宗羲所言:"盖天下之治乱,不在一姓之兴亡,而在万民之忧乐。"⑤方以智虽有故国情怀,但他亦不是为一姓一朝谋复兴,而是为天下百姓求公道,为万世谋太平:"苦心卫道,宁望人知? 知我罪我,万世犹旦暮也。"⑥

　　方以智论道德法三位一体,包含三层叠加嵌套的吞吐成环关系:道与德、道与法、德与法。吞吐成环既是反对,亦是相反相因;既是一体,具有共同的指向;又各有其位,保持各自的特色。道德法之间的张力与合力共同作用,丰富了三位一体的内容。方以智兼取儒道法三家之长,摒弃三家之短,总体提振传统的思想资源,展现出中国传统文化的整体性:儒家以德兼道法,重视尊德性,缺乏道的活力与法的约束力;道家以道生德法,崇尚自然的

① 熊十力:《与友人论张江陵》,《韩非子评论与友人论张江陵》,上海古籍出版社 2019 年版,第 119 页。
② 余英时:《现代儒学的回顾与展望》,生活·读书·新知三联书店 2004 年版,第 182 页。
③ 方以智:《法能生道》,《易余》卷上,《易余(外一种)》,上海古籍出版社 2018 年版,第 120 页。
④ 方以智:《〈应帝王〉总炮》:《总论下》,《药地炮庄》,《药地炮庄校注》,台大出版中心 2017 年版,第 243 页。
⑤ 黄宗羲:《原臣》,《明夷待访录》,《黄宗羲全集》第 1 册,浙江古籍出版社 2005 年版,第 5 页。
⑥ 方以智:《小引》,《易余》,《易余(外一种)》,上海古籍出版社 2018 年版,第 5 页。

无为而治,缺乏德的价值引导以及法的限制;法家以法驾驭道德,约束与执行力强,缺乏道的自然与德的温润。对于儒学思想的新发展,方以智重视道的公共性、正义性,以及德的实在性。儒学要革故鼎新,需要吸收道家与法家的资源,既要循法成德,借鉴法家;又要以道生法,提振道家。通过论述道、德、法三者之间的两两吞吐成环,丰富了儒学之德的内涵,从德治走向法治,以法卫道,推崇德法并举。儒学以德为本,这是道的正向开出,这依赖于个体内在的道德自觉与公正为政的"政府"。

　　儒学在明末流弊四起,个体道德沦丧,方以智引道、法入德,以奇救正,以法惩治无忌惮者,以法为道德托底,以法捍卫道德,从而切除侵蚀儒学德治的毒瘤,疗救儒学,有功于儒学甚巨。当然,由道德法三位一体的关系可知,以法卫道只是方以智伦理政治学的起点,是疗救儒学的权宜之计。当乱法的无忌惮者被惩治后,再进一步,德法并举,唤醒"乡愿"之德,乃至以德为治,踏上共由之道。这不仅是对于儒学发展困境的指引,也显示出方以智对于中国文化的自信,指出了儒学融合道、法思想资源发展的方向。在无国无君的情况下,方以智苦心卫道,是明清儒学发展趋势中的特立独行者,思考伦理政治的"理想国",致力于国家公正秩序的重建,对于公道、公德、法治、民主有深刻的思考,闪耀着现代伦理政治学的光芒。当然,方以智的儒学思想产生于明清之际,亦有其局限性,如其对明太祖的推崇,又如其所言之法,并不是现代意义上的法治、法律,但瑕不掩瑜,方以智的努力将儒学带入更开放、更包容、更现代的新境界。

　　最后,综合来看道、德、法的关系:

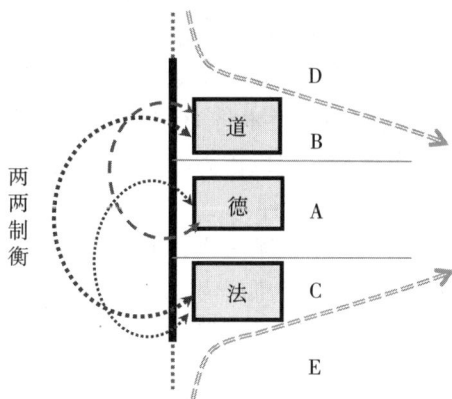

图 7-3　道德法关系图

道与德吞吐成环,从而在互生中制衡;同理,道法、德法亦是互生制衡关系。以德为中心，上通道、下贯法，从而儒学之"德"兼统道家之"道"与法家之"法"。上述分为 ABCDE 五个区，以德为中心的 A 区，可以辐射到"道"所在的 B 区与"法"所在的 C 区，由此扩大了儒学之德的外延，拓展到 ABC 三个区。从病与药来看，与 A 区向外辐射相反，通过两两制衡，B 区向 A 区渗透，C 区向 A 区渗透，从而用于纠正单提"德"所导致的流弊，这可将道、法视作药，以救儒学之德之弊病。

《易余目录》以天与日比喻道与法的关系，从正余来看，天作为正，日是余，由正生余，"天凝日，而让日以治天；日即天，而天若分余以养之。"①"天凝日"如"道生法"，这是黄老学派的法家学说；在此基础上，方以智提出"法能生道"，这是返生，以及正生与返生的交互作用。返生如反哺，是"正"自己创造了一个对立面，并用对立面来"养"其正。《易余目录》还提到"於穆"，按照三均之论，天如隐均，日如费均，於穆如公均，"於穆即在暗天明日之中矣"，用三均表述为："公均即在隐均费均之中矣。""於穆"是文王之德，是儒家的生生仁体，也就"德即在道法之中矣。"

道家之"道"对于儒学有重要意义，方以智引入道家的"无为"，以供儒家的"大为"，"身在山林，心在庙堂"，在君丧国亡后追寻儒学的精神家园。儒家德范而治崩溃；道家废仁义而任逍遥："德"与"道"分则两病，合则互为良药。在道德法三位关系中，道居大君之位，主导三位一体。儒家崇尚的理想君主是有为，以至大为；道家的理想君主是无为而治。魏晋玄学追求"身在庙堂，心在山林"，儒者在庙堂勤勉为政时，兼顾道家山林的逍遥无为。方以智思考的问题是如何将道家的无为转化为儒家的大为，反转逃世，积极入世，以庄子为儒学托孤："《庄》之终篇"，"其曰：'以天为宗，以德为本，以道为门，兆于变化，谓之圣人'，此非指孔子而谁乎？ 此与子思之称天地，孟子之称时，何以异乎？ 则后世有知孔子如庄周者乎？"②明末儒学的堕落类似于《庄子·天下篇》所言的"道术将为天下裂"，在困境中，方以智开掘道之全体，阐发孔子之全神，不仅"以德为本"，而且还要见天地之纯，"以道为门"，从"大体"上发扬儒学真精神。

道与法吞吐成环，"伏羲非无法也，而成于尧；二帝非无政也，而备于周。"③儒学亦有重法的传统。为儒学引入法，可视作烹炮法家以救儒学，也可视为激活儒学自身的法学传统。《鹖冠子》可归入黄老学派，"道生法"的

---

① 方以智：《三冒五衍》，《易余》卷上，《易余(外一种)》，上海古籍出版社 2018 年版，第 34 页。

② 方以智：《象环寤记》，《易余(外一种)》，上海古籍出版社 2018 年版，第 218 页。

③ 方以智：《〈天下〉第三十三》，《药地炮庄》卷九，《药地炮庄校注》，台大出版中心 2017 年版，第 943 页。

思想在韩非子与黄老学派中已论述得具体而精微，方以智的理论贡献在于"法能生道"，这不仅是对于传统道家、法家思想的发展，而且亦有功于儒家。道生法，强调法的正义性；法生道，以法卫道，通过法守住儒家的道德底线，即使乱德不乱法的乡愿大行其道，亦可实现天下平。综上可知，方以智理想的儒家不是封闭的"纯儒"，而是融合道家与法家思想资源后，浴火重生的新儒家，综合体现了中国文化儒、道、法三家的内核精神。

第八章　孔学人道与庄学天道的
会通与托孤

　　汉人以庄子嗷嗷生死乃畏死之甚者,夫安知其即以畏死诱人之养生乎? 安知其即以养生诱人养其生之主乎? 迹其神,将守形。形乃长生之状,本为我也,特为此逃生死之言,敌生死之势,以平其养生之怀耳。自炮《庄》者言之,亦养其於穆之生生耳,亦养其行生即於穆之主中主耳。彼溺于曳尾、栎社者,岂知龙比肥如之大全其生乎?①

　　藏嗒然于秩然,舍身命以善万世,岂回避一切,回避当当,而衔无上之旛哉?②

　　第一段引文主要是从迹与神来讲庄子,从迹来看,庄子"溺于曳尾、栎社",曳尾泥途,指庄子不出仕为相,而甘愿逍遥于自然;"栎社"当据《庄子·人间世》的栎社树,"其大蔽数千牛,絜之百围。其高临山千仞,而后有枝",却是"不材之木也,无所可用,故能若是之寿"。从神来看,庄子是"龙比",指贤臣关龙逢与比干;庄子是"肥如",即始于西汉的肥如县,现为河北省秦皇岛市卢龙县,殷商时属孤竹国地,代指伯夷、叔齐。关龙逢、比干、伯夷、叔齐都是儒学推崇的使命担当者。从生死来看,庄子之形是畏生以养生,其实是养生以求养生之主,从缄默维度的於穆中追寻生生之源。第二段引文"藏嗒然于秩然"即使"藏庄学于孔学",由此形成大全之道,这个道统超越儒家的道统谱系,并向庄子开放。这两段引文都涉及本章所论的主题:孔庄之学的会通与托孤。

一、《庄子》与《六经》

　　据《庄子·天下》:道之大全裂,儒学得其一,形成《六经》:"邹鲁之士,缙绅多能明之。《诗》以道志,《书》以道事,《礼》以道行,《乐》以道和,《易》

①　方以智:《生死故》,《易余》卷上,《易余(外一种)》,上海古籍出版社 2018 年版,第 73 页。
②　方以智:《善巧》,《易余》卷上,《易余(外一种)》,上海古籍出版社 2018 年版,第 24 页。

以道阴阳,《春秋》以道名分。"在传统诠释中,儒学仅得一偏,并不能尽合大道,相当于《庄子·天下》贬低儒学。方以智在诠释中反转儒学之"偏"的地位:"首称邹鲁之士,明谓孔子删订作述,集群圣之大成。后学不见圣人之大全,自为不该不遍一曲之士,此大道所以终裂也。故后历叙诸家,皆是闻风起者,谁能如邹鲁先生之据上风哉?"①这包含两层进路:第一,大道裂,儒者得一偏。方以智的创造性诠释在于:尽管儒者仅得一偏,但仍是与道最近者,"据上风",高明且优先于其他诸家;"首称邹鲁之士",亦印证了这一点。这一进路明显受司马谈《论六家要旨》影响,亦可说司马谈受《庄子·天下》影响。儒道两家同源于周代文化,具有同源一本性。第二,在大道裂后,孔子致力于道之大全的复建,集群圣之大成。《六经》之上是作为"全"体的"道",此道之"全"可以统摄《六经》之"偏"。经此诠释,相当于《庄子·天下》赞叹孔子,可为托孤说铺垫。

相应于全偏关系,《庄子》与《六经》是神迹关系。"庄子实尊《六经》,而悲'一曲''众技','不见天地之纯、古人之大体',故以无端崖之言言之,其意岂不在化迹哉?"②"天地之纯"与"古人之大体"可视为全,指向道术未裂前的状态;而"一曲"与"众技"可视为偏,是道术裂后的状态,也可称作"迹"。正是针对儒者尊《六经》而轻大体的时况,通过《庄子》反激之,使人由偏向全,以神化迹,真正接续集大成的孔子之学。《庄子》的"无端崖之言"是化迹的手段、纠偏的利器,庄子既能于《六经》入乎内,又能出乎外。因其入乎内,深知《六经》传承中出现的问题,如熟于记诵,专于注疏,倾向好古,泥于陈迹,也就是说注重外在的表现形式,而忽视了内在的精神人文世界建设。并且,习《六经》多专于一经,容易一叶障目。庄子出乎外,超越陈迹,直接体证天地之纯、道之大体,既有精神的启沃,亦有生生的活力。经此诠释,《庄子》不仅不违背《六经》,而且有助于扫除《六经》之迹,发扬大体之神,以此作为孔门真孤。"敷陈详明,精微洁净,妙出《六经》之神化,谁敢谓庄子不经?"③基于神迹关系的引入,如同"神"超越并驾驭"迹",庄子有功于儒学甚巨。但是,这样的诠释相当于将《庄子》置于《六经》之上,有贬低儒学之嫌,因此,须重新定义儒学中心的地位:"夫《六经》之宗旨,全主于实理实事、实功实用,而庄子则多主于虚理虚事、虚功虚用,而究其指归,

① 方以智:《天下第三十三》,《药地炮庄》卷九,《方以智全书》第 2 册,黄山书社 2019 年版,第 626 页。

② 方以智:《神迹》,《东西均》,《东西均注释(外一种)》,中华书局 2016 年版,第 221 页。

③ 方以智:《在宥第十一》,《药地炮庄》卷四,《方以智全书》第 2 册,黄山书社 2019 年版,第 368 页。

皆有济于实义也。"①从虚实区分《六经》与《庄子》，虚实各有所主，但是，虚者重视神，易致玄妙不归；实者重视迹，易致陷溺不出。这种可能的流弊内在要求两者的融合，托孤者以《庄子》之虚补《六经》之实，以虚济实，亦可称之为"藏虚于实""以庄济儒""藏庄于儒"。

按此，"读《六经》后，彻透《庄》宗；再读《六经》，非向之《六经》矣。"②经典的学习顺序包括两个阶段：第一，学者应先《六经》而后《庄子》；第二，由《庄子》再返《六经》。经此两个阶段，《六经》吸纳了《庄子》之"全""神"的旨趣，且《庄子》以《六经》为归宿，由此双向增强了《庄子》与《六经》的内在联系。《庄子》超越《六经》，相当于以孔归庄，从儒学立场而言，这可理解为手段；《庄子》以返回《六经》为指向，相当于以庄归孔，从儒学立场而言，这可理解为目的。《庄子》逍遥、洸洋，《六经》谨严、曲实。魏晋玄学家合流孔庄，"越名教而任自然"；明清之际的托孤者担当着沉重的使命，"越自然而任名教"。《庄子》可以破除《六经》之"迹""偏"，激活"神""全"，从而有助于拔除《六经》的泥迹之弊，打开天道视域之全。

二、孔学天道视域的打开与会通

孔子是儒家文化的集大成者，老庄是道家文化的开创者，司马谈论六家要旨，"同归而殊途"③，儒道同源于周代文化；庄子批评孔子不知天，而孔子后学荀子批评庄子"蔽于天而不知人"（《荀子·解蔽》），孔庄之学相绌，"道不同不相为谋"，庄子"诋訿孔子之徒"④。在汉代之后的中国文化发展中，孔庄之学的紧张与会通均有呈现：紧张者，如程颐认为"庄子，叛圣人者也"⑤。会通者，如苏轼的"助孔"与清儒的"尊孔"说，"或片面武断，或违背情理，咸非庄子当时著笔本意。"⑥较之于"助孔""尊孔"更激进者，便是视庄子为孔门真孤的托孤说。

托孤说产生于明清鼎革之际，明代遗民无法在新朝展开人道的修齐治平，便以庄学的天道为精神寄托，以佛教为形迹，将内心复兴的理想隐藏。

---

① 觉浪道盛：《庄子提正》，《天界觉浪盛禅师全录》卷三十，《嘉兴大藏经》第 34 册，径山藏版，第 9 页。
② 方以智：《总论中》，《药地炮庄》，《方以智全书》第 2 册，黄山书社 2019 年版，第 67 页。
③ 司马迁：《太史公自序》，《史记》卷一百三十，《史记》，中华书局 1982 年版，第 3288 页。
④ 司马迁：《老子韩非列传》，《史记》卷六十三《史记》，中华书局 1982 年版，第 2143—2144 页。
⑤ 程颢、程颐：《伊川先生语十一》，《河南程氏遗书》卷二十五，《二程集》，中华书局 2004 年版，第 320 页。
⑥ 方勇：《庄子学史》第一册，人民出版社 2008 年版，第 123—126 页。

"杖人拈出真孤,亦自道也。"①觉浪道盛(杖人)视庄子为孔门真孤,用于表达明代遗民的精神寄托。"道盛、方以智、王夫之他们看待庄子,多少有借他人酒杯以浇自己胸中块垒之意,他们眼中的庄子曲折地反映了自己思想的影子。"②历史上托孤说的典型是赵氏托孤,③其过程包括灭亡(下宫之难)、寄托(托付赵氏孤儿于程婴)、复兴(赵氏孤儿为王);赵朔、赵武、程婴分别代表所托者、真孤、受托者;觉浪道盛以孔子为所托者,庄子为孔门真孤,佛教(先秦为老子)为受托者,"杖人于刀兵水火中求大伤心人,穷尽一切,超而随之,乃集大成,乃定宗旨,恰好托孤于竹关"。④ 觉浪道盛将承载托孤要旨的《庄子提正》授予在"竹关(南京高座寺看竹轩)"闭关的方以智,方以智由此托孤,"伤心托孤,有谁知其苦耶?"⑤"生于忧患,天之钳锤,既尝蘗味,索性苦瓠连根。"⑥"九死之骨,欲平疗教者之心,心苦矣!"⑦托孤者不仅要保节,而且需承受隐忍之苦,凝聚锤炼,内在转化,为儒学或中国文化复兴规划蓝图,并付诸行动。方以智不辱使命,在《庄子提正》指引下,历经十余载,作成《药地炮庄》,乃至在江西新城修建并住持廪山寺时,他并不是向僧众传授佛学,而是庄学:"趋庭无别语,开示总《南华》(时老父著《药地炮庄》)。"⑧即使方以智遇难十年后,王夫之仍悲痛未息:"青原千里书,白发十年哭","烹煮《南华》髓","一意保孤危"⑨。"烹煮《南华》髓"指《药地炮庄》,方以智烹炮庄子之药,医救儒学之病;"一意保孤"指庄子为孔门真孤,方以智为中国文化托孤。从孔庄之学的会通来看,方以智托孤的卫道苦心主要表现在:为孔学打开天道视域,会通人道与天道;人道与天道自由转换,"游"于孔学与庄学,以庄学为孔学疗教。

孔学专注于经纬人间世的人道,是庙堂之学的代表;庄学傲视人间世,

---

① 方以智:《天界提正托孤论》,《总论中》,《药地炮庄》,《方以智全书》第 2 册,黄山书社 2019 年版,第 52 页。

② 杨儒宾:《儒门内的庄子》,联经出版社 2016 年版,第 130 页。

③ 司马迁:《赵世家第十三》,《史记》卷四十三,《史记》,中华书局 1982 年版,第 1783—1785 页。

④ 徐芳:《序》,《天界觉浪盛禅师全录》,《嘉兴大藏经》第 34 册,径山藏版,第 1 页。

⑤ 方以智:《龙湖不二社茶话》,《冬灰录》卷二《方以智全集》第 3 册,黄山书社 2019 年版,第 224 页。

⑥ 觉浪道盛:《复方潜夫中丞》,《天界觉浪盛禅师全录》卷二十七,《嘉兴大藏经》第 34 册,第 22 页。

⑦ 方以智:《薪火》,《易余》卷下《易余(外一种)》,上海古籍出版社 2018 年版,第 135 页。

⑧ 方中通:《陪诗》卷三《庚子同四弟省亲寿昌》,清刻本,第 1 页。

⑨ 王夫之:《青原极丸老人前大学士方公以智》,《船山全书》第 15 册,岳麓书社 2011 年版,第 465—466 页。

重视天道,是山林之学的代表。人道(庙堂)代表了中国哲学入世的面向,天道(山林)代表了中国哲学出世的面向。统合孔庄之学的人道天道当有两种方向:一是以儒学为主体,用孔学的人道统合庄学的天道,如魏晋玄学追求"身在庙堂,心在山林",儒家士大夫在从事人道的国家政治、家庭伦理时,兼具逍遥的山林情怀。二是以庄学为主体,用天道统合人道,追求"身在山林,心在庙堂"。当儒学强盛时,庄学主体的方向通常处于关闭状态;当儒学在人道遇阻后,尤其在鼎革之际,能够守节的前朝遗民无法在新朝展开庙堂之学,亦不甘心逍遥林下,在此情况下,庄学主体方向的通路被打开。这些遗民的诉求是,在保持身处山林的状态下,心在庙堂,其中迥然卓绝者要转化山林为庙堂,在超越意识中表达忧患意识,统合天道与人道:

> 天道即性道,出世间法也;人道即君臣父子,世间法也。人道从天道生,故曰嗜欲深而天机浅。天道常无,人道常有。三皇五帝相传,不立文字,谓之道统。后王则尚霸矣。春秋时得孔子续之,以人道合天道,定《六经》礼乐为万世则。下世人心益变,即《六经》礼乐,亦虚为尘腐矣。庄子于是呵佛骂祖,抑扬此道,良工苦心。世以学道为离过出苦,下世以学道为欺世盗名之具矣。必得无师智之上根,乃能变通而不倦也。①

天道与人道可分出内外两个层面:(1)内在层面。"嗜欲深者天机浅"(《庄子·大宗师》)。真人主天道,天机深,嗜欲浅;常人主人道,嗜欲深,天机浅。由此,天道与人道内在表现为天机与嗜欲之别。嗜欲亦是儒学要消解的对象,如孔子的无欲、孟子的寡欲等。② 在内在层面上,孔庄之学具有一致性。(2)外在层面。天道表现为出世间法,人道表现为世间法。庄子时,佛教尚未传入中国,"呵佛"之意,指庄子反对绝对的出世法及"离过出苦"的学道方式。庄子"独与天地精神往来而不敖倪於万物,不谴是非,以与世俗处"(《庄子·天下》),他既有"独与天地精神往来"的出世超越,亦有"以与世俗处"的入世关怀,由此,庄子可以作为出世与入世沟通的媒介。觉浪道盛、髡残、方以智正是利用了庄子思想的这一特点,用于打通天道与人道。

---

① 方以智:《天界提正托孤论》,《药地炮庄》总论中,《方以智全书》第2册,黄山书社2019年版,第51页。觉浪道盛的弟子髡残(石溪)亦是托孤者,致力于作《庄会》。石溪为明代遗民,气节感人。(朱良志:《石涛研究》,北京大学出版社2017年版,第115页。)

② 如《论语·公冶长》:子曰:"吾未见刚者。"或对曰:"申枨。"子曰:"枨也欲,焉得刚?"又如《孟子·尽心下》:孟子曰:"养心莫善于寡欲。"

"佛生西,孔生东,老生东而游西,言三姓为一人。"①老子骑牛出函谷关西行,这是从行迹言"生东(儒)而游西(佛)",抑或暗指老子化胡。以东、儒代表入世,以西、佛代表出世,老子"游"于入世与出世;托孤于老子之门的庄子亦是"游"于入世与出世者,据《炮庄发凡》:"就世目而言,儒非老庄,而庄又与老别;禅以庄宗虚无自然为外道。若然,庄在三教之外乎? 藏身别路,化归中和,谁信及此?"②庄子在三教中相对独立:如作为通常认识的"世目",庄子不仅有违儒学,而且他的"虚无自然"遭到禅宗批评;放大老子与庄子的自然、为政之学等差异,"庄又与老别"。由此,庄子可谓非儒非道非佛,独行三教之外,正是这一特点,决定了庄子可以被改造为入世与出世的统合者,乃至为孔学托孤。

　　孔庄之学均源于三皇五帝之学,根源处包含了"天道常无"与"人道常有"两个方面,这有利于从中国文化根源处消解孔庄之学的差异,避免不必要的内耗,由此强化孔庄之学的同源一本。换言之,后世无论如何放大、强化孔庄之学的对立,这均是中国文化内部的问题。将孔庄之学置于文化本源框架下考量,这有利于增强中国文化的凝聚力。由此带来的问题是,既然同源一本,那么孔庄之学的差异性如何产生呢? 这需要重新审视孔子之学。三皇五帝之学,孔子续之,由此形成道统,《论语·尧曰》有明确体现,又如《中庸》言孔子"祖述尧舜,宪章文武",后世韩愈、程朱的道统说亦是仿此。孔子之学总体特征表现为关怀人间世的人道,继承道统的孔学如何体现天道呢? 第一种体现是孔子依天道而定人道。人道"常有",易知易传,借助文字,得以广泛传播;而天道"常无",难知难传,难以立文字,传播的范围有限。天道与人道的特点决定了其传承、传播结果的差异,孔子主人道,并将难知的天道通过显见的人道来表达。第二种体现是孔子虽然正视天道,如孔子盛赞尧之为君:"巍巍乎! 唯天为大,唯尧则之。"(《论语·泰伯》)但有意回避天道,代表性的论述是子贡曰:"夫子之言性与天道,不可得而闻也。"(《论语·公冶长》)根据子贡之言,可以明确孔子有天道的维度,孔子之所以回避,可能有两点原因:第一,考虑到天道"常无"的特点,并不适于广泛传播,故有意回避。第二,孔子已将天道的密意通过人道来表达,因此,只需言人道即可,无须言天道。综上可以确定孔子之学兼具天道与人道,而在孔子之后的儒学主要从人道方面推进,乃至异化为只讲人道而不讲天道,丧失了对于超越之天的关怀,缺乏对于形而上学的兴趣;上古的淳朴之心堕

①　方以智:《象环寱记》,《易余(外一种)》,上海古籍出版社 2018 年版,第 222 页。

②　方以智:《药地炮庄》《炮庄发凡》,《方以智全书》第 2 册,黄山书社 2019 年版,第 13 页。

落,《六经》被归史归事。当然,从世界大哲学家的比较视野来看,孔学亦是缺乏天道的展开,"终极事物从来没有成为孔子探讨的主题"①。孔学异化是疏于天道所致,后学没能领会孔学密意,这可通过重新引入天道来解决,而这正是庄学的主旨:以天道的超越反作用于人间世,实现人间世与出世间之"游";扫除《六经》之陈迹,直契孔学之神;以天道之真破除欺世盗名对儒学的侵蚀。在这个意义上,庄学可以解决孔学异化的问题,打开天道的视域,接续三皇五帝的道统,这是视庄子为孔学真孤的思想史与现实意义。

　　从孔庄同源深入,方以智揭示孔学的天道视域。尧效法魏巍高大之天,孔子效法尧,由此孔学之天是神圣之天、敬畏之天,如孔子所言"畏天命"(《论语·季氏》);"天何言哉? 四时行焉,百物生焉,天何言哉?"(《论语·阳货》)天在缄默中主导四时、百物,"天在这里已经完全没有人格神的特征,但却又不可以把天道化约成为自然运行的规律。"结合敬畏之天的超越性格,"故我们不能不把天看作无时无刻不以默运的方式在宇宙中不断创生的精神力量,也正是一切存在的价值的终极根源。"②既然天作为一切存在价值的终极根源,孔子之学势必要包括天道的视域,"予欲无言"的时行物生也显示出孔子致力于默契天道的努力。但是,针对弟子述学的请求,孔子又不得不言。在这里,"无言"与"言"的区分亦适用于"天道"与"人道",孔子通过以"言"表达"无言"的方式,也就是寓"罕言"于"雅言",③将天道的密意表达在人道的伦常,这也是方以智诠释孔学的方向;而西方解释传统主要是从孔学关闭天道的方向出发,"按照西方解释者的眼光来看,中国思想文化最明显的特征之一,就是在其精神、道德和政治的感悟方式的表达中,缺少对超越性的真正充分的意识。"④史华兹指出这种超越性的意识可以从孔子之天发掘,"在老子和庄子的书中的'道家哲学'里,有一种甚至更加彻底的超越的倾向。"对于道家来说,"就产生了对于道的本质的理论上的深思,这似乎与后来西方新柏拉图主义对逻各斯的本质所作的深思相当。"⑤从中国儒学的发展来看,周敦颐、张载、程朱等理学家正是此超越意义上发展出了新儒学(道学或理学)。我们固然可以说理学家借助道家哲

---

① 卡尔·雅斯贝尔斯:《大哲学家》,李雪涛译,社会科学文献出版社 2005 年版,第 138 页。

② 刘述先:《儒家哲学研究:问题、方法及未来开展》,上海古籍出版社 2010 年版,第 156 页。

③ 张昭炜:《中国儒学缄默维度》,中国社会科学出版社 2020 年版,第 42—45 页。

④ 安乐哲:《自我的圆成:中西互镜下的古典儒学与道家》,彭国翔编译,河北人民出版社 2006 年版,第 18—19 页。

⑤ 安乐哲:《自我的圆成:中西互镜下的古典儒学与道家》,彭国翔编译,河北人民出版社 2006 年版,第 42—43 页。

学实现了儒学超越天道的建构,但也可以说,孔学中的天道思想资源在宋代理学家那里得以发掘,这本是孔学中天道与人道并存的应然状态,只不过在孔子之后的儒学发展中未充分展开,将天道归于庄学的特征,从而导致孔庄之学的对立紧张。在这一点上,可以说庄子保留并阐发孔学的天道维度,这也是庄学与孟学的重要区别,相当于庄子在天道思想上为孔学托孤。

在天道与人道的根本处实现会通转化,"必得无师智之上根",即依赖极具创新力的方以智(无可),充分发掘庄学的天道与人道会通与转化的思想资源,服务于儒学的现实需要,这是觉浪道盛将托孤重任赋予方以智的良苦用心。在未会通转化之前,"天道常无,人道常有";会通转化之后:"'世自遁世'则不落有无","此乃剔出圣体,与人着眼","龙德而隐,亦剔出费隐之体而言之","此《大宗师》一篇泯天人、化真知之眼目也。"①这主要通过三个方面会通转化:第一,借助体用关系。天道、无、遁世对应"体";人道、有、入世对应"用","体用一原"可实现两者的互通,表现为"泯天人""世自遁世""不落有无"。第二,引入绝待关系。"泯天人"消除了天与人的对待,指向"绝待"。这亦可以从《庄子》文本找到支撑:"知天知所为,知人之所为者,至矣。""其一与天为徒,其不一与人为徒,天与人不相胜也,是之谓真人。"(《庄子·大宗师》)"至矣"是指尽天道与人道,也就是绝待,以绝待作用于对待,呈现为"天与人不相胜也",化解了天人、体用、遁世与入世的对立。第三,通过"费而隐"关系。在《东西均》的费均、隐均、公均的三均模式中:费均是用,隐均是体,费均与隐均为对待,公均是体用一原,是绝待,这可理解为以《中庸》的费而隐来化解天道与人道的对峙。从现实选择来看,方以智在出世间的"伏藏"体现出《乾》卦"潜龙勿用"之德,向"隐"之体着力;但是,其中深藏着"见龙在田""飞龙在天"的理想,有着"费"之用盛大展开的政治抱负,这正是托孤者的精神旨趣。通过"世自遁世",人道中包含了天道的精神,相当于孔学融合了庄子天道精神后再向人道返回。以上三个方面既有基于《庄子》文本的传统理路,也体现出方以智突破传统的诠释,如《大宗师》只有真人能够在天与人中做到极致,化解天人对待关系,真人有真知,而方以智将此拓展至一般意义上的对待与绝待的关系。方以智抽象出《中庸》的费隐概念,并以此诠释《庄子》,这深层化解了儒道之间的隔阂。

方以智通过庄子的新诠释,打开了儒学的天道视域,实现了天人互通,新诠释的儒学能够"以人道合天道",由此超越了以人道为主体的儒学传统,并效仿与承接三皇五帝的道统。托孤者诠释的孔学融入了天道层次的

①　方以智:《一贯问答》,《东西均注释(外一种)》,中华书局 2016 年,第 428—429 页。

超越精神,这与传统的孔学不同,不妨称之为"新孔学"。与新孔学相应的学习阶段为:第一,学孔学之人道,这是传统儒学的进路。第二,由人道上升到天道,这是引入庄学的进路。由此可以汲取庄学的天道超越,追寻《六经》礼乐的指导原则,这可理解为以孔合庄。第三,再返回人道。在第二阶段得天道超越的基础上,再由超越的天道重返着实的人道,这可理解为以庄合孔。如前所论《庄子》与《六经》的关系,从经典互通来看,"读《六经》后,彻《庄》透宗;再读《六经》,非向之《六经》矣。"①这样的经典学习顺序使得《六经》吸收了《庄子》天道的旨趣,并且《庄子》以《六经》为归宿,赋予庄学以人道的着实精神,由此双向增强了两者的内在联系,后两个阶段也可以理解为"以孔归庄"与"以庄归孔"。据《易余》点睛之笔:"曈肉眼而开醯眼,又曈醯眼而还双眼者,许读此书。"②肉眼、醯眼(慧眼)可分别代指人道、天道,要体证大道之全,须由肉眼超越到慧眼,相当于学孔的第二个阶段;在此基础上,还要返回肉眼,也就是返回人道,相当于学孔的第三个阶段。学孔的三个阶段既有超越递进,又兼具返回,从而深度融合孔庄之学,这使得新孔学兼具天道与人道,接续三皇五帝的道统,回到儒学的原教旨。以三皇五帝为起点,儒学发展经过了儒道相反的单向发展后,再次实现了人道与天道的融合。托孤庄子的"良工苦心"主要针对学孔第一阶段"泥于行迹"的问题,表现为第二阶段拔除儒学礼乐的固化与形式,激扬由人道向天道飞跃。在前两个阶段基础上,第三阶段由庄返孔,这是方以智的苦心卫道处;亦有补于"学道为离过出苦"的佛教。佛教将人道作为苦海,追求脱离苦海的彼岸世界,斩断与人间世的关联,方以智认为"离过出苦"既不能尽人道,亦不知天道,更不能变通;"以学道为欺世盗名之具矣",这不仅危害个体,而且会伤及他者。欺世盗名者借助天道的理想招摇撞骗,致使受骗者脱离人道的实学实修,进入虚无缥缈的幻境,完全背离学孔的三个层次,害己害人。

三、人道与天道自由转换之"游"

国破家亡后,明代遗民在人道受阻,被迫向天道转移,诉诸在天道中寻找精神支撑,由此产生"人道向天道的超越",表现为"由孔学至庄学",这为儒学打开天道的视域,相当于"独与天地精神往来,而不敖倪於万物"(《庄子·天下》);与此相应者便是"天道向人道的返回",表现为"由庄学返孔

---

① 方以智:《总论中》,《药地炮庄》,《方以智全书》第 2 册,黄山书社 2019 年版,第 67 页。
② 方以智:《附录》,《易余》,《易余(外一种)》,上海古籍出版社 2018 年版,第 215 页。

学"，以天道指导、充实人道的精神，这相当于的"以与世俗处"（《庄子·天下》），这为庄学赋予人道的精神，亦是相当于索隐《庄子》，激活了庄学的人道，不妨称之为"新庄学"。综合新孔学与新庄学，由传统的人道与天道的隔阂实现了相互转换，也就是可以自由之"游"，如同在人道与天道之间进行"游戏"。①

人道与天道自由转换之"游"的思想还体现在宋代理学："邵子曰：'先能了尽世间事，然后方言出世间。'程子曰：'我亦有丹君信否？用时还解寿斯民。'"②邵雍认为须先尽人道，方能言天道的超越与逍遥，由此扭转庄子独自逍遥向天道的进路；逍遥须以"了尽世间事"为基础，可解读为庄学不能独行，应以孔学为前提。程颐的"丹诀"相当于"至密"者，以返回人道、在人道实现斯民的效用为验证指标。再返观方以智的创造性诠释：天道的超越可作为明代遗民的"避路"；了尽人道是明代遗民最终实现其抱负的"归路"。当太平盛世，儒者可以直接在人道实现儒学的归路，无须以庄子托

---

① 这里可以引入席勒的游戏来说明"游"对于天道与人道的统合。游戏说基于理性与感性的区分，并将两者视为对立关系："这就在人身上产生了两种相反的要求，它们是感性本性和理性本性的两种基本法则。前者要求绝对的实在性（absolute Realität），它应该把一切凡是形式的东西转化成世界，使人的一切素质表现出来；后者要求有绝对的形式性（absolute Formalität），它要把凡只是世界的存在消除在人的自身之内，使人的一切变化处于和谐中。"（席勒：《美育书简》，徐恒醇译，社会科学文献出版社 2016 年版，第 89 页。）感性本性对应现实，也就是现实的世界，相当于人道；理性本性对应必然性的自然规律、形式的世界，相当于天道。柏拉图、康德哲学重视形式世界、理性本性，席勒的游戏说亦是传承了柏拉图与康德哲学的传统，"那些仅仅来自感性源泉，仅仅根植于感觉力激动的基础之上的效果，无论力量多大，也永远不是崇高的：因为一切崇高的东西都只是起源于理性的。""只有从理性涌现出来的东西才是高尚的；凡是由感性为自己制造出来的一切，都是卑劣的。"（席勒：《论激情》，《席勒文集》Ⅵ，张玉书译，人民文学出版社 2005 年版，第 57 页。）席勒对于理性的肯定继承自康德，由此显示出德国古典哲学传统的连续性；与柏拉图、康德不同，席勒亦重视感性本性、绝对的实在性，这是浪漫主义美学的重要特质。由此，席勒的美学兼有感性与理性：重视感性的绝对实在性，与现实世界发生联系。但如果只在感性实在狂飙突进，无论力量如何强大，也容易演变成鲁莽的冲动。因此，又要重视理性传统，由理性起源，受理性约束，如果限制在理性或理念世界，无法与现实的感性世界发生联系。由上之故，需要兼统感性与理性，相当于兼统人道与天道。游戏说能够使得理性与感性在对立中统一，实现真实的统一和解，如黑格尔评价席勒的美学："美就是理性与感性的统一，而这种统一就是真正的真实。"（黑格尔：《美学》第一卷，朱光潜译，商务印书馆 2017 年版，第 78 页。）"美是理性与感性的协调一致，而且正是这种协调一致是它对我们的魅力之所在。"（席勒：《论崇高》，《审美教育书简》，冯至、范大灿译，人民文学出版社 2022 年版，第 169 页。）仿此，方以智的"游"能够实现天道与人道的统一、协调一致，而这种统一、协调一致就是道的真实，同时也实现了美，获得了自由。

② 方以智：《人间世第四》，《药地炮庄》卷二，《方以智全书》第 2 册，黄山书社 2019 年版，第 199 页。

孤；即使邵雍、程颐等大理学家有此方面的思想进路，但亦未引起足够的重视。明清之际，真正有担当的儒者以"避路"实现"归路"，唯有后死托孤，方能实现儒学的复兴。

方以智炮制《庄子·人间世》，篇首引外祖吴应宾之言："庄叟以无为自然为宗，以逍遥为趣，独不欲幻妄视人间世，必曲尽其情伪，使免坑堑。所谓吉凶与民同患，是至密也。"①此处包含孔庄之学的两层互动关系：第一层是以天道的逍遥超越人道，"与天地精神往来"，这是人们通常理解的庄子形象；第二层是由"独不欲幻妄视人间世"返回人道的"与世俗处"，这是托孤者要重点阐发的维度，吴应宾揭櫫庄学之"至密"：逍遥并非一人抽身而去，斩断与人间世的联系，而是由超越返回，且必须返回，"曲尽情伪"，这相当于将孔学赋予庄学。经过超越与返回，新庄学于人道天道均尽其极，如《周易》的"与民同患"之"至密"，"有谁知其同患藏密之苦心者乎？"②托孤者创造性融合了孔学与庄学，既有庄学天道的超越，又有孔学在伏藏中致力于人道的至密苦心，这正是方以智的现实选择与理想寄托。从中国宗教发展史来看，相当于依托于明季三教合一的文化发展大势，儒道在明清之际深度会通与合流。

再从支离来看人道与天道的转换，"支离亦傲人世间乎！非伤尽偷心者，孰能知之？此处庄生自寓，亦为孔子写真。谁识孔子是能支离其德，不以神圣自居，甘心碌碌，与世浮沉，如挫针治繲，弥缝此天地人心，鼓其筴，播其精，删定为群圣之大成哉？"③《庄子·人间世》描述支离疏"挫针治繲，足以糊口；鼓策播精，足以食十人"。按常解，"支离，支体不全之貌。"④相对于肢体健全者，支离之人处于人间世卑微的底层；然而托孤者认为"支离亦傲人世间"，在卑微沉重的人道中闪耀着天道高傲逍遥的精神。转用于现实世界，儒家历来重视身体发肤受之父母，为躲避危祸而剃发的托孤者，不也是支离其形者吗？"故支离其形者，征役所不能加；支离其德者，事为所不能累也。"⑤通过披缁、剃发、放浪、逍遥，托孤者在新朝得以生存，他们的肉身是沉重的，甚至是屈辱的，也可以说是通过支离其形躲避政治迫害；但是，他们是使命的担当者，他们在"支离其形"中有"支离其德"的超越。通

---

①　方以智：《人间世第四》，《药地炮庄》卷二，《方以智全书》第 2 册，黄山书社 2019 年版，第199 页。

②　弘庸：《题序》，《药地炮庄》，《方以智全书》第 2 册，黄山书社 2019 年版，第 4 页。

③　方以智：《人间世第四》，《药地炮庄》卷二，《方以智全书》第 2 册，黄山书社 2019 年版，第225 页。

④　陆西星：《内篇人间世第四》，《南华真经副墨》，中华书局 2010 年版，第 71 页。

⑤　吕惠卿：《人间世第四》，《庄子义集校》，中华书局 2009 年版，第 85 页。

过"支离其德"将天道的超越返回人道，也就是将救亡图存的大德化解在支离的晨钟暮鼓之淬砺。"遁世支离善搓针"①。"遁世"是超越，"支离"是返回，在"善搓针"中打通天道与人道，实现天道与人道的自由之"游"。托孤者向往庄子天道之"傲"，内心深处是"伤尽偷心者"，"庄生自寓"亦是"大伤心人"方以智自寓，"孔子写真"亦是方以智的自我写真。托孤者由此将孔庄之学合为一传，孔学与庄学俱得提进，这有利于增强中国文化的凝聚力。

　　如同"支离其形者"，孔子是"支离其德者"：孔子实现天道超越后，不以圣神自居，即圣而凡，再向返回人道，如同《易》之吉凶与民同患，"甘心碌碌，与世沉浮"。融入天道超越之后的孔子在沉重的碌碌中亦有逍遥的超越，这与传统的孔子形象不同，不妨称之为"新孔子"："孔子食乎清而游乎浊，非所谓出乎世而游人间者乎？""时势逼人，必须晦道。或乘游以遣放，或一艺以藏身，皆涣血俭德之方也。"②"游"是《庄子》的重要思想特征，这相当于将庄子的精神赋予孔子，新孔子"游"于清与浊（出世间与人间世）。经此诠释，孔子的支离形象不再是沉重的、劳累的，而是逍遥的、高傲的。"清""浊"可对应"天道""人道"，托孤者可以实现"食乎天道而游乎人道"，"游"表现出超越后再返回的自在，自由转换天道与人道。从现实关怀来看，"时势"使得作为"显道"的人道不彰，托孤者并不因此而绝望，而是转向"出乎世"的"晦道"，以庄学为寄托，将"晦道"作为返回"显道"的手段，以"晦道"曲折实现"显道"，由此显示出托孤者的苦心。从表现形式来看，"乘游以遣放"，恣意放浪仅是托孤者的外在表现，内心深藏复兴的理想，此是"涣血俭德"之方："涣血"据《否》卦上九象辞，"涣其血，远害也"，以此可作为遗民的避祸之方，从人道层次暂时隐退，亦可视作"赤胆忠心"；"俭德"据《否》卦象辞"天地不交，否。君子以俭德辟难，不可荣以禄"，托孤者从人道隐退，保持气节。涣血俭德均表现为不得已的选择，为形势所迫。据《庄子·在宥》，"有天道，有人道。""天道之与人道也，相去远矣"。传统庄学的"相去远矣"可视作天道与人道分离。通过"游"，不仅拉近了天道与人道的距离，而且可在两者之间自由转换，对上文略作小结：

---

① 方以智：《善世门哀词》，《冬灰录》卷二，《方以智全书》第 3 册，黄山书社 2019 年版，第 231 页。

② 方以智：《总论下》，《人间世总炮》，《药地炮庄》，《方以智全书》第 2 册，黄山书社 2019 年版，第 108 页。

表 8-1　人道与天道关系表

	孔子		庄子		天道与人道关系
传统观点	人道√	天道×	天道√	人道×	两途阻隔
	显道/世俗	晦道/超越			
创新观点	超越人道 返回人道		支离天道 沉浮人道		游 自由转换
	人道√天道√		人道√天道√		

在将庄学天道精神赋予孔学的基础上,亦可从孔学内部发掘天道的思想资源。据《论语·里仁》:子曰:"参乎!吾道一以贯之。"曾子曰:"夫子之道,忠恕而已矣。"传统的解释是在人道层次讲一贯,而据程子言:"忠者天道,恕者人道","忠者体,恕者用"①。一贯不仅统合体用,而且与体用合称"三":"举一明三,便是统体相用。"②经此哲学升华之后,不仅在天道与人道之间可以实现自由之"游",而且三者之间亦可实现自由之"游";"游"兼取天道与人道,天道、人道、一贯之道之间可以自由转换。"人执遁世,与执出世,皆有'所'而昧遁者也。圣人游于物之所不得遁而皆存,即无闷、不遁之遁矣。"③"所"便是世目,导致天道与人道相阻隔;通过破除"所",在"一贯"处超越,从而达到"游"的自在。在现实层次,"举一明三"是为了更好地实现"人道",据《文言·乾》"遁世无闷","确乎其不可拔,潜龙也。"方氏注释:"潜之时,不以易世之忧而换遁世之乐。易,治也。""乐行忧违,至人任性,天地覆坠,曾不变色,故曰确。"④鼎革导致遗民在入世的人道受阻,不得已在潜龙处伏藏,但并不因此与人道分离,转向遁世之逸。恰恰相反,方以智将天道作为成就人道的资源,外乐内苦,确然心系治世之人道,屹然挺立,不因鼎革而动摇其坚韧,显示出托孤者坚贞不屈的傲骨。

综上所论,托孤者打开了孔学的天道视域,实现天道与人道之"游"的自由转换。这里要注意托孤的表现形式:觉浪道盛、髡残、方以智都是佛教徒的身份,这可理解为形迹;其内在之神是庄学与孔学。由此之故,他们的思想理路与创造性并不在佛教。换言之,佛教只是他们实现托孤的外在形式。经过人道与天道的转换与一贯,托孤者化解现实与理想的冲突,伏藏锤

①　朱熹:《论语集注》卷二,《四书章句集注》,中华书局 2012 年版,第 72—73 页。

②　方以智:《一贯问答》,《东西均注释(外一种)》,中华书局 2016 年版,第 427 页。

③　方以智:《一贯问答》,《东西均注释(外一种)》,中华书局 2016 年版,第 429 页。

④　方孔炤、方以智:《周易上经》,《周易时论合编》卷一,《周易时论合编》,中华书局 2019 年版,第 423 页。

炼,凝聚生意,在明亡的寒冬中传旧火。顺着"助孔""尊孔",可以批评托孤说的片面武断、违背情理,亦可说非庄子著笔本意;而从更深层来看,托孤说极具创造性的消解了孔庄的对立,对于中国文化的整体发展有功甚巨。鼎革之际的明代遗民唯有托孤庄子,才能解决他们的现实问题,才符合他们心中不泯之孤愤的本意,这不仅有利于儒学薪火的传递,亦为庄学诠释开辟了崭新的空间。当然,托孤者心中的庄子绝不是借酒浇愁的颓废者,而是心藏天下的精进者,以此展现出儒家士大夫在鼎革之际的万古风节与政治抱负。

从庄学诠释史来看,与方以智同为明代遗民的僧人晦山戒显曰:"郭象若见石溪泼墨点眼,却当下拜。参学者痴蝇撞窗,何如读此一过,胜买百纳草鞋。"①郭象注《庄》,用孔学的人道统合庄学天道;而托孤者的人道天道互通可以涵盖郭象注,故郭象当下拜。托孤注《庄》的重要性在于:"痴蝇撞窗"之喻表明拘泥传统而不能出;"百纳草鞋"之喻表明注者如行脚僧四处参访却没有收获。找到新方向后,痴蝇会进入窗外的广阔空间;行脚僧能立定脚跟。这为后学注《庄》开辟出宽广的视野,并树立起庄学的儒学特质。

---

① 方以智:《总论中》,《天界提正托孤论》,《药地炮庄》,《方以智全书》第2册,黄山书社2019年版,第52页。

第九章　入世与出世的统合

　　入世重在立一切法，以通德类情，正用二中之一也，而日用不知者多矣；出世重在泯一切法，以瓤扫古今，乃离二之一也，所谓偏真但空者也。超越世出世间，止有世即出世之一真法界，而余皆呼碌瓦为古镜者矣。不知藏正因于了因、缘因者，执向上一位，乃死法身也。或藉鬼播以膻愚，而润无上之游戏耳。归大成薪水者，乃乘时主法也。珉玉并出，而天不能贱玉；万古一日，而不能废日之午；天下一家，而不能使家为中堂也。恃覆代错，原自不相坏矣。沸镬恩深，逼冲六气之表，碎空洒血，别寓冥权，裸祝掞烬，塞乎天地，并不望青蝇而解胡蝶也，岂世出世人之所知哉？（《易余目录·世出世》）①

　　从入世与出世而言，佛教主出世，儒学重在入世：由此容易将儒学与佛教置于两个世界，甚至成对峙之势，如韦伯认为"儒教纯粹是俗世内部的（innerweltlich）一种俗人道德（Laiensittlichkeit）。与佛教形成更加鲜明对比的是，儒教所要求的是对俗世及其秩序与习俗的适应"②。与这种观点不同，中国有创造性的思想巨匠能够将入世与出世转化互补，儒学得以吸纳出世的精神，实现入世与出世的两层超越：第一层超越是在二者之间，由入世超越至出世；从出世亦可反超入世，即出世向入世回归。第二层是超越入世与出世，达到"一真法界"，再由"一真法界"返回入世。经此两层超越，入世与出世深度融合，从而有利于开发儒学的超越维度；亦有利于激发佛教与道教的入世精神，促进佛教与道教的世俗化。从最终指向来看，儒学无论如何超越，目的还是要回归世俗化，服务于世俗化，这是儒学发展的基调。宗教世俗化也是近年来西方宗教研究的热点问题之一，这主要从基督教而来，围绕神圣如何转向世俗，现代西方社会的一个中心问题是："我们从作为脱离或'超越'人生（'beyond' human life）的毋庸置疑且能够充分认识的世界，

---

① 方以智：《易余》，《易余（外一种）》，上海古籍出版社2018年版，第12页。
② 马克斯·韦伯：《儒教与道教》，洪天富译，江苏人民出版社2010年版，第161页。本书悬搁"儒学"是否宗教的问题，"儒学"与"儒教"同义。韦伯的"儒教"原文是Konfuzianismus，可以翻译成"儒学"，甚至可以简化为"儒"。

转向遭受广泛多样性方式挑战的'内在'人生('within' human life)的冲突时代。"①用中国宗教哲学的话语表述,即是将超越的出世宗教精神贯彻到现实生活的入世中。从中国的三教来看,佛教与道教积累了丰富的入世思想资源,儒学更是以入世的世俗化见长。当其他宗教向世俗化转向时,儒学亦有向出世的宗教化逆向开发的进路,以有益于补足超越维度的短板——这可以表述为世俗儒学如何宗教化,或者说是儒学汲取佛教与道教的出世思想资源。

宗教世俗化与世俗宗教化的双向进路始终与三教发展相伴。明朝中后期,三教融合成为中国宗教发展的主旋律:在儒学主导的国家政治层面,儒学入世独尊,佛道出世为辅,虽然王阳明、王龙溪、焦竑等儒者尝试三教会通,但仍是以儒学独尊为指导思想。明清易鼎,儒学主导的政治塌陷,人间世备受摧残,明代遗民无世可入,他们借助佛教栖身,但又不甘成为出世者,便努力转化佛教道教的出世思想,以实现入世的关怀,其中方以智便是转化入世与出世思想的杰出代表,"药地大师医剂调惟均,""可谓大成之集矣。""近代人无出老人右者。"②下文以方以智所论为中心,围绕入世与出世的两层超越,主要讨论三个问题:其一,入世与出世的正余框架。其二,入世之立与出世之泯的辩证关系。其三,入世与出世的一以贯之。

一、入世与出世的正余框架

方以智论入世与出世的关系可概括为正与余,如前所论,"余"是方以智创发的基本哲学概念,是《易余》主旨;《易余》卷下有"世出世"一章,集中论述入世与出世。从字面意思来看,"余"是多余,无之亦可,有之无碍。与"余"相对者是"正",具体到入世与出世,儒学以入世为正,则出世为多余,出世的存在并不妨碍入世;换言之,从佛道出世的角度来看,出世是正,入世是余,宗教的意义在于出世,将人间世作为超越的对象,甚至可以幻视人间世,视人间世为多余。综上,入世与出世相互为余,吞吐成环。

正余吞吐成环,关系丰富,从概念抽象的逻辑框架而言,简论五点:

第一点,正余源于一体的预设。正与余构成一个整体,简称"整一"(以集合符号∪"并"表示:正∪余=整一)。由整一的母体分化出正与余之二,正与余没有交集(以集合符号∩"交"表示:正∩余=空集Φ)。

---

① Charles Taylor,*A Secular Age*,The Belknap Press of Harvard University Press,2018,p15.

② 王辰:《青原志序》,《青原志略》,江西人民出版社1998年版,第11页。

第二点，正与余相对。虽然作为多余者，但"余"具有独立性，与"正"相对。入世与出世各主其道，各有其价值，正与余具有排他性，是对待概念（以⇔表示），"夫对待者，即相反者也。"①从常见而言，既然相反，入世则不需出世，出世可否定入世。从孔子设定的儒学基调来看，"未知生，焉知死"（《论语·先进》），将生死关系转借到入世与出世："未知入世，焉知出世？"儒学以委婉的方式回避了出世，或者说以入世代替出世，由此关联正余相代错。

第三点，正余相代错。"代而错者，莫均于东西赤白二丸。白本于赤，二而一也。"②赤白为正余，赤丸是太阳，白丸是月亮，白天日代月，夜晚月代日，这是正余相代。虽然日月是二，但月之光本于日之光，日月之明均来自日，由日摄月，可推出"二而一也"。日代替月时，如同正包含余，入世包含出世（以集合符号⊃"包含"表示：日⊃月），反之亦然（日⊂月）。"代而错"，据《中庸》"譬如四时之错行，如日月之代明。万物并育而不相害，道并行而不相悖"。"错，犹迭也。"③由此引申："吾每绎子思代明、错行二语，而悟相害者乃并育也，相悖者乃并行也。"④从表象上看，入世与出世是相悖的两种教法，二者却在相反中相因，在对立中并行。入世与出世互相诋毁，二者正是在尖锐的对立中实现相育，即正余相养。"故世出世之门庭，寒暑之错也。"⑤出世相当于寒，以冬代之；入世相当于暑，以春夏秋三时表示。由四时错行来看，"三时以冬为余，冬即以三时为余矣。"⑥在同一时空中，冬与三时只能存其一。从时间轴来看，三时与冬形成循环：……冬—三时—冬—三时……入世与出世的代错包含着显隐、存泯、体用，如冬代替三时，归于寂静，是泯，可视为藏密之体；三时代替冬时，生生发用，是立，可视为正用之显。正余的体用关系继承自邵雍四分用三的思想："四分用三，以三用一，以一用三"⑦。"三"为三时，是用；"一"为冬，是体："以三用一"是以"正"

---

① 方以智：《反因》，《东西均》，《东西均注释（外一种）》，庞朴注释，中华书局 2016 年版，第 134 页。

② 方以智：《东西均开章》，《东西均》，《东西均注释（外一种）》，中华书局 2016 年版，第 19 页。

③ 朱熹：《中庸章句》，《四书章句集注》，中华书局 2012 年版，第 38 页。

④ 方以智：《反因》，《东西均》，《东西均注释（外一种）》，中华书局 2016 年版，第 137 页。

⑤ 方以智：《绝待并待贯待》，《易余》卷上，《易余（外一种）》，上海古籍出版社 2018 年版，第 116 页。

⑥ 方以智：《小引》，《易余》，《易余（外一种）》，上海古籍出版社 2018 年版，第 1 页。

⑦ 方以智：《三冒五衍》，《易余》卷上，《易余（外一种）》，上海古籍出版社 2018 年版，第 31 页。

用"余";"以一用三"是以"余"用"正"。用能壮体,体又能强用。

第四点,正余相养。如前所述,正余相养可由相害推出,也可以借助张弛关系来看:余是弛,是松静之体;正是张,是真动之用。张、弛均从"弓",从弓来看,"弓之为弓也,非欲张之乎? 然必弛之养其力,乃能张之尽其用。"①弛之余是为蓄养动能,以为张正之用,这是以"余"养"正"。从弓来看,如果只张不弛,则张只能满足一次弓之用,等到张力散尽,则归于无力。弓需要在松弛时补给动能,张才能获得力量,即以弛养张。"由邵子四分用三、摄三于一推之,天地炼物于冬,而长养之于春夏秋"②。三时之"正"的长养,有利于壮大冬"余"之体,这是"以用养体",也可以表述为"摄三之用于一之体"。正余相互滋养,相互润沃,亦可称之为"互为其根"(以⇌表示)。

在方以智的辩证思想中,应注意"相因者相反、相反者相因"③,这是方以智哲学的重要特征,当然适用于正余关系。上文借助集合正向解释正余关系,有利于清晰、直观理解;同时还暗含相反的逻辑框架,并且相反者与相正者相因。上述四点的相反者如下:第一,正余源于一体,须注意一体必分正余;前者是"二而一",后者是"一而二"。第二,正余相对,须注意正余相因,如"相悖者乃并行"。第三,正余相代错。当正代余时,须兼顾余代正,这突破了数理集合,如(正⊃余),相反者为(余⊃正),二者可推出(正＝余),又须注意(正≠余)。第四,正余相养,须注意正余相害。由上可知,既要正向理解,又要考虑反向理解,且相反相因,兼顾之,方能全面理解正余关系。相反相因还反映在采用集合概念解释,在看到利用集合解释的直观性优势时,又要注意解释的限制性,如一而二时,正∩余＝空集 Φ;而相代时,正⊃余:按照集合运算,可推出,正∩余＝余,而不是空集 Φ。

第五点,无体之一(至体)。由整一的预设出发,经过正余之二的并行相对、相代相错、相养相育,超越到"至体"。从正余的"反对"概念来看,"掩对待之二,所以巧于逼见至体之一也。""所谓绝者,因世俗之相待而进一层耳。"④正余是对待之二,通过否定对待之二,来逼迫绝待"至体"的显现,"至体"相当于"一以贯之"的"贯",将在下文重点论述。

① 方以智:《张弛》,《东西均》,《东西均注释(外一种)》,中华书局 2016 年版,第 278 页。
② 方以智:《张弛》,《东西均》,《东西均注释(外一种)》,中华书局 2016 年版,第 278 页。
③ 方以智:《反对六象十错综》,《易余》卷上,《易余(外一种)》,上海古籍出版社 2018 年版,第 76 页。
④ 方以智:《易余目录·绝待》,《易余》,《易余(外一种)》,上海古籍出版社 2018 年版,第 8 页。

　　"至体"与正余包含两层关系:第一层是超越:入世与出世的对待为俗见,超越("进一层")这种俗见,在更高层次达到对于绝对本体(至体)的认识,此是真见。第二层是返回:真见下贯至俗见,"至体"通过正余之二来实现其价值,即从"至体"返回正余。由于正余组成整一,上述两层关系也可表述为从整一到"至体"的上升超越与从"至体"到整一的返回归实。

　　从体用来看,"此言用之者三,不用者一,而皆无体之'一'所统也,燦然矣。"①此处"无体之一"相当于"至体之一"。体用超越到"至体","至体"统摄(贯通)体一与用三。从四时喻来看,"杖人曰:'冬炼三时,乃享无冬无夏之天。'"②"天无冬夏,而以冬炼夏,夏即是冬"③,上述之"无"即是超越四时之上的绝待、至体、无体之一。以大一之绝待与天地之对待喻之:"大一以天地为余,天以地为余。"④天是正,如出世;地是余,如入世;反之亦然,这是第一层正余关系;大一为余,天与地合称为正,反之亦然,这是第二层叠加嵌套的正余关系。在更高层次嵌套的"余"之大一,便是无体之一(至体)。

　　再看上述所论正余关系的五点含义:第一点是讲对待的产生;第二、三、四点是讲对待之间的关系;第五点是讲对待与绝待的关系。以图略示如下:

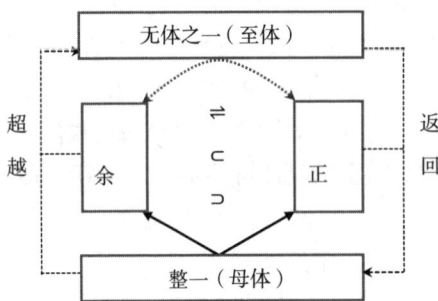

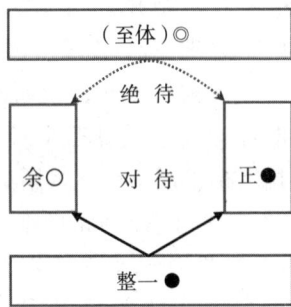

图9-1　"余"的含义图　　　　　　图9-2　"余"的抽象圈图

　　由《"余"的含义图》再抽象为《"余"的抽象圈图》,有四个圈:整一●;余○;正●;至体◎。虽然整一与正都表示为●,但含义不同:整一●表示实物充满整个圆圈,包括圆圈;正●表示圆圈内所有的实物,不包括圆圈;余○

---

①　方以智:《三征》,《东西均》,《东西均注释(外一种)》,中华书局2016年版,第80页。
②　赵嶷:《冬灰录序》,《冬灰录》,《方以智全书》第3册,黄山书社2019年版,第189页。
③　方以智:《龙湖不二社茶话》,《冬灰录》卷二,《方以智全书》第3册,黄山书社2019年版,第225页。
④　方以智:《小引》,《易余》,《易余(外一种)》,上海古籍出版社2018年版,第1页。

表示整一被掏空所有实物后留下的残余壳体,用空的圆圈表示。(正∪余＝整一),以抽象的三圈表述:(●∪○＝●)。上述三圈均关注圆圈内部,而圆圈之外是广阔的空间,是正余相贯的通道,至体◎指圆圈的外部。圈外空间超出正与余,却笼罩着正与余,从而能够贯通正与余,正与余借此实现超越与返回。

忽略上述圆圈的差别,将正、余、至体进一步抽象为三个点,便是∴。∴的下面两点为余与正,是对待;上面一点为至体,是绝待。绝待的一点与对待的两点是正余关系的叠加嵌套。从两层关系来看,对待到绝待是第一层的超越;绝待到对待是第二层的返回。∴又可理解为三眼,下面两点为两肉眼,上面一点为摩醯首罗天的慧眼,"醯眼曜肉眼而开醯眼,又曜醯眼而还双眼"[1],从肉眼到慧眼是从对待到绝待的超越;从慧眼还肉眼是从绝待到对待的返回。只有综合了超越与返回,方能说全面把握了正余关系,由此得以大明。反映到入世的内在(within)人生与出世的超越(beyond)人生,儒学从世俗的内在上升到宗教化的超越,然而再从超越返回世俗的内在。由此之故,儒学貌似纯粹俗世。方以智的问题意识不是儒学要不要超越俗世的问题,而是必须要超越,然后再由超越返回俗世,在兼具超越与返回的基础上,世俗的儒学已经吸收了超越的出世精神,在这种情况下,称儒学是宗教亦无不可。

二、入世与出世的立与泯

(一) 立泯的二一之辨

以上是正余关系的框架,下文将在此框架上,论述入世与出世的丰富关系。具体到入世与出世,方以智既注重二者的对待关系,从而在对待中超越;又重视二者的相因一体,在超越中回归,实现入世与出世的深度融合:

> 入世重在立一切法,以通德类情,正用二中之一也,而日用不知者多矣;出世重在泯一切法,以隳扫古今,乃离二之一也,所谓偏真但空者

---

[1]　方以智:《附录》,《易余》,《易余(外一种)》,上海古籍出版社2018年版,第215页。类似的论述如:"肉者,俗之也;醯者,三之也。必曜其肉而进其醯,又曜其醯出其故,乃名大良,乃名天燎。"(方以智:《善巧》,《易余》卷上,《易余(外一种)》,上海古籍出版社2018年版,第20页。)这里的俗,可理解为尘世,即入世;与之对应的醯眼,则是超越的出世。

也。超越世出世间，止有世即出世之一真法界，而余皆呼碌瓦为古镜者矣。①

此处以立泯诠释入世之正与出世之余，结合上文论五点正余关系，二一之辨可分解为三个方面：

第一，"正用二中之一"。从正余之二中选取正之一，即以入世为正用，这是儒学的立场。入世之立的优点在于"通德类情"，据《易传·系辞下》"以通神明之德，以类万物之情"，通类是溥博的伸展与显赫，从而将其所立之用撑开，而不是局限在一个封闭的废体中。重于此者轻于彼，在看到儒学正用的优势时，亦要注意其对于不用之余体兼顾的不足，表现为"日用不知多矣"，据《易传·系辞上》"仁者见之谓之仁，知者见之谓之知，百姓日用而不知，故君子之道鲜矣！"反映到体用问题，则是仅知其用而不明其体；仅知其所然，不知其所以然，如方孔炤所论："太极以政托君子，故以天地表法，立纲著目，示民中节"，方以智以此作"舍体而言用"。②"舍体"之"舍"是从"正"与"余"的正余关系中隐秘了"余"之体；从正余相养的反向来看，如同铲除了正用的根基，将无法展开丰富的正余关系。"善世者明体适用，原无无用之体。"③貌似无用之体的"余"能够转化成正用，正余关系才能畅通。

第二，"离二之一"。这是反用，从正余之二中将余体分离出来，只主余体之泯，这是佛道的宗教立场。泯为清除、毁灭、摧毁，毁灭的对象是用，不允许通德类情，超越百姓日用，甚至"隳扫古今"，否定人伦价值。泯之得在于将正余关系集中在余，由此能够开掘余之体；其失在于相悖百姓日常：若以此教百姓，则百姓惑；若以此扫伦理，则正常的人伦秩序无法循持。不限于此，泯法导致的危害还有，"出世以鬼福为符，而又焚之，不惜灰尽世间"④，通过鬼神福报，乃至毁灭人间世而追求出世，其害更甚。如上一节所论，正余本是相代相错、相养相育，若脱离入世之正立，泯之余将独行：没有代错，余之体无法正用；没有养育，余之体将干涸，导致"偏真但空"，"据老庄之皮毛，乃偏真者也"，"真橛者，亦偏真者也"⑤。"但空"者，以泯作空，

① 方以智：《易余目录·世出世》，《易余》，《易余（外一种）》，上海古籍出版社2018年版，第12页。
② 方孔炤、方以智：《系辞上传》，《周易时论合编》卷九，中华书局2019年版，第1168—1169页。
③ 方以智：《象环寱记》，《易余（外一种）》，上海古籍出版社2018年版，第220页。
④ 方以智：《绝待并待贯待》，《易余》卷上，《易余（外一种）》，上海古籍出版社2018年版，第115页。
⑤ 方以智：《三冒五衍》，《易余》卷上，《易余（外一种）》，上海古籍出版社2018年版，第34页。

而无不空,这不是超越的至体,而是一无所有的顽空。

第三,"一真法界"。"一真法界"融合了上述二者之长、扬弃了上述二者之短后,达到的综合超越的立场。据方以智定义,"超越世出世间,止有世即出世之一真法界",这个定义有两个标准组成:其一是要超越,超越入世与出世,如同前文所论由对待超越到绝待,也可以表述为超越"正"与"余"的无体之一(至体)。其二,在超越后,还要返回,由绝待返回对待;消解入世与出世的对待,归结在入世之正。从入世之正来看,第一个标准要求入世必须要超越,不仅超越到出世,而且要超越到至体;第二个标准要求返回,不仅从至体返回正余,而且要由余返回正。在上述两个标准全部具备的情况下,方可说达到"一真法界"。

综合上述三方面之论,前两个方面各主一端,可以说是偏教;第三个方面是圆教。两种偏教朝着相反的方向撕裂圆教,圆教则是通过超越与返回,将两种偏教揉搓成一团。

之所以形成两种偏教,各有其因:从入世之立来看,儒学之所以回避泯、不用泯,其原因在于:"伦其人,即达其天","然圣人不锐标此极则者,教民善因,因其可行而教之,听其日用不知而由之。徒以无可言者发急矜高,纵人惑乱,岂足训乎?"①相对于立法的"通德类情",泯法可谓是虀德灭情,其导致的后果有:其一,脱略人伦而求天道,将人伦与天道视作两截,由此导致上下二分、体用割裂;其二,在体用割裂的情况下,泯法易堕入"迷体";其三,"锐标此极则",锐者自恃过高,用心急躁,即"发急矜高",离入世太远,孤冷峻峭,由此高处不胜寒。由上述三点可见方以智捍卫儒学的立场。

从正向肯定佛道出世之泯的角度而言,"印度之伊帝目胸表一卍五叶,或纲六相,或立三玄三要,或立五位君臣,或指首罗而扫之。虽非实法,然何所逃于大一之分天地、天地之为大一乎?"②佛教道教"虀扫古今",逐真空,重出世,但是,如同大一、天地之喻,言大一即是言天地,言体即是言用,言泯而立在其中。从体用而言,"则仁智之见,百姓不知之知,圣人皆能容之,皆能用之。用即是体"③。由余泯之弊而用正立,由此可见儒学圣人的良苦用心。

最后来看圆教,"世即出世"言二者统一,可称之为统、贯,"'知白守黑',当知白即是黑,则本无黑白,而随黑白。"④从老子"知白守黑"来看

① 方以智:《绝待并待贯待》,《易余》卷上,《易余(外一种)》,上海古籍出版社 2018 年版,第116 页。
② 方以智:《三冒五衍》,《易余》卷上,《易余(外一种)》,上海古籍出版社 2018 年版,第 31 页。
③ 方以智:《一贯问答》,《东西均注释(外一种)》,中华书局 2016 年版,第 450—451 页。
④ 方以智:《三冒五衍》,《易余》卷上,《易余(外一种)》,上海古籍出版社 2018 年版,第 34 页。

"正""余",白是正用,为入世;黑是余体,是出世。如果单纯追求守黑,黑漆漆一片,则将堕入泯法之弊,导致"偏真但空"。按照入世与出世的正余吞吐成环,可将"知白守黑"修订为"知黑守白",这是儒家的"立"。"超越世出世间",本无黑白,即是统、贯:"本无黑白,而随黑白",统贯有双遣之义,即是本无立泯;统贯亦有全收之义,既是立,亦是泯:经过统贯立与泯,摒弃立与泯之短,吸收立与泯之长,达到更超越的"一真法界",由此返视立、泯及二者之弊,则如以古镜(真见)比碌瓦(偏见)。

(二) 正余两层体用

从一分为三的模式而言,入世、出世、世即出世对应于立(存、随)、泯、统(贯)三个概念,类似之论如:"明天地而立一切法,贵使人随;暗天地而泯一切法,贵使人深;合明暗之天地而统一切法,贵使人贯。"①论及此,对于方以智论正、余、贯涉及的部分概念稍作总结:

表9-1　入世与出世的正余两层体用表

序号	第一层正余(合称"正")		第二层正余(合称"余")	备注
	正	余	贯	
1	三时(春夏秋)	冬	无冬无夏	正余互换 两层嵌套
2	地	天	大一	
3	用	体	无体用	
4	张	弛	本无张弛	
5	入世	出世	一真法界	
6	立(存、随)	泯	统	
7	明	暗(晦)	合	
8	白	黑	本无黑白	
9	一(正用)	一(离)	至体	
10	二 对待		绝待	

据上表,结合上文所论五点正余关系,再补论三点:

第六点,正余为明暗关系。"明天地而立一切法",这是正向之用的敞

---

① 方以智:《三征》,《东西均》,《东西均注释(外一种)》,中华书局2016年版,第63页。

开,是积极入世,正相当于明、立、存,又称之为随;与之相对的余,则为暗、泯,指向幽深之体。"主于经世,立法贵明;主于遁世,藏身故晦。"①入世又称经世,但经世较之于入世更积极,不仅能入世,还能改变提升入世,并得到实际效验。经世必须要正用,在正用中充实"正余"之"正"。出世又作遁世,但遁世较之于出世更消极,可以是隐遁,甚至是逃离。从正向角度理解,遁世回避正用,是为了专注余体的积聚。从四时来看,冬是退藏之晦体,春夏秋是显赫之明用。明暗相应于白黑,老子知白守黑,可以说知入世,却固守出世,从而体现为入世与出世的相贯;儒学可以说是知黑守白、知晦守明,如同朱熹"木晦于根,春容晔敷;人晦于身,神明内腴"②,晦是为了灵根生发,达到熹光之阳明。

明暗关系包含着相对待、相养与相因,"古德云:'明体则暗用,明用则暗体,双明则双暗,互泯而互存。'"③明体与暗用相对待,如正余关系第二点,明与暗相互排斥,明破坏暗,暗消解明,这是常见。更进一层,"双明则双暗",这是正余的并置,存则俱存,泯则俱泯,由此自然引出"互泯而互存",这如同正余关系第四点正余相养,由相养引出"相反者相因",并可延及正余的因果关系。

第七点,正余为因果关系。由第三点正余相代错来看,日月相代,相当于入世之明与出世之晦(暗)相代,由此进一步发展,明暗关系衍生出"双明双晦,互泯互存"④。"双"与"互"表明正与余的并置中含有因果关系,即入世与出世一存俱存、一亡俱亡,二者荣辱与共,这又相通于第四点的正余相养。"因果犹形影也,体用也","一也。"⑤从对待来看,入世如形,为正用,由因果推衍,如同有形必有影,由影亦可推测形,由此可推导至出世之影——余体。从对待贯通来看,因果包含了入世与出世的联动性与一体性,"因果费隐,即二是一"⑥,从而将入世与出世合而为一,又如"费隐交格,如

---

①　方以智:《仁树楼别录》,《青原志略》卷三,《青原志略》,江西人民出版社1998年版,第89页。

②　朱熹:《名堂室记》,《晦庵先生朱文公文集》卷七十八,《朱子全书》第24册,上海古籍出版社、安徽教育出版社2002年版,第3731页。

③　方以智:《总论中》,《药地炮庄》,《药地炮庄校注》,台大出版中心2017年版,第146页。

④　方以智:《反对六象十错综》,《易余》卷上,《易余(外一种)》,上海古籍出版社2018年版,第79页。

⑤　方以智:《易余目录·必余》,《易余》,《易余(外一种)》,上海古籍出版社2018年版,第7页。

⑥　方以智:《仁树楼别录》,《青原志略》卷三,《青原志略》,江西人民出版社1998年版,第90页。

液入涪"①,费在隐中,隐亦在费中,二者在相互渗透中达到无分别。此处引入费隐关系,费相当于明,隐相当于暗,由此诠释《中庸》"君子之道费而隐",朱熹以体用注释费隐:"费,用之广也。隐,体之微也。"②按照入世与出世的费隐关系,可推出"君子之道,入世而出世"。"人生的终极意义是可以通过日常生活实现出来的。"③此处问题的焦点不再是儒学是否有超越的宗教精神,而是先秦儒家已经将出世精神融到入世之中;换言之,儒学不仅有宗教维度,而且能够超越宗教的出世精神,再返回到入世,这是儒学的高明之处。从《入世与出世的正余两层体用表》来看,因与果为第一层正余关系,第二层关系则是:"统因果者,乃真圆也。"④"真圆"相当于统、贯,真圆与因果构成第二层正余关系。

　　第八点,正余为对摄与对舍关系。入世与出世并行,这是上文所论第一、二点正余关系,此为反对六象之对舍;又相代错、相养,这是上文所论"余"的第三、四点正余关系,此为体用对摄。二者合观,入世与出世是舍与摄的对立统一:"一不是多,多不是一,此对舍也。一舍多而未尝不望多待多,多舍一而未尝不望一待一也,摄多于一,摄一于多,此对摄也,摄则相统相归矣。"⑤对舍指正与余各有其独立性,由此各行其道,"正立为政,则余安其余。"⑥正余各有其位,应各安其位。即使方以智讲对待,或将其置于入世与出世如平行线关系之并行,这样二者不相互排斥;或者消解二者对舍的张力,消弭对立。如前所论第四点正余相养,对摄可从四时喻来看。"四皆以三余一,以一摄三,一各有其三一之四焉。"⑦冬之藏是为了春夏秋之发舒,可引申出"冬炼三时"。换言之,冬之体包含了三时之用:从体而言,用皆是体,由此入世之用皆是出世之体;从用而言,体即是用,出世之体皆为了入世之用。从立与泯来看,不立则不能泯,出世之学以经世为基础;立则不能不泯,经世中具有出世的内在需求。由对摄还可引申出统摄关系,"余不乱正,而宰其余矣;余奉宰而皆正,而主无为矣。"⑧将入世出世置换正余,则是:出世不乱

---

① 方以智:《三征》,《东西均》,《东西均注释(外一种)》,中华书局 2016 年版,第 71 页。
② 朱熹:《中庸章句》,《四书章句集注》,中华书局 2012 年版,第 22 页。
③ 杜维明:《〈中庸〉洞见》,段德智译,林同奇校,人民出版社 2008 年版,第 127 页。
④ 方以智:《一贯问答》,《东西均注释(外一种)》,中华书局 2016 年版,第 487 页。
⑤ 方以智:《反对六象十错综》,《易余》卷上,《易余(外一种)》,上海古籍出版社 2018 年版,第 78 页。
⑥ 方以智:《世出世》,《易余》卷下,《易余(外一种)》,上海古籍出版社 2018 年版,第 167 页。
⑦ 方以智:《三冒五衍》,《易余》卷上,《易余(外一种)》,上海古籍出版社 2018 年版,第 39 页。
⑧ 方以智:《世出世》,《易余》卷下,《易余(外一种)》,上海古籍出版社 2018 年版,第 167 页。

入世,入世主宰出世;出世尊奉入世之正,以"无为"的出世情怀,不参与、不干预入世之正,这可视为以儒学入世的政治统领佛道出世的宗教。

由因果与对摄关系,更能促进入世与出世合一,这还可以从"一真法界"来看,"食力生理之世即出世"①,入世蕴含出世的超越精神;换言之,出世的超越精神回归到入世的"食力生理"。从正余两方面来看,"一以伦物日用为事,而慎于未发,俟命知化,则朝闻夕可之道也。一以生死处发药,疑至不疑,则一切依旧,非废伦伦物物也。"②这是正余的混搭,首先来看"正"混搭"余":在伦物日用的入世中,包含有出世的精神,"慎于未发"如同致谨于隐,"费而隐";"俟命知化",是对于终极超越的把握与自在;"朝闻夕可",是将"夕可死"的出世精神转化成"朝闻道"的入世追求。再看"余"混搭"正":如同以死返生,将出世的终极追求在入世中寻求解答;出世超越伦伦物物,但依然在伦伦物物中。"人泥于二,不能见一。"③这个"一"既可理解为"贯",也可理解为无体之一,二者相通。入世与出世具有互通一体的需求,对于佛教道教而言,入世不是可有可无,入世不仅是用,以入世可养出世之体;而且入世是体,出世是用,若要达到用的强大,必须以壮大其体,从而引导至入世。

（三）超越与回归的歧途及纠偏

方以智奉行方氏家训"善世、尽心、知命六字"④,忠心明朝,亲历崇祯、弘光、永历三个政权,是儒家精英;披缁后,他深入禅净,并成为宗门领袖,"以祇支为避路,即为归路。"⑤避路是佛教出世,归路是儒家入世;换言之,出世超越是手段,入世回归是目的。在具体实施过程中,包含着多种歧途,从立(存、随)与泯来看,主要表现为两层六点:

第一层是超越,歧途有三。第一,视立泯为对待,计较入世与出世的对峙,彼此相互否定,可视为"存泯相毁"。歧途表现将避路与归路视为南辕北辙,如"入世存法,出世泯法,其权自相龃龉。"⑥又如"卓吾曰:'用世、超

①　方以智:《绝待并待贯待》,《易余》卷上,《易余(外一种)》,上海古籍出版社 2018 年版,第 117 页。

②　方以智:《仁树楼别录》,《青原志略》卷三,《青原志略》,江西人民出版社 1998 年版,第 90 页。

③　方以智:《易余目录》,《易余》,《易余(外一种)》,上海古籍出版社 2018 年版,第 2 页。

④　方以智:《象环寤记》,《易余(外一种)》,上海古籍出版社 2018 年版,第 216 页。

⑤　方以智:《象环寤记》,《易余(外一种)》,上海古籍出版社 2018 年版,第 216 页。

⑥　方以智:《三冒五衍》,《易余》卷上,《易余(外一种)》,上海古籍出版社 2018 年版,第 33 页。

世,不可骑两头马。'"①第二,偏执于泯。歧途表现为"罗汉执法身,亦是死佛"②,"今贪此无事人,仍是出世半边,仍是执一护痛。"③这是偏执出世,否定了入世,可称之为"恃泯坏存"。第三,偏执于立,而不肯正视泯,且无超越之心,可称之为"恃存(立)坏泯"。

第二层是回归,歧途亦有三。第一,超越到至体而不知返。"执向上一位,乃死法身也。"④"超出二途,栖心无寄,犹是暗痴。"⑤第二,从至体向立泯返回,却返回到泯,可称之为"恃泯坏存统"。携带着超越的精神,由至体应返回到入世之随,"究竟统、泯无逃于随"⑥,这亦可说是"由统返存":"然其实也,止有不坏世相,即出世间之一际一乘,归于治世资生不相违悖之法住法位"⑦。第三,返存后不知化。"虚舟曰:'能出世,乃能入世;能入世,乃真出世。此无身有事之双化也。'"⑧因为经过了入世到出世、出世到入世的往返,最终达到"无身有事":"无身"是已经超越到无体之一,吸取了超越的精神;"有事"是以入世为落脚点,在回归后又能作用在伦物日常。综合"无身"与"有事",可称之为既超越入世,又超越出世。由最初的入世出发,经过超越与返回,已经卷裹了存泯的各种可能,在此基础上,当再次返存后,应以存贯通全体,充满一切可能,可称之为"时宜":"以贯言初,则征诸时宜"⑨,"或藉鬼燔以膻愚,而润无上之游戏耳。归大成薪水者,乃乘时主法也。"⑩"既推三谛,入用一真,则舍存无泯,必用时行之薪水,明矣。"⑪从随

---

①　方以智:《〈应帝王〉第七》,《药地炮庄》卷三,《药地炮庄校注》,台大出版中心 2017 年版,第 539 页。

②　方以智:《三冒五衍》,《易余》卷上,《易余(外一种)》,上海古籍出版社 2018 年版,第 33 页。

③　方以智:《三冒五衍》,《易余》卷上,《易余(外一种)》,上海古籍出版社 2018 年版,第 34 页。

④　方以智:《易余目录·世出世》,《易余》,《易余(外一种)》,上海古籍出版社 2018 年版,第 12 页。

⑤　方以智:《三冒五衍》,《易余》卷上,《易余(外一种)》,上海古籍出版社 2018 年版,第 34 页。

⑥　方以智:《三征》,《东西均》,《东西均注释(外一种)》,中华书局 2016 年版,第 87 页。

⑦　方以智:《三冒五衍》,《易余》卷上,《易余(外一种)》,上海古籍出版社 2018 年版,第 33 页。

⑧　方以智:《〈应帝王〉第七》,《药地炮庄》卷三,《药地炮庄校注》,台大出版中心 2017 年版,第 539 页。

⑨　方以智:《公符》,《东西均》,《东西均注释(外一种)》,中华书局 2016 年版,第 157 页。

⑩　方以智:《易余目录·世出世》,《易余》,《易余(外一种)》,上海古籍出版社 2018 年版,第 12 页。

⑪　方以智:《世出世》,《易余》卷下,《易余(外一种)》,上海古籍出版社 2018 年版,第 167 页。

泯统来看,最终返回的"随"可称之为"大随"(立、存),亦可说是:"由泯知统,乃许大随。"①

　　综上,由入世之"随"出发,要达到最终的"大随",须经过超越与返回两层。两层有六种歧途,要依次纠偏诸歧路,一步一个脚印,逐级递进。相应于歧途,正路依次为:以入世之存(立、随)为起点;存与泯相互作用,表现为代错、相养、舍摄、明暗、因果等,从而吸取泯的出世精神;在相互作用中,存泯得以联动一体,从而共同超越到至体,即是由对待超越到绝待;将超越的精神回落,即绝待在对待中;由对待再返回入世之存(随)。浓缩这一过程,入世通过否定自我,吸收了出世之泯的精神,亦吸收了超越世出世的至体精神,再回落归实。起点为入世之"随",终点为"大随",入世经过双重否定完成双重肯定,在卷裹中敞开了出世与超越至体的维度,并融入儒学的入世中。从三教来看,这一过程也可以比喻为:以佛道出世、至体超越为薪,以烧儒学日用伦常之鼎。从儒学自身来看,即是开掘儒学的出世精神、至体超越,从而达到"费而隐"与"隐而费"的统一。

三、一 以 贯 之

　　《入世与出世的正余两层体用表》以"贯"统合入世之立与出世之泯,"合明暗之天地而统一切法,贵使人贯。"通过"贯",实现"世即出世之一真法界",由此可见"贯"的重要性。前文以集合表达正余关系时,其中存在解释限制性问题,之所以如此,在于正余关系中潜藏着作为第三者的"贯"。以正余而言,正余如夫妻,贯是第三者。这里的第三者不是独立于夫妻之外的婚外情,而是指向夫妻所育之子。第三者的存在深层改变了正余关系,如当正余对峙时,"贯"充当了调节夫妻冲突的媒介,化解了对峙;当正余相交为空集时,通过"贯"的出现,相交可以为正,亦可以为余。有鉴于贯的重要性,下文从三个方面略作展开:《论语》,以溯一贯之源;生生,此为一贯的底色;一贯与正余,从二一之辨升级为三一之辨。

(一) 一 贯 之 源

　　一贯之语出自《论语》:"子曰:'参乎! 吾道一以贯之。'曾子曰:'唯。'子出。门人问曰:'何谓也?'曾子曰:'夫子之道,忠恕而已矣。'"(《论语·里仁》)"子曰:'赐也,女以予为多学而识之者与?'对曰:'然,非与?'曰:

---

① 方以智:《三征》,《东西均》,《东西均注释(外一种)》,中华书局 2016 年版,第 99 页。

'非也,予一以贯之。'"(《论语·卫灵公》)。两处均出现"一以贯之",但各有侧重:《里仁》是从"道"讲一贯,并以儒学推崇的"忠恕"定义一贯之道;《卫灵公》是从知识的角度而言,多学饱识中应有一以贯之主导。从入世与出世而言,方以智的一贯思想主要据前者,深度拓展孔曾之言的哲学含义,分疏"一以""贯之""唯":

第一,"一以"。"一以"具有使动义,也可称作"以一",使用"一"统合正与余。突破《论语》的文本含义,方以智将"一以"之"一"扩展为"老子曰'得一',尧舜曰'中'。"①首先来看"得一"。老子"得一"据《道德经》"天得一以清,地得一以宁","万物得一以生"。这可以借助前文的大一、天地喻来说明:天为正,"天以地为余","大一以天地为余"。按正余的体用关系理解,"一"是正与余共同的本体(母体),此本体滋养正,天得以清;滋养余,地得以宁;一的底色为万物之生,即是生生,万物得以生,这将在下文论述。由此来看,相对于正余,一是超越的存在,并在超越处哺育正余;相对于正余的对待,一是绝待,绝待贯对待。

"一"还可以从一四关系来看,"如何是'一'?曰'乾,元亨利贞'。"②这是以《乾》之卦辞释"一"。结合前文四时喻来看,元亨利贞相当于春夏秋冬,据方以智祖父方大镇《易意》:"一必用四,邵子阐之,四用三而不用者一,即以一用三,此贞之所以终始也。"③这包含三层关系:第一层是正余关系,从体用来看,元亨利之三相当于用;而贞之一为不用,相当于体:这是"以一用三"。第二层是正余互换。体一用三的模式是将体用分为两层,通过"贞下起元",两层打通成环,合为一层,贞之终即是元之始,从而将元亨利贞一以贯之。第三层是将元亨利贞之四总称为用,而乾为体一,这是"一必用四",方以智解释为"体贞而用三,即体乾而用四,即体四而用乾矣。""皆此交轮几而一贯者也。"④通过交轮,乾一之"体"与元亨利贞之四之"用"打通,从而"一"与"四"得以一贯。从邵雍的观点来看,"四者,有体者也;一者,无体者也。"⑤按此理解,乾相当于无体之一(至体),实际构成两层正余关系的嵌套:用之"三"与不用之"一"为第一层正余关系;第一层正余合称正,无体之一作为余,构成超越于第二层的正余关系。在两层正余关系中,无体之一统正余,余之不用之一统用三之正,由此可推出正余之四均

①　方以智:《一贯问答》,《东西均注释(外一种)》,中华书局 2016 年版,第 421 页。
②　方以智:《一贯问答》,《东西均注释(外一种)》,中华书局 2016 年版,第 422 页。
③　方孔炤、方以智:《周易上经》,《周易时论合编》卷一,中华书局 2019 年版,第 405—406 页。
④　方孔炤、方以智:《周易上经》,《周易时论合编》卷一,中华书局 2019 年版,第 406 页。
⑤　方以智:《三征》,《东西均》,《东西均注释(外一种)》,中华书局 2016 年版,第 80 页。

为无体之一所统。

再看"中"。尧舜之"中"据十六字心传"允执厥中"。"举其端而用其余,用余之半皆其半,则所以贯者明矣。"①"故先揭两端,所以明一贯也。"②正余为两端,贯是执两端而用中,"主宗者用一化二;而二即真一,谓之不二。'吾道一以贯之'与'一阴一阳之谓道',三'一'者,一'一'也。"③出世与入世为两端,如同一阴一阳,"中"是执两端而归于一,也可以说是"用一化二",此处"化"之义可以理解为入世与出世之间的相互转化,如正余代错、相养;也可理解为"叶"(协),如觉浪道盛认为:"世出世本妙叶也。"④也可以理解为超越于入世与出世之对待,以超越的绝待来化。由此来看,"用一化二",即是用绝待来化对待,从而消除两端的对立,得以一贯;"二即真一",是从对待超越到绝待,真一相当于无体之一(至体),如同体用"不二",虽然说二,但用意在于一。以上是通过绝待将对待之二化为一;更进一步,"一以贯之"的绝待与"一阴一阳"的对待合称三,三个"一"合为一个"一",这是正余的嵌套,亦可视为对待超越与绝待返回的两层合一,前文已论,兹不赘言。

第二,"贯之"。"一以"是针对"多"而起,由"贯之"重返一体。"贯之"紧跟"一以","然未能蒸透'一以'二字,按团'贯之'二字","只管随口乱统,又是粪土砂糖。"⑤由此可见,"一以"与"贯之"相联动:只有透彻理解"一以",方能圆融"贯之";反之,只有做到"贯之",才能实现"一以"。二者相互定义,容易陷入循环论证,可从绝待与对待来看。如上所论,"一以"之"一"是绝待,"贯之"之"贯"亦是绝待:"贯其中者,无对之一也。"⑥按照入世与出世为对待,"贯之"贯通对待:入世融摄出世之泯,从而着实即超越;出世融摄入世之立,从而超越即着实;通过贯,入世即是出世,在弥合一体的混沌中不断创生。

进一步展开绝待,"凡曰大,曰至,曰绝,曰超,曰贯,曰无","为形容绝

---

① 方以智:《反对六象十错综》,《易余》卷上,《易余(外一种)》,上海古籍出版社2018年版,第78页。

② 方以智:《反对六象十错综》,《易余》卷上,《易余(外一种)》,上海古籍出版社2018年版,第80页。

③ 方以智:《东西均开章》,《东西均》,《东西均注释(外一种)》,中华书局2016年版,第21页。

④ 弘庸:《序》,《药地炮庄》,《药地炮庄校注》,台大出版中心2017年版,第7页。

⑤ 方以智:《一贯问答》,《东西均注释(外一种)》,中华书局2016年版,第422页。

⑥ 方以智:《绝待并待贯待》,《易余》卷上,《易余(外一种)》,上海古籍出版社2018年版,第112页。

待之词也。"①这里串讲绝待:是大,如大一;是至,如至体;是超,即对待的超越;是贯,是无,贯对待而无对待。"贯之则一也:谓之超可也,谓之化可也,谓之无可也。"②一贯谓之"超","超"如"绝",一贯超越入世与出世,在超越处贯通二者。在上述串讲词语达到"一"贯后,还要打破这个"一","圣门之几本一,而本不执一,其圆如珠。"③不执着于一,是追求一贯的圆融境界,要达到圆如珠,须经过三个阶段:"一贯者,无碍也。""本无不一,本无不贯;""若先立一意,惟恐其不贯,惟恐其不一,则先碍矣。故有为碍所碍,有为无碍所碍。于四不碍中,始得一贯。若是执定四不碍,则又为一贯所碍;是为死一,非活一贯也。直须磨碎一贯籖题,碾烂无碍窠臼"④。第一阶段是无碍,这是从否定"有"的层次来讲。有任何障碍存在,将不能做到一贯,这是一贯超越的基础。在这个阶段,一与贯互镜,"无不一"即是"无不贯"。第二阶段是无意。破掉"无碍"之无,不是有意去追求"无碍",而是本然如此,"本无"表明一贯的先天性、普适性、无碍性,事事处于联系的一体中。区分入世与出世是人为打破了这种先天的一贯,从而在存泯之间纠葛,在对待与超越之间往返。第三阶段是破除一贯,或者说"磨碎"一贯。如同虚空粉碎,虚空亦须破除,从而由"死一贯"超越到"活一贯"。

第三,"唯"。孔子言一贯,曾子答之以"唯"。"孰为吾?孰为道?孰为一?天地人一声曰:唯。"⑤从文字意义而言,这本是随口应和之言,"如何是'唯'?曰:'烟煎乾颠边'。"⑥方以智将"唯"与"中"互释,并注入生生的精神:"世好迅利,曾知中和唯诸为不可见之第一迅利乎?"⑦

综合三者,"一以""贯之""唯"互释,从入世与出世两端来看,都是统合了两端所表现出的"二而一",也可以说是"三而一",如同三时之用与冬一之体合一;甚至是"四而一",三时与冬成环,并以"无体之一"统之。

(二) 生　　生

如前所论"中",一阴一阳与一贯合称为三"一",这三个"一"统于一

---

① 方以智:《二虚一实》,《易余》卷上,《易余(外一种)》,上海古籍出版社 2018 年版,第 122 页。

② 方以智:《容通》,《东西均》,《东西均注释(外一种)》,中华书局 2016 年版,第 340 页。

③ 方以智:《一贯问答》,《东西均注释(外一种)》,中华书局 2016 年版,第 421 页。

④ 方以智:《一贯问答》,《东西均注释(外一种)》,中华书局 2016 年版,第 425 页。

⑤ 方以智:《二虚一实》,《易余》卷上,《易余(外一种)》,上海古籍出版社 2018 年版,第 122 页。

⑥ 方以智:《一贯问答》,《东西均注释(外一种)》,中华书局 2016 年版,第 422 页。

⑦ 方以智:《易余目录》,《易余》,《易余(外一种)》,上海古籍出版社 2018 年版,第 1 页。

"一",这个统贯之"一"聚拢了三"一",在聚拢后内在激荡,一阴、一阳、一贯相互作用,由此成为生生的母体:"不落阴阳,不离阴阳,故曰:'一阴一阳之谓道。'而吾一以贯之:其先阴者,阳藏阴中,阴拱含阳,由静而动,破阴而出","自此对待相交而生生不已"①。生生源于"先阴",即以真静为母体,如前所论正余关系第四点正余相养,真阳之动以真静为根,根指向生生之源。据第八点的摄与舍,"阳藏阴中,阴拱含阳":从阳来看,阳既有主动地潜藏,从而被阴所摄,又有被动地为阴所笼罩,主动与被动交互作用;从阴来看,亦是如此。转用到入世与出世,方以智先从阴入,即以避路出世,蛰伏退藏;他冬炼三时,如同"由静而动,破阴而出",从避路中孕育入世的归路,由此以退求进,以出世为手段,实现入世之目的。

由贯而生生,又可称作"混沌","一切皆混沌之所生也。"②按此,生生前是泯,生生中是贯,生生后是存;也可说出世是追溯生生前,"世即出世"的统贯是生生中,入世是生生后。从混沌来看,"混沌视之,三教皆刍狗也"。③ 此言可视为现代宗教现象学的祖本。"刍狗"据《道德经》第五章"天地不仁,以万物为刍狗"。据成玄英疏:"夫刍狗之为物,但有狗名而无狗实也。"据严遵曰:"天地不言,以其虚无;得物之中,生物不穷。"④按此而分,混沌如"不仁"之"天地",为本体、本然、实然,而三教如"万物"之"刍狗",为本体的显现、显然、现象。本体是隐秘的,它在向外显现时,可以表现为儒释道三教,从入世与出世而言,分别显现为儒学的入世,佛道的出世。

谈到混沌,容易联系到庄子《应帝王》南北二帝凿混沌而死,死是生生的终结,"纵凿者与执定不凿者,生机不活处,皆死地也"。⑤ 从正余来理解,凿是对于贯的撕裂,纵凿者将入世与出世割裂为相害的两极,执定不凿者徒守一个无生机的混沌,二者皆不符合一贯的精神。要做到一贯,需要收敛纵凿者,激活执定者。从超越与回归来看,"倏忽已凿死混沌矣,何何氏不惜凿而活之。以凿救凿,以变穷变"⑥。按照前文正余的框架,"凿死混沌"是分割入世与出世,即是打断生生的序列,分为生生前之泯与生生后之存。"何何氏"为方以智自称,他将凿死的混沌再凿活,"以凿救凿"。凿死之凿

①　方以智:《公符》,《东西均》,《东西均注释(外一种)》,中华书局2016年版,第151页。

②　方以智:《公符》,《东西均》,《东西均注释(外一种)》,中华书局2016年版,第156页。

③　方以智:《公符》,《东西均》,《东西均注释(外一种)》,中华书局2016年版,第156页。

④　强思齐:《道德真经玄德纂疏》卷二,《道藏》第13册,文物出版社、上海书店、天津古籍出版社1988年版,第370—371页。

⑤　方以智:《〈应帝王〉第七》,《药地炮庄》卷三,《药地炮庄校注》,台大出版中心2017年版,第540页。

⑥　方以智:《三征》,《东西均》,《东西均注释(外一种)》,中华书局2016年版,第91页。

是将"整一"凿成正与余,是在"有"的层次凿。方以智的再凿是凿破"有""无",是在正余嵌套的第二层次凿,其具体路径如同两层六路,通过存泯相互作用,如代错、相养、舍摄、因果等,超越到无体之一(至体),从无体之一再返回正余,返回"整一",回归到"整一"未凿前的状态。经过了上述超越与回归后的凿,已不是原初的"执定不凿者",而是吸收了对立、超越、回归后,达到更丰富、更完整的凿。从生生而言,方以智的凿在超越与回归中融合了生生的各种状态,"以变穷变",与生生"随波逐浪"。

从显然追问本然,还原生生的本体,这接近于现代宗教学研究方法,[①]如奥托(Rudolf Otto)所论作为活生生力量的神秘(numinous,das Numinöse):"任何一种宗教的真正核心处都活跃着这种东西,没有这种东西,宗教就不再成其为宗教。"[②]我们可以将儒释道三教的宗旨层层还原,以至"生生",在生生的内核中,三教具有共同的基础。逆此而行,则是"生生"的层层覆盖(遮蔽、叠加),我们可以覆盖道德,形成儒家的仁学本体;我们可以覆盖身体的元素,构建道教的养生、仙学;我们可以覆盖信仰元素,通向佛教的彼岸。

从显然追问本然之体,现象还原,三教均以生生为底色。从静态来看,可借助方以智作画喻来说明:"言本体者,犹言本色也。本色者,素也;染画加彩,彩不加者,其地也,留其素而已。"[③]最终形成的画作是现象,现象包含入世、出世,以及二者相互会通,如同画的两大主题及相互浸染。还原如同逆反绘染的过程,直至还原到起笔前,即本色之素,这是生生的底色。从儒学传统来看,起笔前相当于《中庸》"未发之中":"冬至之《复》,过此关否?子思指出未发之中,引人研极(几),有不孤负几先者否?""可信未发之中,三教总门"[④]。从冬至的关口得一阳来复,这是生生的展开,由此关口再向更深层次还原,则是"未发之中"。"三教总门"指三教归宗在作为"生生之

① 宗教研究可分为理性与非理性两种传统。与卢梭、康德的理性宗教传统不同,赫尔德(Johann Gottfried Herder)、施莱尔马赫(Friedrich Schleiermacher)属于非理性传统:赫尔德认为宗教以特定的经验与感情(specific experience and feeling)为基础;作为解释学奠基者,施莱尔马赫坚持宗教作为自身正确的真实(reality in its own right)。在二者的基础上,奥拓利用直接经验,从现象学发展,达到了一个高峰,由 Gerard van der Leeuw 再推进。(Robert N. Bellah, *Beyond Belief: Essays on Religion in a Post-traditional World*, University of California Press, 1991, pp.4-6.)

② 鲁道夫·奥托:《论神圣》,成穷、周邦宪译,四川人民出版社 1995 年版,第 7 页。

③ 方以智:《公符》,《东西均》,《东西均注释(外一种)》,中华书局 2016 年版,第 149 页。

④ 方以智:《龙湖不二社茶话》,《冬灰录》卷二,《方以智全书》第 3 册,黄山书社 2019 年版,第 226 页。

几"之先的"未发之中"。未发与已发可视作时间概念,将三教还原至未发,指在时间轴还原到生生未起之前,如同现象学意识流的本源:"达到一种活生生的、有根基的历史存在,'处境'就越是'纯粹地'具有直接性(相应于特殊的客体性),越是特别地清晰与确定。"①

从生生的先后关系来看,底色既在生生前已先验存在,如同未绘画前,素色便存在;底色在生生中,虽然层层绘染,但素色始终作为底色存在;底色又在生生后,如同彩不加者留其素。"当知素在彩先,而有彩之后,素亦在彩中矣。"②这样来看,底色贯通生生前、生生中、生生后,较之于"混沌",底色是更深层次的还原。更进一步而言,绘画所言的底色是静态的,而生生的底色动态流行,可称之为"於穆":"执混沌者,死人也;不知贯混沌天地之於穆不已","皆於穆也,分正与余,而於穆之主宰明矣。"③如同素是静态的底色,"於穆"是底色的暗流涌动,并且作为入世之正、出世之余、统贯入世与出世混沌的主宰,图示如下:

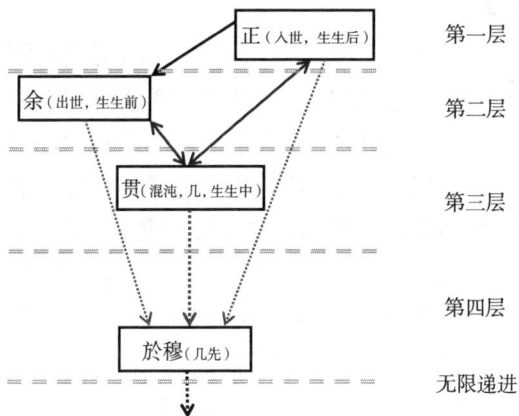

图9-2　生生还原图

《生生还原图》已通过绘画喻说明,此处再补论三点:

第一,还原的层次。第一层是入世之止,是生生后,属于显化的现象;第二层是出世之余,如前论正余关系第三点的冬喻,是藏密之体,显现的生生较为隐秘,或者说是生生前。按照由显到隐的顺序,应该由生生前直接再深入还原;但是,根据还原的次序,需要综合"生生后",在实现正余一贯的基

①　海德格尔:《宗教生活现象学》,欧东明、张振华译,商务印书馆2018年版,第393页。

②　方以智:《公符》,《东西均》,《东西均注释(外一种)》,中华书局2016年版,第154页。

③　方以智:《世出世》,《易余》卷下,《易余(外一种)》,上海古籍出版社2018年版,第167页。

础上,才能再还原更深的层次,这就是第三层的贯。虽然贯为"生生中",但如执两用中,贯统合了"生生前"与"生生后",成为正、余、贯三合一的混沌:"通虚实前后者曰贯,贯难状而言其几。"①第四层是由贯再深入还原,也可以说是正、余、贯三者统一后再还原,还原为"於穆","穆不已也。几先知几,贯则为一。"②由此还原至底色,从几而言,是谓几之先,是比混沌更为真实、原初的本然。按照余的关联概念"冒"来看,正、余、贯分别对应于显冒、密冒、统冒,经过第四层还原后,如同"隐中亦具三冒"③,按照这种模式可以无限递进还原下去。

第二,还原与覆盖。方以智当然不是为了还原而还原,在还原后,还要覆盖。还原与覆盖的关系如同前文所论正余框架的超越与回归,还原如同打瞎肉眼开慧眼,覆盖如同打瞎慧眼还肉眼。从儒学立场来看,最终的归路是如何融合还原的真实来指导入世之用。从三教合一的立场来看,"几深其后即前,则神其无前后矣。"④在还原与覆盖的相互作用中,最终实现还原与覆盖的自由转换。

第三,从儒学立场看,生生是仁体,对于生生的解释关乎儒学的核心价值。从一贯的精神来看,方以智的仁体解释学吸收了佛道的出世精神,他不仅注重生生之后,追溯生生之前,贯通生生之中,而且有深层次的还原与覆盖。经此一番诠释,方以智论述的生生极大扩充了儒学仁体的内涵,展现出现代哲学的进路,这是他对于儒学仁体诠释的重大贡献。稍晚于方以智,王夫之亦有仁体一贯的诠释进路:"'一以贯之',圣人久大之成也。""以熟其仁,仁之熟则仁之全体现,仁之全体既现,则一也。"⑤从哲学视野来看,王夫之的一贯固守儒学传统,将一贯视为"圣人久大之成"的理想境界,这种理想是高高在上的,甚至是遥不可及的。一贯即是仁体,具有盎然生生之意,是仁熟的结果,这仍是固守儒学传统的功夫论、境界论,即功夫即是境界,只有达到熟化的境界,才能做到一贯。方以智"冬炼三时",他的一贯思想亦蕴含功夫的进路。较之于王夫之,方以智的一贯不仅包括儒学仁体的一贯,还能将佛道的出世思想一以贯之,在沟通入世与出世展开的生生之贯内涵

---

① 方以智:《三征》,《东西均》,《东西均注释(外一种)》,中华书局 2016 年版,第 63—64 页。
② 方以智:《三征》,《东西均》,《东西均注释(外一种)》,中华书局 2016 年版,第 65 页。
③ 方以智:《三冒五衍》,《易余》卷上,《易余(外一种)》,上海古籍出版社 2018 年版,第 31 页。
④ 方以智:《小引》,《易余》,《易余(外一种)》,上海古籍出版社 2018 年版,第 2 页。
⑤ 王夫之:《思问录内篇》,《思问录　俟解　黄书　噩梦》,中华书局 2009 年版,第 19 页。

更为丰富。仁体不仅包括"生生后",也包括"生生前""生生中";仁体不仅是现象层次的显现,还包括现象的还原,以至还原到"於穆不已",遥接文王之德之纯的道统。

（三）三 一 之 辨

综上,经过方以智的哲学诠释,分解并打通《论语》的"一以贯之",还原到生生,并可以将正余的二一之辨升级为正余贯的三一之辨,下文论述三个方面:其一,三一之辨活化用集合解释的正余关系;其二,贯的动态交轮;其三,一贯要诀。

如前文借助集合解释正余关系,当引入作为第三者的贯以后,将活化正余的八点关系:

第一点,正余源于一体。从贯来看,这个一体可以是贯,由于贯与正余的相通性,可以同时表述为:(正∪余=贯)与(正∩余=贯)。

第二点,正与余相对。在正与余相对时,贯携带着正,与余沟通,反之亦然。这样可以将相对转化为相合、相因、相即。

第三点,正余相代错。贯可以代表余,也可代表正,由此正余相代即是贯自身的旋转,如东西均。相错可看作贯自身分出两端,执两端之错又有中贯的统合,还可活化为循环相代,如集合表述为:正⊃贯⊃余⊃正,反之亦然。

第四点,正余相养。从生生前后来看,余为正之根,贯为余之根,於穆为正余贯之根,表述为:(余⇌正⇌贯)⇌於穆。

第五点,无体之一(至体)。这个无体之一可视为正、余、贯还原的於穆。

第六点,正余为明暗关系。通过贯之混沌,模糊了明暗的界限,达到"合明暗之天地而统一切法,贵使人贯"。

第七点,正余为因果。如真圆统因果,真圆相当于贯。

第八点,正余的摄与舍。当正余对摄时,贯增强摄的合力;当正余对舍时,贯消解舍的张力。换言之,正余从相反的方向撕裂贯,贯作为统摄的合力,当其作用力弱时,表现为正余对舍;当其作用力强时,表现为正余对摄。

从三一之辨来看,"统则自贯,入则能随,断则能泯。究竟一三、三一,无分别也。"[①]入世之随、出世之泯、一贯之统,三者合为一。这可以有三种解读三一关系:第一种,由于贯的沟通,泯与随可以自由互换;同理,泯与贯、

---

① 方以智:《一贯问答》,《东西均注释(外一种)》,中华书局 2016 年版,第 452 页。

随与贯亦可以自由互换:由上可知,随、泯、贯三者亦可自由互换,这将导致任何之一与其他之二无分别,加之自身等同,也可以说一与三没有分别,即"一三、三一"。第二种,随泯贯三者合为一体,为整一。整一与随、泯、统三者发生关系,即是"一三";反之,即是"三一"。三即是一,一即是三,整体与个体之间相互为一。第三种,两层递进。"一三、三一"是整一分为随泯贯之三,再由三超越到至体之一,并且回归到整一,这种解释融合了圆∴的思想。

贯的动态交轮相通于第三种解释,并将上述八点含义凝练:"圆∴三点,举一明三,即是两端用中,一以贯之。""无对待在对待中,设象如此,而上一点实贯二者而如环,非纵非横,而可纵可横。"①"圆∴之上统左右而交轮之"。② 贯是圆∴上一点;随泯为圆∴下左右两点。"如环"即是"交轮",指下两点超越到上一点,上一点回归到下两点,超越与回归交轮成环。如前所论"止有世即出世之一真法界","一真法界"的特征是"世即出世",即是入世与出世的一贯,"世即出世,必言善世;扶习润生,随轮超轮。"③以上十六字包括一贯的两种关系:前八字是由贯而善世,通过贯找到儒学入世的归路;后八字是由善世而贯,在润生中实现圆∴的交轮。前后八字可概括为:由贯到善世、由善世到贯的相互作用。"随轮超轮"还包含了更深一层的交轮,"随"是随轮而转,"超"是超越交轮,"随轮"与"超轮"又构成一层嵌套的正余关系。

圆∴交轮可表述为覆峙与转峙:"覆存泯同时之峙,一謦咳,三教毕矣。"④覆峙是推翻存泯的对待,超越到贯(绝待),在绝待处贯通三教的入世与出世。但是,在绝待超越中存在风险:"玄者执绝待之孤迥,不落则死矣;莽者贪绝待之平凡,抑圣则荡矣。"⑤玄者超越而不落,如同站在孤峰顶上,迥然耸立,却只能孤芳自赏,沦为顽空死寂;莽者以超越蔑视入世,则荡而无归。因此,必须要转峙,即从绝待反转回对待,尤其是返回到入世之存,着陆于实际伦常日用,"世即出世,是名超越;何碍乎世出世法之辟驾反因,转此峙中,以供铎钟金玉之常乐?"⑥"世即出世"是绝待之贯,转峙是绝待

---

① 方以智:《三征》,《东西均》,《东西均注释(外一种)》,中华书局 2016 年版,第 103—104 页。
② 方以智:《三征》,《东西均》,《东西均注释(外一种)》,中华书局 2016 年版,第 62 页。
③ 方以智:《必余》,《易余》卷上,《易余(外一种)》,上海古籍出版社 2018 年版,第 96 页。
④ 方以智:《三征》,《东西均》,《东西均注释(外一种)》,中华书局 2016 年版,第 61 页。
⑤ 方以智:《绝待并待贯待》,《易余》卷上,《易余(外一种)》,上海古籍出版社 2018 年版,第 112 页。
⑥ 方以智:《三征》,《东西均》,《东西均注释(外一种)》,中华书局 2016 年版,第 102 页。

向入世回归的反向转超,其目的是将三教超越的精神灌注到"钟金玉之常乐",即儒学入世之教,这正是方以智追求的归路。覆帱与转帱体现出方以智以儒学为中心的立场,以入世为最终归宿:"超越世出世间之立处皆真","依然在世言世而已矣。"①

综上,三教一贯可概括为十六字要诀:

当机觌体,兼带纵横,
希烂囫囵,何嫌注脚!②

如前所述,一贯并不是死一贯,而是活一贯,因人、因地、因时的情况不同,所当之"机"亦随之变化,如身在庙堂,可由入世统摄出世;身在山林,可由出世涵摄入世。"机"相通于"几","几者,微也","机械、机详从之","变之端也","由前生后,穆无前后;生生之几,变变不变。"③按此而言,"当机"即是"当几",在生生前、中、后的三个阶段,均可以直接体证於穆之体。"觌体",可理解为体知,实证"几"而切实知,三教最终一贯于真实的、生生的道体。"兼带",入世兼出世,出世带入世,这包括正余的代错、相养、因果、舍摄等。"兼带"是"一贯"的主要表现形式,存泯在兼带中实现妙叶。"纵横"可分解为"纵"与"横":纵是纵贯,可理解为入世与出世的超越与返回;横是横摄,存泯同时。通过纵横,可以穷尽入世与出世的横摄纵贯关系。"希烂囫囵"是总,如同混沌之贯,将三教混而为一;"何嫌注脚"是别,即辨析入世与出世,展现二者的交互关系。别不离总,总不厌别,存泯在一贯统合与析别差异中展开丰富的关系。方以智晚年的一贯思想更为超脱,"天寓于人,人寓于世,世寓于事,事寓于时。随寓冥心,岂有迹可避耶!"④方以智作此论时年六十岁,此论前十六字可视为方以智一贯思想的晚年定论:"人寓于世",这正是他坚定的儒学入世立场,是他要追求的"归路";"世寓于事",最终回归到入世之日用伦常之实事,如前所论,回归是在吸收了出世之泯、一真法界等超越思想后的回归;"事寓于时",相通于"时宜",表现出活一贯的洒脱,其中意境如:"山泉甘洌原无变,恰享今春自制茶。"⑤以上

① 方以智:《世出世》,《易余》卷下,《易余(外一种)》,上海古籍出版社 2018 年版,第 166 页。
② 方以智:《一贯问答》,《东西均注释(外一种)》,中华书局 2016 年版,第 421 页。
③ 方以智:《三征》,《东西均》,《东西均注释(外一种)》,中华书局 2016 年版,第 95 页。
④ 方以智:《书芦药合草后》,《浮山此藏轩别集》卷一,《方以智全书》第 10 册,黄山书社 2019 年版,第 142 页。
⑤ 方以智:《性故》,《性故注释》,中华书局 2018 年版,第 97 页。

十六字又可归结为"随寓冥心",冥是默会、冥契、暗含,这四字即是活一贯,无不宜,又可称之为"大随"。方以智中年悟道,以出世的避路作为入世的归路;晚年"岂有迹可避耶",按照"随寓冥心"理解,本无世可出,亦无世可入,入世即是出世,出世亦是入世,避路即是归路。

以上是从佛教道教言出世,方以智的出世指向不限于此:"出世者,出生死利害之世也。为世间之钩琐苦不得出,故示雪山以立此脱离之极,犹首阳之以饿立极、汨罗之以沉立极也。"①在佛教传入中国之前,首阳、汨罗追求超越人间世:伯夷、叔齐饿死于首阳山,由此脱离世间王位的争夺;屈原沉于汨罗江,由此摆脱了政治黑暗的国家。伯夷、叔齐、屈原的精神同样体现了出世的超越,但由此也存在割裂人间世与出世间的嫌疑。如同正余相对,人世间充满生死利害,是污秽的世界;彼岸境界是超越的世界,如纯洁高远的雪山:这类似于佛教以此岸与彼岸形容人间世与出世间。当此岸无路可入时,伯夷、叔齐、屈原选择了彼岸。从方以智的一贯思想来看,虽然三人是尽出世之极,但不能说尽人间世之极,更为根本而圆融的选择是:借助彼岸返回此岸,即在出世的避路中寻到入世的出路。之所以如此选择,原因之一在于防范超越的风险:"系铃解铃,贼入空房,偷心乃死。碧潭漉月,再三始知。回首故山,耕读依旧。原谓明得本然,任汝制用,方当学问供爨济人"②。"贼入空房"与"碧潭漉月"指出超越出世间可能导致的虚幻:彼岸世界本是"空房",致力于超越的彼岸,如同贼心之专注入室行窃,原以为室内珠宝无数,进入后才发现一无所有,由此打破出世之心;彼岸世界犹如水中月,月映碧潭,明亮纯洁,俗人以为实相,尝试去捞取,直至努力再三失败后,方知彼岸世界的虚幻。在彼岸世界的梦想破碎之后,须转回到此岸世界的"故山"中,尽人间世之极,由此可以相通于方以智为儒学托孤的理想及践行,这是方以智在出世后重返入世的根本原因。从现实选择来看,方以智有足够的条件可以如屈原投江,如伯夷、叔齐隐居深山,但是,他以儒学真孤担当,后死托孤,他不仅要实现出世的超越,还要再返回人间世,换言之,方以智基于儒学的入世,超越至佛教道教的出世,再返回儒学的入世,吸收佛教道教出世的宗教精神以充实儒学,为儒学传薪火,这种更为深沉、卓越的追求与担当超越了入世与出世二分的境界。

传统观点认为,自孔子伊始,儒学疏于出世思想,韦伯由此武断地认为儒学纯粹是俗世内部的俗人道德,但从《中庸》"费而隐"等超越传统来看,

---

① 方以智:《世出世》,《易余》卷下,《易余(外一种)》,上海古籍出版社 2018 年版,第 165 页。
② 方以智:《世出世》,《易余》卷下,《易余(外一种)》,上海古籍出版社 2018 年版,第 166 页。

儒学不乏出世的进路。从儒学发展来看,方以智之前,宋明理学吸收佛教道教的心性思想,补充儒学心性精神资源;方以智致力于吸收佛教道教的出世资源,为儒学补足出世思想的短板。当然,这也可以视为儒学自身超越传统的发展。若按方以智的进路发展,将促进儒学宗教维度的开掘。从最终目的而言,入世出世一贯不仅没有否定儒学入世,而且通过超越与返回,更加强化了日用伦常的俗世适应。综上,儒学的俗世道德融合了出世的超越精神,是一种高层次的入世,这种独特的宗教世俗化进路,在当代社会亦有示范意义。

方以智一贯思想的形成,既有其特殊偶然性,又有其普遍必然性。偶然性表现在,方以智独特的家学背景,方氏家学醇正的入世思想与其外祖吴应宾出世思想的对立与融合;明清鼎革时代背景,客观的外部环境限制了入世,不得已从出世寻求出路;觉浪道盛的庄子托孤说等。必然性表现为儒释道三教独自发展时,有内在深度融合的需求。当儒学遇挫时,可以借助佛道的思想资源保存入世的生生精神;佛教道教亦不甘于固守出世一端,在向出世超越时,亦不忘人间世的关怀,具有入世的内在动力:双向的良性互动将促进三教扬长避短,表现出中国文化的聚合性与整体性。

第十章 医救三教的"约药"思想

全能用偏，惟此尊亲，洋溢邪严，似是说法，必归正人。道同法异，各别溪山；理学宗教，激扬攻玉。阙里职分，自有宰天鼓舞之权，何必刻叶引啼，自荒经义，以泥附淖，共凿狂泉，将守於穆而废日星耶？耕凿受享，黎明子夜，何劳升殿？黄屋存其廊落，要在政府用人。君师之责，安顿三根；刍狗青黄，无非神化。当前碧落，一乡约所也。讲各安生理之生即无生，则佛魔掩泥砥属矣，贵图天下太平。(《易余目录·约药》)①

方以智别号"药地"，地天为正余，"药地"即是药天，药天地，要做"炮地蒸天古药杵"。② 药为动词，药地即是医救天下，当然包括三教。"药地"的名号因《药地炮庄》而广为人知，并在《药地炮庄》中贯彻了这一思想："炮《庄》制药，列诸症变，使人参省而自适其当焉！"③如同医书列举各家对于同一病症的辨证及诊断用药，从而有助于治病的医生选择判断；方以智汇集前代名家评注，即使针锋相对的观点，亦烹炮一炉，从而有助于阅读者选择。"药地"的思想亦体现在《易余》中，"自为药树，乃能勿药。"④与"药地"相呼应，方以智将自己视作一棵"药树"，医救三教之病。"盖医能医病，药地能医医，是曰医王。"⑤他不仅要治病，还要救治医生，以医王担当，体现出明清鼎革之际士大夫的担当与使命，如《易余》上、下两卷首所言："欲疗教而平人心"⑥，"九死之骨，欲平疗教者之心，心苦矣。"⑦《易》《庄》互证，与炮制《庄子》的《药地炮庄》相应，方以智的《易余》可视为炮制《周易》，或称之为《药地炮易》。

与佛教、道教不同，儒学并不具有完全独立的宗教团体、宗门领袖，而是在个体修身、家庭伦常、国家政治表现其思想，重在着实的入世之教，以尊生为主；佛道主超越的出世之学，重视死。由于儒学占据明代主流意识形态，

---

① 方以智：《易余》，《易余(外一种)》，上海古籍出版社2018年版，第13页。

② 方以智：《药地易简约》，《冬灰录》卷一，《方以智全书》第3册，黄山书社2019年版，第208页。

③ 何三省：《药地炮庄序》，《药地炮庄》，《药地炮庄校注》，台大出版中心2017年版，第3页。

④ 方以智：《易余小引》，《易余》，《易余(外一种)》，上海古籍出版社2018年版，第2页。

⑤ 文德翼：《补堂炮庄序》，《药地炮庄》，《药地炮庄校注》，台大出版中心2017年版，第11页。

⑥ 方以智：《知言发凡》，《易余》卷上，《易余(外一种)》，上海古籍出版社2018年版，第17页。

⑦ 方以智：《薪火》，《易余》卷下，《易余(外一种)》，上海古籍出版社2018年版，第135页。

因此,即使明儒倡导三教合一,其本质多是以儒学统佛道,如王阳明以三间喻三教,三间共为一厅,儒者割左右间与之佛道。① 随着明代的国家政权灭亡,儒学的入世之学难以展开,清廷大肆杀戮,却默许佛道,在此情况下,有气节、有担当的明代遗民饮吞亡国之恨,栖身佛道之门,并借机吸取佛道超越死亡的出世之学,以充实儒学,方以智便是其中杰出的代表。

王阳明之后,明代有"三教独立"与"三教合一"两种主要趋势:前者代表有东林学派的顾宪成、高攀龙等,方以智曾祖方学渐、祖父方大镇与东林之学相符,独尊儒学;后者代表有林兆恩、焦竑等,方以智的外祖吴应宾与林兆恩、焦竑之学相合,并汇聚憨山德清、紫柏真可、云栖祩宏三高僧之学。两种趋势通过方吴两家的联姻实现汇聚,这是方以智创新发展三教思想的先天有利条件。无论是"三教独立"还是"三教合一",其中隐含的前提是将儒学视作宗教,体现出宗教的性质:"相信自然与人类生命的过程乃为一超人的力量所指导与控制的,并且这种超人的力量是可被邀宠或抚慰的。"②宗教须具备抚慰死亡的终极关怀。死亡是人生无法回避的事件,佛教涅槃、道教养生,都是力图给出死亡问题的解决方案。儒学相对缺乏这一面向,倾向于消解超人的力量,其代表性论述为孔子的"未知生,焉知死"(《论语·先进》)。与此相应,儒学的核心概念为生生之"仁",宋明理学家主要从生的角度诠释仁体,如以核仁喻仁、以觉言仁等。在此基础上,儒学亦有宗教的拓展,"儒家思想有一超越的面向","儒家的现世观具有深远的宗教性。"③宋明理学家亦有现实生活的终极关怀指向。④ 如果将儒学视作宗教,须打开死亡的视域;更进一步,以死亡视域促进生生之仁,锤炼生生仁体,这依赖综合创新的大思想家。

在方以智研究中,自从余英时出版《方以智晚节考》以来,晚节成为方以智研究的热点问题,这不仅关乎方以智思想的归结、方以智作为"明代文天祥"的定位,而且关乎整个宋明理学的学脉。余英时通过考辨史料论证方以智的晚节,在此基础上,还可进一步考察方以智的思想发展,由内在精神支撑、生死哲学佐证,进而内外一致,更有利于方以智晚节研究。⑤ 据方

---

① 《年谱三》,《王阳明全集》,上海古籍出版社 2011 年版,第 1422—1423 页。

② J.G.弗雷泽:《金枝——巫术与宗教之研究》上册,汪培基、徐新育、张泽石译,商务印书馆 2019 年版,第 90 页。

③ 杜维明:《儒教》,陈静译,上海古籍出版社 2008 年版,第 113 页。

④ 张学智:《宋明理学中的"终极关怀"问题》,《中国社会科学》2016 年第 9 期。

⑤ 方以智内在思想发展的研究有赖于其哲学著作的研读与整理,余英时作《方以智晚节考》时,"其已流布者如《药地炮庄》余亦未尝获见"。(《方以智晚节考》,生活·读书·新知三联书店 2004 年版,第 48 页。)由于当时方以智的《易余》等重要哲学著作尚未流布,受制于客观条件,内外一致的综合研究不能深入展开。

以智的重要哲学著作《易余》卷上、下首句："欲疗教而平人心"①；"九死之骨，欲平疗教者之心，心苦矣！"②"疗教"之"教"当指儒学，如"烹雪炮漆，以供鼎薪，偏教医活死麒麟。"③以佛（雪，雪山）道（漆，漆园吏）为药，医救儒学（麒麟）之病，这既是方以智学术思想的指向，亦是方以智哲学宗教思想的方法论，两者均以"药树"为基础，体现出学术思想与方法论的统一。"鼎薪炮庄，苦心如此，供养后世，谁得而知之。"④由此昭示了方以智气节的内在基础、深沉追求、使命与担当，他的学术视野不限于明清之际，而是指向未来，致力于中国宗教的总体发展方向指引。

一、药树思想的三个阶段

据桐城同乡、姻亲孙晋记述方以智思想的发展：

> 曩闻苍梧句曰："西方药树是奇兵。"已闻竹关句曰："死是大恩人。"已闻廪山句曰："病药俱忘还说药，医王大病欲谁医？"⑤

按此而论，方以智的药树思想包括苍梧（梧州云盖寺，1651—1652 年）、竹关（南京高座寺，1653—1655 年）、廪山（新城廪山寺，1659—1662 年）三个阶段，分述如下：

（一）引佛教之奇兵救儒学

方以智是明朝的孝子忠臣，其生死考验与明亡紧密相连。如本书第一章所论，他亲历崇祯、弘光、永历三个政权：崇祯吊死，众臣唯恐避之不及，而他恸哭崇祯灵位于东华门，为李自成军队所执，几折磨致死；方以智与陈子龙、冒辟疆、侯方域等相与推重，是复社的重要成员，在南京，遭仇家阮大铖追杀；流离湖广，他参与永历政权，永历举朝"如醉如梦，妄相妄忆而已"，"曾见有几而作不俟终日者三人，吴璟、方以智、毛毓祥也。""方以智参机密，见涣发丝纶不达城外，托修道而入山。""当时国势危如累卵，清势重若

---

① 方以智：《知言发凡》，《易余》卷上，《易余（外一种）》，上海古籍出版社 2018 年版，第 17 页。
② 方以智：《薪火》，《易余》卷下，《易余（外一种）》，上海古籍出版社 2018 年版，第 135 页。
③ 方以智：《附录》，《易余》，《易余（外一种）》，上海古籍出版社 2018 年版，第 215 页。
④ 包璿：《青原曼老人》，《诗》，《青原志略》卷十一，江西人民出版社 1998 年版，第 325 页。
⑤ 孙晋：《药树堂碑文》，《碑记》，《青原志略》卷四，江西人民出版社 1998 年版，第 113 页。

泰山,而举朝文武犹尔梦梦,欲不亡得乎?"①面对危机,永历君臣不是励精图治,而是沉迷醉梦,逃避现实,粉饰太平。"涣发丝纶不达城外",政令不能下行,民意亦不能上达,已成亡国之势。在此情况下,方以智不得已退隐山林,"同伴都分手,麻鞋独入林。一年三变姓,十字九椎心。听惯干戈信,愁因风雨深。死生容易事,所痛为知音。"②方以智身在山林,心系庙堂,密切关注时局的发展,然而,坏消息接踵而至;久经患难后,他对死生渐趋淡然,所系念者,唯有知音而已。永历三年(1649年),"进方以智为东阁大学士、礼部尚书,召入直,称疾不赴。"③桂林沦陷,兵部尚书瞿式耜、总督张同敞等知音悲壮而死,对于方以智而言,可谓是痛上加痛;为救友人,方以智直赴刑场,"狮子尊者肯施头"④,"一声狮子吼,刀锯总忘机。"⑤方以智通过佛教涅槃精神超越肉体的死亡,这表明他此时不仅熟知佛教典故,而且能用于解决生死问题,这表明他对佛教的综合理解与深入体证。综观这一过程,方以智忠君爱

---

① 计六奇:《举朝醉梦》,《明季南略》卷十二,中华书局1984年版,第461页。

② 方以智:《独往》,《遗民诗》,卓尔堪编著,华东师范大学出版社2013年版,第367页。

③ 王夫之:《永历实录》卷一,《船山全书》第11册,岳麓书社2011年版,第361页。

④ 方以智:《马帅见连招浔爵书重历刀头说此一偈》,《无生寱》,《浮山后集》卷一,《方以智全书》第10册,黄山书社2019年版,第243页。师(狮)子尊者是禅宗西天二十八祖的第二十四祖。师子尊者遭外道陷害,罽宾王秉剑,"至尊者所,问曰:'师得蕴空否?'祖曰:'已得蕴空。'王曰:'离生死否?'祖曰:'已离生死。'王曰:'既离生死,可施我头。'祖曰:'身非我有,何悋于头!'王即挥刃,断尊者首。"(《五灯会元》卷一,中华书局1984年版,第34页。)方以智以师子尊者类比自己的处境与抉择:清军马帅环刃如同罽宾王秉剑,方以智借助师子尊者出离生死的精神来面对险境,由此可知方以智的气节洋溢着佛教超越生死的精神。方以智此时并未披缁,这应得益于吴应宾的教诲,说明方以智此时不仅熟知佛教经典,而且在危机时刻能够应用禅宗精神实现全节,由此可见方以智的佛教基础之深厚。

⑤ 方以智:《重縶至平乐法场逼以袍帽只吼涅槃而已》,《无生寱》,《浮山后集》卷一,《方以智全书》第10册,黄山书社2019年版,第242页。荒木见悟认为:"方以智当初归向佛法,确实是基于逃禅的动机,但与觉浪道盛的相遇,却仿佛是他生命中最重要的思想转机。之后,方以智受到父亲与外祖父吴观我的影响,继续研究《易经》,至于'废眠食、忘死生'的地步,但结果他所到达的境界,却是'《易》理通佛氏,亦通老、庄。'"(荒木见悟:《觉浪道盛初探》,载《明末清初的思想与佛教》,廖肇亨译,上海古籍出版社2010年版,第161页。)此论有三个问题:第一,还原方以智刑场破生死关的顺序,披缁的动因应是清军将领厌恶头陀,方以智以头陀救出,以求速死,但仍逼以袍帽,方以智由此披缁。方以智披缁的过程可以说与"归向佛法"无关。第二,方以智与觉浪道盛相遇,是在平乐破生死关三年之后,"初,吾乡方密之自岭外薙染还里,皖开府李中丞问召问:'信已出家耶?'方曰:'信矣。'曰:'若信,吾指汝一师。'问为谁,曰:'觉浪和尚也。……是真和尚也,固当师。'密之闻言,即至天界礼杖人为师"。(钱澄之:《住寿昌观涛奇禅师塔铭》,《田间文集》卷二十三,《钱澄之全集》之六,黄山书社1998年版,第456—457页。)方以智之所以言"信",是为了婉拒清廷招抚。第三,"之后,方以智受到父亲与外祖父吴观我的影响",方以智在平乐前,已深受吴应宾影响;吴应宾于崇祯七年(1634年)去世,方以智在平乐时是1650年,何来"之后"受吴应宾影响? 以上三处可证荒木见悟之说之误。

国,即使在仕途受阻后,亦未完全退隐山林;当有志气、有担当的知音纷纷陨落后,方以智毅然挺立,直面死亡的威胁,体现出超越生死的气质。据永历五年(1651年)方以智作自祭文:"一觕元会太分明,生即无生尽此生。中土杏花知正命,雪山药树用奇兵。便将鼎镬烹真乳,仍以刀锋扫化城。"①孔子讲学杏坛,"杏花"代指儒学;"药树"出自佛教,《善信经》云:有神药树,名曰摩罗陀袛,主厌天下万毒,不得妄行。"②药树能祛除万毒,又名药树王,佛教信众亦有化身药树之愿:"愿作药树王,遍覆众生界;见闻及服药,除病消众毒。"③"西方药树是奇兵"又作"雪山药树用奇兵",雪山与西方指佛教,"为世间之钩琐苦不得出,故示雪山以立此脱离之极"④,"脱离之极"相当于佛教超越生死的"无生"。面对鼎镬,方以智引入"西方药树",诉诸佛教超越生死的思想资源,这可呼应《易余》的"自为药树"⑤。"奇兵"思想当据《道德经》五十七章"以正治国,以奇用兵",由此抽象出"正"与"奇"两个对待概念:正为常用之法,奇为偶施之教。天下太平,正显而奇隐,儒学在生生开显之域,如同治国以正而罕用兵;国家危亡,修齐治平之正用受阻,方诉诸奇兵,以补足儒学之仁的"无生(死亡)"视域,此时奇显正隐。正奇思想可呼应孔子的"未知生"之论,常态时知生即可,用正兵之常,不必引入死亡之奇兵。

---

① 方以智:《辛卯梧州自祭文又诗一首》,《无生寱》,《浮山后集》卷一,《方以智全书》第10册,黄山书社2019年版,第245页。据此可知,方以智在梧州时形成药树思想,此时尚未拜入觉浪道盛门下,可能更多受到吴应宾影响。吴应宾已有病与药思想的雏形,参见吴应宾:《性善篇》,《宗一圣论》卷上,《宗一圣论 古本大学释论》,复旦大学出版社2019年版,第10—23页。前期研究成果多将方以智的药树思想关联《药地炮庄》与觉浪道盛指点方以智的"一茎药草",两者均指向觉浪道盛。如觉浪道盛《寄示无可智公》"当以破篮一茎,慎自变化之"。据劳思光所论:"所谓'破篮一茎'盖用文殊与善财采药之寓言。文殊拈一茎草谓只此能杀人能活人;觉浪以此'能杀能活'喻曹洞宗旨。而函中特标此义,盖又暗示对密之宏大教义之期望也。及密之入门,觉浪更作'破篮茎草颂',前系长序,重说此义。"(劳思光:《〈方以智晚节考〉及〈补正〉读后感》,载《冬炼三时传旧火——港台学人论方以智》,邢益海主编,华夏出版社2012年版,第65页。)劳思光之论可能是颠倒了时间顺序,正确顺序应是:觉浪道盛作《破篮茎草颂》在先,《寄示无可智公》在后。首说此义于"癸巳(1653年)孟冬书付竹关",(《破篮茎草颂》,《天界觉浪道盛全录》卷十二,《嘉兴大藏经》第34册,第20页。)方以智破关,庐墓三年后,1658年再至庐山(1652年曾至庐山),觉浪道盛作《寄示无可智公》,重申此义。在功效上,药草相当于药树。一茎草能活人,通过闭关竹轩,方以智从枯壁中获得生机。

② 释道世:《杂异部第五》,《神异篇第二十》,《法苑珠林》,《法苑珠林校注》,周叔迦、苏晋仁校注,中华书局2003年版,第862页。

③ 释道世:《发愿部第十一》,《受戒篇第八十七》,《法苑珠林》,《法苑珠林校注》,周叔迦、苏晋仁校注,中华书局2003年版,第2577页。

④ 方以智:《世出世》,《易余》卷下,《易余(外一种)》,上海古籍出版社2018年版,第165页。

⑤ 方以智:《易余小引》,《易余》,《易余(外一种)》,上海古籍出版社2018年版,第2页。

第一阶段主要化解死亡的威胁。由正奇发展出正余关系，"正"是常态的显性维度，"余"则是偶态的缄默维度。"生即无生尽此生"包含两阶正余关系：第一阶，生与死为正余关系，"正"如同春夏秋三时，是生生的绽放；"余"如同冬，是无生的沉寂。通过"生即无生"，实现正余互通，由"生"超越至"无生"，无惧死亡。"生即无生之乘，正居南午藏子之位。"①如同显南而藏北、显午而藏子，正余的表现形式通常是显正而隐余，由此可以解释孔子常言生，而罕言死，是因为言"正"而"余"在其中。第二阶，"无生"与"尽此生"亦为正余。这阶关系表现为超越"无生"后，再返回"尽此生"，相当于以余返正。② 两阶关系综括了佛教的出世超越与儒学的入世尊生，置于死地的"鼎镬"转为"烹真乳"。以死炼生，刀兵劫有助于扫除常见妄见，以超越至真实的"无生"，并返回"尽此生"。经此诠释，刀兵劫不再是被动的消极义之杀戮，而是成为获得超越并返回着实的资源。"吾家尼麓水，今日浴曹溪。""跳出乾坤外，能投汤火中。"③从现实的表现形式来看，方以智偏离了正统儒学的家学传承，转向佛教（曹溪代指六祖惠能、禅宗）。由第二阶正余关系可知，佛教仅是手段，方以智通过汲取佛教的超越精神（"跳出乾坤外"，相当于"无生"），在自祭中实现重生，重返儒学之正（"能投汤火中"，相当于"尽此生"）。综上，方以智以儒学为起点，亦以儒学为归宿，始终以儒学为主；佛教之奇兵为中间阶段，可视作手段，以此打开儒学超越生死的视域，用于化解死亡威胁。

（二）死是大恩人

第二阶段正面阐发死亡的重要意义。逃离岭南后，方以智遭遇皖江抚军之难，"癸巳春，复因归省，两遇燖火，业缘难避，安于所伤已耳。""燖火重

---

① 方以智：《中告》，《易余》卷上，《易余（外一种）》，上海古籍出版社 2018 年版，第 49 页。

② 从体用来看：冬之"余"体的凝聚是翕，三时之"正"用的舒张是辟，如同四时轮转，正余的体用关系亦可以相互轮转，互为休用，如本书第三章所论正余的吞吐成环及双向开掘。生死轮转还可以通过"化"字的解释来说明，化字的古字从"倒人"，后发展成左边的正人（亻）与右边的倒人（七），"一生一死之名也，制字者苦心哉！"（《译诸名》，《东西均》，《东西均注释（外一种）》，庞朴注释，中华书局 2016 年版，第 233 页。）化字，"从倒人，人终必化；后加人于旁作化，则生死之道尽此。"（《尽心》，《东西均》，同上，第 132 页。）按照制字者的苦心，生与死分别是人的正与倒，两者相反，通过颠倒轮转，可以相互转化，也就是以死化生，以生化死。方以智在刑场上如同文天祥、刘宗周那样以"无生"的超越精神死亡；在此基础上，方以智还有第二阶关系的展现，即再返回着实的"尽此生"，以此实现后死托孤的使命。

③ 方以智：《出世诀》，《无生癞》，《浮山后集》卷一，《方以智全书》第 10 册，黄山书社 2019 年版，第 249 页。

煎艧髅髓,家常炉炭寒冰洗。涅槃堂中弹一指,指端吼出五狮子。"①经广西之难后,方以智对待皖江之难的态度较为平和,"安于所伤",淡然处之;禅宗思想对于方以智的影响更为明显,他以涅槃精神化解、超越死亡的威胁,将苦难作为锻炼肉体、成就道身的资源。为避难,方以智拜入觉浪道盛门下,至南京高座寺的竹关闭关,得闻"死是大恩人"。第一阶段的死亡威胁源于外部,方以智被动去承受;第二阶段转为方以智感恩死难的经历,"吾不罹九死,几负一生。"②生命因"九死"而丰富饱满,方以智由对死的被动承受转向主动担当,由消极转为积极,"以生死来处发药"③。在拜入觉浪道盛之前,方以智的药树思想已然经过第一阶段,觉浪道盛指点与方以智内证合拍(外缘与内因相印):"生于忧患,置之死地而后生,杖人曰:'贫病死是三大恩人。'"④生死为正余,以余求正,由死求生,故言死是大恩人,亦如觉浪道盛以"一茎药草"能活人。贫病死是宗教产生的根源,然而,这三者可作为药,医救世俗着实之教,激活生生之仁。"死是大恩人"可呼应吴应宾的教诲:"每闻先外祖'雪里打春雷,中有大父母',后从刀兵水火中,息喘杖人之门,又闻'死是大恩人,乃祝无量寿'。由今看来,以雪埋雷,以死祝寿,不妨奇特。有触此语,彻底放下,得一场大庆快者么?果然绝后重苏,通身白汗。回视一切利害得失、人我生死,瓦解冰消,由我自在出入香水海中。"⑤生与死为对待,"瓦解冰消"是消除对待之后的绝待,自在出入生死。寿是生的延续,其实现方式是通过其对立面之"死",以余求正,故言以死实现无量寿。吴应宾的教诲早于觉浪道盛,⑥对应"由死求生"的关系如下:

①　方以智:《涅槃矢》,《建初集》,《浮山后集》卷四,《方以智全书》第 10 册,黄山书社 2019 年版,第 315 页。

②　施闰章:《无可大师六十序》,《施愚山集(一)》,黄山书社 1993 年版,第 166 页。

③　方以智:《仁树楼别录》,《书院》,《青原志略》卷三,江西人民出版社 1998 年版,第 90 页。

④　方以智:《与藏一》,《书》,《青原志略》卷八,江西人民出版社 1998 年版,第 190 页。

⑤　方以智:《首山茶筵示众》,《青原愚者智禅师语录》卷二,《方以智全书》第 3 册,黄山书社 2019 年版,第 116 页。

⑥　按照荒木见悟阐释的觉浪道盛烈火禅及其对方以智的影响,要点有三:(一)炮庄,炮为烧意。(二)托孤的传法,即将庄子作为儒学的教外别传。(三)三极辩证法,也就是庞朴先生讲的"一分为三"。(《憂國烈火禪:禪僧僧浪道盛のたたかい》,研文出版社 2000 年版,第 266—274 页;中文介绍著作可参看张崑将《荒木见悟〈忧国烈火禅〉之评介》,载《中国哲学的丰富性再现:荒木见悟与近世中国思想论集》,上海古籍出版社 2021 年版,第 365—367 页。)对此回应如下:(一)炮固可解释为"烧",但侧重药,炮之意还涉及药性的搭配,如正药奇药以及君臣佐使等。(二)托孤论是方以智从觉浪道盛接受的核心思想。《药地炮庄》的两大思想来源分别是吴应宾与觉浪道盛,吴应宾的庄学影响不可忽略。(三)三极辩证法主要来源是方氏易学,如方孔炤的《周易时论合编》等,不能将其归为觉浪道盛所传。另外,方氏家学亦重视火论,方以智怒化烈火的思想亦有源自方大镇、方孔炤的家学传统。详见本书第十一章。

表 10-1　余正病药表

序号	病（余）	药（正）	来源
1	雪（冬）	雷（春）	吴应宾
2	死	无量寿	觉浪道盛
3	绝	苏	方以智的人生之实际
4	利害得失、人我生死	自在出入香水海	方以智的自悟而超越

"雪里打春雷（以雪埋雷）"即是以死求生、以死藏生，包含两层关系：（一）雪代指冬，是"余"的缄默；春雷代指春，是"正"的显化。以雪埋雷指向"以余求正"的"冬炼三时"。（二）雪代指静，雷代表真动生生，此是"静极而真动"①。上述隐义在《药树堂铭》"冬雷破雪"有展开，指向生生之几，将在下文论述。结合第一阶段的奇兵思想，再引入类似的概念：奇与庸。庸为常用，庸奇的关系相当于正奇、正余。"以奇金刚杵，化庸火宅；以庸甘露瓶，成奇香水海，是曰奇教，是曰庸宗"②。由此指出了引佛入儒的重要意义：西方药树之"奇"是"金刚杵"，佛教以此法器实现儒学尊生的转化与超越，故为奇教，为药；同理，中土杏花之"正（庸）"是"甘露瓶"，儒学以此法器遍洒入世，泽被苍生，成就功德洋溢的香水海，故为庸宗，亦为药。以上表现出儒学与佛教互通互证、互为病药的大宗教观。

第二阶段的焦点仍是死，高座寺闭关继续解决生死问题。从病药互用来看，"杖人曰：'知佛祖之特以生死二字，为人着力处乎？舍此亦无从施设法药矣。'"③"惟有'生死'二字，是世出世间逃不得底，故用以发药。"④生死发药的现实意义便是实现"绝后求苏"，如雪中待春雷。死的意义与死后归宿是宗教的终极问题，如前所述，从孔子创说开始，儒学主要在生的场域展开，死是儒学试图悬搁回避的问题，乃至成为其短板。佛教则不然，"佛以生死发药，按析解剥，为此土之所不及察。"⑤佛教深知生死问题是"世出世间逃不得底"，故重视死的视域打开，以及死对于医救生的药效，这是方以智从佛教吸取的重要思想资源。如果盛世太平，方以智仕途顺达，践行儒

① 张昭炜：《中国儒学缄默维度》，中国社会科学出版社 2020 年版，第 6 页。
② 方以智：《奇庸》，《东西均》，《东西均注释（外一种）》，庞朴注释，中华书局 2016 年版，第 199 页。
③ 方以智：《药室说》，《序说》，《青原志略》卷五，江西人民出版社 1998 年版，第 126 页。
④ 方以智：《墨历岩警示》，《冬灰录》卷一，《方以智全书》第 3 册，黄山书社 2019 年版，第 211 页。
⑤ 孙晋：《药树堂碑文》，《碑记》，《青原志略》卷四，江西人民出版社 1998 年版，第 114 页。

学纲常伦理,也许不会直面死的考验、深度思考死的意义,而正是国破家亡、万死千难的经历,使得他不得不去正视死。在这一过程中,方以智受益于吴应宾与觉浪道盛的生死观,并感恩磨难的经历,故言"死是大恩人","死死者不死,以死知其生。"①在生的场域关闭后,通过求助于死之"大恩人",将死作为实现生的手段,借助死之"余"实现生之"正",以死证得不死,从死中磨砺出生机焕发。

（三）病药俱忘还说药

第三阶段是方以智住持新城凟山寺时,超越病与药(病药俱忘),这显示出方以智医术纯熟后,超越病与药的名相,追求大医王的境界。② 这一阶段还可先前推,"印心杖门,于栾庐时,得药地图章,因随所在,名为药地愚者。呜呼! 本无病药,在药病中,舍身为药树,其愚不可及也。"③"本无病药"可与"病药俱忘"相应,亦可说是"生死俱忘",三者均具有消除性,倾向于"无相"的超越,但又不像《金刚经》《坛经》那样追求"无相",而是"还说药",从"无相"再返回到"有相"。药地与药树在此同时出现:从相通处来看,两者都以药为出发点,意在治病;从差异性而言,药树重在能治诸病,疗效神奇;药地侧重作为动词宾语的"地",要救治天地群生,境界高远。药地与愚者并称,愚如移山之愚公,知其难为而为之,方以智舍身为药树,愿力宏大,融合了佛教的大愿精神,医救天地群生。

---

① 方以智:《和陶饮酒》,《无生篇》,《浮山后集》卷一,《方以智全书》第 10 册,黄山书社 2019 年版,第 252 页。

② 据《维摩诘经·佛国品》,"为大医王,善疗众病,应病与药"。医疗生之病,须用死之药。生死为人生根本,生死关一透,利害、人我等"我见"便迎刃而解。"昔维摩示疾毗城,以病作医,欲去众生无始、爱见、攀缘、妄想之业。夫此四大变化,诡异如梦影空华,孰能一一按其症候哉? 我谓维摩神力,亦不过欲众生悟此生死妄因,而自得解脱耳。"(方以智:《药室说》,《序说》,《青原志略》卷五,江西人民出版社 1998 年版,第 126 页。)以生死为虚妄,以无生死为真实,这吸取了禅宗之"无"的精神。"其奈无始结习,欲忿为累。横执我见,油面胶投。然则以毒攻毒,安可少哉!"《维摩经》曰:'众生不病,则我不病。我若不病,则众生之病永不可除也。'能无然疑作乎? 置之死地而后生乎?"(孙晋:《药树堂碑文》,《碑记》,《青原志略》卷四,江西人民出版社 1998 年版,第 113 页。)"我见"执着于"我"相,纠缠在结习、欲忿等,佛教"超越"之药是破除"着实"的"欲忿"之累与"我见"之胶。生死为正余,死地即是生处,如《坤》《复》之际,极阴中迎来一阳萌动,由此实现"置之死地而后生"。以"有生死"与"无生死"为正余:佛教将常见"有生死"之"正"视为"妄因",如梦中影,空中花;真实之"余"在于"无生死",悟得真实,在"无生死"中驾驭"有生死",并实现"尽生死"。

③ 孙晋:《药树堂碑文》,《碑记》,《青原志略》卷四,江西人民出版社 1998 年版,第 113 页。此处须注意"因随所在",按此理解,"药地愚者"之前的"药地"当为地名,其形式相当于"浮山愚者"之"浮山"。

返观药树思想的第一个阶段,"生即无生尽此生"显示出方以智的药树思想是以儒学"尽此生"为指向。第三阶段"病药俱忘还说药"依然是以儒学为旨归,生与死对应着实与超越。以儒学着实为起点,"病药俱忘"是超越着实,"还说药"是从超越返回着实,即"再着实"。综合三个步骤:着实—超越—再着实。这三个步骤各有其用,从着实到超越,可理解为儒学吸收佛教的超越精神;从超越到再着实,可理解为将佛教的超越精神灌注到儒学。经过三个步骤,儒佛均尽其极,并在融合中俱得提进:以佛教超越之药医治儒学着实之病,儒学着实之药亦可医治佛教超越之病,如佛教可能导致空观、出世等风险,通过儒学的再着实来防范风险。超越与再着实的进路便是《易余》的点睛之笔:"曈肉眼而开醯眼,又曈醯眼而还双眼者,许读此书。"①"醯眼"为慧眼,相当于超越,"肉眼"相当于世俗的着实,由此包括两个进路:由着实而超越,再由超越返归着实。开慧眼是打开宗教死亡的视域;通过"还肉眼",将此转作用于世俗的生生,从而实现儒教的人文化与世俗化。以上所示的关系基本遵循了从起点之"正"出发,经过中间之"余",再返回起点之"正",也就是轮转,在方以智哲学中也可称之为"翻车",或者说是三反:"生死反乎死生,有生死反乎无生死,无生死反乎善生即善死,此三反也。""反者,翻也。"②"翻"即是轮转,三反的内在哲学基础是正余的互换轮转:第一反是在生死之间,着实内部的翻转;第二反是生死与无生死之间,着实与超越的翻转;第三反是无生死与善生善死之间,重返着实。从起点来看,遵循孔子的传统,儒学的死亡视域处于关闭状态,也可说是贫乏之极。经过方以智的三反轮转,儒学的死亡视域不仅打开,而且借助佛道,实现了丰富的扩充,达到了与佛道同等的理论高度,甚至在返回着实方面,儒学更胜一筹,这显示出方以智的宗教观对于中国儒学宗教化进程的提进与奠基性的理论贡献。

（四）庄学思想的协同发展

"雪山药树用奇兵"是烹雪（佛教）为药,引佛救儒;"烹雪炮漆",亦可炮漆（庄学）为药,将庄学作为医救儒学的"奇兵":"《庄子》,奇兵也。"③在第一阶段引入西方药树时,方以智亦将庄子引入,如其自祭文:"蒙庄氏日以齐生死、一妖寿为言,而乃哼哼于曳尾、栎社树养生全其天,若真有莫可奈何然者,夫乌知剖心纳肝之为大养生乎?"①庄子解决生死问题的方案是"齐生死"(如《庄子·齐物论》"莫寿乎殇子,而彭祖为夭"),这是方以智超越生死的重要思想资源,其中内在的哲学基础便是"生死正余":正与余相反相因,相因通过"齐生死"实现,"纵横杀活,隐显正奇"②,呼应"西方药树是奇兵"。庄子的追求如楚之神龟的闲逸,"曳尾于涂中"(《庄子·秋水》),栎社树"无所可用,故能若是之寿"(《庄子·人间世》),在方以智看来,"齐生死"寓居有"剖心纳肝"之死,这已透露出类似于托孤说的使命感,并以此成就"大养生",激发出第二阶段的"死是大恩人"。"庄子正以虚无为反对之药,而归实于极物耳。"③传统的庄学形象表现为虚无、旷达,"独与天地精神往来"(《庄子·天下》);与之相对的儒学着实、曲谨,庄学与儒学为相反对立的关系。方以智炮庄为药,即是通过相反相因的"正""余"转化,以庄子的虚无、旷达去激活儒学,使得儒学融合虚无、旷达的精神,并能"再着实",由此亦可呼应"病药俱忘还说药"以及三眼喻。庄子思想内部亦有着实的进路,"不谴是非,以与世俗处"(《庄子·天下》),方以智的诠释相当于发展了这一进路。

从明代庄学思想发展来看,王阳明的弟子朱得之引老庄之学入阳明学,焦竑、公安三袁等阳明后学亦有推进。吴应宾与焦竑、公安三袁唱和,从而有利于接受以儒解庄的进路;憨山德清是明代以佛解庄的重要代表,吴应宾师承憨山德清,在继承儒佛解庄的基础上,吴应宾集成创新,据马其昶曰:"予读《宗一圣论》,缘圣以为一,缘一以为宗,其殆拟漆园氏之所为邪?"④吴应宾在其代表作《宗一圣论》中熟练运用庄学思想,这深刻影响了方以智《易余》《东西均》《药地炮庄》的创作。吴应宾集成了当时一流的庄学思想资源,并传授给方以智,这使得方以智的庄学思想天然具有儒佛融合的背景。方氏家传以儒学为宗,吴应宾为方以智暗植佛庄,从而有利于方以智面对广西、皖江之难。吴应宾与觉浪道盛相识相知,亦有利于方以智拜师觉浪道盛,接受炮庄之托,由此促成了觉浪道盛与方以智以庄托孤的因缘。"药树"思想与庄学相会相合,烹雪炮漆以救儒,成就了《药地炮庄》。据潭阳大

---

① 方以智:《辛卯梧州自祭文又诗一首》,《无生瘵》,《浮山后集》卷一,《方以智全书》第 10 册,黄山书社 2019 年版,第 243—244 页。

② 方以智:《总论中》,《药地炮庄》,《方以智全书》第 2 册,黄山书社 2019 年版,第 48 页。

③ 方以智:《大宗师第六》,《药地炮庄》卷三,《方以智全书》第 2 册,黄山书社 2019 年版,第 275 页。

④ 马其昶:《吴观我先生传第三十四》,《桐城耆旧传》,黄山书社 2013 年版,第 91 页。

集堂本《药地炮庄》牌记:"天界觉大师评,吴观我先生正。"①由此亦可印证吴应宾与觉浪道盛的庄学思想是《药地炮庄》的两大来源。

综上,药树思想的三个阶段依次递进,相互印证:在第一阶段引入药树奇兵时,据方以智自祭文,"能以死知其所以不死,知不死之无不可以死,则此死也,诚天地之大恩矣。"②第二阶段"死是大恩人"亦随之而至,因此,第一阶段可以包含第二阶段。第一阶段"中土杏花知正命,雪山药树用奇兵"指向儒佛互用,这延续到第二阶段,觉浪道盛认为:"杏花药树,真空妙有。以貌例之,无不反判。果知其故,皆一贯也。"③这涉及方以智以佛教(药树)为药,救治儒学(杏花)之病,即是"西方药树是奇兵",亦可由此对接荆杏双修,将在下文论述。第一阶段引入佛教药树医救儒学,药树思想的义理尚未融彻。觉浪道盛视杏花(儒)与药树(佛)为反判,通过相反相因,儒佛一贯,由此促成了第二阶段,并在义理层次解决了方以智抉择儒佛的难题。觉浪道盛的"反判"相当于方以智的"反因",正与余(奇)为反因。如同良医诊断,明晰患者得病之故,方能对症下药、正奇互用,达到良好的疗效。"真空妙有"可对应超越着实,第二阶段重在引入佛教超越的精神,如同真空;第三阶段则是由真空返回妙有,回归儒学的着实。综上,第二阶段与第三阶段构成反因。相反者相因(对立统一),相因的结果是通过佛教的避路,方以智曲折实现了儒学的归路。

二、药树思想的第四个阶段:炼药开炉

方以智晚年住持吉安青原山净居寺(1664—1671 年),继续发展"病药俱忘还说药",重视药的利用及展开,"炼药开炉(冬雷破雪)"可作为药树思想的第四个阶段。禅宗七祖行思开创青原道场,下衍曹洞、云门、法眼诸宗,觉浪道盛属于曹洞宗法系,方以智驻锡青原,相当于回归祖庭。青原山具有儒佛双修的深厚文化底蕴。阳明学是明代儒学的显学,江右王门是阳明学的中流砥柱,青原山是江右王门的中心,时称"西江杏坛"④,"弦诵洋洋振

---

① 安徽博物院编:《方以智文物集萃》,安徽美术出版社 2021 年版,第 140 页。
② 方以智:《辛卯梧州自祭文又诗一首》,《无生瘰》,《浮山后集》卷一,《方以智全书》第 10 册,黄山书社 2019 年版,第 244 页。
③ 觉浪道盛:《复方潜夫中丞》,《天界觉浪盛禅师全录》卷二十七,《嘉兴大藏经》第 34 册,第 21 页。
④ 邹元标:《重修青原缘起》,《疏引》,《青原志略》卷七,江西人民出版社 1998 年版,第 166 页。

林谷,而西江之学名天下。"①青原山阳明学讲会有三期主盟:第一期是五贤,包括王阳明及其弟子邹守益(东廓)、欧阳德、聂豹、罗洪先;第二期是胡直、王时槐等再传弟子;第三期是三传弟子郭子章(青螺)、邹元标(谥忠介)。邹元标倡导"知佛然后知儒",吴应宾致意邹元标:"新建三间意,青原图画传。"②这可将青原山学脉作为发展王阳明三教三间喻的代表。据方大镇怀邹元标诗"骑牛亦可隐麒麟"③,相当于将儒学(麒麟)隐藏于老子(骑牛),可作为以庄子为孔门真孤的先声。④ 方以智服膺郭子章、邹元标之学:"青螺举杏荆以示人","忠介曰:'江河纳百川,冈不欣受,岂作二见?'"⑤据郭子章之论:"杏与荆一也,七祖与五贤一也。"⑥邹元标的江河与百川之喻不仅适用于统合阳明后学各派,亦可拓展至统合禅宗与阳明学,乃至诸宗教。综合来看,在方以智之前,青原山在儒学、佛教以及儒佛互通方面具有得天独厚的优势,这对于已经实现药树思想发展三个阶段的方以智而言,驻锡青原几乎成为他的不二之选。

方以智至青原后,"荆枯新得蘖(倒荆再发),瀑隐始通泉(瀑为药公新开)。"⑦七祖行思所植的荆树枯而复活,赋予青原山禅宗复兴的神秘启示,山水与人文均焕发生机,且交相辉映,显示出方以智对于青原山人文环境的重大影响。"不知七祖钵谁传,但见黄荆种犹活。药公采药无古今,百川到海难为深。"⑧在佛教信徒的心中,"药公"方以智无疑是七祖衣钵的继承者,飞泉新沛,枯荆复荣,更增加了方以智的威信。复荣枯荆如同"绝后苏来"的方以智,药树具体化为荆树。"荆树放光","东西合掌,恰度今时"⑨。"东西合掌"指儒佛合流,正奇相合,荆杏合一。"今又寓战国漆园之身而为宣尼聘昙说法,此等深心大力,何可思议乎?"⑩庄子为孔子托孤,栖身老聃

① 施闰章:《游青原山记》,《游记》,《青原志略》卷六,江西人民出版社1998年版,第138页。
② 张昭炜:《阳明学发展的困境及出路》,中国社会科学出版社2017年版,第547页。
③ 方大镇:《怀邹南皋总宪》,《青原志略》卷九,江西人民出版社1998年版,第238页。
④ 方以智晚年有"蝴蝶且吞金翅矣":"蝴蝶"指庄学;"金翅"指佛学。(《阳明学发展的困境及出路》,中国社会科学出版社2017年版,第547页。)这可视为方以智正余吞吐与成环的思想在宗教互通融合的应用。按此,庄学与佛教相吞吐,儒学与佛道相吞吐,从而有利于儒学开放吸收佛道的死亡关怀。
⑤ 方以智:《青原山水约记》,《游记》,《青原志略》卷六,江西人民出版社1998年版,第140页。
⑥ 郭子章:《荆杏双修引》,《青原志略》卷七,江西人民出版社1998年版,第158页。
⑦ 李元鼎:《游漱青三叠》,《诗》,《青原志略》卷十一,江西人民出版社1998年版,第317页。
⑧ 徐缄:《青原山新瀑布歌呈药地大师》,《诗》,《青原志略》卷十一,江西人民出版社1998年版,第310页。
⑨ 方以智:《致青原笑和上》,《书》,《青原志略》卷八,江西人民出版社1998年版,第183页。
⑩ 余飏:《寄药地尊者》,《书》,《青原志略》卷八,江西人民出版社1998年版,第188页。

之门;方以智为儒学托孤,栖身于佛门,聚众贤,兴讲会,树人才。在邹元标与郭子章的后学支持下,方以智与施闰章相砥砺,"大振传心之铎,冷灰重爆"①,两人可视作青原山讲会第四期的主盟。"青原道场,胜冠吉州。迩药地大师驻锡,阐释宗教,远近人士及缁俗等众,译斯旨趣,如大梦忽觉、旅客乍还,各证悟本来面目,兴起赞叹。"②"八窗玲珑,青山屋里,禅众栖止,肃肃雍雍,千指围绕。钟板中节,三代礼乐,万仞风规,欿欿盛哉!"③儒学礼乐鼓舞于禅宗祖庭,佛教的钟声与儒学的铎声相合,荆杏双修之风重振:"舍身坛宇,讲此乡约,乃为药病中风吹不入之至圣。"④借助佛教寺庙宣讲儒学入世的着实之教,方以智部分实现了化身药树、以医王担当、为儒学托孤的理想。

方以智晚年"于枯荆下新建禅堂,愚山居士颜为'药树'"⑤,作《药树堂铭》,此铭集中展现了方以智的哲学宗教精神。笔者考察净居寺碑林,发现此碑有破损,漫漶处甚多,兹综合诸说,考订全文如下:

> 在天地间,谁逃寒热? 炼药开炉,冬雷破雪。
> 种藏核仁,花飞雨血。七接握盖,造命奇绝。
> 倒插生根,枯而复蘖。不萌枝上,硕果暗结。
> 龙渊烧淬,三番两折。夜半天明,不容齿舌。
> 此中山水,险崖断碣。仰空一笑,不欺时节。

诗后有行书文:"杖门托孤,永志其智。极丸学人,舍身随发。视笑公塔,扶杖游憩。睐枯荆芽,感雷雨志。爰建此堂,表笑公意。兆样阳月,援毫以记。"⑥从实指来看,七祖倒插的荆树"枯而复蘖",硕果暗结,仁已熟。从喻指来看,方以智久经生死锻炼,仁体蓄积的生意饱满,所炼之药已成,可以开炉济

① 方以智:《青原山水约记》,《游记》,《青原志略》卷六,江西人民出版社1998年版,第140页。
② 焦荣:《青原未了缘引》,《疏引》,《青原志略》卷七,江西人民出版社1998年版,第173页。
③ 孙晋:《药树堂碑文》,《碑记》,《青原志略》卷四,江西人民出版社1998年版,第113页。
④ 方以智:《约药》,《易余》卷下,《易余(外一种)》,上海古籍出版社2018年版,第182页。
⑤ 《药树堂文殊善财画像》,《杂记》,《青原志略》卷十三,江西人民出版社1998年版,第378页。
⑥ 综合《庐陵县志》(卷二十七,民国九年刻本,第50页。)及青原山净居寺现存碑刻。据民国《庐陵县志》:"《药树堂铭》,存。碑在青原山药树堂,堂为药地老人建。老人明季遗老方以智,字密之。碑高三尺许,广一尺六寸许,字径一寸三分许。行书,古崛奇劲,幽愁怨结流露笔底,完好可摭。"(《艺文》,《庐陵县志》卷二十七,民国九年刻本,第50页。)如"险崖",民国县志误作"险岩"。新修的《青原山志》亦收录此文。(方志出版社2011年版,第285页。)此铭为《方以智晚节考》收录,有讹阙,如"雨血"讹为"雨雪",此处以"血"代"雪",更能显示明亡铸就的血道场以及方以智经历苦难;"烧淬"误作"浇淬"。(余英时:《方以智晚节考》,生活·读书·新知三联书店2004年版,第209页。)

世,不负下官之托。第四阶段的药树思想主要有四个特点,分别为:

第一,"炼药开炉"是药树思想前三个阶段的总结与升华。在第一阶段,方以智由儒转佛,引药树为奇兵,以此激发超越生死的精神。在第四阶段,方以智已是禅宗曹洞祖庭的住持、佛教宗门的领袖,在形式上,佛教由奇兵转化为正兵。在第二阶段,方以智由闭关而得悟"死是大恩人"。受困于死亡的险境,方以智不得已去面对,并被动承受,"以生死处来发药",以死求活;而第四阶段的宗旨洋溢着生机,是方以智主动应对、担当与开拓。综合来看,方以智经历了从生到死、以死求生、从死返生、生机洋溢的过程。承接第三阶段的"还说药",第四阶段不仅要说药,而且药已烹炮完成,炼药开炉,展现其大用。

第二,正奇互用。"种藏核仁",药树与仁树合一,相当于以"奇"为药,医治"正"病,反之亦然。正奇互为病药,这是对于青原山荆杏双修学风的新发展,并呼应觉浪道盛的杏花与药树(儒与佛)的反叛一贯。在第一阶段,方以智引药树为奇兵,亦有被佛教同化的危险。方以智在南京闭关时,"适老父自鹿湖寄《时论》至,箴之曰:当明明善,勿泥枯壁。得六字神,实虽永锡。不肖泣曰:壁本不枯,而天故枯之。芽之已生,二芽不敢分别,谨纪此梦以禀。"①明明善是儒学要旨,枯壁代指佛学。方孔炤担心方以智陷溺佛教,故以儒学要旨警示之。方以智深明老父之心,禀之以"枯壁"生"二芽","二芽"当指"仁"(从"人"从"二"),芽已生,表明借助佛教的枯壁实现儒学生生之仁的复活;通过相反相因,由佛教的超越精神激活儒学的仁体。"所切切者,绝后苏来,随分自尽而已。"②枯壁生芽相当于"绝后苏来",苏来之后,方以智要展现仁体的生机,"随分自尽"是指奉行儒学切实的伦理规范,这相当于以佛教之药救儒学生死之病。佛教是迹,儒学是神,"贵得其神,勿泥其迹。"③由此表明方以智坚定的儒学立场以及托孤者的内在隐忍及外在表达。神与迹分别对应奇与正、佛庄与儒、不生与生,"偏言迹,其神失;偏言神,其神亦尘。以不生灭之神寓生灭之迹,以增减之迹存不增减之神。"④神迹两分,则各有其病;神迹互用,可以实现互为病药。儒学泥迹,可以通过佛道的不生之神来寓居于迹,从生死学来讲,便是将佛道无生死的精神寓居在儒学的善世尽生。同理,佛道偏于无生之神,秕糠尘世之生,可以

---

① 方以智:《象环寱记》,《易余(外一种)》,上海古籍出版社 2018 年版,第 217 页。
② 孙晋:《药树堂碑文》,《碑记》,《青原志略》卷四,江西人民出版社 1998 年版,第 113 页。
③ 方以智:《象环寱记》,《易余(外一种)》,上海古籍出版社 2018 年版,第 216 页。
④ 方以智:《神迹》,《东西均》,《东西均注释(外一种)》,庞朴注释,中华书局 2016 年版,第 220 页。

通过实际之迹来平衡佛道,从而得神迹之全。"圣人惟立中道而悬其高者,以学传神,迹偏于下而达于上,神游于下而上无上,究竟难言何上何下。"①这是以孔子的立场来统合三教。按照方以智的诠释,孔子不是不知死亡的视域与神化,而是综合慎重考虑神与迹的利弊之后,选择以迹传神,以学传神,悬隔死亡,罕言神化,将为学的重心放置在生生、实际之迹。以孔子的中道精神为指导原则,迹之下者,以上达激之;神之上者,以下学实之,方以智诠释的孔子神迹平衡教法源于其《东西均》的哲学思想,亦符合孔子作为"大成均"定位,并指出儒学"以神寓迹""以无生寓尊生"的哲学发展方向。

正奇互用表现在药树思想四个阶段中两种形式的儒佛会通:第一、二阶段主要表现为以佛庄援儒,儒学暂时隐退(坎陷),彰显佛庄;在充分吸收佛庄哲学宗教思想后,第三、四阶段表现为儒学真精神的复活(凸显),实现儒学回归。通过汲取佛教的超越精神,儒学的生生之几更有生意;通过儒学的"着实"与"再着实",亦为佛教补充了入世精神。第一期主盟邹守益之孙邹匡明继承阳明学,从憨山、无念禅师游,重视儒佛会通,据他评述荆杏双修:"药树悟仁树,核种今何存。忍冬乘春发,毋忘霜雪恩。杏仁与荆沥,咀片随时吞。见性破情识,慧剑挥无痕。体仁藏诸用,兼中两足尊。"②由西方药树证悟儒学仁树,其转换关键点是代表生生之几的"核仁",即是《药树堂铭》的"种藏核仁"。杏仁与荆树相蕴藏,便是以药树之"奇"救仁树之"正",反之亦然,这是由"回互"引申的"互药",实现正余的吞吐与成环,"咀片随时吞"。"体仁藏诸用"隐含着正余的体用关系,出自《系辞上》"显诸仁,藏诸用","藏"即是体吞用,用藏于体;"显"即是体吐用,体显化为用。医者根据病症与外界情况,轮换使用正奇之药,相当于以中道统摄体用,兼取儒佛(荆杏双修)。

第三,生生之几的启动。"种藏核仁"以核仁诠释儒学的仁体,如同"核"为木之亥子(亥子之间为极静而真动,如同以死求生),启动生生之几,此是富有生机的真仁之体。"在天地间,谁逃寒热?""忍冬乘春发,毋忘雪霜恩",第二阶段的"死是大恩人"如同核仁生生之几的启动有赖于外界雪霜、雷雨、寒热的磨炼,方以智久经生死考验,闭关悟道,死处逢生,以此成就生生之几。"冬雷破雪",冬是冬关,极静之象,雷是《震》卦,均是极静而真

---

① 方以智:《神迹》,《东西均》,《东西均注释(外一种)》,庞朴注释,中华书局2016年版,第227页。

② 邹匡明:《荆杏双修》,《诗》,《青原志略》卷九,江西人民出版社1998年版,第237页。

动之象,如同木之亥子,指向生生之几。"三折肱知为良医",核仁经雪霜而成就真仁之体,亦如铸剑的千锤百炼,即是铭文的"龙渊烧淬",亦如孙晋所言"甑蒸闭气,其饭乃熟。数烧数淬,大阿乃成。"①烧淬是锻炼神武之剑,"久淬冰雪,激乎风霆","三番两折",龙渊由此更加锋利。方以智如太(大)阿神剑,成于"大炉韝"②;"甑蒸闭气,其饭乃熟",如同用高压锅做饭,在气压上升、温度提高、蒸汽熏蒸等联合作用下,生米熟透;又如核仁历经风霜雨雪,后熟期完成。饭与核仁之喻均是表明方以智经历的生死磨炼,生生之几不是由生直接求得,而是通过第二阶段的"死是大恩人",以死求活,并感恩死难的经历,由此生生之几迸发。这也符合中医的观点:最有效的药是培养元气,即开掘生生之几,此是大医王用药的关键。

《药树堂铭》凝聚了方氏三代的哲学精神:"蹋完南北放杖笑,芭蕉剥死硕果活。"③剥尽复来,如冬雷破雪、绝后复苏,相当于方中通所言:"冬炼三时传旧火,天留一磬击新声"④,又可追溯至方孔炤:"潜老夫曰:冬炼三时,贞所以为元亨利也。"⑤在此进一步拓展冬所蕴含的生机:隐而不显的冬相当于贞,对应于前文所论冬为"余"体之义;显发昭著的春夏秋相当于元亨利,是"正"用。当身处不元不亨不利的逆境时,可通过锤炼隐微的贞体,实现生死的转换,以此既可守节,坚贞不屈,亦可贞下起元,获得生生之几。"种藏核仁"正是蓄此生机,以待仁树的遍地成林。"邵子观牡丹于未蓓蕾之先,善喻也。冬至子半,一蓓蕾之几也。"⑥冬至是冬向三时转化的关键点,预示着生生之几的萌动,如同核仁破壁而出,从闭藏转向生生;冬至又如夜半、亥子中间、冬雷破雪,是极静到真动的转化点,并对应邵雍的元会运世思想之午会,"一元午会,人法全彰。(依邵子法,今午会中。)"⑦"青原药地既合天地万古为一身,而为午会今时说法"⑧,按此而论,危中有机,明夷亦是凝聚锤炼生生之几的良机,遗民不因亡国而消沉,而应"冬炼三时传旧

① 孙晋:《药树堂碑文》,《碑记》,《青原志略》卷四,江西人民出版社1998年版,第114页。
② 方以智:《象环寱记》,《易余(外一种)》,上海古籍出版社2018年版,第216—217页。
③ 左锦:《呈药地大师》,《诗》,《青原志略》卷十,江西人民出版社1998年版,第286页。
④ 方以智:《师诞日侍子中通请上堂》,《青原愚者智禅师语录》卷一,《方以智全书》第3册,黄山书社2019年版,第87页。
⑤ 方孔炤、方以智:《系辞下传》,《周易时论合编》卷十一,《周易时论合编》,中华书局2019年版,第1221页。
⑥ 方孔炤、方以智:《系辞下传》,《周易时论合编》卷十一,《周易时论合编》,中华书局2019年版,第1251页。
⑦ 方以智:《慕述》,《合山栾庐占》,《方以智全书》第10册,黄山书社2019年版,第370页。
⑧ 余飔:《寄药地尊者》,《书》,《青原志略》卷八,江西人民出版社1998年版,第188页。

火",以迎接文化大明。"天地古今"是三教的公因,可以看出方以智晚年"药天地""药万古"的宏大愿景。

第四,由被动变为主动。"杖门托孤,永志其智",从南京闭关至晚年建药树堂,方以智的托孤之志始终如一,"托孤在兹"①。在药未炼就、剑未铸成、仁未熟化、生生之几尚未启动时,托孤者当以伏藏为主,表现为对于外界恶劣环境的被动适应。药已就、太阿成、儒学之仁的生生之几启动后,托孤者应从被动转为主动,炼药开炉,展现仁体。青原山"欹欤盛哉"的钟铎之声与清初高压的政治文化环境形成鲜明对比。作为明代遗民,方以智主动彰显,预示着杀身之祸的速至,正如铭文的"仰空一笑",方以智对死处之超然泰然,无惧危祸,由此可明方以智晚节之正。

三、应病予药的哲学基础

由引药树为奇兵,到化身药树,炼药开炉,在解决生与死(着实与超越)、淬炼托孤之志等现实问题时,方以智从佛教外围逐步进入内核,成为佛教宗门领袖。在明清之际的黄宗羲、方以智、王夫之、顾炎武四大思想家中,方以智对于三教文化整合、三教互补等方面思考得最广,开掘得最深。方以智的药树思想出发点是援佛庄救儒,"烹雪炮漆,偏教医活死麒麟",即是以佛庄为药,救儒学之病,激活儒学之仁的生生之几。在这一过程中,儒学亦可救治佛道之病,实现交互轮转的互药。方以智"药地"的名号因《药地炮庄》广为人知,天地正余交轮,药地(药天、药天地)不仅要救儒学,还要救三教、天地,由此显示出方以智高远的志向。当然,药树思想四个阶段反映出的方以智哲学宗教思想变化,这是药地所不具备的。药树与药地既有差异,又内在一致:"果知天地同根之大肆也,听以天地交易,日中为市,则必以灌本结实相告,不以偏枯巧蠧诳人,而药树种成林矣。"②天与地是大反因,天地本同根,其根为公因,公因统反因。"大肆"是交易的店铺,此处当指药铺,以天地同根为药,也就是"药天地"的寓指。天地的根本教法在于"灌本结实","本"是三教共同的基础,"实"指向儒学的着实根基,富有实学特色,也是方以智宗教哲学的起点与归宿。药树可医治佛教超越的偏枯之弊、庄子齐物论的巧蠧之弊,相当于烹炮麒麟之药,医救雪、漆之病;义理

---

① 方以智:《青原山水约记》,《游记》,《青原志略》卷六,江西人民出版社1998年版,第140页。

② 方以智:《中正寂场劝》,《易余》卷下,《易余(外一种)》,上海古籍出版社2018年版,第188页。

层次表现为以公因为药,医治反因之病。果能实现反因之间的轮转、反因与公因的轮转,且能推广至天地,则"药树种成林矣",显示出药树思想应用的普遍性。

如上所述,药树已体现出对症下药的思想,如超越为着实之药,死为生之药,反之亦然,这可统称为"应病予药"。方以智深谙医理,且能悬壶济世,"以药囊禅钵转侧苗峒"①。要做到应病予药,须具备两个条件:其一是明药性,其二是辨别病症。"明者知其产,观其色,得其气味,而性可识也。不识其性,又安所讲君臣炮制乎?"②要炮制适合病症的药,须先明药性,下文以"大青龙汤"为例说明。③ 此方用药如下:麻黄(六两)、桂枝(二两)、甘草(一两)、杏仁(四十枚)、生姜(三两)、大枣(十枚)、石膏(如鸡子大)。适应病症,"大阳中风,脉浮紧,发热恶寒,身疼痛,不汗出而烦燥者"。病与药的相应关系如下:第一层,君臣:麻黄为君,桂枝为臣:"麻甘温,桂辛热,寒则伤荣,以甘缓之;风则伤卫,以辛散之,故麻为君,桂为臣也。"麻黄与桂枝各有其药效,但亦各有其不足,两用之,则能扬长避短,交相助益。第二层,佐药。分两组:甘草与杏仁;生姜与大枣。甘草与杏仁佐君,"甘草甘平,杏仁甘苦,苦甘为助,佐麻黄以发表";生姜与大枣佐臣,"大枣甘温,生姜辛温,辛甘相合,佐桂枝以解肌。"第三层,使药。石膏。"石膏辛甘微寒。夫风,阳邪也;寒,阴邪也。风伤阳,寒伤阴,阴阳两伤,非轻剂所能独散也,必须轻重之药同散之,是以石膏为使,而专达肌表也。"在正奇关系统领下,可分出三组主要关系:君与臣;君臣与佐,包括佐君与佐臣;君臣佐与使。④ 以此理念转用于宗教,其表现为:

---

① 戴逢孝:《合山栾庐诗跋》,《合山栾庐占》,《方以智全书》第 10 册,黄山书社 2019 年版,第 373 页。

② 方以智:《古方解》,《通雅》卷五十二,《方以智全书》第 6 册,黄山书社 2019 年版,第 554 页。

③ 方以智:《古方解》,《通雅》卷五十二,《方以智全书》第 6 册,黄山书社 2019 年版,第 570—571 页。

④ 在上述三组正奇关系之外,还应注意时令,如麻黄汤:"前哲谓冬不用麻黄,夏不用桂枝,盖以冬令主闭藏,不宜疏泄;夏令本炎热,不可辛温。《经》所谓'必先岁气,毋伐天和之说'也,该通者察之。"(方以智:《古方解》,《通雅》卷五十二,《方以智全书》第 6 册,黄山书社 2019 年版,第 570 页。)根据病症的变化,还应变方,以伤寒名方小柴胡汤为例,正方为"柴胡(八两)、黄芩(三两)、人参(三两)、甘草(三两)、半夏(半升)、生姜(三两)、大枣(十二枚)",变方为:"胸烦不呕,去夏、参,加括蒌实一枚。渴者,去夏,加参一两五钱,括蒌根四两。腹痛者,去芩,加芍药三两。胁下痞,去大枣,加牡蛎四两……"(同上,第 573 页。)这可以关联方以智的"时中"思想。

　　皆病也,皆药也,有总杀之药,有杀半之药,有公容之药,有不容之
药。然正当明其正药奇药,毒轻毒重,君之臣之,佐之使之。神医之诊,
惟在当不当耳。①

　　方以智应病予药的哲学基础之一在于皆病皆药,即承认病与药的普遍性。
方以智着眼于三教的总体性,而不是独尊儒学之一教。三教"皆病"指各教
均有缺陷;三教"皆药"指各教均有优长。儒学应正视其教法之不足,如死
亡视域的关闭、面对生死抉择时的懦弱退缩等,可通过佛教涅槃、庄学齐生
死之药补救;尊生、着实是儒学的优势,以此为药,可以救治佛教着空、庄学
虚无之病。皆病皆药的思想有利于打开儒学"罢黜百家,独尊儒术"的封闭
传统,从而开放性吸收佛道思想,实现儒学创新发展,亦有利于推动佛道的
世俗化。

　　方以智应病予药的哲学基础之二在于辨证用药,药分正奇,善用奇药,
这在上一节已有说明。"正药十九,奇药十一,全正藏奇,则盐水皆可吐下
矣。"②若仅用正药,固守传统医方,沉疴痼疾易产生耐药性,减弱正药的疗
效;而奇药有奇效,当然,奇药须运用得法。从用药量来说,正药十分之九是
主体,而少量奇药的作用至关重要,甚至是决定性作用。"奇"相当于"偏",
"教亦多术,应病予药,不妨偏言。"③以病症为依据,从根本处认识病因,方
能用药得当。偏方能达到超越正方的效果,其深层原因在于知症:"大宗师
应病予药,神在知症","知则不为一切琦辨奥理所惑,而我可以转之"④。
如上述大青龙汤,大宗师(大医王)用药时,君臣佐使,各有其用,综合辨证,
并根据病症调整。转用到哲学宗教,大宗师是指深刻把握各教精义的大思
想家,他根据各教出现的问题,综合运用各种教法来医救。具体到生死问
题,传统儒学多从生生的视域言仁,这是儒学的正药十九;在面对刑场生死
考验时,方以智以超越的精神打开死亡的视域,这是奇药十一。从呼应原始
儒学来看,孔子的"未知生,焉知死"可理解为"全正藏奇",即将死之奇藏于
生之正。因此,在常态时,正显奇藏,表现为只谈生,悬搁死。然而,在应对
危机时,需要将孔子的所藏显赫出来,以奇为药,由此可说方以智真正继承

---

① 方以智:《约药》,《易余》卷下,《易余(外一种)》,上海古籍出版社 2018 年版,第 172 页。
② 方以智:《约药》,《易余》卷下,《易余(外一种)》,上海古籍出版社 2018 年版,第 182 页。
③ 方以智:《三冒五衍》,《易余》卷上,《易余(外一种)》,上海古籍出版社 2018 年版,第
　　32 页。
④ 方以智:《大宗师第六》,《药地炮庄》卷三,《方以智全书》第 2 册,黄山书社 2019 年版,第
　　256—257 页。

发展了孔子的生死学。①

　　由生死学拓展,中国儒学传统重视世俗的价值(正),缺乏超越的精神(奇),针对这种状态,以奇为药,可通过超越补救着实:"全能用偏","君师之责,安顿三根;刍狗青黄,无非神化。当前碧落,一乡约所也。讲各安生理之生即无生,则佛魔掩泥砥属矣,贵图天下太平。"②这相当于在坚守儒学着实传统的基础上,开掘出儒学的超越精神。儒学超越的进路(碧落、无生)隐藏在平实的"五伦《六经》"(乡约、各安生理、"中土杏花知正命")。经此疗教,儒学不仅不缺乏超越,而且能够涵盖超越,在日用伦常中展现超越的密义。"各安生理之生即无生"与药树思想第一阶段"生即无生尽此生"均是吸收了佛教"无生"的奇药,作用于儒学各安生理、尽此生的传统,从而使得儒学在着实中洋溢着超越的精神。

　　方以智应病予药的哲学基础之三在于公因。公因指向三教的共同基础,以此作为三教互救的起点与归宿,此药可称作"公容之药"(《道德经》的"惟容乃公"),如吴应宾所言:"私者,病也;公者,药也。"③"私"可指三教互不相通的独自发展,"公"指三教作为宗教的共性,由此共性而派生出殊性,"不知天地人之公因,即不知三圣人之因"④。"好名也,养生也,畏死也,此天地奉三圣人之姜枣引也。生引死引,要归名引。"⑤三教的立教者(三圣人)各有所主:儒学重在世俗化的着实名教,佛道重在超越生死,这是三教的主要分别处。"天地"作为三教公容的基础,在终极处"无分别",以此"无分别"奉三圣人,而成三教之"分别"。"天地"可理解为人类生存的自然宇

---

① 正与余的反对关系呈现为六象十错综,"对无不反,反无不克,克无不生","能死者生,徇生者死"。(《反对六象十错综》,《易余》卷上,《易余(外一种)》,上海古籍出版社2018年版,第77页。)这可综括为对立统一关系。通过与古希腊哲学的对比来说明生死的正余关系:按照柏拉图记述苏格拉底的灵魂不朽论证,"如果生与死是对立的,那么它们相互生成","生者来源于死者"。(柏拉图:《斐多篇》,《柏拉图全集(增订版)》,王晓朝译,人民出版社2018年版,第63—65页。)生死在对立中错综,死不再是消极意义上的毁灭,而是积极意义的面向新生,方以智由此可以在理性上对死亡处之泰然。由冬与三时之喻引申,四时轮转蕴含了生死轮转,死必能获得新生,如同冬是春的前奏。冬向春夏秋转换的关键点在于一阳生的冬至,由冬至可启动生生之几,通过"冬炼三时",以死炼生,这正是方以智晚年哲学精神的指向。

② 方以智:《易余目录·约药》,《易余》,《易余(外一种)》,上海古籍出版社2018年版,第13页。

③ 吴应宾:《致知下篇》,《宗一圣论》,《宗一圣论 古本大学释论》,复旦大学出版社2019年版,第35页。

④ 方以智:《所以》,《东西均》,《东西均注释(外一种)》,庞朴注释,中华书局2016年版,第306页。

⑤ 方以智:《约药》,《易余》卷下,《易余(外一种)》,上海古籍出版社2018年版,第180页。

宙,人生天地间,天地是各宗教的共同出发点。儒学的短板表现为死亡视域的关闭,明清之际,如饱读诗书的钱谦益等儒者因求生而畏死,因畏死而屈节。方以智与此不同,如其自祭文"生即无生尽此生",他以佛教的涅槃精神为君药,超越生死;如其自祭文"蒙庄氏日以齐生死、一殀寿为言",以庄学齐生死为臣药,从而不畏死、保全节,捍卫儒学真精神。综合君臣之药,通过庄子的"生引"与佛教的"死引",归结在儒学的"名引";换言之,烹炮佛庄之药,疗教儒学名教之病。在这一过程中,佛庄之病亦可得治,"孤言生即无生,则盗即不盗矣。"①以儒学的尊生可以避免将庄学的"齐生死"陷入诡辩,将佛教的涅槃沦为沉空寂灭,相当于以儒学之药医救佛庄之病。"不知五伦《六经》之道器,即万古於穆之法身。必骑千里马,寻青又青之山,告以足下之土石是矣,犹不信也。"②儒学的名教即是佛教的法身,佛教脱离世间法,别去寻求一个超越的远山,却不知远山就在脚下,灵山就在心中,超越就在着实中,由此救治佛教追求超越玄空之弊,相当于以儒学之药救佛教之病。综上,列表如下:

表 10-2 正药奇药表

序号	正(世俗、着实)	余(崇高、超越)
1	正药	奇药
2	中土杏花	西方药树
3	五伦《六经》	万古於穆
4	乡约	碧落
5	各安生理	无生
6	显	藏
7	十九(9/10)	十一(1/10)

从公因反因来看,"无分别"是公因,"分别"是反因:"知公因在反因中者,三教百家、造化人事毕矣。""天下之至相反者,岂非同处于一原乎哉?""并育不相害,而因知害乃并育之几焉;并行不相悖,而因知悖乃并行之几焉。"③按此,方以智疗教"三教百家"的指导思想要点有二:其一,善于运用

---

① 方以智:《约药》,《易余》卷下,《易余(外一种)》,上海古籍出版社 2018 年版,第 180 页。
② 方以智:《中正寂场劝》,《易余》卷下,《易余(外一种)》,上海古籍出版社 2018 年版,第184 页。
③ 方以智:《反对六象十错综》,《易余》卷上,《易余(外一种)》,上海古籍出版社 2018 年版,第 76—77 页。

反因。儒学重生与佛道重死为反因，儒学尊生避死与庄子齐生死为反因，儒学着实与佛道超越为反因。常人多以"反因"相害相悖，导致儒佛道之间紧张对峙；方以智善于运用反因，创造性地将相反的事物互补互救，从而实现反因之间的并育并行："道同法异，各别溪山；理学宗教，激扬攻玉。"①由此在充分发挥三教之长的基础上，增强中国文化的整体合力。从儒学本位立场看，这相当于激活了儒学超越生死的精神，这种精神在儒学面临危机时尤为重要。其二，公因与反因轮转，相互补救。相反者同出一原，这一原便是公因，三教的公因便是天地、公容、同道。反因着眼于分别，公因则着眼于无分别。"无分别即分别，分别即无分别，回互明矣。"②"回互"之意是公因与反因的相互轮转，公因在反因中，反因亦在公因中，这种医救三教的方式极具原创性与现实意义。三教合一存在着不可消除的矛盾：如果"合一"是以消除三教差异为代价，寻求三者的公约数（公容），比如儒学的入世与佛教的出世相交，交集会很小，甚至是空集，那么这样的三教合一显然行不通。若以三教之一教为主，统摄其他两教，从而达到"以一统二"，则被统摄者显然不能接受。如何既保证三教的特色，又能使三教在"三教合一"中均有所受益，这是明代"三教合一"的结穴。要突破这一结穴，需要对三教各家均有深刻了解与体证的大思想家，方以智无疑具备这些条件。据施闰章记述方以智晚年三教之论："教无所谓三也，一而三，三而一也。譬之大宅然，虽有堂、奥、楼、阁之区分，其实一宅也。门径相殊，而通相为用者也。"③方以智以殊相为实际，尊重三教的差别；以互通为指向，致力于三教的对话；以互用为手段，在三教对话中各有受益。这突破了王阳明以儒学统佛道的三间喻，既尊重三教各自的特色，容忍三教差别；又能扬长避短，相互补救，在本原处、终极追求处以公因的"无差别"共通。从形式上看，较之于王阳明，方以智将儒学与佛道至于同等重要的地位，貌似有损于儒学独尊；从实际效果来看，正是通过平等的互通，使得儒学能够开放性吸收佛道超越死亡的哲学宗教思想，打开儒学死亡视域，反哺儒学的生生仁体。

由公因反因还可引出张弛之法，"明公因反因之故，而益叹一张一弛之鼓舞者天也。弓之为弓也，非欲张之乎？然必弛之养其力，乃能张之尽其用。""由邵子四分用三，摄三于一推之，天地炼物于冬，而长养之于春夏秋"④。张

---

① 方以智：《易余目录·约药》，《易余》，《易余（外一种）》，上海古籍出版社 2018 年版，第 13 页。

② 方以智：《约药》，《易余》卷下，《易余（外一种）》，上海古籍出版社 2018 年版，第 181 页。

③ 施闰章：《无可大师六十序》，《施愚山集（一）》，黄山书社 1993 年版，第 166 页。

④ 方以智：《张弛》，《东西均》，《东西均注释（外一种）》，庞朴注释，中华书局 2016 年版，第 278 页。

相当于"正"用,弛相当于"余"体,张弛为反因,张弛相养相用:弛以养张,非弛不能张;张以用弛,非张不能弛,这使得互为反因的儒学与佛庄的联系更加密切。张弛关系的内在逻辑是一张一弛,在量上是"张三弛一",总体为四;从四时喻来看,冬为一养之弛,春夏秋为三用之张,张弛、常偶对应正奇(余),以此相通邵雍"四分用三"的思想。反映到时间轴上,便是张与弛的更迭。儒学多用张教,罕用弛法,"偶发惊地之丰隆,常用平和之朗日;一炼雪霜之刊落,三施煦育之长养。王法也,师教也,神道也,皆不能出此张弛也。"①从应用范围来看,正奇张弛不仅有助于方以智正视生死、披缁后保持儒学的真精神,而且能上升到普遍的哲学方法论,推广到政治(王法)、教育(师教)、宗教(神道)。结合中医用药随时令变化,"冬令主闭藏,不宜疏泄",明亡后,如果遗民再舒张,将速致杀身之祸,即"煦育之长养"不能展开;在此情况下,方以智另辟蹊径,转用弛法,即"雪霜之刊落"的路径,也就是从冬入手,"冬炼三时传旧火",以余炼正,以弛炼张,从而在隐忍中蓄积爆发的生机,这是儒学在特定时期出现的特殊形态。对应公因反因的轮转,张弛的公因便是"故(根本因、所以)",以此作为更高层次的体,"知全张全弛之故,而立张三弛一之法,以享张一弛三之用。"②叠加这层体用关系,"故"为体,"张三弛一"为用,以体驾驭用,并在更高层次中轮转体用,这显示出在掌握"故"之后,大医王"应病予药"的自在自如,亦体现出方以智在三教会通中贯彻了理性精神,是以深刻的哲学思考为基础,从而使得三教互救的思想更为稳固。③ 公因、故、生生之几,均显示出方以智超越一般的医者,"盖医能医病,药地能医医,是曰医王。"④总体来看,方以智不仅要治病,而且要救医,以医王担当,这显示出方以智开阔的学术视野与厚重的学术使命。药与病为对待的反因,通过第三阶段的"病药俱忘",实现反因到公因的超越;通过"还说药",从公因的超越返回反因。如果"药病俱忘"尚有大乘空宗的余韵,而"故"的引入则将其归为追根溯源的哲学思考,服务于实有层次的致用。通过公因与反因的轮转,儒佛庄之病均得救治,三教关系更为密切,增强了中国文化的凝聚力。

　　以上三个哲学基础均依赖于正余关系:基础之一是病药为正余的普遍

---

①　方以智:《约药》,《易余》卷下,《易余(外一种)》,上海古籍出版社2018年版,第174页。

②　方以智:《张弛》,《东西均》,《东西均注释(外一种)》,庞朴注释,中华书局2016年版,第280页。

③　方以智对生死之"故"的阐发集中在《易余·生死故》,与之相应者为《东西均·生死格》。参见张昭炜:《中国儒学缄默维度》,中国社会科学出版社2020年版,第419—428页。

④　文德翼:《补堂炮庄序》,《药地炮庄》,《方以智全书》第2册,黄山书社2019年版,第5页。

性;之二是善用奇药,即善用余,药树思想的四个阶段都是如此;之三是两层正余关系——反因之间、反因与公因。当正余任何一方出现问题(有病)时,可通过另一方医救(作药)。正余回互,余转为正,正亦转为余,病药关系亦随之回互。这种方法主要用于中国传统文化内部的相互疗教,医救之药亦源自中国传统文化内部,显示出这一体系的封闭性以及创新的有限性。但是,如果结合"借远西为郯子"①,则方以智的"应病予药"思想体现出开放吸收世界先进文化的现代性精神。

回顾药树思想的形成发展过程:在起点,儒学死亡视域的思想资源可谓贫乏之极,儒学在明亡危机中多处于被动状态,儒者在应对生死考验时显得力不从心。在融合明代学术与家学"三教独立"与"三教合一"传统基础上,通过吸收佛道对于死亡的正视与超越,结合人生实际之亲证,方以智创造性提出并发展了药树思想,致力于以佛道为药,救治儒学之病,充实儒学的宗教思想。通过三教互救互补,不仅有助于儒学的宗教化发展,而且佛道亦可吸取儒学入世、生生的思想资源,以儒学之着实补救儒佛之超越,促进佛道的世俗化转型,这亦是当今宗教发展的重要趋势。三教在独立发展中相互统合,实现交相受益的三教合一,这是方以智宗教哲学思想中具有重要现实意义的精神遗产。

综上来看,在药树思想形成与发展的任何一个阶段,若方以智以死终结,均不失节,方以智的气节不因时因境改变而有所动摇,内在思想与外在行实一致,由此可证方以智晚节之正。相对于刘宗周的绝食而亡,方以智的死更富有曲折性与使命感:刘宗周的死节代表了对于旧朝的坚守,为坚守付出生命;方以智的死节重在文化的使命,在中国文化饱受摧残之后,致力于冷灰重爆,迸发生生之几,展现出面向未来的使命与担当。方以智后死托孤,从广西刑场到青原净居,屡经生死锻炼,由对死亡的被动承受到主动担当,乃至炼药开炉,努力实现托孤者的使命。通过后死,方以智打开了儒学的死亡视域,锤炼了生生仁体,淬砺了托孤之志,主动应对危机,完成了大儒的使命,表现出坚贞不屈的气节、奋发精进的风骨。最后引一则材料佐证晚节:"辛亥,粤难作,师闻信自出曰:'吾赊死幸过六十,更有何事不了?'终日谈笑,处之坦然。""师因法救法,剥烂会通,彻上彻下,穷尽差别","岂非旷代一兴者乎?天盖子以百淬托孤别路,资此集大成者也。""万世而下自有知者。"②"因法救法"的主要表现形式是药树,主要内容是以佛庄救儒学,

①　方以智:《物理小识总论》,《物理小识》,《方以智全书》第7册,黄山书社2019版,第101页。
②　吴道勋:《正宗住持》,《法谱》,《浮山志》卷三,黄山书社2007年版,第50页。

补足儒学的死亡视域。从不惑之年到耳顺之年,方以智的药树思想已臻纯熟,以佛庄救儒的学术使命已经完成,谈笑与坦然显示出使命完成后的轻松与愉悦、对死亡的澹然与从容。"苦心如此,供养后世,谁得而知之?"其回答便是"万世而下自有知者",这显示出其学能够为后世认可的坚定信念。

第十一章 "怒化生生"的哲学精神

浴日蒸天,可不家食,何妨呼醒梦蝴蝶? 瞥见鱼知跃,鸢能飞,尽覆载幽明外九万游息,时时是怒化之鹍鹏。

烹雪炮漆,以供鼎薪,偏教医活死麒麟。却问龙无首,狐濡尾,在元会呼吸中三五错综,点点皆触几之龟马。(《易余·附录》)①

明清鼎革之际,方以智颇具雄心伟略,据余飏记述方以智晚年语:"王伯安匹马走南北,遂以知地形扼塞、士马强弱。一旦天下有事,吾当其任,处分经略,取之眼中、手中,可以猝办。"此段材料,"其史料价值之高,无可比拟。以余所知,密之晚年直接涉及政治之言论仅留此一记录。此岂非参与复明活动最明白之招供欤?"②与反清复明的政治抱负相表里,便是方以智桀骜不屈的爱国气节;由政治抱负及爱国气节寻找支撑,便是他的哲学精神。从《易余·附录》来看,方以智的哲学精神凝聚为怒化的鹍鹏精神与触几的生生精神。

一、哲学与精神

方以智是明末清初的大思想家,由于粤难、文字狱等原因,其哲学著作失传近三百年。随着《东西均》《易余》及《方以智全书》相继出版,方以智的哲学著作得以总体呈现,哲学研究亦趋深化系统,在此基础上,有待凝练"方以智的哲学精神"。这是方以智哲学研究到一定阶段后,势必要面对的问题;也是研究方以智哲学需要解答的一个根本性问题。前人对其哲学已有总结:"作为一个朴素唯物主义者和启蒙思想家,他在哲学上尤其是在辩证法上的贡献以及学术文化上的成就在一定角度反映出当时时代的特色"③;方中通赞誉"公因反因,真千古所未发,而决宇宙之大疑者也",可将

---

① 方以智:《附录》,《易余》,《易余(外一种)》,上海古籍出版社 2018 年版,第 215 页。
② 余英时:《方以智晚节考》,生活·读书·新知三联书店 2004 年版,第 198 页。
③ 侯外庐、冒怀辛:《方以智的生平与学术贡献》,《方以智全书》第 1 册,上海古籍出版社 1988 年版,第 4 页。

公因反因"看成是方以智思想精华"①;"方以智是明末清初一位风格奇特的思想家,兼有'大伤心人'与'大医王'的双重性格。"②以上所论可概括为三点:第一,启蒙,超越传统;第二,公因反因,辩证法的思想精华;第三,"大伤心人"与"大医王",响应时代问题。以上三点有待进一步考虑,并凝练出哲学精神。

哲学精神是指哲学呈现的气象,基于"定以一二字"的要旨,并能体现哲学家的思想风貌与境界理想。据余飏记录方以智晚年语:"吾将聚千圣之薪,烧三世之鼎,炮之以阳符,咀之以神药,弥缝之以象数,妙叶之以中和,裁成之以公因反因,范围之以贞一用二,时当午运,秩序大集,使天下万世晓然于环中之旨、三一之宗。"余飏闻此,肃然而拜曰:"至矣!尽矣!止止!不须说。"③与记录方以智反清复明之语的重要性相当,余飏此记岂非方以智哲学之最明白之表达欤?在此明确了哲学视野("聚千圣之薪")、思想来源("烧三世之鼎")、诠释方法("炮之以阳符,咀之以神药")、辩证框架("裁成之以公因反因,范围之以贞一用二")、哲学境界("妙叶之以中和")、要旨归结("环中之旨、三一之宗")。余飏与方以智相知甚深,当听闻此番陈述,已完全明悉,故以"至""尽"赞叹;因已心领神会,余飏以"不须说"将其终止,后人不得其详。对比前述三点:第一,"启蒙"参照西方哲学而来,并非中国哲学固有传统,方以智哲学的视野仍坚守在"千圣之薪""三世之鼎"。第二,公因反因是辩证框架,直接源自方孔炤,"烧三世之鼎"指汇聚方学渐、方大镇、方孔炤三代方氏家学;"三一之宗"指向方以智外祖吴应宾:"《宗一》阐三一(吴观我宫谕发明三即一、一即三之旨,著《宗一圣论》。)",④方以智创造性地将方氏家学与吴应宾之学融为一体:反因对待之"二"与公因绝待之"一"合称"三",要旨归为"三一之宗"。辩证框架是哲学形式,不足以成为哲学精神。第三,"大伤心人"与"大医王"双重性格表现出炮与药的诠释方法,如同哀伤明政权的倾覆,方以智不是消沉,而是积极寻求复明的机会;同样,他亦伤心中国哲学文化遭遇危机,并不因此空嗟叹,而是以"大医王"担当,在困境中寻求出路。从哲学境界来看,"中和"是《中庸》要义,以此归根在儒,但通过庄禅之别路实现,据觉浪道盛之论:

---

① 庞朴:《东西均注释序言》,《东西均注释(外一种)》,中华书局 2016 版,第 9—10 页。
② 张永堂:《方以智的生平与思想》,台湾大学历史学研究所博士学位论文,1977 年,第181 页。
③ 余飏:《报亲庵序》,《浮山志》,黄山书社 2007 年版,第 52 页。
④ 方以智:《以时论付启大竹西》,《合山栾庐占》,《方以智全书》第 10 册,黄山书社 2019 年版,第 353 页。

"其显仁藏用,与吾正偏妙叶之旨,宁可得而同异乎?"①"叶"相当于"协",妙叶的对象是正偏之反因,以求各得其宜:如以显仁之用为正,藏用之体为偏,则是体用妙协;以庄为偏,儒学为正,从而三教妙协。若要试图顺"妙叶"探寻时,还要注意:"回视环中、宗一,妙叶时宜,是甚东西? 托孤伤绝。"②"是甚东西"似乎否定了"妙叶",但实际上,方以智的哲学存在儒学正路肯定之立、别路否定之破、否定之否定重返立的特色,通过禅庄,曲折实现儒之中和。

综上可知,通过方以智自述,哲学精神渐显,"托孤伤绝"大致将其追求与担当显赫出来:"有伏下宫、经煴火者,苦心卫道,宁望人知? 知我罪我,万世犹旦暮也。"③据《史记》,"伏下宫"指赵氏经"下宫"之难,程婴为其托孤,"死易,立孤难耳。"④"将以梦笔以药地为下宫耶?"⑤"梦笔"指觉浪道盛,觉浪道盛以庄子为儒学真孤,以此托付方以智,"托孤伤绝",方以智历经天下伤心事,只为托孤卫道心;据《汉书》,"经煴火"指苏武遭煴火之覆,不屈节辱命,"凿地为坎,置煴火,覆武其上,蹈其背以出血。武气绝,半日复息。"⑥方以智"久淬冰雪"⑦,甘守苦节,以此与反清复明的雄心伟略相印证。

从哲学著作来看,《易余》《东西均》《药地炮庄》是方以智最重要的三部哲学著作,其中《易余》与《东西均》思想互证,据《易余》点睛:时时是怒化之鲲鹏。⑧ 此言题眼是"怒化",集约表述了方以智的哲学精神,亦契合《药地炮庄》主旨。"怒化"源自庄子,而方以智视庄子为儒学真孤,视怒化是医救儒学之病的良药。明清之际的儒学之病是精神颓废:空谈心性者,或荡漾在一己之猖狂,或沉湎于顽空虚寂;麻木不仁者,如沉死水,无视国破家亡,甚至甘心做亡国奴。明清鼎革亦是真儒的试金石,作为儒学的真孤,天降大任,方以智的使命便是打破空谈、激活麻木不仁,发扬儒学真精神,而庄子之"怒化"正是对症之药。又据方以智所言:"嗒夫! 终身由之而不知其故者,负《中庸》之天载矣! 汗下调补,不识变症,恣人犯忌,火驰焚和,更连

---

① 觉浪道盛:《尊火为宗论》,《天界觉浪盛禅师全录》卷十九,《嘉兴大藏经》第34册,径山藏版,第6页。

② 方以智:《善世门哀词》,《冬灰录》卷二,《方以智全书》第3册,黄山书社2019年版,第230页。

③ 方以智:《小引》,《易余》,《易余(外一种)》,上海古籍出版社2018年版,第5页。

④ 司马迁:《赵世家第十三》,《史记》卷四十三,《史记》,中华书局1982年版,第1784页。

⑤ 陈丹衷:《药地炮庄序》,《药地炮庄》,《药地炮庄校注》,台大出版中心2017年版,第2页。

⑥ 班固:《李广苏建传第二十四》,《汉书》卷五十四,《汉书》,中华书局1962年版,第2461页。

⑦ 方以智:《东西均开章》,《东西均》,《东西均注释(外一种)》,中华书局2016年版,第26页。

⑧ 方以智:《附录》,《易余》,《易余(外一种)》,上海古籍出版社2018年版,第215页。

累《中庸》之天载矣！故不妨别路飞跃，传周鼎衔指之巧也。"①"不妨别路飞跃"，指由庄子的鲲鹏精神怒化而起；与"别路"之怒化相应者，便是《中庸》"正路"之中和。借用"应病予药"②之喻说明："汗下调补"，汗法解表邪，下法通淤积，"调补"亦是中医普遍使用的方法，如以人参、鹿茸为药，增强生命活力。与"调补"相应，《中庸》之旨在未发之中、已发之和，由中和超越到"上天之载，无声无臭"。以上可称为常症与正药；与之相对者便是变症与偏药。"恣人""火驰"是变症，为虚脱、阳亢等热症，如本书第五章论龙溪学执四无，一超直入无声无臭之地，其病为"荒亡莽荡，高标斗胜"，针对此症，应以实学之药救之。与此相应，针对明清之际儒学精神颓废之新病，"九死之骨，欲平疗教者之心，心苦矣！"③"大医王"调整药方，将《中庸》正路换为《庄子》别路，"怨怒可致中和。"④借用庄子之怒，激活麻木不仁者，警醒空谈心性者。"怨"是屈原的爱国精神表现，源于现状的不满，这与"怒"的来源一致：怨与怒均是关切现实，积极救亡图存。换言之，"怨怒"是唤醒儒学真精神的"别路"，其最终目的仍是"致中和"，既有救亡图存的现实意义，又固守儒学终极价值。"真中和者，怨怒皆是中和。"⑤反之，在外界环境变化后，当儒学病入膏肓时，若仍从《中庸》调补中和，是"假中和"，相当于只能"由之"；而从《庄子》致中和，相当于"知之"。不明其故者，不能"应病予药"，只能终身"由之"而不知变；知其故者，能"由之"，亦能"知之"，且以"知之"转化"由之"。

二、怒化生生

经余飏记录与方以智的哲学著作要旨追寻，"怒化"的哲学精神逐渐清晰。从《易余》来看，"时时是怒化之鲲鹏"相应于"点点皆触几之龟马"⑥，即"怒化"与"触几"相对，所触之几是"生生"之几，可对接《系辞上》"生生之谓易"，由此《易》《庄》互镜，也可以说《易》《庄》互镜。"怒化"与"生生"

①　方以智：《〈齐物论〉总炮》，《药地炮庄总论下》，《药地炮庄校注》，台大出版中心2017年版，第214页。

②　方以智：《性故》，《性故注释》，中华书局2018年版，第128页。

③　方以智：《薪火》，《易余》卷下，《易余（外一种）》，上海古籍出版社2018年版，第135页。

④　方以智：《反对六象十错综》，《易余》卷上，《易余（外一种）》，上海古籍出版社2018年版，第77页。

⑤　戴逸孝：《合山栾庐诗跋》，《合山栾庐占》，《方以智全书》第10册，黄山书社2019年版，第374页。

⑥　方以智：《附录》，《易余》，《易余（外一种）》，上海古籍出版社2018年版，第215页。

均可代表方以智哲学的精神;两者合称,更为全面。"怒化生生"之义有五:

第一,怒化奋迅。怒化是刚健奋发的精神,具有气势磅礴的冲击力与革故鼎新的创造力。《庄子·逍遥游》所述北冥之鲲化为鹏,"怒而飞",怒化展现出大鹏奋发崛起的精神风貌。从儒学堕落、明代亡国的现实来看,如果选择沉死水、甘心亡国,则如北冥之鱼滞留北冥,不化为鹏;而有家国情怀、勇于担当者,势必致力于打破死海,扭转时局。"法至今日,非一怒字,如何肯切骨入道?"①方以智为儒学托孤,为遗民淬志,怒化而起,"然不变化,徒溺法身死水,乃化鸟而怒飞。怒字是大炉鞴,不肯安在生死海中,有过人底愤懑,方能破此'生死牢关'。从自己立个太极,生生化化去也。"②鲲为"法身死水"所拘囿,如同困在生死牢关,贪生怕死,不敢奋发崛起。由鲲化鹏,便是打破牢关,摆脱拘囿,将死水激活,乘海运起九万里,而打破牢关的动力、激活死水的冲力,均依靠"怒"。怒亦是淬炼心志的"大炉鞴",以此坚定改造腐朽现状之心,锻造新生命。

怒化亦可表述为奋迅,据《尔雅》"绝有力,奋"。郭璞注:"诸物有气力多者无不健自奋迅,故皆以名云。"邢昺疏:"壮大皆有力者,名奋。"③由怒化而精神振作,由奋迅而担当有力,两者相助长,并与方以智的气禀相激发,如"其才情超烈"④。面对现实的惨烈,方以智不是知难而退,而是迎难而上;不仅宁折不弯,而且如同弹簧,外界环境愈恶劣,压力愈大,反而有利于积蓄愈加强劲的反弹。

第二,生生之几。"怒化"与"触几"相对,由怒化而能"生生化化去也",由此开启生生之"几","'怒而飞'与《齐物论》'万窍怒呺'、《外物篇》'草木怒生',亦此意。"⑤三者之"怒"分别来自鲲之息养、风之厚积、冬之退藏,如方以智诠释"草木怒生":"得静灭以补完其夜气,踵息以还其玄牝之源也乎!"⑥此处合释孟子"夜气"与庄子"踵息",两者均由深静孕育真动,

---

① 方以智:《〈逍遥游〉第一》,《药地炮庄》卷一,《药地炮庄校注》,台大出版中心 2017 年版,第 255 页。
② 方以智:《〈逍遥游〉第一》,《药地炮庄》卷一,《药地炮庄校注》,台大出版中心 2017 年版,第 253 页。
③ 郭璞注,(宋)邢昺疏《释畜第十九》,《尔雅注疏》,上海古籍出版社 2010 年版,第 595—596 页。
④ 陈子龙:《序二》,《博依集》,《方以智全书》第 8 册,黄山书社 2019 年版,第 125 页。
⑤ 方以智:《〈逍遥游〉第一》,《药地炮庄》卷一,《药地炮庄校注》,台大出版中心 2017 年版,第 252 页。
⑥ 方以智:《〈外物〉第二十六》,《药地炮庄》卷八,《药地炮庄校注》,台大出版中心 2017 年版,第 854 页。

即生生之几由深静触发,相通于《道德经》作为天地之根的"玄牝之门"。"几"是极静与真动的转换点,静极转为真动,由"几"而开启生生之门,其经典亦基于《周易》:"树必怒风,江必卷涛,然实静也,实深也。'以言乎迩,则静而正','惟深也,故能通天下之志',载在《易传》,人罕有知其几者。"①"生生"爆发愈剧烈,所本之静愈深;如同要使得三时生意盎然,必然要经寒冬之锻炼。生生之几本于深静,类似于"奋迅本于伏忍"②,亦由此可推出"冬炼三时传旧火"③。伏忍不是一味退缩,而是以退求进,愈伏忍,蓄积愈厚,则发之愈有力,愈加奋迅;炼寒冬以养生生之春,从深静中得以一阳来复。"十余年来藏锋敛颖"④,"生生之几"不仅是方以智的哲学精神之表现,而且是人生实际之隐忍。

第三,怒化烈火。"怒"与"火"词义相连:"盖火为五行之至神","至神无形,故能生生不息。"⑤"怒化"表现为火之性状。从"怒化源自深静"来看,"生生之几"可表述为:真火之动以真水之静为根,据觉浪道盛:"邵尧夫云:'冬至子之半,天心无转移。一阳初动处,万物未生时。'盖子之半,正是《坎》中一画真阳,为天之根,火之宗也。阳藏阴中,即龙宫之在海藏,神龙之潜九渊","天地万物,非真阳,皆不能生,所谓天地之大德曰生。生生不息之谓易。"⑥邵雍之诗展现的"生生之几"相当于冬至、亥子中间、天根、《坤》《复》之际,以上都是"静极而真动"的物象特征:动能蓄积饱满,一阳初动,将带来生生之春。从水火互根来看,火之真动以《坎》之真阳为根,即怒化之《离》源于深静之《坎》,⑦这与重视收摄保聚的江右王门相接:"渊寂者,天地之灵根,学《易》之归趣也。"⑧如同龙潜九渊,潜藏蛰伏是为获得生生之根的滋养,唯有如此,才能飞跃九天;潜藏蛰伏亦是"冬炼三时"的内在旨趣。从实现手段来看,要使得油灯燃烧持久旺盛,不应加长灯芯,而是要

① 方以智:《静深堂记》,《浮山文集前编》卷二,《方以智全书》第9册,黄山书社2019年版,第318页。
② 方以智:《反对六象十错综》,《易余》卷上,《易余(外一种)》,上海古籍出版社2018年版,第77页。
③ 方以智:《师诞日侍子中通请上堂》,《青原愚者智禅师语录》卷一《方以智全书》第3册,黄山书社2019年版,第87页。
④ 涂斯皇:《序》,《五老约》,《方以智全书》第10册,黄山书社2019年版,第383页。
⑤ 觉浪道盛:《尊火为宗论》,《天界觉浪盛禅师全录》卷十九,《嘉兴大藏经》第34册,新文丰出版公司1987年版,第696页。
⑥ 觉浪道盛:《尊火为宗论》,《天界觉浪盛禅师全录》卷十九,《嘉兴大藏经》第34册,新文丰出版公司1987年版,第696—697页。
⑦ 张昭炜:《中国儒学缄默维度》,中国社会科学出版社2020年版,第436页。
⑧ 万廷言:《学易斋约语》卷一,《万廷言集》,中华书局2015年版,第472页。

保证充足的油源;要获得怒化烈火持久燃烧,不应助焰,而应伏藏休养。

方以智怒化烈火的思想不仅继承自觉浪道盛,还来自其祖方大镇与其父方孔炤:"今《野同录》曰'满空皆火',物物生机皆火也。""先中丞《易编》约杜人此篇而回互发明之,此真贯宇宙之实际。"①方大镇《野同录》的"生机皆火"相当于"生生之几",怒化便是生生之几的生机爆发。方孔炤《易编》(《周易时论合编》)将火看作普遍的实在,或者说是宇宙生机是持续燃烧的火焰,由此产生不竭的动力,火"能转气而不为气所转"②,以"怒化"之火可以转变儒学的颓废。"《逍遥游》首举北溟之鱼,不徙,则浸死水矣;怒飞而南,非鸟非鱼,上下察之,一跃一飞乎? 挟风霜之龙兴鸾集乎?"③通过怒化,将死水转为活天,将浸沉转为飞跃,带来鸢飞鱼跃的生机、龙兴鸾集的宏大盛景,展现出《中庸》的中和位育境界。

第四,怒化之旷。据《招魂》"幸而得脱,其外旷宇些",旷指向深沉的幽远、痛苦的超越,由此可对接佛教大乘空宗。据自祭文:"生即无生尽此生","仍以刀锋归化城。"④又如方以智遭白刃交颈时:"百折不回横一剑,岂畏刀枪重煅炼? 狮子尊者肯施头,仲连焉可错射箭?"⑤"一声狮子吼,刀锯总忘机。"⑥心同禅宗二十四祖,方以智由旷入涅槃,超越世间,"无生""化城""肯施头""忘机"均显示出方以智的旷达超越。在庐山,"五老峰下,雪浪奔雷,何其怒也! 五老峰上,浸天拨地,何其旷也!"⑦"旷"与"怒"如山水对峙,一上一下,相反相因:相反者,"怒"落脚在人间世,着眼于世间秩序的改变,如水之奔雷;旷指向出世,超越人间世,如山之高峻。相因者,怒牵制旷之超越而不归,将旷之精神作用于人间世;旷可化解怒之纠缠现实,使得怒化拔地挺天。怒旷互通,由怒而得旷,从而在怒化中能得真潇洒、真超越;由旷而强化怒,从而在超越中亦有对现实的悲悯与改造。怒旷相因的深层依据在于庄禅互证,在互证中实现共同超越,"山怒水,水怒山,此山

①　方以智:方以智:《尊火为宗论》后跋,《天界觉浪盛禅师全录》卷十九,《嘉兴大藏经》第34册,径山藏版,第6页。

②　方孔炤:《五行尊火为宗说》,《图象几表》卷一,《周易时论合编》,中华书局2019年版,第54页。

③　方以智:《三征》,《东西均》,《东西均注释(外一种)》,中华书局2016年版,第91页。

④　方以智:《辛卯梧州自祭文又诗一首》,《无生寱》,《浮山后集》卷一,《方以智全书》第10册,黄山书社2019年版,第245页。

⑤　方以智:《马帅见连招浔爵书重历刀头说此一偈》,《无生寱》,《浮山后集》卷一,《方以智全书》第10册,黄山书社2019年版,第243页。

⑥　方以智:《重縶至平乐法场逼以袍帽只吼涅盘而已》,《无生寱》,《浮山后集》卷一,《方以智全书》第10册,黄山书社2019年版,第242页。

⑦　方以智:《五老约》,《方以智全书》第10册,黄山书社2019年版,第385页。

水之相忘于山水也。"①此处包含两层意思:其一,旷怒如山水,"山怒水"与"水怒山"为怒旷之相因;其二,"山怒水"之"怒"是动词义,"相忘"亦是动词义,由"忘"而"旷",从而在动词义上实现怒旷相因。从对待绝待来看,怒与旷在"对待"中相忘,如同由"对待"超越到"绝待",亦可由"绝待"返回"对待"。"绝待"的相忘并非踏上不归路,而是为了更好向对待返回。

　　第五,怒化中和。从表象来看,"怒"因情绪偏激而失其节度,故不符合儒家的中和精神;换言之,按照《中庸》理路,怒破坏和。从深层来看,通过以偏求中,"怒"而能"化",最终实现"妙叶之以中和"。"我生何不辰,天地遂崩裂。""九死得苏还,肠断不能说。"②天地崩裂,国破家亡、忠臣遭陷,佞幸当道,在此情况下,作为有担当的托孤者,方以智不得不怒。以此背景补偿,从而达到更深层、更根本的中和。换言之,之所以选择怒化,是外界的刺激,背景已经严重偏离了中和,必须通过内在偏激之怒的调整,在动态中寻致深层中和。经过"怒化"洗礼的"中和",既嵌入了怒化的刚劲,融入了迸发的炽热情感,又能恪守儒学中正的精神,达到了"怒化"与"中和"的妙合。更进一层,"怨"亦如"怒":"怨怒可致中和,奋迅本于伏忍"③。在政通人和、天下太平时,"怨"亦是负面的情绪。但是,当国破家亡、披缁才有生路时,唯有通过"怨",才能平衡心中的愤懑。与庄子之"怒"相应,屈原之"怨"亦是以偏求中,由此屈庄互证。怒化寻致中和,怨艾追求安宁,据觉浪道盛:"予以庄生善'怒'字,屈原善'怨'字,孟子尤善'怨'、'怒'二字","凡皆以怨怒成此浩然之气。如《大易》地雷《复》为见天地之心。"④此处以孟统庄、屈,《孟》《易》互释:《坤》《复》之际,夜气萌动,即是"生生之几"。怨怒统归于此"几",以此充塞,养成泪泪而出、"生生"不竭的浩然之气。

　　中和得安宁,《易余》正文以屈原《礼魂》结尾:"春兰兮秋菊,常无绝兮终古。"⑤从《楚辞》编排来看,《礼魂》承接《国殇》"带长剑兮挟秦弓,首虽离兮心不惩。诚既勇兮又以武。终刚强兮不可凌。身既死兮神以灵,魂魄毅

---

①　方以智:《三子记》,《易余》,《易余(外一种)》,上海古籍出版社 2018 年版,第 4 页。
②　方以智:《纪难》,《瞻昊》,《方以智全书》第 9 册,黄山书社 2019 年版,第 237 页。
③　方以智:《反对六象十错综》,《易余》卷上,《易余(外一种)》,上海古籍出版社 2018 年版,第 77 页。
④　觉浪道盛:《论怨》,《杖门随集》(上),《天界觉浪盛禅师全录》,《嘉兴大藏经》第 34 册,径山藏版,第 16 页。
⑤　方以智:《非喻可喻》,《易余》卷下,《易余(外一种)》,上海古籍出版社 2018 年版,第 214 页。

兮为鬼雄。"方以智亲历桂林沦陷、首辅瞿式耜等忠烈遇难,作《血道场》:"小民皆下泣,古庙自生风。且发栴檀火,鸣钟咒一通。"①《礼魂》之旨相通于《招魂》,"天界杖人为石溪题《楚词》,以《招魂》与念佛同参。"②方以智以佛教净土为药,转化缁门念佛,积攒怒化的力量,证得现世净土,如引吴应宾之言:"此一'念'字,即《庄》之'怒'字、《易》之'乾'字。"③《庄子》之"怒"即是"生生"之"几",体现乾元刚健的精神;"自心之佛,本自中和"④,如同招魂,在念佛中安宁,"果肯平心,一念自心之佛,则刀山剑树悉为净土宝林矣。"⑤由此生大无畏智,以净土之"念"相通怒化之"旷"。综上,方以智冬炼三时,以传不息之薪火,触发"生生之几",怒化飞跃,如《孟子·梁惠王下》"文王一怒而安天下之民",他心忧天下,反清复明与后死托孤的理想始终未泯。

　　以上五义各有侧重,共同撑开方以智的哲学精神:奋迅与烈火助发,表现出怒化生生的力量之强劲;生生之几指出了强劲力量产生的枢机与泉源;旷将怒化生生的精神超越;中和既限制了奋迅与烈火的激进与偏执,又使得旷之超越回落至寻常,以此确保哲学境界的儒学底色。

三、哲学精神的三个层次

　　方以智哲学精神的重心并不是如何怒化而起、生机发露,在清初的政治高压下,若如此张扬炽热,则将速招杀身之祸;作为托孤者,其重心是如何蛰伏退藏,以屈求伸,以退求进。如其名字,方以智字密之,据《系辞上》,卦之德"方以知"是方正之用;"密之"指"退藏于密",是藏密之体。当"正用"表达充分时,藏密之体隐而不显,貌似多余无用,是谓"余",中国哲学传统的"体用"在方以智哲学中可表述为"余正"。从《易余》的哲学主旨来看,"余"如冬之敛藏,"正"如三时发舒之用,"冬炼三时"是以"余"养"正";从《东西均》来看,结合《中庸》"费而隐","余""正"对应"隐均""费均",均如陶钧,在旋转中生成,从而表现为"由用返体"的旋入与"由体达用"的旋出。鼎革之际,"正"用不能伸展,可致力于"余"体之卷藏,以蓄积"正"用,期待

①　方以智:《血道场》,《无生寱》,《浮山后集》卷一,《方以智全书》第10册,黄山书社2019年版,第248—249页。

②　滕蛟:《念佛孤颂》后题,《冬灰录》卷首,《方以智全书》第3册,黄山书社2019年版,第195页。

③　方以智:《念佛孤颂》,《冬灰录》卷首,《方以智全书》第3册,黄山书社2019年版,第194页。

④　滕蛟:《念佛孤颂》后题,《冬灰录》卷首,《方以智全书》第3册,黄山书社2019年版,第195页。

⑤　大宁:《念佛孤颂》后题,《冬灰录》卷首,《方以智全书》第3册,黄山书社2019年版,第194页。

厚重而持久的"生生"。"生生"之用源自藏密之"余"体;"怒化"之"正"用亦源自"余"体,如鹏之怒飞南冥源于鲲之息养北冥。从《庄》《易》互镜来看:以庄子"怒化"为药,可激活儒学的"生生"之仁;以《周易》"生生"为药,亦可为庄子的"怒化"续焰联芳。从现实选择来看,"余"是出世的避路,"正"是入世的归路,以"余"求"正","以祗支为避路,即为归路。"①即是以佛教之"避路"实现儒学之"归路"。

表 11-1　正余框架下的三个层次

序号	层次	正	余	指向	寓意
1	第一	入世	出世	现实世界	理想与形迹的矛盾化解
2		中行	异类		
3		归路	避路		
4		奋迅	伏忍		
5	第二	《六经》	《庄子》	元典资源	正余互用以余救正
6		正路	奇兵		
7		《孟子》	《庄子》		
8		正宗	别传(托孤)		
9	第三	怒化	息养	内在旨趣	余体正用相互发明
10		南冥(鹏)	北冥(鲲)		
11		生生	退藏		
12		三时	冬		
13		病	药	诠释	互为病药
14		方以智	密之	名字	《周易》之学

如表 11-1,三层既各尽其用,又紧密相连,具有共同的框架。从第一层的现实需求出发,通过第二层元典资源的烹炮,以达到第三层"冬炼三时"的内在旨趣,表现为怒化生生的哲学精神。反序言之,第一层的"余"体与"正"用相互制衡,在制衡中相互发明,如同方以智的名与字;为内在旨趣提供支撑,通过寻找元典思想资源,第二层表现为《庄子》与《六经》互通,以奇救正(以余救正),如同以庄学为药,救儒学之病;内在旨趣源自理想与现实的矛盾,由避路寻找归路,从而化解矛盾。

(一)内在旨趣

这一层须注意三点:第一,"怒化生生"的哲学精神须以息养退藏为基

---

① 方以智:《象环寤记》,《易余(外一种)》,上海古籍出版社 2018 年版,第 216 页。

础,反言之,余体须以正用为指向:余体与正用相互发明。若无三时之发用,则冬为沉寂,生生之机绝,怒化之火熄,便不能传旧火,亦不能贞下起元。第二,正余嵌套。结合密、显、统三冒思想,"正""余"分别对应显冒(费均)与密冒(隐均),"费中自具三冒,隐中亦具三冒。"①"正余"破开,"正"具"正""余","余"亦具"正""余",并可无限递进,这类似于嵌套(Nested)模式。由此嵌套,怒化有息养,退藏亦有生生。第三,"余"向"正"转换。鲲鹏徙至南冥,须待"海运",如同反清复明者等待可乘之隙,方能当其任,怒而飞,息养转为迸发。冬向三时的转化之机在冬至,此际一阳生,生生之几发动;核仁的转换之机在春雷,如本书第十章所论《药树堂铭》,迎来"炼药开炉""硕果暗结"。

（二）元 典 资 源

这一层表现为《庄子》与《六经》互用,即以《庄子》为奇兵,以救孔学之正,"世不可庄语,奇兵破庸垒。"②当儒学精神颓废时,应病予以庄子"怒化"之药;"庄子为孔门别传之孤"③,亦称之为"托孤伤绝"。正余互用表现为:孔以庄为用,利用庄子怒化之药,医救儒学之病;庄以孔为用,从而怒化不离中和。"用奇本乎正,正先陈纲纪。"④无论"奇"如何变化,均以"正"为纲纪,即"正"为"奇"之归宿,《六经》为庄子之归宿。"真透《六经》而读《庄子》者,不增放而加慎。"⑤在儒学"生生"精神丧失时,"怒化"所致的中和才是"真中和",怒化的慎独才是真慎独。从深层来看,"诸子何尝不尊仲尼哉! 知其所以尊者莫如庄子,学者致知于言外可也。"⑥唯有庄子的"怒化"绽放了孔子的生生之仁,切合孔门心法的中庸之道,亦可视为儒道深层互通。从孟子私淑孔子来看,孔学、《六经》可替换为《孟子》,《孟》《庄》互用,一惧一怒,一正一反,同归中和。⑦

结合三冒,"愚谓《庄子》者,《易》之风也,《中庸》之魂也"⑧,此处可说

① 方以智:《三冒五衍》,《易余》卷上,《易余(外一种)》,上海古籍出版社 2018 年版,第31 页。
② 方以智:《正决》,《合山栾庐占》,《方以智全书》第 10 册,黄山书社 2019 年版,第357 页。
③ 方以智:《象环寱记》,《易余(外一种)》,上海古籍出版社 2018 年版,第 217 页。
④ 方以智:《正决》,《合山栾庐占》,《方以智全书》第 10 册,黄山书社 2019 年版,第357 页。
⑤ 方以智:《一贯问答》,《东西均注释(外一种)》,中华书局 2016 年版,第 504 页。
⑥ 方以智:《〈天下〉第三十三》,《药地炮庄》卷九,《药地炮庄校注》,台大出版中心 2017 年版,第 943 页。
⑦ 张昭炜:《中国儒学缄默维度》,中国社会科学出版社 2020 年版,第 441—444 页。
⑧ 方以智:《一贯问答》,《东西均注释(外一种)》,中华书局 2016 年版,第 501 页。

以《易传》(或《周易》)与《中庸》诠释《庄子》,也可说是以《庄子》统合《易传》与《中庸》,源自《庄子》的"怒化",经方以智创造性诠释后,与《周易》互通,以实现《中庸》中和为目的,三者如三冒:

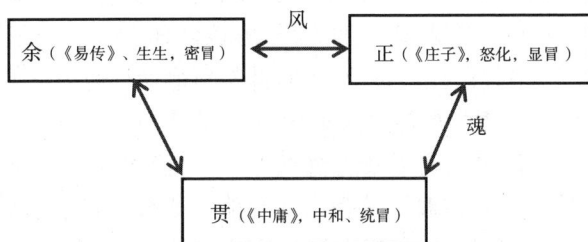

图 11-1 《易》《庄》《庸》相贯图

这是以"中和"统合"生生"与"怒化",如同正余互用,三冒互通,图11-1《中庸》《庄子》《易传》可以互换。从"风"来看,"怒化"是"生生"的显化,"怒化"较之于"生生"更热烈奔放;从"魂"来看,"怒化"必须受制于"中和",以"致中和"为归宿。"罗汉执法身,亦是死佛,所谓但中是也。"①同理,固执中和而不知变通,是死中和;唯有统合吸收怒化精神,方是真中和。《中庸》"中和"可还原为庄子"天枢""环中"②,《中庸》与《庄子》《易传》互证。

(三) 现 实 世 界

如果天下太平,方以智本能恪守家训,以儒学为正业,但惨烈的现实使他只能通过佛教之"避路"曲折实现儒学之"归路","余"是手段,"正"才是目的;"避路"是权宜之计,最终是为了"归路"。"何不随其颠倒,以缁为素也。"③通过正余相反相因,颠倒佛教与儒学,"异类中行可矣。"④从佛教传统追溯,吴应宾师承憨山德清、紫柏真可、云栖袾宏三高僧,并为幼年的方以智暗植佛学。当国破家亡之际、历经患难之时,唯有披缁才能生存,实现托孤,暗植的佛学成为他的必然选择。方以智自幼好庄子,"旷达行吾曲谨","逍遥是吾乐国。全以庄子为护身符"⑤,"旷达""曲谨"可发展出怒化之旷与戒惧中和,"旷达行吾曲谨"亦可说是"怒化求致中和",这有利于他在遭

---

① 方以智:《三冒五衍》,《易余》卷上,《易余(外一种)》,上海古籍出版社 2018 年版,第 33 页。
② 杨儒宾:《儒门内的庄子》,联经出版社 2016 年版,第 155—156 页。
③ 方以智:《薪火》,《易余》卷下,《易余(外一种)》,上海古籍出版社 2018 年版,第135 页。
④ 方中履:《跋》,《周易时论合编》,中华书局 2019 年版,第 16 页。
⑤ 方以智:《象环寱记》,《易余(外一种)》,上海古籍出版社 2018 年版,第 217 页。

遇危难时诉诸庄学,以此托孤全生。"方密之阁学在粤,恣意浪游,节吴歈,斗叶子,谑笑不立崖岸,人皆以通脱短之。"①大厦将倾,方以智看似狂放如庄子,实则极度苦闷,瞿式耜赠诗:"魂依北道旌旗侧,身近南楼啸咏旁。"②可谓知之深者,亦可发展出方以智神依儒学,身在佛门,蛰居隐忍,觉浪道盛因时因机指点,授以一茎药草与烈火禅,方以智闭关出关、托孤庄子,烹炮《易》《庄》,将内在旨趣、元典资源、现实世界的追求打通为一。

　　综上,方以智的哲学精神集成了孔、庄、《易》《庸》、孟、屈的思想传统,合烹方氏家学、外祖吴应宾以及觉浪道盛之学,经患难淬砺而成。"怒化"之题眼取自《易余》附录"时时是怒化之鲲鹏";托孤出自《易余》引言"有伏下宫、经煴火者,苦心卫道,宁望人知?"引言与附录首尾呼应,托孤卫道是为怒化飞跃。在《易余》引言结尾,方以智筮余之繇曰:"爰有一人,合观乌兔。在旁之中,不圐何住。无人相似,矢口有自。"③每句藏一字谜,合观是"大明方以智"④。在清初政治高压下,方以智不惧危祸,仍标以"大明",这可与反清复明的政治抱负相印证。

① 王夫之:《搔首问》,《船山全书》第12册,岳麓书社2011年版,第631页。
② 瞿式耜:《庚寅八月,方密之相国四十初度,敬奉二律申颂,促其入朝,以慰圣眷》,《瞿忠宣公集》卷八,清道光本,第30页。
③ 方以智:《小引》,《易余》,《易余(外一种)》,上海古籍出版社2018年版,第5页。
④ 庞朴:《东西均注释序言》,《东西均注释(外一种)》,中华书局2016年版,第7—8页。

第十二章　方以智哲学思想的新定位

瞎肉眼而开醯眼，又瞎醯眼而还双眼者，许读此书。(《易余·附录》)①

以上是《易余》一书的点睛之笔，此言在本书序、第二、六、十章已多次引用，适用于《易余》的各章节。按照正余关系，余是醯眼，正是肉眼。《易余》的目的有两个：一是"瞎肉眼而开醯眼"，也就是先关闭"正"用，以揭示"余"体；二是"瞎醯眼而还双眼"，也就是再关闭"余"体，返回"正"用。兼顾这两方面的统一，才能读《易余》。在此类比柏拉图相论的洞穴喻说明"余"承载的哲学使命：被锁住的囚徒习惯了山洞壁上的影子，也就是现象界("正"的状态，相当于三眼喻的肉眼)，只有勇敢的囚徒敢于挣开锁链，去追求真实的相世界("余"的状态，相当于三眼喻的慧眼)，这一过程在方以智的哲学里表述为打瞎肉眼，开启慧眼。本书第二章揭示"余"之体，也就是对于常人关闭的隐秘之体。正如挣开锁链的囚徒看到了产生影子的真实物体，再爬出洞口，看到了太阳，这相当于打瞎肉眼，开启慧眼。囚徒并未沉湎在慧眼的理性之"相"的自恋，他还眷恋着洞内的同胞，要从相世界返回世俗世界，这一返回过程在方以智的哲学中表述为打瞎慧眼，重启肉眼。正如洞穴喻中的那个囚徒，方以智在哲学上不满足于仅从"正"之用展现的儒学，尤其是仅从现象界的肉眼层次来阐释儒学，鼎革之际，遗民的"正"之用被封堵的情况下，更显示出"余"之体开掘的重要性，由此有利于建立儒学深邃的学理基础，如性之"故"的探索等。开掘"余"之体，由此引出本书后续章节的论述，也就是"余"的应用，这些应用是正余关系在不同场景下的表达。

一、方以智的哲学精神综评与三个相统一

（一）三种正余关系

"余"是本书全面展示的核心概念，由此不免追问："余"展开的内在动

---

① 方以智:《附录》,《易余》,《易余(外一种)》,上海古籍出版社2018年版,第215页。

力是什么？"余"作为隐秘之体，通常状态下，我们视其为"多馀"。"余"一般不主动敞开表现，而是处于隐秘的沉寂状态；"正"作为显见之用，基本处于统治地位，占据、充满显见的场域。在明清之际的鼎革时代，作为明代遗民的方以智，显见的"正"之用被关闭，因此，如何打开隐秘的"余"之体？如何在"余"之体中寄托"正"之用的理想？这成为明代遗民的现实问题。冬是余，三时为正，方以智"冬炼三时传旧火"便是炼余求正，在晦道中求显道。较之于黄宗羲的明夷待访，方以智的炼余求正更为主动，更具有托孤的使命感。因此，"余"展开的内在动力源于遗民的理想寄托。以此反观方以智在《易余》中表达的学术与理想："生克制化，无不颠倒；吉凶祸福，皆相倚伏。""危之乃安，亡之乃存，劳之乃逸，屈之乃伸。怨怒可致中和，奋迅本于伏忍。"①通过正余关系来分析：明亡是凶祸，但是危中有机，凶祸中倚伏吉福。这种转化不是《道德经》中福祸倚伏式的自然发生，而是需要人的主观努力去创造；更进一层，只有通过努力转化"余"体，才能更好地获得"正"用，其学理基础便是"正余一体"。因此，方以智不是在亡国后的那些徒伤悲者，而是认为"危之乃安，亡之乃存"，通过在危亡中锤炼"余"之体，必然能够得获得宏大的"正"之用。在这种哲学思想指导下，方以智必然转向"余"的开掘，由此不难理解他退隐于佛门是暂时之屈，他的苦心在于儒学之伸，"屈之乃伸"，也就是通过佛教曲折的避路实现儒学的归路。通过晨钟暮鼓的伏忍，达到孝子忠臣的奋迅，也就是"冬炼三时"，以余求正，后死托孤。当然，无论是方以智践行屈原的怨，还是展现庄子的怒，他最终还是以儒家的中和为依归，也就是"怨怒可致中和"，怨怒是其迹，中和是其神，迹与神仍是正余关系。

　　"余"是进入方以智哲学与精神世界的密钥。方以智崇尚"余"体，这是方以智哲学的重要特色；他亦有返回"正"用的指向。综合两者，"正"与"余"双向互动，在双向互动中，相互交轮，从而使得"正"与"余"达到动态平衡，化归中和。中和是《中庸》的主旨，通过怨怒之"余"返回儒家中和之"正"，通过伏忍退藏得到怒化生生，从而经由庄屈之学重返儒学。从正余的哲学展开来看，正余关系包括三种：（一）重视"余"体；（二）重视"正"用；（三）"正""余"平衡。

　　（一）重视"余"体。由于"余"体的隐秘不显，"余"体在日常经验世界中通常处于关闭状态，可谓是"百姓日用而不知"，本书列举了两种情况下

---

① 方以智：《反对六象十错综》，《易余》卷上，《易余（外一种）》，上海古籍出版社 2018 年版，第 77 页。

"余"体挖掘的必要性：一是当我们从"用"向"体"追问时，将"余"视作独立对象研究，逼迫"余"体敞开。二是在"正"用受阻后，在"正"用场域关闭后，不得不诉诸"余"体，通过"余"体曲折的实现"正"用。方以智的哲学兼有上述两种情况：前一种情况如本书第二章的"余"论；后一种情况如本书第八章，有复兴理想的儒者的人道之"正"在明亡后被关闭，他们借助庄学的天道之"余"，会通天道与人道，并且自在"游"于天道与人道，以此寓寄托孤的理想，又如本书第九章论入世与出世，明朝国亡，"正"路在清朝行不通，作为明代遗民的方以智通过出世的"余"路，曲折实现入世的"正"路。

（二）重视"正"用。从人性论来看，传统儒学多重视性善论，性善与性恶相对，按照"正余一体"的辩证法，前者为正，后者为余。如本书第四章，正余转化，善恶交轮，性恶转为"正"用，从而有利于儒学重视性恶论。又如本书第五章，从人性论来看，相对于儒学传统的"有善有恶"之"正"而言，"无善无恶"是"余"。在王阳明、王龙溪之前，作为"余"的"无善无恶"基本处于伏藏关闭状态。即使在天泉证道时，王阳明亦未以"无善无恶"标宗，而是强调"有善有恶"与"无善无恶"的平衡。王阳明去世后，在王龙溪的倡导下，"无善无恶"迅速扩散到思想界，风行天下般地展开，由此导致阳明学空疏、玄虚之弊，可以说"余"的过度使用。按照病与药的交轮，针对"无善无恶"之"余"产生的病，方以智通过"有善有恶"之"正"的药来救治。从"有善有恶"超越到"无善无恶"，再通过"至善统善恶"，实现由"余"归"正"。

（三）"正""余"平衡。"正"可以转化为"余"，"余"亦可以转化为"正"，这是方以智哲学统贯一切的重要特色，由此决定了方以智哲学的开放性。如本书第四章，性善论与性恶论交轮，相当于重返孔子的"性相近，习相远"。如本书第五章，对于阳明学而言，"无善无恶"与"有善有恶"可以相互转化，在两者相互转化中实现"有"与"无"的平衡，相当于重返王阳明之教。如本书第九章，儒学入世与佛教出世交轮，从而使得儒学开放性地吸收了佛教的出世精神。如本书第十章，儒学之生与佛道之死相交轮，从而打开儒学的死亡视域，激活生生仁体。以上体现出方以智并不偏执一家，而是充分发挥各家之长，补足各家之短，从而各家在交互轮转中均有受益。从病药关系来看，"正"之药可救"余"之病，"余"之药可救"正"之病，从而实现互药。从中国文化的整体性而言，这有利于避免中国文化内部的争辩与内耗，增强中国文化内部的合力或凝聚力。

综合以上三种关系，我们可以看到方以智哲学的丰富性，同时也应注意他的最终选择，也就是落脚到两点：一是化归中和，"正"与"余"两端，他总体上倾向于"执两用中",也就是不走极端,尤其是重视中对于两端的统摄作用。按照"正""余"对应于"显冒""密冒",则中和相当于"统冒"。如方以智的生活场景中,统冒是中五,由此构建中五道场。二是重视实学,这对于纠正阳明学空疏之弊有关,换言之,他"藏无于有""藏虚于实""藏宋学于汉学"等都是实学精神的体现。显然,他的这种实学并不是通常意义上的"实而不虚"之实学,而是在吸收了虚无精神之后,表现为更为综合的新实学,也就是统合虚实的实学,其中包含有阳明学的超越精神。

(二)"正余一体"与"一分为三"

在庞朴先生等前辈学者的推动下,"一分为三"的辩证法几乎成为方以智哲学的"标签";本书则主要展现"正余一体"的辩证法。"正余一体"与"一分为三"的联系与区别是什么呢? 在方以智思想内部,这两种辩证法是一致的。《易余》与《东西均》是方以智"哲学思想的姊妹篇"①,两者可以相互发明,与此类似,"正余一体"是《易余》的特色,"一分为三"是《东西均》的特色,两种辩证法亦是姊妹关系,源于同一母体。按照方以智的思想发展顺序,应是《易余》稍早于《东西均》,因此,"正余一体"在先,"一分为三"在后。《易余》中最能表现方以智辩证法的篇章是《三冒五衍》,显冒与密冒为"正余一体",显冒、密冒与统冒共同组成"一分为三"的辩证法。三冒的密冒、显冒、统冒相当于三均的隐均、费均、公均,因此可以说,在"正余一体"辩证法形成时,"一分为三"亦随之确立。"正余一体"的辩证更为灵活,因此,即使在"一分为三"辩证法确立后,依然有其存在的必要性,如方以智晚年"冬炼三时",这基于四时的"正余一体"。

与两种辩证法的形成顺序不同,现代方以智著作整理付梓的顺序则是《东西均》在先,《易余》在后。方以智的哲学著作尘封多年后,侯外庐先生、李学勤先生首先整理了《东西均》,付梓后,庞朴先生亦主要关注于此,并出版了注释本,由此带动了"一分为三"辩证法的研究。相对于《东西均》的出版注释,《易余》则相对滞后,由此导致"正余一体"辩证法的研究亦滞后。从思想来看,如上文所述,"正""余"分别对应显冒与密冒,与此相关的还有"统冒",《易余·三冒五衍》的三冒思想便是"一分为三";"正""余"为对待,超越对待,便是绝待,《易余·绝待并待贯待》亦是"一分为三"。从哲学分析看来,对待为底层,对待之间为一阶正余关系;绝待为嵌套层,绝待与对待之间是二阶正余关系,由此可以说"正余一体"辩证法嵌套便是"一分为

---

① 庞朴:《东西均注释序言》,《东西均注释(外一种)》,中华书局 2016 年版,第 5 页。

三"。"正余一体"表现在本书第三、四、五、六、七、八、九、十、十一章,分别对应于体用观、善与恶的传统人性论、阳明学的有善有恶与无善无恶的人性论、道德观、道法观、天人观、入世与出世、病与药、怒化与生生的哲学精神阐释等。另外,在方以智提出"一分为三"辩证法后,"正余一体"辩证法并不是被抛弃,而是一直在使用,尤其是在应用层次,如本书论述的体用观、人性论、道德观、道法观、宗教观等。综合来看,在"正余一体"辩证法中,由于儒家对于"正"的重视,辩证法的重要问题便转为开掘"余"体,这种进路有利于中国哲学本体论的单极突破。

由于时代的局限性,方以智的哲学亦有其短处,主要表现在两点:一是概念的生疏;二是形式的复杂。概念生疏主要表现在"余""冒""均"等重要概念。尽管前人偶有提及,但总体而言,这些概念处于中国哲学的边缘。经过方以智的深度阐发,这些概念成为其哲学的核心概念,并以此统领中国哲学本体论的本体、体用观的体用、人性论的善恶有无、道德观的道与德、道法观的道与法、宗教观的入世与出世、生与死等。概念的生疏直接导致了方以智哲学的隐晦艰涩。当然,从正向来看,这也是方以智哲学的重要创新点,总览明清之际的思想家,方以智在重视哲学新概念方面独树一帜。形式的复杂主要表现在他的哲学解释模式,我们通常习惯于正面解释问题,正反两个方面通常处于对立状态;而方以智的哲学习惯于用"余",也就是在通常没有问题的地方发现问题,更进一步,甚至将多余的不用之物作为本体,以此打通正反两个方面,比如善与恶的对立、道与法对立、天道与人道对立、生与死的对立、入世与出世的对立,方以智都予以打通,这极大促进了中国哲学体系内部的融通,并可以化解儒道对立,以庄子托孤;化解儒佛对立,以佛教为避路。因此,习惯于传统中国哲学解释框架的学者,尤其是固执于一端者,容易将这种处处通达的哲学看作诡辩论。另外,在辩证法指导下,方以智会创造全新的概念,比如中国哲学主要讲太极与无极,而方以智造出"有极",无极、太极、有极分别对应密冒、统冒、显冒,以无极与太极的显冒与统冒的"正余 体"可以解决宋代理学围绕《太极图说》"无极而太极"展开的辩论;再通过引进"有极",以此形成显冒、密冒与统冒的"一分为三"之辨,将会提高辩论的层次与深度。又如《中庸》讲"费而隐",方以智创造出费均与隐均两个概念,并将均的动态性、旋转性赋予费与隐,这两个概念分别对应"正"与"余",适合"正余一体",为迎合"一分为三",他又创造出"公均"这个概念。当然,由此可以指责方以智哲学体系的复杂;从同情理解来看,这种形式源于他的哲学辩证法,而辩证法内在要求有新概念的补足,从而带动概念的创新,当然也可以说是创造生疏概念。综合以上两点,我们可以批评方以智哲学的概念生疏、形式复杂；但同时，我们也应对此有同情式理解，看到方以智哲学概念的新颖性、创发性，以及哲学体系的严整性、完备性。通过这些新概念与解释框架的综合运用，方以智将传统的中国哲学带入一个概念清晰、体系缜密的新境界，这是方以智对于中国哲学的巨大贡献。

（三）三个正余相统一

综合全书，研究方以智的哲学思想应注重三个正余相统一：

其一，方以智的人生实际与哲学思想相统一，人生实际可视作"正"用，哲学思想可视作"余"体。因此，研究方以智的哲学，需要结合方以智的人生经历。如果没有方孔炤蒙冤入狱，方以智还会沉湎在秦淮河畔，纵然有良好的家学与师承，充其量也只是一个风流的博学雅士。正是在北京的血书请命以及崇祯恩赐，成就了方以智的真孝子，君臣感应，促成了方以智成为明朝的真忠臣。在经历桂林血道场患难的淬砺之后，方以智的精神面貌发生了根本性变化，"中觏大难，濒死十九，忽以嗒然，遂傮然矣。"①方以智的哲学思想得以升华，其哲学的使命厚重而坚定，"苦心卫道，宁望人知？"②由此创作出《易余》《东西均》等哲学著作。因此，方以智的人生实际成就了他的哲学，他的哲学亦是其人生实际的凝聚与写照。

其二，方以智哲学的"正"与"余"相统一，因此，研究方以智的哲学，需要兼顾"正"与"余"两个方面，以及由此构成的"正余一体"辩证法。在鼎革之际的非常时期，方以智不能由"正"自在表达其哲学，从而转向"余"的开掘。在"正余一体"的辩证法指导下，"余"是为了表达"正"，怒化生生之"正"通过退藏之"余"来表现，伏忍、退藏是为奋迅、怒化。退藏的哲学亦与方氏家学传统有关，如本书第一章所述，方大镇隐居，方大镇创"此藏轩"，以明心志；方大镇将此轩授予其子方孔炤，方孔炤授予方以智，方以智字"密之"，亦取自"藏密"，《周易》的"方以智（知）"与"藏密"可以构成正余关系。如同冬与三时，"冬炼三时"，由蛰伏带来三时的"生生"，这是以"余"求"正"的哲学进路；在明亡惨痛的背景下，有担当的士大夫不得不怒化而起，唯有怨怒才能达致儒家的中和，"怨怒"与"中和"构成正余关系。因此，本书并不是直接正面诠释方以智的哲学与哲学精神，而是通过"藏密""退藏""怨怒"之"余"，从"余"之本体以及"用余"来展现方以智的哲学及哲学精神。

其三，方以智的哲学与哲学精神相统一，哲学与哲学精神都可以置于

---

① 方以智:《三子记》,《易余》,《易余（外一种）》,上海古籍出版社 2018 年版,第 1 页。
② 方以智:《小引》,《易余》,《易余（外一种）》,上海古籍出版社 2018 年版,第 5 页。

"正余一体"的辩证法框架下,因此,研究方以智的哲学,需要结合内在的哲学精神支撑;内在的哲学精神也不是封闭的,而是必然要表达在哲学。没有哲学的哲学精神是缥缈的,通过哲学为哲学精神赋予躯体;没有哲学精神的哲学是形式的,通过哲学精神为哲学注入灵魂。哲学中藏有哲学精神,哲学是表达哲学精神的载体。

由以上三个相统一延伸,便是方以智的气节与哲学精神相统一;因此,不能单纯从有限的残存史料来判定方以智的晚节,方以智的哲学精神需要与其气节相结合。由方以智怒化生生的哲学精神表达,必是忠节。另外,气节的早、中、晚可以互证:早年为父血书请命,可证方以智之孝;中年经历桂林失守后,临危不屈,矢死全节,罹难自祭,可证方以智中节之忠;晚年作《药树堂铭》以自矢,可证方以智晚节之正。因此,方以智的哲学精神始终一贯,在家尽孝,为国尽忠,正如崇祯所言的"求忠臣必于孝子之门"①。方以智的晚节可通过他日常的忠孝来证明,亦可从其哲学、哲学精神证明。明代亡国,"大厦忽如此,一木何以支?"②方以智知其不可为而为之,虽是螳臂当车之力,但支起了明代遗民的精神世界,为中国传统文化树立了坚贞不屈、忠贞爱国的丰碑;方以智晚年以药树自喻,时刻在寻找清廷的"可摇之隙",以便怒化而起。如同岁寒中傲然挺立的松柏,明清鼎革的危难是检验真儒的试金石,由此成就了方以智这位敢于担当的真儒;危难是锻炼"大伤心人"的大炉鞲,由此锤炼出方以智"怒化生生"的哲学精神;危难摧残中国文化,也必将使得中国文化在危难中浴火重生,由此成就了方以智为中国文化托孤,"后死托孤,钟鼓磬舞。"③方以智以退藏蛰伏之身,在亡国的寒冬中锻炼,"冬雷破雪",期待中国文化再次复兴的春天。在这一过程中,方以智的哲学得以全面展现,他的哲学亦蕴含了他的哲学精神。据与方以智同有赤胆忠心的姚奇胤(有仆)评价方以智:"才人、孝子、忠臣合为一人。"④20余年之后,方中通再论:"倘姚公至今日披读《时论》《炮庄》《易余》《物理》《鼎薪》《声原》《医集》《冬灰》诸书,仅谓之才人乎哉? 虽然,忠孝所以成其才,才所以济其学。"⑤引申方、姚之意,《易余》《炮庄》等哲学著作源于方以智内在哲学精神的表达,内

①　钱澄之:《长干寺遇旧中官述往事纪》,《田间文集》卷二十六,《钱澄之全集》之六,黄山书社1998年版,第495页。
②　方以智:《斋戒》,《无生癙》,《浮山后集》卷一,《方以智全书》第10册,黄山书社2019年版,第235页。
③　方以智:《三子记》,《易余》,《易余(外一种)》,上海古籍出版社2018年版,第1—2页。
④　方中通:《哀述》,《陪诗》,卷四,清刻本,第11页。
⑤　方中通:《哀述》,《陪诗》,卷四,清刻本,第11页。

在的哲学精神与哲学合为一传；方以智的忠孝、气节、人生实际表达在哲学，形成哲学著作，从而使得人生实际与哲学思想、哲学与哲学精神合为一传。

方以智"坐集千古之智"，展现出其思想来源的丰富性，因此，研究方以智的哲学亦应注意其思想来源。如本书所展现的，回应龙溪学成为方学渐、方大镇、方孔炤、方以智、方中通等方氏五代家学共同的问题意识，在方氏家学谱系中，方以智无疑是集大成者，亦是回应龙溪学最有理论深度者；从另一个角度看，方以智的集大成离不开家学的深厚积淀，如果没有方学渐对于龙溪学问题的前导性回应，如果没有方大镇、吴应宾 20 余年围绕有无问题的深度辩论，方以智亦难以有如此的成就。另外，还有方以智外祖吴应宾的儒佛会通，以及对于憨山德清、紫柏真可、云栖祩宏三大高僧承接，这些都成为方以智会通三教的思想资源。方以智最终选择以佛教避路之余，指向儒学归路之正，由此统合方氏家学与外祖之学，亦可以说是三眼全开。

二、作为大哲学家的方以智

传统的方以智哲学思想定位主要关注百科全书派大哲学家与自然科学的特色。1957 年，侯外庐在《历史研究》第 6、7 期发表长文《方以智——中国的百科全书派大哲学家》，将方以智定位成"中国的百科全书派大哲学家"，这是从方以智哲学的总体特征得出的结论。从现存的方以智著作来看，较之于中国传统的哲学家，方以智的思想涉及学科种类繁多，包括理科的物理学、数学、天文学、建筑学、医学等，文科的哲学、宗教学、历史学、地理学、文字学、音韵学、文学等。因此，"中国的百科全书派大哲学家"的定位亦是言之有据。又据侯外庐为《东西均》作序："他在明清之际的学术思潮中，也是一个以自然科学与哲学联盟为特征的学派的中坚。他的哲学和王船山的哲学是同时代的大旗，是中国十七世纪时代精神的重要的侧面。"[1]侯外庐重视方以智思想"自然科学与哲学联盟"的特征，用方以智的哲学语言来表述，这样的特征是指"质测之学与通几之学联盟"。通几之学亦是传统宋明理学以及与方以智同时代的王夫之、黄宗羲的哲学特征，因此，为更明确标识方以智的哲学特色，就会更加向作为质测之学的自然科学倾斜，极端情况是将自然科学作为方以智哲学的主要特色。换言之，在这样的定位中，自然科学在方以智哲学思想中占有主导性地位。

随着方以智哲学思想研究深入，以上两种定位都值得商榷。首先来看

---

[1]　侯外庐:《序言》,《东西均》,中华书局 1962 年版,第 15 页。

"中国的百科全书派大哲学家"，这主要是表明方以智哲学的博大，涉及的学科种类繁多，然而这样的哲学思想定位有"博而寡要"之嫌，庞大的百科全书知识体系甚至会削弱哲学在整个百科全书体系的地位（哲学仅是百科全书知识的一种，百科全书知识体系的基数愈大，哲学所占的比例愈小），难以把握方以智的哲学要旨及逻辑体系，更难集约凝聚方以智的哲学精神。换言之，如果没有哲学精神的集约凝聚，广博的百科全书知识如同一盘散沙。这需要我们进一步追问方以智的哲学为什么呈现这种样态，驱使他求知的动力源自哪里？另外，随着方以智哲学研究的展开，方以智的哲学逐渐成为独立的研究领域，这需要我们在独立的哲学领域来定位方以智的哲学，纵向要与宋明理学、清代朴学对比，横向要与黄宗羲、王夫之、顾炎武等同时代大家的哲学思想相比。再看自然科学的定位。从全球视野来看，无论是从方法论，还是实证性，乃至理论体系建设，方以智的自然科学与现代意义的自然科学均存在明显差异。即使回到方以智（1611—1671 年）所处的时代，他掌握的只是落后的自然科学。对比稍晚于方以智的牛顿与莱布尼茨，便可知其中的差距：牛顿（1643—1727 年）于 1686 年完成的《自然哲学的数学原理》，提出了物理学的三大定律和万有引力定律，开创流体力学等；莱布尼茨（1646—1716 年）奠基了拓扑学，与牛顿共同奠基微积分理论。虽然牛顿与莱布尼茨稍晚于方以智，然而，早于方以智，西方已有开普勒（1572—1630 年）、布利奥（1605—1694 年）等科学家的奠基。举例说明：方以智对于太阳系行星的了解主要来自利玛窦（1552—1610 年），有关金木水火土等行星的直径都是转引的记录，且数值大多是错误的。[①] 方以智认为天有九重，描述了行星的运转周期，而开普勒、布利奥通过观测轨道，已经精确计算了五大行星的循环周期，牛顿归纳出其中的规律。[②] 方以智在科学探索的深度、科学方法的使用、科学成果的积累等方面远不及同时代的西方大自然科

---

① 方以智：《历类》，《物理小识》卷一，《方以智全书》第 7 册，黄山书社 2019 年版，第 140 页。

② 方以智的记录为："水天三百六十五日二十三刻行一周，金天三百六十五日二十三刻行一周"，"火天一年五百二十一日九十三刻行一周，木天十一年三百一十三日七十刻行一周，土天二十九年一百五十五日二十五刻行一周"。（方以智：《历类》，《物理小识》卷一，《方以智全书》第 7 册，黄山书社 2019 年版，第 135 页。）开普勒、布利奥观测计算的行星运转周期（以天为单位）：水星$☿$ 87.9692、金星$♀$ 224.6176、火星$♂$ 686.9785、木星$♃$ 4332.514、土星$♄$ 10759.275，且通过计算归纳出天象的规律 IV："五个一等行星，以及或者太阳环绕地球或者地球环绕太阳的循环时间，恒星静止不动，按照它们离太阳的平均距离的二分之三次比。"（[英]牛顿：《自然哲学的数学原理》，赵振江译，商务印书馆 2021 年版，第 480 页。）对比可知，方以智记录的数据误差较大，比如水星的周期 365 日（取整）与牛顿计算的 88 日相差四倍多，并且方以智亦没有在自然科学研究中使用观测试验、数学计算、归纳推理等现代科学方法。

学家的水平。方以智的自然科学成就在后世影响甚微，这当然不是因为他的《东西均》《易余》等哲学著作隐没的问题，代表方以智自然科学的著作《物理小识》《通雅》(包括方中通的《数度衍》①)等在清代一直在流传，并且入选"四库全书"，传播范围更大。因此，自然科学的定位可以突出方以智与同时代的黄宗羲、顾炎武、王夫之等中国思想家相比较的特色，却不能在世界范围内显示方以智哲学的要义，甚至削弱了方以智哲学的地位。

　　一个大哲学家一般应具备以下五个条件：其一，具有代表性的哲学著作；其二，能够创发具有原创性的、精深的哲学概念；其三，能够构建缜密的哲学体系；其四，能够回应前代及时代的重要哲学问题；其五，能够影响后代哲学的发展。② 由于方以智的哲学著作从清初到新中国成立前期处于隐没

---

① 方以智在建昌时，著《药地炮庄》，其子方中通继承家学，融贯东西，著成《数度衍》："收将今日东西学，编作前人内外篇。聊以娱亲消岁月，行藏未卜且由天。"(方中通：《辛丑〈数度衍〉成》，《陪诗》卷三，清刻本，第 2 页。)由此看出，方中通的数学汇集了方氏易学以及西方传来的数学，以此融合中西数度之学。方中通著书的动力是为了"娱亲"，这说明方中通的数学为方以智所赞赏，或是方以智授意著《数度衍》。

② 卡尔·雅思贝尔斯(Karl Jaspers)判定大哲学家(Die grossen Philosophen)的标准有三层八点：第一层，外在条件(两点)；第二层，内涵的评价标准(三点)；第三层，客观性质(三点)。(《大哲学家》，李雪涛译，社会科学文献出版社 2005 年版，第 10～14 页。)按照这三层八点分类，第一个条件"具有代表性的哲学著作"相当于第一层第一点，"必须有著作流传"；第五个条件"能够影响后代哲学的发展"相当于第一层第二点，"思想范围的不断扩大，以及他们之所以成为权威的方式，认识到以往的大人物。""因此这些著作读起来就好像当代作品一样。"(同上，第 11 页。)第四个条件"能够回应前代及时代的重要哲学问题"相当于第二层第一点："他的思想是超越时代的"，"所有他周围的重要思想，也包括他的同时代的人著名的独特的观点，都由大哲学家转化为具有永恒的意义的东西。"(同上，第 11 页。)方以智的思想既能汇集方氏家学以及关联的明季大思想家，也具有"坐集千古之智"的宏大气魄，他将这些思想资源转化成其哲学，从而使得他的哲学具有集大成的特色，并具有超时代的永恒性。第三个条件"能够创发具有原创性的、精深的哲学概念"相当于第二层第二点："可是真正的思想家在他的根源上是有独创性的，即他传达给世界以史无前例的思想。他的独创性显示在他的著作中核载他的创造性的成果里，这是不可重复的。""这种独创性不是在一句特定的句子中，而是在它的精神里。"(同上，第 11 页。)第二层前两点可以涵盖第三点的内在独立性，如"赢得绝对的宁静""忍受孤独的能力"(同上，第 12 页。)，这相当于方以智为中国文化托孤。第三个条件"能够构建缜密的哲学体系"相当于第三层第一点，"'科学'的特征被看作哲学归属的尺度，换句话来说，在哲学中是以逻辑的形式和特征作为其系统的。"(同上，第 12 页。)这一点是方以智哲学区别于他同时代或之前中国哲学家的重要特征。第三层第二点指出："哲学为临界的问题所感动，并在寻找最为极端的解答。"(同上，第 13 页。)这在方以智哲学中亦有体现：他将常人弃之不用的"余"作为哲学边界的突破，创立出系统的哲学；他在佛教闭关的枯璧中生出儒学的仁芽，从无门中创出不可测之门。第三层第三点指出"作为一种力量来把握""要求献身精神"以及"通过智慧提高这种责任感"。(同上，第 13～14 页。)这强烈体现在方以智的哲学精神，他继承发扬觉浪道盛忧国烈火禅，怒化生生，后死托孤，以至全节而终。

状态,这极大限制了第五个条件。因此,下文主要考察前四个条件。

实现前四个条件,需要有充分的思想资源作为哲学创作的背景与材料。方以智的哲学并非横空出世,而是有深厚的纵向传统资源积淀。方氏家学的奠基者是方以智的曾祖方学渐,他承接泰州学派的实学传统,讲学乡里,并东游至无锡,与顾宪成、高攀龙互动,在方以智的学术谱系中,方学渐之学一分为三,传授给方大镇、吴应宾与王宣。据方以智自述的悟道记——《象环癯记》,其思想主要来自三老人一杖人(赤老人方大镇、缁老人吴应宾、黄老人王宣以及杖人觉浪道盛)。方学渐、方大镇、方孔炤三代家学的积淀为方以智提供了底蕴深厚的儒学思想资源,方氏家学是方以智思想来源的主体,是方以智实现儒学创新与突破的思想基础。通过参与明末最大规模的讲会,方大镇与江右王门学派领袖邹元标、关中领袖冯从吾等同堂论学,从而将方学渐之学由地方带到中央,并进入明代理学的核心。方孔炤与黄道周狱中论学,丰富了方氏家学的理学思想资源,并推进了方氏易学的发展。缁老人吴应宾倾向于阳明学的左派,注重三教会通,为方以智注入阳明学的超越思想与宗教传统。吴应宾得到明代三高僧(憨山德清、紫柏真可、云栖袾宏)真传,他亦是方以智拜入觉浪道盛门下的引路人。通过吴应宾,方以智继承了国内思想界一流的佛学。憨山德清以佛注《庄》,吴应宾亦精庄学,并传给方以智;觉浪道盛将代表其托孤思想的《庄子提正》授予方以智,从而使得方以智能够在这些前辈的基础上再创新,形成《药地炮庄》。黄老人王宣为方以智带来江右王门的传统,以及河洛之学、格致之学。另有余飏为方以智带来的闽学传统等,从而使得方以智"坐集千古之智,折中其间"[1],再经生死淬炼,生命与学问融为一体,成就了方以智的哲学。

(一)　具有代表性的哲学著作

方以智著有《易余》《东西均》《一贯问答》《性故》《象环癯记》《药地炮庄》等代表性哲学著作,以《易余》《东西均》最为重要,本书重点分析了《易余》,这在本书引言第三节已有说明,兹不赘论。

(二)　创发具有原创性的、精深的哲学概念

方以智创发了极具原创性的、精深的哲学概念,如"余""均""冒""公因"等概念簇,犹如集合的并集,这些概念簇共同撑开方以智哲学的本体。

① 方以智:《考古通说》,《音义杂论》,《通雅卷首之一》,《通雅》,《方以智全书》第 1 册,上海古籍出版社 1988 年版,第 2 页。

方以智哲学创作的资源主要是《周易》《庄子》《中庸》等经典,如"余"来自《周易》,"均"来自《庄子》,由这两个概念拓展,形成《易余》与《东西均》两部核心哲学著作。"余"是《易余》最重要的概念,"均"是《东西均》最重要的概念,在方以智之前,"余""均"都属于边缘概念,前人论述较少;在方以智之后,论述者寥寥。可谓是前罕见古人,后鲜见来者。在这些概念簇中,"余"可以表现作为哲学本体的无用之大用,"人适所用,以无用者为余。知无用之用,则有用者为余矣。""《易》无体而前用者,善用余也,即余而一其体用也。"①无用是余的字面含义,通过正余的转化,无用转为大用,而日常的适用转为余。《周易》无体,其哲学精神便是善用余,在善用中实现"正余一体"。"均"突出了道体的运动性,在运动中生成;"均者,造瓦之具,旋转者也。""故中土以《易》为均,其道并包"②。均还具有平衡性,作为旋转运动的中心。以"均"为基础,叠加《中庸》的"君子之道费而隐",方以智抽象出"费"与"隐"的对立概念,将"均"分为隐均、费均、公均,这相当于融合经典的集成创新。隐均与费均相当于"余"与"正",从而实现"余"与"均"的相互映衬。方以智还创发"冒"的概念,"冒即古帽,覆首而露目也"③。冒本身兼具"费而隐"的特征:隐表现在"覆首",由此呈现哲学本体的遮蔽,也就是隐秘的状态;但如果完全遮蔽,则本体将无法认识,为此需要"露目"之费,也就是敞开。隐与费可分别定义为密冒与显冒,两冒之间为"君子之道费而隐"的"而",也就是作为两者之间摆渡者的"统冒"。方以智的创造性在于将"余""均"赋予新义,如本书第二章所论,"余"可被视为藏密之体、生生之源、根本之故。藏密之体如冬之收敛退藏、至日闭关,冬至一阳来复,导出生生之源;生生之源包括声音的旋生与大一天地的返生,形成旋出与旋入的混合双旋结构;由死与生之喻引出根本之故,追问"何以",牵带出"所以"。

方以智对"余"的理解,既有正向含义,也有负向含义。由正向含义生发出"余"的本体论,以及"余"与"正"的体用论,在此模式下,将体用关系贯彻到善与恶、道与德、道与法、入世与出世、病与药,由此显示出方以智哲学的强大统合能力。由负向含义衍生出"余"的不可消除性,因此,正余关系普遍存在,如同矛盾的双方,双方一损俱损,一荣俱荣,由此将"正"与"余"作用于人性论,善之"正"与恶之余"恶"相对,恶具有不可消除性,从

---

① 方以智:《小引》,《易余》,《易余(外一种)》,上海古籍出版社 2018 年版,第 1 页。
② 方以智:《东西均开章》,《东西均》,《东西均注释(外一种)》,中华书局 2016 年,第 14—16 页。
③ 方以智:《三冒五衍》,《易余》卷上,《易余(外一种)》,上海古籍出版社 2018 年版,第 26 页。

而在保证儒学性善论主导的情况下,为性恶论留有独立发展的空间,并统合中国儒学传统的人性论。

（三）构建缜密的哲学体系

理解方以智的哲学著作有两大难点分别是哲学概念及其推演,推演的基础便是辩证关系。方以智将"余"与"正"作为对立概念,以这两个对立的概念的辩证为基础,构建出缜密的哲学体系。辩证框架主要是"正余一体"（余与正）与"一分为三"（隐均、费均、公均;密冒、显冒、统冒）,[①]在此辩证框架下,重新厘正体与用、善与恶、无善无恶与有善有恶、道与德、道与法、天道与人道、出世与入世、生与死等中国哲学重要概念间的关系,将松散的中国哲学升级成缜密的哲学体系,结合本书所论,小结如下:

表 12-1　正余总表

序号	章节	主题	余	正	文本依据
1	第一章	人生实际	佛学之避路	儒学之归路	《象环寱记》;《易余·三子记》
2	第二章	原创概念	余（密冒;隐均）	正（显冒;费均）	《易余·小引》
3	第三章	体用观	体	用	《易余·体为用本 用为体本》
4	第四章	人性之善恶	善（恶）	恶（善）	《易余·继善》
5	第五章	善恶之有无	无善无恶	有善有恶	《易余·一有无》
6	第六章	道德观	道	德	《东西均·译诸名》
7	第七章	道法观	道	法	《易余·法能生道》

---

①　"一分为三"与"正余一体"互补,可以相互涵摄:"正余一体"的正与余之"二"是对立的反因,相反相因,反因是对待关系,超越对待是绝待,也就是公因。对待之"二"与绝待之"一"合称为"三",亦可说公因之"一"与反因之"二"合称为"三","一分为三"便是将"一"分成公因之"一"与反因之"二",或是将"一"分成绝待之"一"与对待之"二"。"一分为三"包含三种正余关系:作为反因的正与余,正与公因,余与公因。"一分为三"相当于在正余反因关系之上叠加了一层公因,从而使得解释力更强。从解释效果来看,较之于"一分为三","正余一体"更为灵活,只需要对待的双方便可展开,而且可以深度挖掘"余"体,将"余""正"对接"体""用",广泛对接中国哲学的基本范畴。"一分为三"的辩证框架略显复杂,如三冒关系:"此三冒者,实三而恒一、实一而恒三也。"（方以智:《三冒五衍》,《易余》卷上,《易余（外一种）》,上海古籍出版社 2018 年版,第 35 页。）这种三即是一、一即是三的辩证关系在《东西均》中亦有充分体现。如同《东西均》与《易余》为姊妹篇,两种辩证框架如一母同胞（姊妹、兄弟）,相互印证,相互发明,从而使得方以智的哲学体系缜密而充实。

续表

序号	章节	主题	余	正	文本依据
8	第八章	天人论	天道	人道	《药地炮庄》
9	第九章	入世与出世	出世	入世	《易余·世出世》
10	第十章	生与死	药(死)	病(生)	《易余·约药》
11	第十一章	哲学精神	息养退藏	怒化生生	《易余》附录
12	附录	生活场景	中五(大雄殿)	环四(法堂、烹雪堂等)	《易余·中告》;《冬灰录》

"体为用之本,用又为体之本。"①由正余的体用关系可知,表12-1所列正余关系可以互换,进而形成吞吐成环。"余"是理解方以智哲学思想的密钥,方以智哲学的底层辩证框架体系是"正余一体",正、余、一体(或者统合、贯通正余的中介),三者构成"一分为三"辩证框架体系。当然,两层正余关系嵌套即是"一分为三",在解释复杂关系时,可以嵌套双重甚至多重正余关系。"正余一体"继承与发展了传统中国哲学的体用观,能够综合程颐的"体用一源"与熊十力的"体用不二":较之于"体用一源","正余一体"在吸收"一源"的基础上,更多保留了体与用各自的特色,也就是"一在二中";较之于"体用不二","正余一体"在吸收"不二"的基础上,有更进一步的统合,也就是"二在一中"。因此,方以智的体用观是介于程颐与熊十力之间中国哲学的典型体用观,"正余一体"可以在体用之间相互吞吐、成环,从而呈现出多维的体用关系。这种多维的体用关系可以用于《正余表》所列各主题,从而丰富了中国哲学的体系性。当然,上表并不是方以智"余"论的全部,另有《易余》的《知言发凡》《善巧》《资格》《生死故》《充类》《权衡经纬》《二虚一实》《中正寂场》《通塞》《无心》《大常》等章节涉及雅言与罕言、感场与寂场等"正余"关系,全面理解、准确把握"余"非易事,需要长期深入研究。

在正余关系框架下的哲学体系之外,还有两层正余关系:方以智的人生实际与哲学精神。甲申国难,方以智由此久经患难,《易余》的创作场景是忧患的、泣血的,"有伏下宫、经煜火者,苦心卫道,宁望人知?知我罪我,万世犹旦暮也。"②方以智有着程婴为赵氏托孤、苏武遭煜火之覆的使命,其卫

① 方以智:《易余目录·体用》,《易余》,《易余(外一种)》,上海古籍出版社2018年版,第9页。

② 方以智:《小引》,《易余》,《易余(外一种)》,上海古籍出版社2018年版,第5页。

道的苦心不求人知,其志向在于万世太平。在儒学的修齐治平的"正"路受阻后,方以智诉诸佛教出世的"余"之别路,在哲学上,表现为以"余"求"正",也就是"用余"。按照冬与三时之喻,方以智"冬炼三时传旧火"①,亦是以"余"求"正",以"退藏"求"生生"与"怒化",由此带来"生生"的厚重持久、"怒化"的奋进担当。从现实的选择来看,"余"是出世的避路,"正"是入世的进路,通过以"余"求"正","以祇支为避路,即为归路。""贵得其神,勿泥其迹。"②方以智栖身禅门,是为了退藏磨砺,这是手段;他真正的目的是实现儒学的归路。避路是迹,归路是神,其中寄托了方以智后死托孤的学术理想。

(四) 回应前代及时代的重要哲学问题

方以智是中国哲学史中极具原创性的思想家,在继承家学的基础上,方以智不仅创发了"余""均""冒"等重要哲学概念,而且构建出了缜密的哲学体系,解决哲学问题,回应前代及时代重要的哲学问题。这些问题包括宋明理学的体用观、阳明学的有无之辨、以道家、法家补益儒家、儒学的入世与佛教的出世会通、医救三教的"药树"思想等。兹举两例:

第一,天泉证道的理论突破。天泉证道是阳明学发展的标志性事件,钱德洪与王畿辩论"有""无",由此导致了阳明学的分化,此后,许孚远与周汝登论《九谛》与《九解》,乃至顾宪成、高攀龙为代表的东林学派与管志道辩论,亦可视为天泉证道的延续。但是,上述辩论的时间短,深度不够,且理论分歧愈演愈烈,并未深度调和与形成共识,成为明代学术史上悬而未解的难题。方以智对天泉证道的问题既有足够的理论积淀,其曾祖方学渐辩难天泉证道,其外祖吴应宾论"无"似王龙溪、周汝登、管志道,其祖父方大镇持"有"似钱德洪、许孚远、顾宪成、高攀龙,吴应宾与方大镇围绕"有""无"辩论20余年,时间长,有深度,且调和大于分歧。此后方、吴两家联姻,孕育出方以智,方以智创造性应用三一之辨,"贯"统"有""无","太无统有无","至善统善恶"③,深度解答了天泉证道的难题。

第二,道德体用及公私问题的突破。通常观点认为,儒学与法家分歧严重,甚至认为儒法之争存在不可调和的矛盾。方以智引入道家之"道",贯

---

① 方以智:《师诞日侍子中通请上堂》,《青原愚者智禅师语录》卷一,《方以智全书》第3册,黄山书社2019年版,第87页。

② 方以智:《象环寱记》,《易余(外一种)》,上海古籍出版社2018年版,第216页。

③ 方以智:《三冒五衍》,《易余》卷上,《易余(外一种)》,上海古籍出版社2018年版,第37页。

通儒家之德与法家之法,"法生于道,而法能生道"①,以法卫道,德法并举,道德法三位一体,增强儒道法三家的合力,并孕育出公道、公德等现代伦理学概念的原型,主要表现在三个方面:(一)破解中国儒学在明清之际遭遇的困境,尤其是阳明学发展的困境。近年来,国内阳明学研究逐步升温,学者多关注阳明学的正向价值,而对于阳明学的流弊关注不够。方氏家学始终警惕阳明学的流弊,方以智更是集大成者。阳明学以良知为宗,属于个性的私德,通常将良知作为自家底准则,"自家痛痒自家知"②,自家良知自家依,其中潜藏有自恣猖狂、私心横行的危险。方以智在公德方面突破:公德可以扶正私德,有助于阳明学突破困境。另外,与公德互为体用的公道亦是突破困境的手段:公德的公共性可以消解私德的自我沉痼,并堵死向自恣猖狂发展的进路。"道若主其德,德又主其道,而道实与德同体者也。"③"道若主其德"与"德又主其道"相互制约,以"道若主其德"来平衡"德又主其道",即所立之法是公道,公道又反制于公德,以保证公德所铺之路为公道。方以智超越了宋明理学的传统,转换道德,他一方面完全继承了德体道用;另一方面,又吸收了道家的道体德用。在保证儒学核心价值之德的基础上,通过吸收道家之道,充实并发展了儒学之德。(二)超越旧传统,以公道公德开启新方向。通常而言,中国哲学的"公德"说来源于梁启超,而远在梁启超引入西方的公德之前,明清之际的方以智提出了"公德"。谈到公共精神,通常认为是西方哲学启蒙的产物,而方以智的公德观属于中国哲学内生的思想资源,公共精神将带动中国道德哲学质变的飞跃,即使这种精神只是方以智思想局部的,甚至是零星的体现,却代表了道德哲学新境界之门的开启。(三)道与德、公德与私德的双向关系。类似于黑格尔的主奴关系,方以智以主仆关系比喻道与德,通过主仆关系对比,我们可以看出方以智与黑格尔哲学的相似性。方以智(1611—1671年)较之于黑格尔(1770—1831年)提前约160年,由此显示出方以智哲学的原创性及在世界范围内的领先性。方以智有三眼喻,"曜肉眼而开醯眼,又曜醯眼而还双眼者,许读此书。"④两肉眼与一慧眼(醯眼)可分别对

---

① 方以智:《法能生道》,《易余》卷上,《易余(外一种)》,上海古籍出版社 2018 年版,第120 页。

② 王守仁:《答人问良知二首》,《王阳明全集》卷二十,《王阳明全集》,上海古籍出版社 1992年版,第 791 页。

③ 方以智:《非喻可喻》,《易余》卷下,《易余(外一种)》,上海古籍出版社 2018 年版,第213 页。

④ 方以智:《附录》,《易余》,《易余(外一种)》,上海古籍出版社 2018 年版,第 215 页。

应私德与公德,三眼喻适用于公德与私德的两层关系:私德超越到公德,需构建中国伦理学的道德形而上学;公德要借助私德表现出来,私德经过超越,再返回至私德时,已经实现了公德与私德合流,或者说私德经过了否定之否定,成为融合公德之后的新私德。这两层关系交相益:中国儒学重视私德,可以借助西方伦理学发展公德,由此实现中国传统伦理学的升华;西方的伦理学亦可吸收中国传统的私德,从而带动世界德性伦理的多元化。

另外,方以智回应前代及时代的重要哲学问题还表现在解决结构性与制度性乡愿问题,君分三权,三权制衡,突出相位,追求公共正义,为天下百姓求公道等,这已在本书第七章论及,此处不再赘述。

(五) 方以智哲学的现代哲学全球视野

由于方以智的哲学著作从清初到新中国成立前期都处于隐没状态,这极大限制了作为一个大哲学家一般应具备的第五个条件。在方以智哲学著作隐退的约300年,中西方哲学发展日新月异,但是,即便放置在现代,方以智的哲学仍具有重要的学术价值,可以补足第五个条件:能够影响后代哲学的发展,试举三例如下:

第一,身心关系。方以智哲学的互余关系可推致到身心关系,即身心互余,[①]这与笛卡尔(1596—1650年)提出身心二元论几乎同时。方以智的身心关系在形式上包括三种:身心二元对立,表现为正与余的二元对立,这与二元对立的身心哲学类似;身心一体,也就是正余一体,身心统一;身心互余,身与心相互渗入,彼此包含,呈现对摄、对入、对夺等丰富的形态。方以智的身心哲学总体呈现为对立统一关系,在正余一体、身心互余方面显示出其哲学的独特性与创造性。

第二,主奴关系。黑格尔的正反关系相当于方以智的正余关系,正反关系在对立中互通,如黑格尔论述主奴关系,提出主人在奴隶中,极具创新性;方以智论述君臣或主仆关系,亦有"君在臣中"[②],这比黑格尔的主奴关系论述提前了约160年。方以智的君臣关系还可发展出曹洞宗的君臣五位纲宗,这亦是黑格尔的主奴关系之所不及。君臣为对待关系,如余与正;在此基础上,还可以嵌套一层绝待关系,"君统臣,臣奉君,即曰无君臣。体为用之本,用又为体之本,即曰无体用。统者,言乎并也。""首与足相待也,触首

---

① 张昭炜:《阳明学发展的困境与出路》,中国社会科学出版社2017年版,第492—499页。

② 方以智:《性故》,《性故注释》,中华书局2018年版,第103页。

首应,触足足应,首足二而所以应者一也,一则无首足。虽无首足,而首何尝不尊于足,足何尝不奉首乎? 此泯在存中,绝待在相待中之说也。"①体用、君臣、首足为对待关系,在对待中,通过两者吞吐成环,可以实现对待互通,兼具君在臣中与臣在君中。对待之二与绝待之一构成第二层正余关系,绝待之一表现为无体用、无君臣、无首足。通过正余吞吐成环,可以实现绝待与对待的互通,也就是对待超越至绝待,并且绝待在对待之中。引入绝待,两层嵌套的正余关系演变为对待之二与绝待之一的"一分为三"辩证体系,三亦可指显冒、密冒、统冒;费均、隐均、公均等,显冒密冒、费均隐均为对待,统冒、公均为绝待,这类似于黑格尔的"正、反、合"辩证法在《精神现象学》的推演。当然,两者也有差别,黑格尔的(正—反—合)为正向递进关系,而方以智的(显冒—密冒—统冒)既可正向递进,又可反向递进,亦可从中间旋转分出两边。黑格尔对中国哲学基本持否定态度,认为"孔子只是一个实际的世间智者,在他那里思辨的哲学史一点也没有。"《易经》具有抽象的思想和纯粹的范畴,"达到了对于纯粹思想的意识,但并不深入,只停留在最浅薄的思想里面。"②如果他能读到方以智的哲学著作,应将方以智视作哲学的知音,尤其在辩证法领域。孔子的思想世界亦有"一分为三"辩证法的底层深蕴,如"《论语》尾之三知,《闲居》之时生神"③。在方以智的哲学世界中,孔子并不只是一个实际的世间智者,而是通过庄子为孔学托孤,打开了孔学的天道视域。"伦其人,即达其天;知其天,即尽其人。"④方以智的《易余》据《周易》而作,经过"余"的深度阐发,确立了正余的对立统一、一分为三等辩证思想,这些思想当然不能简单视为"最浅薄的思想"。

第三,语言哲学的缄默维度。方以智认识到言语表达的有限性,重视缄

① 方以智:《绝待并待贯待》,《易余》卷上,《易余(外一种)》,上海古籍出版社 2018 年版,第 113 页。

② 黑格尔:《哲学史讲演录》第一卷,贺麟、王太庆译,商务印书馆 1959 年版,第 119—120 页。

③ 方以智:《三冒五衍》,《易余》卷上,《易余(外一种)》,上海古籍出版社 2018 年版,第 36 页。"三知"据《论语》末篇《尧曰》结尾:子曰:"不知命,无以为君子也。不知礼,无以立也。不知言,无以知人也。"按此,命为不可知的密冒,礼为日用伦常的显冒,言为统冒,通过言,将命之密意表达在礼的显化日用,从而构成三知的"一分为三"的辩证关系。海昏侯墓《论语》简的《知命》单独成篇,亦可说明此章的重要性。"时生神"据《礼记·孔子闲居》"天有四时""地载神气""清明在躬,气志如神",孔子闲居的状态亦是天地人三冒关系所描绘的内圣图。

④ 方以智:《绝待并待贯待》,《易余》卷上,《易余(外一种)》,上海古籍出版社 2018 年版,第 116 页。

默维度,将语言与缄默视作正用与余体的关系,"言即无言,此隰栝其用即体耳。"①言与默是"正余一体"。"斯世佣世也! 语,则佣于语;不语,则佣于默。惟其所适,偷以自匿。猥者匿默,默者匿语。自有真语。语终不可以匿,默又何可匿耶? 以默均语,以语均默,汝其均之!"②这里包含三层关系:其一,言与默各有所用,言语用于言说的场景,无言用于缄默的场景。人根据需要,寻找适合言与默应用的场景,便是自适的状态;其二,言与默各有局限性,各有其问题,如花言巧语与故意隐匿,导致言为巧言,默为伪默。其三,通过互换轮转,言与默可以在相互制衡中交相益。通过默来弥补言之不足,从而使得巧言洗去铅华,归根复本;通过言来弥补默之不足,从而破除默之伪、默之匿,言说真实,畅所欲言。从中国儒学缄默维度来看,孔子以雅言为教,言偃得其传;孔子亦有罕言,颜回默会。言与默在孔子之教中表现为雅言与罕言,方以智亦将正余的关系引入罕言与雅言的辩证,罕言为体,雅言为用,"雅言俱是罕言。"③用即是体,反之,体亦是用。雅言即是罕言,这相当于激活了儒学缄默维度承载的深密之意。

　　方以智哲学的全球性及其影响还表现在本体论、知识论、宗教现象学、世俗宗教学等。从现代哲学来看,如方以智的本体论与海德格尔论古希腊的形而上学相近,由此可见方以智哲学本体论的现代性。方以智及其子方中通的著作《通雅》《物理小识》《度数衍》等可以建立起知识论体系。方以智通过"故",追问根本因,寻求致用,发展出中国的数学、物理学、天文学等,使得儒学融入科学精神,并向实学转型,对于儒学的现代转型具有重要启示。韦伯认为儒教(学)主要在俗世及其秩序,方以智通过入世与出世的吞吐成环,为入世的儒学注入了出世的超越,有助于儒学全面发展。在查尔斯·泰勒倡导的世俗时代,世俗儒学消解了神圣维度,更具有现代社会的精神风貌,有关宗教世俗化的问题仍可以从方以智的宗教观中汲取营养。

　　综上,方以智哲学具有全球化的视野,具有与同时代的西方哲学大家相媲美的哲学体系及问题域。方以智的哲学具备了笛卡尔、黑格尔等西方一流哲学家所具有的哲学内核,且具有海德格尔的现象学的雏形,显示出方以智哲学的现代性,甚至包括了宗教世俗化等后现代哲学的萌芽。尽管方以智哲学具有全球领先性与前现代性,但是他的哲学不仅没有走向全球,反而

---

①　方以智:《易余目录·知言发凡》,《易余》,《易余(外一种)》,上海古籍出版社 2018 年版,第 1 页。

②　方以智:《东西均记》,《东西均》,《东西均注释(外一种)》,中华书局 2016 年,第 44 页。

③　方以智:《易余目录·知言发凡》,《易余》,《易余(外一种)》,上海古籍出版社 2018 年版,第 1 页。

封闭在国内,并且由于方以智哲学著作失传、哲学概念生疏、思辨复杂等原因,即使在中国国内的哲学研究中,方以智的哲学亦是"冷门"。这一方面敦促我们深入研究方以智哲学,迎接方以智哲学研究的高潮;另一方面也说明方以智哲学研究是中国哲学领域亟待开发的"宝藏",由此可培育新的学科增长点。

三、方以智哲学在现代发展的前瞻

在方以智哲学著作退隐沉寂的近 300 年间,中国哲学的发展经历了西方科学与哲学的传入、科玄论战、马克思主义唯物论与辩证法的传入及与中国传统文化相结合等。方以智的哲学要在现代发展,需要参与上述问题,在方以智哲学著作中寻找解决上述问题的方案,并结合时代需要,实现创造性转化,试举三例:

(一) 科学与哲学的关系以及科玄论战

再回到侯外庐定位的方以智哲学思想。尽管方以智的自然科学落后于西方的大自然科学家,但相对于同时代的中国思想家黄宗羲、王夫之、顾炎武,方以智的科学思想迥然首出。方以智的科学主要体现在《物理小识》,其物理学为卷一天历;卷二风雷雨旸类、地类、占候类;卷三人身类;卷四医药类上;卷五医药类下;卷六饮食类、衣服类;卷七金石类;卷八器用类;卷九草木类;卷一〇鸟兽类上;卷一一鸟兽类下;卷一二神鬼方术类、异事类。这样的学科分类大致相当于现代的博物学:"盖是大师三十年前居业游学之余,有闻随录,以待旁征积考者也。""而《小识》以纪物用,核其实际,诚案头所不可少者。"①《物理小识》是方以智早年的闲暇消遣之作,属于考据学的延伸,而不具备现代科学探索未知世界的方法,亦没有建构起科学的范式与理论。因此,在方以智的哲学定位中,不应强化方以智的科学。要实现方以智的哲学参与现代哲学进程,需要采用抽象继承法②:扬弃方以智的科学内容,只保留方以智的科学形式,这些形式包括面向事物本身,"核其实际",

---

① 于藻:《物理小识序》,《物理小识》,《方以智全书》第 7 册,黄山书社 2019 年版,第 95 页。
② 抽象继承法是针对中国哲学命题的抽象意义和具体意义,比如《论语》的"学而时习之",具体的意义是学诗书礼乐等传统的东西,而抽象的意义是学任何东西。(冯友兰:《三松堂自序》,生活·读书·新知三联书店 2021 年版,第 259—260 页。)由此转用到方以智的自然科学,《物理小识》的天历、占候、医药、器用等具体内容需要扬弃,而方以智探索物理的方法以及物理与哲学的关系等可以抽象继承。

实事求是,溯源求故,以及科学与哲学的关系等。

科学与哲学(科学与玄学)的关系可以对接方以智的质测与通几之辨。"寂感之蕴,深究其所自来,是曰'通几'。物有其故,实考究之,大而元会,小而草木蚕螭,类其性情,征其好恶,推其常变,是曰'质测'。质测即藏通几者也,有竟扫质测而冒举通几以显其宥密之神者,其流遗物。"①哲学为余,科学为正,因此,科学与哲学的关系可表述为"科学藏哲学",也就是"正藏余";再引入方以智的正余关系,也可以有"哲学藏科学",也就是"余藏正",综合两者,有助于科学与哲学的联盟,用以调和科玄论战。在抽象继承的基础上,方以智的哲学可以参与现代哲学语境下通几(哲学)与质测(科学)的三种关系:(一)质测藏通几,也就是哲学如何潜藏在科学中,犹如牟宗三的良知坎陷说:"它经由自我坎陷转为知性,它始能解决那属于人的一切特殊问题,而其道德的心愿亦始能畅达无阻。"②在中国科学落后于西方的情况下,应优先发展知识科学,引入赛先生。(二)通几藏质测,也就是哲学作为科学的驱动,探索知识、学习知识,这里的哲学主要是自然哲学,表现在方法论的指引。如密冒为未知领域,显冒为可知领域,而作为中介的统冒可以担当探索未知领域的媒介,不断地将未知领域开显为可知领域。(三)质测与通几的分合,综合哲学与科学,各有所主,各有所用,两者又能统一。

(二)　与马克思主义辩证法结合及促进中国哲学学科建设

现代哲学的对立统一辩证法源于康德、黑格尔奠基,经马克思改造发展,成为唯物主义思想的重要内容;对照方以智哲学的辩证法,发展顺序如下:

表 12-2　辩证法发展对照表

时间顺序	17 世纪初期至 19 世纪末		19 世纪末至 20 世纪初	20 世纪初至今
西方近代辩证法传统		黑格尔 1770—1831 年	马克思 1818—1883 年	马克思主义传入中国	马克思主义中国化
中国文化传统的辩证法	方以智 1611—1671 年	隐退		20 世纪 50 年代再发现

---

①　方以智:《物理小识自序》,《物理小识》,《方以智全书》第 7 册,黄山书社 2019 年版,第 96 页。"万历年间,远西学入,详于质测而拙于通几。然智士推之,彼之质测犹未备也。"(同上)西方传教士在明代中期带来宗教哲学与科学,传教士宣讲宗教,并不是同时代大哲学家康德、笛卡尔的哲学,因此,西方的通几之学显得拙劣;传教士带来的科学亦不是同时代牛顿、莱布尼茨的科学,因此,质测之学亦未备。

②　牟宗三:《现象与物自身》,《牟宗三先生全集》第 21 册,联经出版社 2003 年版,第 126 页。

上述两种辩证法都是人类哲学的原创性思想,且来源不同:方以智为代表的中国文化传统辩证法内生于中国文化,与中国传统哲学文化具有天然的亲和力,其思想来源主要是《周易》《中庸》《庄子》等经典。随着中国文化的复兴与发展,中国文化传统有进一步生发及转化的内在需求。经由现代语境转化,方以智的辩证法可以更容易融入现代中国哲学文化,显示出传统的价值与生命力。西方近代辩证法传统来自德国古典哲学,深刻影响了中国文化的现代化进程,并成为中国当代哲学的主流。方以智的辩证法可以作为马克思主义辩证法的参照系,这个参照系的作用在于保留有传统思想资源,有利于扎根中国传统文化的沃土,有利于新思想的生发。将马克思主义辩证法同中华优秀传统文化的辩证法相结合,有利于两种辩证法在中国文化的双向促进,有助于推动中国哲学文化的整体发展。

方以智构建缜密哲学体系的指导思想是辩证法,他的正余、三一之辨深刻而精彩,体现出方以智哲学的原创性及 17 世纪初在世界范围内的领先性,"然语及相因者相反、相反者相因,何其骇人哉?"①在明清之际的中国,方以智的辩证法是破天荒的惊人之论;与现代哲学对比,方以智的辩证法类似于马克思主义哲学的对立统一辩证法,并无特别骇人之处。"对立"指"一在二中"之"二","正"与"余"对立,相当于反因之间的对立;"统一"便是"一在二中"之"一",也就是相因的部分,相当于作为统一的公因。由于对立统一是唯物主义辩证法的重要特色,②为我们所熟知,当我们以"对立统一"解释方以智的哲学框架时,会觉得方以智哲学缺乏创造性,这种感觉是将方以智哲学放置在与现代哲学对比的基础上。如果将这种思想置于在 17 世纪前期,方以智早生于黑格尔约 160 年,可以显示出方以智辩证法哲学的全球领先性,代表了中国哲学辩证法发展的高峰。"到了方以智这里,更明确与一分为二和合二而一提法联系起来,可谓集为大成。"③这里须注

---

① 方以智:《反对六象十错综》,《易余》卷上,《易余(外一种)》,上海古籍出版社 2018 年版,第 76—77 页。

② 恩格斯指出辩证法规律作为科学的意义,"它们是实质上可归结为下面三个规律:量转化为质和质转化为量的规律;对立的相互渗透的规律;否定的否定的规律。所有这三个规律都曾经被黑格尔按其唯心主义的方式当作纯粹的思维规律而加以阐明","第二个规律占据了他的《逻辑学》的整个第二部分,这也是全书的最重要的部分"。([德]恩格斯:《自然辩证法》,中共中央马克思恩格斯列宁斯大林著作编译局编译,人民出版社 2018 年版,第 75 页。)对立的相互渗透相当于方以智的辩证法的"相反者相因"的相因,如反对"十错"的对人与对即:"一人多而始为一,多人一而始为多,此对人也,人则相沁相亲矣。""一是多中之一,多是一中之多,一外无多,多外无一,此一即多、多即一之对即也,averaged之而无多、无一矣。"(方以智:《反对六象十错综》,《易余》卷上,《易余(外一种)》,上海古籍出版社 2018 年版,第 78—79 页。)

③ 庞朴:《"一分为二"说》,《庞朴文集》第四卷,山东大学出版社 2005 年版,第 337 页。

意,在方以智的辩证法还原过程中,我们弱化了"余"的隐秘之体所包含的丰富含义,只是从逻辑形式上还原,也一定程度上削弱了方以智哲学的深邃性。

方以智的辩证法特色表现在"余"的本质探索、对于统一的重视、辩证法的动态性。(一)"余"的哲学探索。通常的辩证法是从对立的角度而言,也就是突出矛盾及矛盾的普遍性。方以智的"正"与"余"关系以及由此关联的费均与隐均、显冒与密冒都是这种对立、矛盾普遍性的体现。人们普遍关注费均、显冒、"正"的一面,方以智的哲学在于深刻揭示隐均、密冒、余的一面。如果将费均、显冒、"正"理解为现象,隐均、密冒、"余"则为本质,因此,方以智的哲学是探讨本质的学问,通过现象看本质,这通常是中国传统哲学的弱项,由此显示出方以智哲学对于中国哲学的创造性发展。(二)方以智的辩证法的特色还在于对立中的统一,比如"正"与"余"关系的预设前提便是正余一体,两者是从一体上分正余,也就是从统一中分出对立,进而再由对立走向统一,因此,统一既是起点,亦是归宿。德国古典哲学辩证法强调对立双方的矛盾性、斗争性,"康德的辩证法遵循亚里士多德模式,表现为诡辩学者的辩证法","它决不能轻松地打发掉对立性,毋宁说将证明对立性的不可避免性。"①康德辩证法的矛盾不可避免影响到马克思主义辩证法。方以智的辩证法则是为了消解矛盾性、斗争性,类似于张载的"仇必和而解"②。"于是下而交其所仇,天下以济。始信天下之至仇即至恩,一日不相离者也。"③作为矛盾的双方,尽管对立性、冲突性不可避免,但是,张载与方以智是以矛盾双方对立的消解统一作为辩证法最终目的,因此,即使作为对立双方具有反目成仇的尖锐对立,他们还是注重在矛盾中的交相济、不能离,而且最终会趋于和解,也就是达到辩证的统一。结合三冒思想来看,在密冒与显冒之间,还有统冒,统冒的作用便是统合对立,达到统一。三均与三冒对应,分别是费均、隐均、公均。相对于"正""余"的二元对立,三冒、三均的思想相当于强化了二元对立的统一,并将这种统一作为独立的一元,从而形成"一分为三"的思想。(三)以上是静态的辩证关系,方以智的辩证哲学还在于动态性。在"正""余"二元关系中,"正"与"余"内在相互转化,从"正"向"余",以揭示深密隐微之体;从"余"返"正",以求"余"的致用性。在"一分为三"的辩证体系中,费均与隐均围绕公均旋转,如同制作陶器用

①　阿多诺:《否定的辩证法》,张峰译,上海人民出版社 2020 年版,第 207 页。
②　张载:《太和篇第一》,《正蒙》,《张载集》,中华书局 1978 年版,第 10 页。
③　方以智:《无如何》,《东西均》,《东西均注释(外一种)》,中华书局 2016 年版,第 389—390 页。

的陶均,在旋转中制造、创造、生成,引申费均(显冒、正)与隐均(密冒、余)的转化,"大一分为大二,而一以参之,如弄丸然,如播籈然"①,如同拨浪鼓的两个弹丸,费均(显冒)与隐均(密冒)围绕公均(统冒)旋转,在旋转中,对立的双方实现轮转,从而实现三合一。

方以智哲学辩证法的重要性还体现在推动中国哲学学科发展。当前中国哲学的现状总体偏重中国哲学史研究,研究者通常选择人物为切入点,并按照时间顺序,排列成中国哲学史;而在哲学概念阐发以及哲学体系建构等方面较为薄弱。方以智重视哲学概念与体系,这是他与传统中国哲学的显著区别。方以智独创"余""冒""均""故"等概念簇,且"正余一体"与"一分为三"的辩证框架在中国哲学中有着开阔的应用场景:"知公因在反因中者,三教百家造化人事毕矣。"②"三教百家、造化人事,毕于此矣。"③将方以智哲学引入现代中国哲学研究,可以加强中国哲学的范畴以及哲学体系建构,强化中国哲学的薄弱环节,带动中国哲学学科的跨越式发展。综上可知,方以智哲学的研究不应局限在方以智本人的哲学,而应放在整个中国哲学学科的大体系中,这既有利于拓展方以智哲学的应用场景,又能带动中国哲学学科的整体发展。

(三) 儒学发展方向的指引

方以智的哲学总体服务于儒学的发展,"烹雪炮漆,以供鼎薪,偏教医活死麒麟"④。"麒麟"代指儒学,医救儒学的烹炮之药分别是佛学(雪,雪山)与庄学(漆,漆园吏),这是以儒学为主导下的三教合一,有利于形成中国文化的合力;由此推广,方以智的哲学融入了法家、墨家、阴阳家、名家、兵家、医家等诸子学说,可以说"烹炮诸子",服务于儒学。由于方以智综合诸家的集大成气象,有学者将方以智视为庄学、佛学、墨学等,亦是有理有据,展现出方以智思想的开放性与不同视角下的多样性。

从儒学发展方向的指引来看,方以智的哲学贡献体现在三个方面:(一)通过三均的思想,统合儒学内部的各派,形成儒家哲学的凝聚力。基

---

① 方以智:《三冒五衍》,《易余》卷上,《易余(外一种)》,上海古籍出版社 2018 年版,第30 页。
② 方以智:《反对六象十错综》,《易余》卷上,《易余(外一种)》,上海古籍出版社 2018 年版,第 76 页。
③ 方以智:《易余目录·三冒五衍》,《易余》,《易余(外一种)》,上海古籍出版社 2018 年版,第 2—3 页。
④ 方以智:《附录》,《易余》,《易余(外一种)》,上海古籍出版社 2018 年版,第 215 页

于《中庸》的"君子之道费而隐",将儒家的君子之道破解为费均、隐均,以及贯通两者的公均(相当于"费而隐"之"而"):"两端中贯,举一明三:所以为均者,不落有无之公均也;何以均者,无摄有之隐均也;可以均者,有藏无之费均也。相夺互通,止有一实,即费是隐,存泯同时。"①结合前文的《正余表》,费均与隐均可以统摄儒家哲学的体与用、善与恶、无善无恶与有善有恶、道与德、道与法、天道与人道、出世与入世、生与死等中国哲学重要概念之间的关系,包括了对立的"相夺"与统一的"互通";对立合一的"互即"与对立并列的"同时",将松散的中国哲学升级成缜密的哲学体系,由丰富的正余关系形成中国哲学的辩证体系。引入作为贯通费均与隐均的"公均",相当于两层正余关系叠加,从而更加丰富了中国哲学体系的缜密性。(二)追述孔子之学的历史继承性,从而确立儒学开放性与适用性。"孔子之谓集大成也者"(《孟子·万章下》),集大成表现在孔子的文化集成以及能够适用于不同的受众,孔子集成伏羲的易学、轩辕的文字学、尧舜的禅让政治学、汤武的征诛革命、殷之三仁、周公的周礼等,"所谓集大成者,能收古今之利器,以集成一大棘栗蓬也;而使万劫高者时时化而用之,卑者时时畏而奉之,黠者时时窃而假之,贤者时时以死守之,尽天下人时时衣而食之,故万劫为其所毒,而人不知也。"②方以智效法孔子,"集也者正集古今之迅利,而代错以为激扬也。"③他汇集千古之智,在辩证法的指导下,折中其间,参与到集大成的大成均发展中。大成均有两种旋转方式,在旋入中将中国文化的丰富资源予以吸收,在旋出时满足高者与卑者、黠者与贤者等不同层次的受众,适用于人伦日用,并且具有时间的永恒性。"毒"是反语,也就是人人能够得其裨益,④并且日用而不知。这样指引的儒学必然是开放的,也必然是能够经世致用的。(三)儒学的多元性与兼容性。"开辟七万七千年而有达巷之大成均,同时有混成均。后有邹均尊大成,蒙均尊混成,而实以尊大成为天宗也。""千年而有乾毒之空均来,又千年

---

① 方以智:《东西均廿章》,《东西均》,《东西均注释(外一种)》,中华书局 2016 年,第 15 页。

② 方以智:《兹燚黈》,《东西均》,《东西均注释(外一种)》,中华书局 2016 年,第 396—397 页。

③ 方以智:《东西均开章》,《东西均》,《东西均注释(外一种)》,中华书局 2016 年,第 39 页。

④ "毒",当据《庄子·人间世》"无门无毒"。林希逸注释:"毒,药味也。"(《内篇人间世第四》,《庄子鬳斋口义》卷二,《庄子鬳斋口义校注》,中华书局 1997 年版,第 64 页。)据方以智集评:"以此毒天下而民从之,犹医以毒攻毒。"(《〈人间世〉第四》,《药地炮庄》卷二,《药地炮庄校注》,台大出版中心 2017 年版,第 378 页。)结合均的中和特征,人的健康状态就是中均、中和。人患病后失去中和,需要治疗。毒是药,医治病态失衡,以期达到均的中和平衡。此处相当于将孔子大成均与大医王互释。

而有壁雪之别均来,至宋而有濂洛关闽之独均。"①以上可视作以均的动态性生成的儒家哲学发展简史。儒家哲学至孔子集大成(大成均),老子(混成均)与之并出。孔子的后学有孟子(邹均),老子后学有庄子(蒙均)。庄子为孔子托孤,寄托了方以智披缁为儒学托孤的理想,由此大成均将混成均、邹均、蒙均纳入,撑开了儒学的天道视域,"《鼎薪》《炮庄》,苦心如此,供养后世,谁得而知之。"②更进一步,大成均又吸收了佛教的空均、禅宗的别均,从而形成新儒学,也就是濂洛关闽为代表的宋学。至宋代,大成均在动态发展中吸收了释道之学,也就是以儒学为主导三教合一。在明清之际,继续大成均的发展,方以智提出了"借远西为郯子"③,也就是吸收融摄远西之学。当下儒学的发展亦可视为大成均如何开放性地吸收远西之学的思想,为儒学注入科学、民主的资源,成为能够满足时代需要的新儒学。如果明清之际的中国儒学沿着方以智指引的方向发展三百年,中国哲学也许更早经历科玄论战,或许不遭遇合法性危机,中国科学或许有更大的发展。言及此,我们不禁为方以智哲学近300年的沉寂感到惋惜,同时也更加认识到方以智的苦心卫道处。在方以智去世之后的300余年,他的苦心也必有能知者。

　　综上,方以智的哲学是中国哲学思想发展的一个高峰。方以智的哲学概念深邃、原创性强;哲学系统缜密,体系性强;哲学视野开阔,三教兼收,中外并蓄;哲学精神刚毅,苦心卫道,后死托孤,怒化生生,以上诸特点使得方以智成为明清之际的大哲学家。方以智以中华文化的"真孤"担当,集成中国文化的优秀思想资源,展现怒化生生的哲学精神,开创出中国哲学的新局面。因此,深入研究方以智的哲学及其精神可以促进明清之际的哲学整体研究,并对于复兴中国传统哲学文化以及拓展至世界哲学都具有现实意义,对于促进中国文化的凝聚力以及发扬爱国传统亦具有重要意义。

---

①　方以智:《东西均开章》,《东西均》,《东西均注释(外一种)》,中华书局 2016 年,第 23 页。
②　包瓒:《青原曼老人》,《诗》,《青原志略》卷十一,江西人民出版社 1998 年版,第 325 页。
③　方以智:《物理小识总论》,《物理小识》,《方以智全书》第 7 册,黄山书社 2019 年版,第 101 页。

附录　方以智哲学的生活场景：
中五道场

万法，一《图》《书》也；《图》《书》，一中五也。即中五之旋一毛，而四边之太少已全具矣。则未有一毛，而一之四、四之五已全具矣。文王隐表其春夏秋冬之《乾》，而费行乎西南东北之《坤》。四无四也，五无五也，一亦无一也。中交边轮，皆边皆中，已燎然矣。①

一、中五道场缘起

净居寺是禅宗七祖行思祖庭。相传七祖悟道后，行经青原，见山青水清，便于此开化道场，日后成为禅门龙象渊薮，衍生曹洞、云门、法眼三宗。明代阳明学盛行江右，而以吉安为最盛，讲学地隘，"维鹊有巢，维鸠居之"，青原山净居寺因之逐渐成为阳明学的讲堂。"道场之名，寺院若专取之。"②作为修道之地，道场建设的主要目的是为专门深入修行创造条件。净居寺是"水院寺"的典范，在夏日酷暑中仍可保持清凉环境，在寒冬中更利于静心潜修。人与境相宜，潜修者如北冥之鲲，在此可以息养怒机；又如冬炼三时，以待春日生生；又如培育"余"，以此锻炼"正"之生机。据佛教高僧憨山德清记载："予少年曾礼七祖，见其僧皆俗物，寺委荒榛，唯诸贤祠宇，尊祀其中。""徘徊而去。间尝与紫柏禅师言之，谓禅宗寥落，必源头雍塞，当同疏之，师大以为然。"③面对儒学尊而禅门衰的现状，憨山德清与紫柏真可这两位明末高僧发心重兴祖庭，惜力不能逮，而真正着手操办者，正是王阳明三传弟子中的学术领袖邹元标。邹元标主持青原山阳明讲会时，"每会计数百人，歌声洋洋，洵矣东南邹鲁。顾人众，馆不能容，则多席于殿堂。殿堂欹斜，风吹铃铎声，摇摇欲坠。又祠亦倾侧，佥曰宜新。"邹元标感叹"祖堂经几晦明，孤灯朗照至今。"净居寺虽非儒者所创，但为真儒必知佛。同时有邹匡明、郭孔太、郭孔陵、刘同升、张恕卿发心。④ 由此兴复寺庙，在寺外

---

① 方以智：《三冒五衍》，《易余》卷上，《易余（外一种）》，上海古籍出版社2018年版，第37页。
② 笑峰编稿，施闰章补辑：方以智结集《道场》，《青原志略·发凡》，江西人民出版社1998年版，第13页。
③ 憨山德清：《重兴青原山七祖道场序》，《青原志略》卷七，江西人民出版社1998年版，第169页。
④ 邹元标：《重修青原缘起》，《青原志略》卷七，江西人民出版社1998年版，第166页。

新建阳明讲会会馆及祠宇,并致信憨山德清:"大修青原,冀得一指点之。"①

郭孔太、郭孔陵为郭子章的三、四子,郭子章与邹元标同出江右王门再传胡直门下,郭、邹二人初步奠定了净居寺复建的规模:"迄乙卯(1615年),邹南皋总宪(按:邹元标号南皋)、郭青螺司马(按:郭子章号青螺)金谋移会馆于山前,延寂公修之。琳宫梵宇,颇复旧观,然未有弘法者。崇祯庚辰(1640年),刘晋卿太史(按:刘同升字晋卿)请云居颛愚衡公登坛说戒,法席始张。顺治庚寅(1650年),眉庵秀公开堂其间,僧侣始集。未几,因事去。丁酉(1657年),吉州檀护迎天界觉浪盛公,未赴,遂命法嗣笑峰然公主持。三载示寂,首座不空树师守之。适药地智师自凛山来,为笑师视塔地,众请留此,青原宗风于是大盛。时节因缘,岂偶然哉?"②由此儒释各尊其道,各循其所,互不相碍而能协同促进发展。邹元标弟子刘同升通过引入佛教住持,继续推进净居寺的独立发展。此前,"山门九楹,两廊二十四楹。毗卢阁在后,大雄宝殿在池中,三桥拱之,诸方未有也。大殿盝顶,苏溪郭首龙来复成之。初作四面佛,后改三身。"刘同升修大殿,筑铜像。眉庵秀公铸弥勒,又得欧阳超翰施韦陀。③ 阳明后学复建净居寺为觉浪道盛法系真正复活青原禅风、绍续曹洞禅法做好了铺垫。

觉浪道盛属曹洞宗法系,在明亡之际,呼唤忠臣烈士为国勠力,所收弟子亦多为明代遗民,著名的有大然(笑峰)、大智(方以智)、大成(竺庵,重建寿昌寺)、大忍(住寿昌寺)、大奇(住寿昌寺)、大宁(兴福山),等等。觉浪道盛受邀住持青原山净居寺,但未能亲临,其法嗣笑峰大然与药地大智这两位"皖江两大师"相继而来,将净居寺的禅风推向一个新的高峰。笑峰"自甲午(1654年)离栖霞,过江西,省本师于博山,兼扫祖塔,由凛山、寿昌而至青原。"此时的青原山道场,"主阁未成,堂寝不具。"④笑峰驻锡青原时间为1657年,代觉浪道盛为住持,笑峰"师接人以慈,待人以宽,一时龙象从集如云,吉人遂以古佛称之。"1659年,觉浪道盛去世,笑峰奔丧,留下一偈:"青原请你住,不合令我充数。因你两年不来,并我一时牵去。"明年四月跌坐而逝⑤。笑峰对于整个寺庙的建筑及新布局起到关键作用,"扶起层楼,榱桷壮备,上奉遮那,下颜'中五',法堂表焉。然方丈、库司在左,不与殿同。乾巽之针,势所当改。

① 憨山德清:《重兴青原山七祖道场序》,《青原志略》卷七,江西人民出版社1998年版,第169页。

② 《安隐净居寺》,《青原志略》卷一,江西人民出版社1998年版,第21—22页。

③ 《安隐净居寺》,《青原志略》卷一,江西人民出版社1998年版,第22页。

④ 笑峰:《募修净居禅寺疏》,《青原志略》卷七,江西人民出版社1998年版,第170—171页。

⑤ 《笑峰大然禅师》,《青原志略》卷二,江西人民出版社1998年版,第56—57页。

中门奉弥勒、韦陀、四天王,而出入宜从右门者,巽宅取坎门,同仪气也。"①
在笑峰住持期间,净居寺复建得以顺利推进。

方以智初投觉浪道盛门下,闭关南京,"未几,闻中丞公讣,即破关奔丧
于合明山,庐墓三载,重烹教乘,兼承父命,合编《周易时论》,著《炮庄》等
书。期终,策杖西江,兴复廪山,赴青原请,置田地,修志,祖庭大兴。"②此处
透露出三个重要信息,一是方以智赴青原前,曾兴复廪山。二是方以智在庐
墓三年中,思想进一步锤炼,不仅完成了《周易时论合编》,著《药地炮庄》,
而且重烹教乘,在觉浪道盛指点下,佛学思想得以飞跃突进,这些成熟的易
学、庄学、佛学思想必然会渗透到道场的建设中。三是修志。据施闰章序,
"前十余季,笑公始创为山志,属草未竟,其徒因而增辑。""余尝芟其十一,
病未卒业。会药公来是山,故以归之。出其余力,搜括岩穴,网罗旧闻,以纪
形胜。"③在笑峰编稿、施闰章补辑的基础上,方以智及其弟子结集而成《青
原志略》。在觉浪法系复建净居寺中,有两处细节需要注意。第一,净居寺
的堪舆特点。如上文言净居寺为"巽宅""乾巽之针",巽居东南,乾位西北,
由此说明净居寺当时的建筑方位为坐东南、朝西北。邹元标、郭子章、笑峰、
方以智精堪舆,并且郭子章、方以智以易学名家,复建净居寺时自然要考虑堪
舆,并通过建筑改变堪舆的劣势。净居寺坐巽向乾,堪舆者言"门属祸土,
殿为绝金,阁亦祸土也。"笑峰"是以阖其三门之中辟其右,右者,坎也。从巽阁
而左旋之,则门为生木;从坎门而右旋之,则阁亦生木。所阖之中门为文水,
则殿亦生木也。以一水生三木,何吉如之! 此门一移,则五稔之间,阁必成,
院必兴。"④据笔者请教郭彧先生可知,笑峰的改动基于二十四山图:

图 13-1 二十四山图

---

① 《安隐净居寺》,《青原志略》卷一,江西人民出版社 1998 年版,第 22 页。
② 吴道勋:《正宗住持》,《法谱》,《浮山志》卷三,黄山书社 2007 年版,第 27 页。
③ 施闰章:《青原山志略序》,《青原志略·序文》,江西人民出版社 1998 年版,第 1 页。
④ 笑峰:《募修净居禅寺疏》,《青原志略》卷七,江西人民出版社 1998 年版,第 171 页。

东南巽位是坐山,西北乾位是朝向。巽为木,乾为金。后天八卦乾之右旋(顺时针)为坎卦(开坎门,为文水),自巽左旋(逆时针)为卯门,为生木(春天木旺),自坎右旋为寅阁,为生木(春天木旺),殿位于震,亦是生木,所以说"以一水生三木"。如此一来,弥补了堪舆的劣势,从而复建得以推进。第二,方以智自廪山来,觉浪道盛、方以智曾衍中五道场图,在廪山道场规划建设时,易学思想贯注其中:"杖人尝以道场表法,衍七七五五之图,愚者约为中五四维,而八卦布焉。统御者谁,何内、何外、何中、何边,而历历然不乱也。"①杖人觉浪道盛衍七七五五之图契合道场,愚者方以智简约为中五四维八卦。《冬灰录》卷首收录有坐北朝南《中五道场图》,侯外庐认为:"这'中五道场'即是方以智在新城廪山寿昌时所处的庙宇,这图实即廪山寺坐北朝南的一个平面图。"②廪山是阳明后学罗汝芳、邓元锡往来游息之所。方以智扫廪山塔:"且道今来一扫,将以何者了此时节因缘?确然卓笔动苍天。"③"既饮寿昌之乳,爰修廪山之塔。""遂因旧址,欲施数椽。徐仲光、杨东曦、涂宜振、万年诸居士,共发欢喜,许建精舍。"④"寿昌双和上发禅堂人为廪山运木。"⑤可见,方以智在入驻青原前,已规划并开始建设渗透易学思想的坐坎向离的中五道场。由此,在坐巽向乾的净居寺后续建设中,势必将

---

①　方以智:《道场》,《青原志略·发凡》,江西人民出版社1998年版,第13页。

②　侯外庐:《方以智的生平与学术贡献——方以智全书前言》,《方以智全书》第一册,上海古籍出版社1988年版,第61页。另据任道斌引《同治新城县志》卷二《寺观·廪山塔院》:"国朝顺治十七年(1660年),僧墨历建。"另据方以智之子中通诗:"竟以尼山学,来传鹫岭神。祖庭新露柱,从此结比邻(自注:时老父重兴廪山,余与四弟捐资运木)。"(《方以智年谱》,安徽教育出版社1983年版,第216页。)"墨历"为方以智别号,方以智重兴廪山。此处尚有商榷之处,侯外庐先生所言是廪山寺平面图,而县志所言是建廪山塔院。查乾隆《江西新城县志》,廪山寺与廪山塔院所指不同,廪山寺条目言:"皇清顺治十五年,僧映初重修。"廪山塔院条目言:"皇清顺治十七年,僧墨历建。"(方懋禄、李珥修,夏之翰纂:《江西新城县志》卷十四,第18页。)廪山寺为重修,廪山塔院为新建,侯外庐先生笼统言"廪山寺",似欠妥。笔者赴新城(现在的黎川县)考察后发现,廪山现名为点山,山脚和山上分别有两座寺庙,山上寺庙旁尚有廪山精舍旧址。再进一步考察更早的康熙《新城县志》,可以发现觉浪法系在新城的一些线索:僧道盛"住持寿昌",僧大成"顺治中重建寿昌寺",僧弘智,"字木立,著有《泡庄》《通雅》诸书"(周天德:《新城县志》卷九,第135—136页。)。寿昌寺与廪山同在新城,同为觉浪法系的重要基地。"泡庄"当为"炮庄",指方以智的《药地炮庄》。弘智,弘,大也,当指大智。此处非常醒目的是"字木立",方以智"字密之",怎么成了"木立"呢? 同书康熙县志前文介绍廪山塔院条目言:"皇清顺治十七年,僧墨历建。"(周天德:《新城县志》卷九,第54页。)"木立"是"墨历"讹呼之名,是否关联着乾隆年间爆发的天地会起义歌诀"木立斗世天下知,顺天行道合和同",以至于乾隆、同治年间,"木立"成了政治敏感词?

③　方以智:《竺和上约会鼓山同礼东苑已而圆寂遗书言传灯事故师过寿昌扫廪山塔》,《冬灰录》卷四,华夏出版社2014年版,第240页。

④　方以智:《廪山缘起》,《冬灰录》卷首三,华夏出版社2014年版,第56页。

⑤　方以智:《谢寿昌诸禅者》,《冬灰录》卷首三,华夏出版社2014年版,第57页。

前期的建设经验及中五的指导思想贯注其中。

与堪舆者不同，方以智非常欣赏净居寺坐巽向乾的方位，寺背青山，乾位为《灵枢》九洛八风所言之阴洛，立冬；巽位新洛，立夏。"图用九洛，而黄帝表八风。阴洛，乾也；新洛，巽也。""卯酉用于子午，子午先为亥巳。四阳四阴，天门地户，于此介焉。铭曰：巽乾转风，适合天符。回向青山，至乐性余。"①方以智驻锡青原后，新建药树堂、归云阁。倒插荆下，立祖堂。② 乃至募建净室、方丈室。③ "药老人于是高座中五，据令当易，而别创归云阁以安禅，观拘药树之堂，以救生死。"④净居寺建筑洋溢着中五思想，身居其中者，求道之心油然而生。"药老人"于中五法堂说法，既有住持，又有道场，借此可以教化缁众。

"倒插荆下"建祖堂，净居寺的"倒插荆"是七祖行思的实物象征。传说七祖建寺时倒插荆条一枝，"自是厥后，而祖所为手插枯荆，以谶其再来者。"⑤方以智至青原后，"枯荆复茂，山川改观"，这件事不止一次被提及，如"七祖倒插荆，近已枯矣，丁酉，笑峰和上来此，枯枝忽生。甲辰（1664年），药地本师来，枯蘖复生三枝。寂感之蕴，受命如响。遇缘即宗，不可思议。"⑥"愚者大师继之，宗风丕振，山川生色，枯荆再长，夫岂偶然？"⑦枯树得以重生，飞泉忽然再现，这或许是那一年雨水充足导致的。如本书第十章引述《药树堂铭》，方以智对此有赞："七接握盖，造命奇绝。倒插生根，枯而复蘖。不萌枝上，硕果暗结。龙渊烧淬，三番两折。夜半天明，不容齿舌。此中山水，险崖断碣。仰空一笑，不欺时节。"这棵死而复生的古树，可以说与经历百死千难后隐忍精进的方以智相辉映，也暗示强化了方以智的领袖地位。

方以智是明末清初著名的易学巨擘、儒家真孤、禅门巨匠，他将自己晚年成熟精深的思想贯注到道场中，廪山及青原山道场成为他思想具体化的实物，如其弟子兴裁滕榰所记："会祖《尊正规鉴》示道场图，大者七七，中者五五，合宗、教、律而统一切法，以《易》表之。"⑧从总体布局到细节设计，从

①　方以智：《新洛突说》，《青原志略》卷五，江西人民出版社 1998 年版，第 130 页。据《尔雅·释宫》，"东南隅谓之突"。

②　《安隐净居寺》，《青原志略》卷一，江西人民出版社 1998 年版，第 22 页。

③　焦荣：《青原未了缘引》，《青原志略》卷七，江西人民出版社 1998 年版，第 173 页。

④　黎元宽：《青原志略序》，《青原志略·序文》，江西人民出版社 1998 年版，第 9 页。

⑤　黎元宽：《青原志略序》，《青原志略·序文》，江西人民出版社 1998 年版，第 8 页。

⑥　滕榰：《枯荆再发诗》，《青原志略》卷十，江西人民出版社 1998 年版，第 284 页。

⑦　许焕：《青原志序》，《青原志略·序文》，江西人民出版社 1998 年版，第 6 页。

⑧　方以智：《中五道场衍说》，《冬灰录》卷首一，华夏出版社 2014 年版，第 20 页。

大至中至小,道场建筑处处体现中五,展现了方以智易学思想渗透下的儒佛会通。

二、总体布局及中五之大雄殿

中五道场总体布局以供奉三身佛的大雄殿为中五之五,以大雄殿为中心,中五道场建筑布局如下:

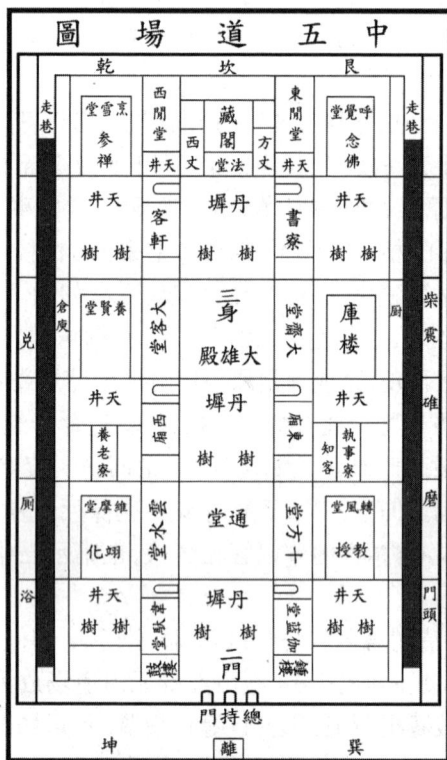

圖　場　道　五　中

乾　　坎　　艮

烹雪参禅堂　西闲堂／天井　藏阁法堂　方丈／东闲堂　念佛觉堂

客轩　塀丹树树　书寮

养贤堂　大冬堂　三身大雄殿　大藏寮　库楼

养老寮／西厢　塀丹树树　东厢／知客执事寮

翔化维摩堂　云水堂　通堂　十方堂　教授转风堂

伽蓝堂　塀丹二门

總　持　門

坤　　雄　　巽

走巷／兑／厕／浴（左）　走巷／柴薪震碓／磨／门头（右）

图 13-2　中五道场图①

中建大雄殿,前建通堂,开三门焉。北建法堂,上楼为毘卢之藏,法堂之东为净土堂,法堂之西为参禅堂。通堂之东为教授堂,通堂之西为维摩堂。正东为厨库、饭堂,正西为客堂、养老委积之所。周环为庑,是从屋也。西,则偃厕浴舍;东,则砲碓薪蓄诸杂务寮。北为闲簃方丈,后

① 据安徽博物院藏《冬灰录》卷首第六页原图重新绘制,图右有:"中矣敢为遍洒。半庐弟子腾蛟敬梓。"

为别室。前立宗门，森然备哉。①

　　佛教传入中国并本土化后，由以塔为中心的佛教建筑转为以殿为中心，渗透了儒家的礼制思想，《中五道场图》总体上符合《法洛书制明堂图》：②

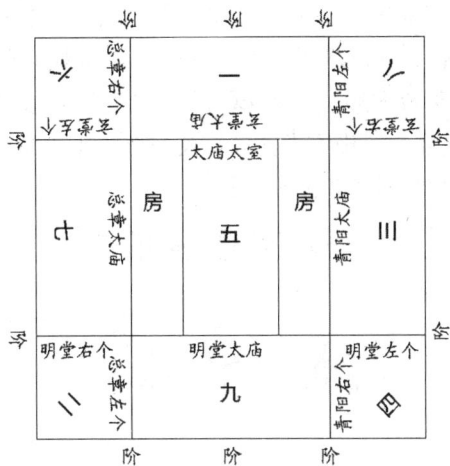

图13-3　法洛书制明堂图

　　若将图13-3旋转180度，即符合《洛书》（《太乙下九宫》），并与明堂九室相符："以八八之方图，合《洛书》之九宫，其论自确。画州建国，井地制兵，莫不法之。"③这种模式出现在春秋战国时的《管子·幼官》《礼记·月令》《吕氏春秋·十二纪》④。据《大戴礼记·明堂》："明堂者，古有之也。凡九室，一室而有四户八牖。""明堂者，所以明诸侯尊卑。""明堂月令。赤缀户也，白缀牖也。二九四、七五三、六一八。"⑤九室可分为上中下三行，二九四为《洛书》最上一行，七五三为中间一行，六一八为最下一行。"中五四正，而四偶皆交维矣。""畴重一五九，五行根本万事，皇极居中，福极应上。"⑥"畴重一五九"，一五九相连，正是中轴线的位置，中五位居重畴之中，中轴线中心大雄殿"中建皇极，三身之普光明殿，以无相相者也。"⑦"建

----

① 方以智：《中五道场衍说》，《冬灰录》卷首一，华夏出版社2014年版，第20页。
② 江永：《图说》，《河洛精蕴》卷八，巴蜀书社2008年版，第165页。
③ 方孔炤：《方图明堂表法说》，《图象几表》卷二，《周易时论合编》，清顺治十七年白华堂刻本，第22页。
④ 张其成：《易图探秘》，中国书店1999年版，第119页。
⑤ 王聘珍：《明堂第六十七》，《大戴礼记解诂》，中华书局1983年版，第149—150页。
⑥ 方以智：《三冒五衍》，《易余》卷上，《易余（外一种）》，上海古籍出版社2018年版，第38页。
⑦ 方以智：《中五道场衍说》，《冬灰录》卷首一，华夏出版社2014年版，第21页。

皇极"当据《尚书·洪范》所言九畴中的第五畴之"建用皇极"。《尔雅·释诂》:"皇,君也。"章太炎将此句解释为"皇建其有极者,君立其中也"①,颇为得当。大雄殿居君位,犹如释迦牟尼作为整个大殿之君,统领其他各位,成为整个寺庙建筑的核心。"法王居中负北,而无所不统矣。《黄帝·灵枢》之表风候诊也。"②此处法王指释迦牟尼,大雄殿中的释迦牟尼面南背北,与大雄殿在整个中五道场的布局一致,居此位如君临天下,统合各方。《黄帝·灵枢》指《黄帝内经》之《灵枢》部分,"表风候诊"应据《灵枢·九宫八风第七十七》之《合八风虚实邪正》,"太一徙立于中宫,乃朝八风,以占吉凶也。"③此为表风以候诊,如下图所示:

合八风虚实邪正

图13-4 合八风虚实邪正图④

据《灵枢·阴阳二十五人第六十四》:"天地之间,六合之内,不离于五,人亦应之。"⑤阴阳统摄于中五:"太阳、太阴、少阳、少阴,为四种偏高之人,惟阴阳和平之人居中""人受天地之中以生,故灵于万物,此扩而约知者也。"⑥从后天来说,阴阳偏高者不中,惟阴阳和平者居中;从先天而言,人得天地中气而生,生生之源本于中五。另如程迥曰:"太极,大中也,无方无体,因阴阳倚而中乃见也。"⑦"程迥曰:'太极者,大中也。'《礼记》提为大

---

① 章太炎:《太炎先生尚书说》,中华书局2013年版,第107—108页。
② 方以智:《中五道场衍说》,《冬灰录》卷首一,华夏出版社2014年版,第23页。
③ 张志聪:《灵枢集注》卷九,《黄帝内经集注》,浙江古籍出版社2002年版,第449页。
④ 张志聪:《灵枢集注》卷九,《黄帝内经集注》,浙江古籍出版社2002年版,第446页。
⑤ 张志聪:《灵枢集注》卷八,《黄帝内经集注》,浙江古籍出版社2002年版,第358页。
⑥ 方以智:《性故》,《性故注释》,中华书局2018年版,第12页。
⑦ 方以智:《大宗师第六》,《药地炮庄》卷三,华夏出版社2011年版,第209页。

本。《易》言成位乎中。""此中之秩序条理,随在毕具,随物可征。"①成位乎中,中五既是太极,又是大中、天地之中。如同太极一样,中五包含了生成之母的意味,昭显先天。方以智题供奉三身佛的净居寺佛殿:"昆仑迸出三点血,眉心冷觑诸方说。土果然生金,天从地下掘。"②五行相生、五行相克顺序分别与《河图》《洛书》相关,关联着易学:"冒言天地犹阴阳也。言一二,犹言奇偶体用也。言参两,言五六,言五十,犹言一二也。言中五,犹言天在地中也。言土犹言中和也,冲气也。要之,河洛象数原自确然不易,原自变化不测。"③河洛以中五为核心,是运动变化的轴心。"天从地下掘",天地之间的关系如同阴阳一样,互为体用;"体用用体,是地皆天。"④因此,天须从地看。又如《易余》主旨中的正余关系,天地在体用关系中浑然一体。昆仑,即中五,当据《庄子·应帝王》之南倏北忽与中央浑沌之寓言,"昆仑即浑沦也,浑沦即混沌之声也。太岁在子曰困敦","皆混沌之声义。《道藏》曰:倏,表南,心之炎火,识王;忽,表北,肾之命门,情君;浑沌,表中央土也。浑沌一也,倏、忽二也。"⑤浑沌与南北二帝,三也,佛殿居中,佛殿中法王居中,法王与中央浑沌类似,迸出三点血指向南北二帝凿浑沌。所谓的"三身之普光明殿",即指法身、报身、化身之三身,"佛在菩萨幢林中,覆本垂迹,别中之同也。"覆本指法身、报身,垂迹指化身。⑥ 三身本为一身,这又本于方以智"一分为三"的思想:"法王立一切法,泯一切法,而统一切法。立泯于统,统泯于立。主中主之相续,神在其中,讵容言耶?"⑦立法为显处说法,这是有、一;泯法从密处说,这是无、二;统是合二者说,这是三。立泯于统,统泯于立,一三、三一相互含摄,相互交裹。

三、法堂、烹雪堂与呼觉堂

以中五为核心,再看位于《洛书》八卦方位的建筑。从北部开始,正北为法堂,西北为烹雪堂,东北为呼觉堂。首先看法堂。堂者,明也,明礼仪之

① 方以智:《示萧虎符学易》,《青原愚者智禅师语录》卷三,《明嘉兴大藏经》第 34 册,新文丰出版公司 1987 年版,第 829 页。
② 方以智:《甲辰冬吉州诸护法请住青原七祖道场》,《青原愚者智禅师语录》卷一,《明嘉兴大藏经》第 34 册,新文丰出版公司 1987 年版,第 820 页。
③ 方孔炤:《周易时论合编》卷十,清顺治十七年白华堂刻本,第 36 页。
④ 方以智:《颠倒》,《东西均》,《东西均注释(外一种)》,中华书局 2016 年版,第 166 页。
⑤ 方以智:《应帝王第七》,《药地炮庄》卷三,华夏出版社 2011 年版,第 237 页。
⑥ 方以智:《中五道场衍说》,《冬灰录》卷首一,华夏出版社 2014 年版,第 21 页。
⑦ 方以智:《中五道场衍说》,《冬灰录》卷首一,华夏出版社 2014 年版,第 21 页。

所,为讲法集会之地:"天无冬夏而岁始冬至,此朔易也。乡饮之礼,表以至尊之位,习坎心亨,南面向明,故以统御之法堂负扆焉。"①法堂即传法之堂,聚会之所,居坎,正北。"乡饮之礼,表以至尊之位",此据儒家礼制,如《礼记·射义》:"乡饮酒之礼者,所以明长幼之序也。"在乡饮酒礼中,主持者居尊,贤者为宾,其次为介,又其次为众,次序分明。禅宗法堂讲法类似儒家乡饮聚会,亦次序分明,主持者高座至尊之位,从而在建筑上将法堂居于道场的正北,亦是此意。笑峰名净居寺法堂为"中五",法堂柱题云:"不是五,不是空,亦不是中,别道将来楼阁,许分半座。莫执多,莫执少,尤莫执混,果然穿破山水,笑煞三番。"②中五道场,处处是中五,但还要破除"五"相,直契本真。

从春夏秋冬四季来看,坎位代表冬,这关联着方以智的《易余》,"三时以冬为余,冬即以三时为余矣。"③冬与春夏秋互余,冬为退潜闭藏,为下一次生生积攒力量,冬可视为体,春夏秋可看作用,体用吞吐成环,体用不二,体居于统御地位,为本。"此朔易也",又见《易余》:"《尧典》曰:平在朔易"④。语出《尚书·尧典》,指冬天的农事活动。"岁始冬至",冬至象征亥子之间、坤复之际,为天根,主宰着春生、夏长、秋收。方中通上堂言"冬炼三时传旧火"⑤,与儒家至日闭关之意同。

明亡如同冬灰烬一样,冬至映射出明代遗民在亡国后内心悲凉惨痛,方以智心系天下,不忘自己是寒冬冷灰中随时可能一声巨响的爆豆。"黄钟以此时候气,先王以冬至闭关,只如衲僧家,日日是冬至,且道以何为关? 此际一阳生也,透过生即无生之理者,能转阴阳。""冬至是好时节。"⑥再看一段比较明显的对话:"僧曰:'白鹭振铎,青原结斋,还有同别也无?'师曰:'直饶说个分身,犹是色见声求了也。'"⑦白鹭振铎,白鹭洲书院为与青原山隔江相望的儒家道场,此处言儒家讲学弘道;青原结斋,指净居寺修建寺庙,弘扬佛法。从外表上看,白鹭青原是儒佛两身;穿透色声,振铎结斋本是

① 方以智:《中五道场衍说》,《冬灰录》卷首一,华夏出版社 2014 年版,第 21—22 页。
② 《柱题》,《青原志略》卷五,江西人民出版社 1998 年版,第 133 页。
③ 方以智:《小引》,《易余》,《易余(外一种)》,上海古籍出版社 2018 年版,第 1 页。
④ 方以智:《三冒五衍》,《易余》卷上,《易余(外一种)》,上海古籍出版社 2018 年版,第 37 页。
⑤ 方以智:《青原愚者智禅师语录》卷一,《明嘉兴大藏经》第 34 册,新文丰出版公司 1987 年版,第 821 页。
⑥ 方以智:《冬至垂问》,《冬灰录》卷二,华夏出版社 2014 年版,第 180 页。
⑦ 方以智:《室中参请》,《冬灰录》卷二,华夏出版社 2014 年版,第 181 页。

一身。当然,最明显的莫过于"双选托孤,时哉时哉! 先请死心,从冬关入。"①双选即儒佛双契,托孤即视为儒家真孤,内心中时时是怒化之鲲鹏。

再看位居西北的烹雪堂与东北的呼觉堂:"西北之乾,金刚上师。✕用四克,乃享平康正直,颜曰烹雪堂,表西乾之参禅最上乘也。东北之艮,始终敦止,以发坎中之真阳,为帝出之雷,颜曰呼觉堂,表当人自心之佛即净土也。"②此处总言禅净双修。首先看西北之烹雪堂。烹雪,雪山,代指佛教,方以智多以"烹雪炮漆"对举,炮漆指炮制庄子,烹雪炮庄,归于鼎薪,以续儒家薪火。金刚上师,又称上师,指上德之人,行为师范,传承佛教最上乘法门。西北为乾位,乾元资始,生生不息。"✕用四克",✕即古五字,言以中五为体,四克为用,中五统领四克。"四克"据《尚书·洪范》九畴第六畴:"六,三德:一曰正直,二曰刚克,三曰柔克。平康,正直;强弗友,刚克;燮友,柔克;沉潜,刚克;高明,柔克。"此处所言三德,指三种施政的方法,如《贾子·道术》"施行得理谓之德"。"强弗友,刚克",指对于固执、不亲近友善之人,用强硬方式对治;"燮友,柔克",对于和顺可亲的人,用温柔的方式对待;"沉潜,刚克","沉潜"又作"沉渐""湛渐",沉潜居下者激之以刚;"高明,柔克",居上者对治以柔和。③ 此说可参考周敦颐《通书·师第七》:"性者,刚柔善恶,中而已矣。刚善,为义,为直,为断,为严毅,为干固;恶,为猛,为隘,为强梁。柔善,为慈,为顺,为巽;恶,为懦弱,为无断,为邪佞。惟中也者,和也,中节也。"方以智评论:"圣人立教,俾人自易其恶,自至其中。"④《洪范》以刚柔为两极,可排列出四种组合:刚克刚、柔克柔、刚克柔、柔克刚,以平康正直为中五。周敦颐在刚柔两极上叠加善恶,并以中和为统领,圣人立教的目的在于弃恶扬善,刚柔相和,合于中五。在此有必要说明《洛书》与《洪范》九畴的关系。如前所言,大雄殿对应《洪范》第五畴之"建用皇极",位居《洛书》中五;此处烹雪堂对应《洪范》第六畴三德,即《洛书》之西北乾位;依次类推,东北之呼觉堂可对应"八庶征",乃至形成《图象几表》的"洪范九畴图","《洪范》之枢在乎中五之皇极,实天人之统会。""九畴皆一中也,一中环八方,君也,心也,合大人者也。"⑤在禅宗中,"✕用四克"类似于出自禅门曹洞宗的偏正五位,觉浪道盛、笑峰、方以智均属曹洞

① 方以智:《双选社传语》,《冬灰录》卷首三,华夏出版社2014年版,第71页。
② 方以智:《中五道场衍说》,《冬灰录》卷首一,华夏出版社2014年版,第22页。
③ 顾颉刚、刘起釪:《尚书校释译论》,中华书局2005年版,第1173页。
④ 方以智:《性故》,《性故注释》,中华书局2018年版,第29页。
⑤ 方孔炤:《洪范九畴图》,《图象几表》卷一,《周易时论合编》,清顺治十七年白华堂刻本,第31—33页。

法嗣,极有可能在烹雪堂借用《洪范》说曹洞禅法:"曹洞纲宗,以正中偏、偏中正、正中来、偏中至、兼中到为五位,约则君臣道合而已,正偏兼中而已。"①五位归中。

再看东北之呼觉堂,东北为艮位,"始终敦止"本于《艮》之上九爻辞"敦艮,吉",而据《说卦》则有"艮,止也","艮,东北之卦也,万物之所成终而所成始也"等说法。敦为质朴貌,求观省,求自觉,始终止于一念,念念不忘阿弥陀佛洪名。"呼觉堂"重在一个"觉","觉"字源于天地交、阴阳交之中五。"二五为爻,天与人交,心与物交,声与音交,而二即一矣。"②中五两次相交为爻,"学、教、觉,俱从爻。学字本于孝,声生于觉。"③又据《后汉纪》,"佛者,汉言觉也,将以觉悟群生也。"④"呼觉",既是对于人心本真自我的呼唤,又是对佛的归依,人心之佛即是净土。呼觉堂为净土法门所设,净土法门念念不忘、口口不离阿弥陀佛。中五本声为"阿","善知众艺之童子,即无量音声王,不得有言,不得无言。'唯之与阿,相去几何?'未审所养自知否? 知者方许入'阿'字法门。"⑤言至此,不禁想起苏州灵岩山印光法师自题楹联:"莫讶一称超十地,可知六字括三乘。"一称即念一声"南无阿弥陀佛",共六字,比拟净土法门的殊胜。六字核心是一个"阿"字,仿此,"可知阿字括三乘"。如同黄钟为音律之本一样,阿为众声之母,"阿阿折摄转黄钟","冬日春风听磬声。"⑥呼觉堂居艮位,毗邻震、坎。另据《易传·说卦》,"帝出乎震,齐乎巽,相见乎离,致役乎坤,说言乎兑,战乎乾,劳乎坎,成言乎艮"。震为雷,"帝出之雷"即"帝出乎震",收震下之一阳爻,兼坎中之一阳爻,当为"以发坎中之真阳,为帝出之雷"。

最后看禅净双修。烹雪堂与呼觉堂分居法堂两侧,如鸟之双翼,车之两轮,意为禅净双修。方以智主禅净交参:"禅即净,净即禅,念本无念中间穿。白莲花上抛只履,眼横鼻直谁能拈?"⑦念为净土,念念不离阿弥陀佛;无念为禅宗,专提向上一机。念本无念,净土本禅;无念本念,无论是德山

① 左锌:《中五说》,《青原志略》卷五,江西人民出版社1998年版,第124页。
② 方以智:《切韵声原》,《通雅》卷五十,《方以智全书》第一册,上海古籍出版社1988年版,第1513页。
③ 方以智:《疑始》,《通雅》卷一,《方以智全书》第一册,上海古籍出版社1988年版,第80页。
④ 道宣:《通局篇第六》,《释迦方志》,上海古籍出版社2011年版,第97页。
⑤ 方以智:《声气不坏说》,《东西均》,《东西均注释(外一种)》,中华书局2016年版,第321页。
⑥ 方以智:《室中参请》,《冬灰录》卷二,华夏出版社2014年版,第181页。
⑦ 方以智:《示永和莲社》,《冬灰录》卷三,华夏出版社2014年版,第207页。

棒,还是临济喝,眼横鼻直只为明心宝镜,净土法门外无禅。据弟子腾蛟问方以智:"参禅念佛,不二法门,今专家者各抑扬矣。或曰参禅自谓看破一切,多饮狂泉;念佛自谓一心不乱,依然漆桶。或曰专门必偏方能深入,或曰诚明一际愚荡双超,果孰是耶?"方以智曰:"自肯一心,何事不办? 放下提起,不分两层。看破一切,岂是颠顶横逞? 一心不乱,原非执守暗痴。"觉浪道盛以《招魂》与念佛同参,方以智外祖父吴应宾"椎无生铎安生,以圣谕与念佛同参"①。以求出世的涅槃佛教振铎入世求安生的儒学,安生念佛非为得往生,而是曲尽儒佛苦心,积攒一种时惕乾称的精神:"果肯平心一念自心之佛,则刀山剑树,悉为净土宝林矣。"吴应宾言:"此一'念'字,即《庄》之'怒'字、《易》之'乾'字。善游息者,一怒而鲲可为鹏;善统用者,一乾而潜可为飞矣。"②由此,不难理解方以智心中的孤愤与愿景。

四、翊化堂、转风堂及其他

从总体布局来看,北部的法堂、烹雪堂与呼觉堂侧重于体,内在觉解的修行,属学;南部的通堂、维摩堂(翊化堂)、转风堂(教授堂)重点在用,外部的教化,属教。内部对外开放通过山门,进入通堂,"正南通堂设宸,而随时开阖,表离明相见之通途也。"位于西南的翊化堂与东南的转风堂重视"教":

> 《洛书》四五六独顺,巽顺乾以制用也,故为天地门户,四阴四阳于此乎交,刚以自治,柔以化物,柔用其刚,刚柔节矣。颜曰转风堂,表风力声气必转于教授也。坤上善合金火,地即是天,致役主养,经维成能,世即出世。治世资生,一乘不悖,谁不饮莲花之甘露耶? 颜曰翊化堂,表灵山之付嘱是教养精一之兼广门也。③

转风堂又名教授堂,转风堂居于巽位,巽为散、为风,为教授柔化以转风。转风堂在中五道场中所处位置与净居寺坐巽向乾的方位一致,"天地门户,四阴四阳于此乎交",与前文方以智《新洛突说》一样,均基于《洛书》。《洛书》配后天八卦,坎一居北,离九居南,坤二居西南,巽四居东南,震三居

---

① 方以智:《念佛孤颂》,《冬灰录》卷首,《方以智全书》第3册,黄山书社2019年版,第195页。

② 方以智:《念佛孤颂》,《冬灰录》卷首,《方以智全书》第3册,黄山书社2019年版,第194页。

③ 方以智:《中五道场衍说》,《冬灰录》卷首一,华夏出版社2014年版,第22页。

东,兑七居西,乾六居西北,艮八居东北,五居腹心无配卦。乾为天门,坤为地户,乾震坎艮为四阳,坤巽离兑为四阴,天门地户,于此介焉,天门一开,万象丛生,刚柔互济,阴阳相生。

翊化堂又称维摩堂,翊化意为辅佐教化,维摩意为无垢,维摩诘居士是佛教禅宗中在家修行的典范,曾与文殊菩萨深析佛理,亦不逊色于佛门智慧第一的修行者。《维摩诘经》是禅宗主要经典之一,维摩堂当以接待居士为主。"灵山付嘱"当引用释迦牟尼灵山说法,迦叶拈花一笑,借指禅宗,是佛教修行的上乘法门,此法门由内核向居士层扩展,遍洒莲花甘露。据净居寺维摩堂柱题:

> 悬榻此山中,放眼桥头千古日。
> 卷帘见天下,传心堂皆一团青。①

净居寺的维摩堂开门可迎朝霞;卷帘后,窗户正对着不远处五贤祠传心堂的位置,能睹传心堂一团青。这是实景,同时也寄托出佛教通达天下的治世资生思想,切中翊化。从实际情况来看,如方以智之子所言:

> 自此逢场还喷雪,(老父题方丈曰喷雪轩。)
> 却从别路渐移风。
> 铎声幸有钟声和,(祖关外有传心堂,时施愚山先生讲学于此。)
> 同在传心一语中。②

传心堂讲儒学,净居寺修佛学,当然,方以智也讲学于传心堂,显示出净居寺荆杏双修学风的延续。从八卦方位而言,翊化堂居坤位,毗邻兑与离,兑为金,离为火,由此言"坤上善合金火"。坤为地,"致役主养",此据《易传·说卦》,"致役乎坤,说言乎兑"。"坤也者地也,万物皆致养焉,故曰致役乎坤。兑正秋也,万物之所说也,故曰说言乎兑。"坤地表致养,虽然致役辛苦,但能养生万物,此悦所由生,借此以表达佛学资生治世之愿景。

在分述各堂室所代表意义之前,方以智尚有如下评述:"《河图》变为《洛书》,即用是体。"③这直接关联着《河图》与《洛书》的体用关系,并渗透

---

① 《柱题》,《青原志略》卷五,江西人民出版社1998年版,第134页。
② 方中通:《随侍入青原》,转引自余英时《方以智晚节考》,生活·读书·新知三联书店2004年版,第258页。
③ 方以智:《中五道场衍说》,《冬灰录》卷首一,华夏出版社2014年版,第21页。

到通堂与翊化堂的象征含义中。方以智的河洛思想直接来源为方孔炤、王宣,乃至与方孔炤在狱中论《易》的黄道周;学统源远流长,"本于朱、蔡的河十九洛说,融合邵雍的先后天说,并折中元明以来诸家说。"以中五为核心,解释河洛二图的结构及变化的法则,并以《河图》为体,《洛书》为用,这两个图是统一的。①《河图》变为《洛书》,总体上是金火易位,具体的变化可参照方以智的《密衍》第七、八、九、十图:②

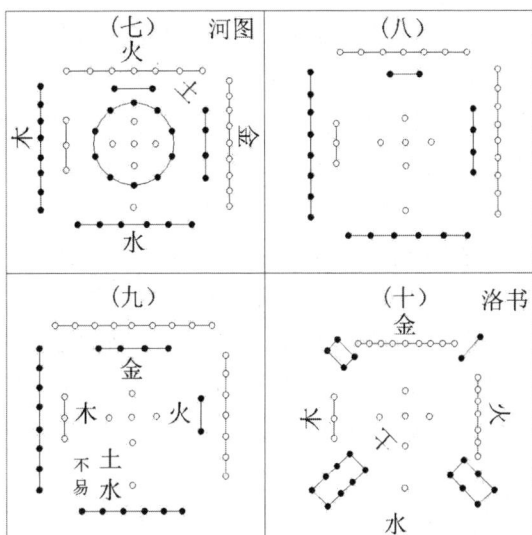

图 13-5　密衍图

　　为什么金火要易位呢? 方孔炤认为:"天下之道,必相制乃可用,制杀之道,先起西方。金火不易位,则永不制矣。"方以智解释为:"南方西方,阴而用阳,暑即藏寒,为万物之用也,成地坤土居间,故易位在此。"③另据方以智的老师王宣:"建极以克制为生,以扶阳为经,苟非金火易位,何能左旋相克耶? 一水三木五土,皆阳,四金为阴,《启蒙》所谓阳不易位而阴易位也。""阴易位而隔置者,圣人扶阳抑阴,此千古不易之道也。"④方孔炤认为五行惟金火以阴用阳,火用暖光,金主声气,人之所用最先也。方以智不尽同于

---

①　朱伯崑:《易学哲学史》第三卷,昆仑出版社 2005 年版,第 427 页。

②　原图见方孔炤:《密衍》,《图象几表》卷一,《周易时论合编》,清顺治十七年白华堂刻本,第 20 页。重绘图见朱伯崑《易学哲学史》第三卷,昆仑出版社 2005 年版,第 434 页。

③　方孔炤:《密衍》,《图象几表》卷一,《周易时论合编》,清顺治十七年白华堂刻本,第 23 页。

④　方孔炤:《密衍》,《图象几表》卷一,《周易时论合编》,清顺治十七年白华堂刻本,第 22 页。

《启蒙》，"但以金火易位，引出洛书图五行相克的顺序，则是一致的。"①《河图》为体，当变为《洛书》时，仍可以体现"居体故建极"的特点；没有"金火易位"为前提，《河图》不可能变为《洛书》②。在中五道场布局中，离南为火为门，为通堂，金西为翊化堂，为养贤堂，金火易位思想体现在以克制为生，转风的目的在于克制众生，教化众生，化俗风为道风，养大众为贤圣。引申此意，南方为众生进出之地，是最为活跃之处；西方为收敛、肃杀、化归之地，所以金火易位最有可能。

《洛书》呈现"巳亥数贯"的特征，即东南巳直向西北亥，其数为四五六相连贯。③ 这正是转风堂所体现的"四五六独顺，巽顺乾以制用也"。金火主用，烹雪堂参禅、呼觉堂念佛、法堂传灯，均为起用，"暑即藏寒"，体藏于用，正藏于余，在用中展现体。《洛书》以《河图》为体，河洛变化除金火易位外，其他位置未变，这也体现出居体不易，中五建极。

中五道场其他建筑尚有"正东主发生利用，故厨库饭堂表之。正西主收敛归化，故客堂、养老、困庾表之。又周垣而围庑之，画九而分垣之，垣皆廊之，廊皆房之，经行于楹，备庑务、育众才也。""明堂之四面各三，巽梯中楼也，皆取此也。指南本定，法位历然。所至道场，何能屑越？"④这些建筑的象征意义比较容易理解，如正东为震位，震主发用，建厨房、饭堂，以食物为用，法食双运；正西为兑位，兑主收，为养老、粮仓。画九，为九宫；"垣皆廊之，廊皆房之"，即厢房带游廊，寺院的基本特征是由四廊环绕的院落与殿堂构成，回廊的大量使用延续了唐代寺庙建筑的重要特征。⑤

从房间使用上，"各堂墙壁，各为一院，各当其位，各尽其职。三根随分，路路接引。首领可以分合，而学人不相往来，同中之别也。各堂有互换者，锻炼省发者，近法堂而亲炙，阅藏学古，类情历事，乃能正用无碍。百丈之规，本如是也。世出世妙叶矣，惟其妙叶，仍可分领各堂。"⑥由此体现出变与不变的统一，各堂室用途有专攻，首领各司其局，但同时也可以相互变通，总为善用。中五道场贯彻了禅门《百丈清规》，符合禅宗丛林制度，为不同层次的修行者朝参夕聚、同参共学创造了极佳的条件。"世出世妙叶"，

---

① 朱伯崑：《易学哲学史》第三卷，昆仑出版社 2005 年版，第 437 页。
② 蒋国保：《方以智与〈周易图象几表〉》，《周易研究》1990 年第 2 期。
③ 朱伯崑：《易学哲学史》第三卷，昆仑出版社 2005 年版，第 437 页。
④ 方以智：《中五道场衍说》，《冬灰录》卷首一，华夏出版社 2014 年版，第 22—23 页。
⑤ 王贵祥：《隋唐时期佛教寺院与建筑概览》，《中国古代佛教建筑论集》，清华大学出版社 2014 年版，第 35 页。
⑥ 方以智：《中五道场衍说》，《冬灰录》卷首一，华夏出版社 2014 年版，第 20—21 页。

此处"叶"同"协"，和洽之意，缁者禅净双修，以求佛学无上法门；白者入转风、翊化，将佛学推向世间。当然，不仅缁白二众能够分领各堂，而且儒佛亦妙叶在中五道场中。需要补充的是，尽管方位不同，净居寺建筑总体上渗透了中五道场思想，如三身大雄殿、维摩堂等，方以智初入青原时，依次题词之处有祖关、三门、弥勒殿、韦驮殿、伽蓝殿、祖堂、佛殿、方丈、据室①。但同时，很多地方的名称、建筑已发生变化，如方以智新建的归云阁、药树堂、铸燧堂等均超出了中五道场图。净居寺"总体设计是以一条中轴线从前至后贯穿，其中的山门殿、大雄宝殿、毗卢阁、七祖的塔殿……都建在中轴线上，同样也表现出了前低后高，体积大小的差别"②。净居寺目前的建筑已经发生了很大变化，尤其是禅堂、斋堂。另外，方以智题名方丈室喷雪轩，现在的方丈室位于《中五道场图》中西丈的方位，祖堂居呼觉堂的方位，至于方以智主持期间新建的建筑及平面布置，以及至现代建筑的演变，尚需再考。

五、中五道场与曹洞纲宗、华严境界

曹洞宗为七祖行思法系，唐末成说较晚，博采众长，以五位纲宗收尾烂熟之禅学。明末重新复兴，觉浪道盛、笑峰大然、方以智作为曹洞宗法嗣，曹洞宗思想自然渗透到中五道场中。如前文在论述中五法王位置时，"主中主之相续，神在其中，讵容言哉？"③"主中主"即言曹洞五位思想，曹洞宗成于洞山良价与曹山本寂，洞山良价因曹山本寂辞，遂嘱宝镜三昧："重离六爻，偏正回互。叠而为三，变尽成五。如荎草味，如金刚杵。正中妙挟，敲唱双举。""臣奉于君，子顺于父。不顺非孝，不奉非辅。潜行密用，如愚若鲁。但能相续，名主中主。"④法王为君、为父，法王对于其他臣位、偏位的统领是神贯其中，中五法王通过内在潜行密用感召偏位，以神契领，不言而喻。如前所述，中五法王暗合昆仑浑沌，觉浪道盛弟子陈丹衷言："《应帝王》云云，犹禅立君臣纲宗也。""杖人举孔提庄，卫道苦心，其谁知之？"⑤方以智融汇禅、庄，衍中五深义，又何尝不是处处卫道呢？

另外，觉浪道盛与方以智深入发展了宝镜三昧中重离偏正思想，所谓的

① 方以智：《甲辰冬吉州诸护法请住青原七祖道场》，《青原愚者智禅师语录》卷一，《明嘉兴大藏经》第 34 册，新文丰出版公司 1987 年版，第 820 页。

② 张驭寰：《图解中国著名佛教寺院》，当代中国出版社 2012 年版，第 152 页。

③ 方以智：《中五道场衍说》，《冬灰录》卷首一，华夏出版社 2014 年版，第 21 页。

④ （宋）普济：《洞山良价禅师》，《五灯会元》卷十三，中华书局 1984 年版，第 784—785 页。

⑤ 方以智：《应帝王第七》，《药地炮庄》卷三，华夏出版社 2011 年版，第 239 页。

重离,即两个《离》卦相重叠。方以智之子中通请教:觉浪道盛言重离为偏正混融,并且重离如太极之含四象,以《河图》言回互,以《洛书》言临照,协中五。方以智言:杖人之⫶至矣!"河洛中五,康节提为小衍。如来之卍,杖人之⫶,岂非天然同符之端几哉?""河洛百圈,点点皆具五也。如是,而宇宙万法,法法皆具五也。"①"康节提为小衍",即"五者蓍之小衍。"②方以智将邵雍的先天易学与象数学结合,"因邵子小衍,以虚舟子法衍之,曰密衍。"③虚舟子指王宣,密衍的第二图即是⫶,即觉浪道盛之⫶。"中五即中一也。可以藏一而旋四用三矣,可用三于一矣。"④"大一分为大二,而参两以用中五,从此万千皆参伍也,皆一贯也。三教百家,造化人事,毕于此矣。处处是《河》《洛》图,处处是〇⫶卍,行习而不著察耳。"⑤⫶是方以智思想的抽象,庞朴先生将其概述为"一分为三",承接此论,方以智思想也可以概述为"一分为五"。由⫶变为五,如《东西均·三征》:"圆⫶之上,统左右而交轮之,旋四无四,中五无五矣。"即⫶之下两点旋转至上位,成为中五⫶,这是由三到五。"中五即大一也,一也。五止有四,四止有三,三止有二,二止有一,此琉璃图书也。"此为由五到三。另,卍表示中五旋四之义。⑥ 由三到五,不仅可以通过⫶之下两点旋转至上位成中五,而且可以通过下面两点的反对而至中五:"三在中而两破为四,非五乎?从此千万皆以中五无五之一用一切之反对也。"⑦"夫中五而用参两者,乃折摄宇宙万法之纲宗也,乃统御三才中节之橐龠也。"⑧

依循华严思想,《易余》衍生出六象十错综,六象包括三对,即统辨、同异、成毁,这继承了法藏《华严金师章》总相别相、同相异相、成相坏相的思想,方以智以建筑演说六象:"辟之宅然,合门牖堂室而号之曰宅,此统天之总也,统象也。分宅之中所曰堂,堂之内可入者曰室,堂室之帘可出入者曰门,开壁纳光者曰牖,此辨名之别也,辨象也。门牖,宅之门牖也,堂室,宅之堂室也,同象也。堂自堂,室自室,门自门,牖自牖,异象也。堂兼室,室兼

① 方以智:《五位纲宗》,《冬灰录》卷一,华夏出版社2014年版,第140—141页。
② 邵雍:《观物外篇》,《邵雍集》,中华书局2010年版,第91页。
③ 方孔炤:《密衍》,《图象几表》卷一,《周易时论合编》,清顺治十七年白华堂刻本,第20页。
④ 方孔炤:《密衍》,《图象几表》卷一,《周易时论合编》,清顺治十七年白华堂刻本,第20页。
⑤ 方以智:《易余目录·三冒五衍》,《易余》,《易余(外一种)》,上海古籍出版社2018年版,第2—3页。
⑥ 朱伯崑:《易学哲学史》第三卷,昆仑出版社2005年版,第450—451页。
⑦ 方以智:《反对六象十错综》,《易余》卷上,《易余(外一种)》,上海古籍出版社2018年版,第77页。
⑧ 左锌:《中五说》,《青原志略》卷五,江西人民出版社1998年版,第125页。

堂,门兼牖,牖兼门,此宅之成象也。栋梁不可为阶壁,阶壁不可为栋梁,此宅之毁象也。毁宅之中,具有成象。成象之中,具有毁象。同不毁异,异不毁同。统不废辨,辨不废统。即一宅而六者同时森然,同时穆然也。"①甚至还可衍生十错,共五对,即对舍、对摄、对入、对夺、对即。统、同、成三象为圆融门,辨、异、毁三象为行布门,即行布是圆融,六象总为一圆融。结合中五道场,如东主发生利用与正西主收敛归化为对舍,呼觉堂与烹雪堂为对摄,维摩堂与教授堂为对入。

　　中五道场以法王中五核心体现五位纲宗,同时还要打破核心中五,处处尽显华严境界:"有明此九宫旋八之五位,无中无边者乎? 一室亦具,随寓亦具,语亦具,默亦具也。争奈交轮不息何?"②无中无边,处处是中五。"万法,一《图》《书》也,《图》《书》,一中五也。""四无四也,五无五也,一亦无一也。中交边轮,皆边皆中,已燎然矣。"③处处皆五的思想正是华严境界的核心精神。皆边皆中,处处是中五,中五亦无五,《中五道场衍说》最后以华严法界为归宿:"华严法界即行布是圆融,《易》神无方而准不乱,秩序变化,寂历同时。李伯纪曰:'《易》犹《华严》也,当处历然分别,当处寂然无分别也。'黄元公曰:'《易》无体,故变变不穷,八八变为四千九十六,始卒若环,而卦卦爻爻之义,不杂不乱,各循其方,与华连(严)法界符合。'至矣哉! 吾师小衍道场,随寓皆居,语亦具,默亦具,指其掌矣。"④始卒若环,成就象环,如体用吞吐成环;历然分别,各堂各室功能各异,各循其方,有准而不乱;寂然无分别,变中有不变,随寓皆居,统一于无方之神,圆融于华严法界。黄元公尝过廪山道院,"心神旷然,往复徘徊,颇有终焉之志。"⑤以全节而终的大名忠臣黄元公之言煞尾,是否寓居了"烘炉烟灭处,遍地起清风"呢?

　　方以智为住持的净居寺道场,甚至超越了具体的堂室建筑,"尽大地皆道场也,人人一坐具,一道场也。以意生身而言之,一毫端,一道场也。""出世者因进一层而锻炼之,远尘离欲,丛席独尊,专门深入,清静为本。"⑥入世

①　方以智:《反对六象十错综》,《易余》卷上,《易余(外一种)》,上海古籍出版社 2018 年版,第 78 页。
②　方以智:《中五道场衍说》,《冬灰录》卷首一,华夏出版社 2014 年版,第 23 页。
③　方以智:《三冒五衍》,《易余》卷上,《易余(外一种)》,上海古籍出版社 2018 年版,第 78 页。
④　方以智:《中五道场衍说》,《冬灰录》卷首一,华夏出版社 2014 年版,第 23—24 页。
⑤　黄元公:《江如僧清旷居今草序》,《新城县志》卷十,周天德康熙十二年修,国家图书馆藏,第 25 页。
⑥　方以智:《道场》,《发凡》,《青原志略》,江西人民出版社 1998 年版,第 13 页。

者入此道场,亦能息其俗累,鼓舞在此。在笑峰大然住持青原期间,方以智致书:"青原传心堂与白鹿同,东廓、念庵本从此入,青螺、南皋皆知回互。"①未至青原前,方以智已注意到传心堂在儒家文化中的重要象征意义,无论是阳明第一代弟子邹守益、罗洪先、聂豹,还是三传弟子郭子章、邹元标,收摄保聚的学风一直是江右王门的主流,这与禅宗具有先天的亲和性。郭子章于七祖塔题"荆杏交参"②,如其论荆杏双修:杏,孔子之杏坛,指儒家;荆,即荆树,行思倒插荆,"传宗青原者,必曰荆亭。""寺曰净居,堂曰五贤,虽其门户微异,趋操稍殊,而无欲无念之旨、与人为善之心,杏与荆一也。"③方以智显然继承了郭子章、邹元标维系的荆杏双修学风。方以智言"回互"之意,当代指曹洞宗宝镜三昧之"重离六爻,偏正回互",借言郭子章、邹元标二人于佛学多有会通,也暗示出方以智对于邹元标、郭子章之学的认同。在入驻青原前,方以智"挂杖景云,又入资圣及新城寿昌诸刹,往来数十年,名人无不从之游"④。"青原道场,胜冠吉州。迄药地大师驻锡,阐示宗教。远近人士及缁俗等众,译斯旨趣,如大梦忽觉,旅客乍还,各证悟本来面目,兴起赞叹。"⑤由此可见道场化育卓有成效,方以智能够借助道场实现自己的理想。方以智青原讲学,"其大指尤归重于儒佛之通。杖人翁尝言:'世尊尧孔,并有托孤,此意在人,意在山水。'青原于天下遂为儒佛辐凑之区。""使者即此,皆可明儒佛之通,而益知山人之非山中人也。"⑥觉浪道盛主张儒佛会通,并且归根于儒。尧孔托孤说指以庄子为儒家真孤,将庄子的怒、狂引入儒家,成为明末遗民的精神寄托。方以智驻锡青原前,是崇祯朝的孝子忠臣、永历朝十请不出却心系苍生的方阁老,不得已披缁后,续真儒不熄之薪火,由此不难理解"山中人之非山中人也"所影射的方以智家国天下的关怀。从抚州寿昌诸刹"名人无不从之游",到吉安"青原于天下遂为儒佛辐凑之区",由此可见方以智在清初学界(尤其是明代遗民群体)的巨大影响。对比黄宗羲及身而止,"明夷待访";王夫之隐居林下,"六经责我开生面";顾炎武孑然一身,游历北方;可知方以智的忍辱负重与真孤担当,屹然挺立于清初士林,由此也奠定了他作为明代遗民精神领袖的地位。觉浪道盛忧

①　方以智:《致青原笑和上》,《青原志略》卷八,江西人民出版社1998年版,第184页。
②　方以智:《七祖塔》,《青原志略》卷一,江西人民出版社1998年版,第23页。
③　郭子章:《荆杏双修引》,《青原志略》卷七,江西人民出版社1998年版,第158页。
④　邵子彝等修、鲁琪光等纂:《人物·寓贤》,《建昌府志》卷八,成文出版社1989年版,第2549页。
⑤　焦荣:《青原未了缘引》,《青原志略》卷七,江西人民出版社1998年版,第173页。
⑥　黎元宽:《青原志略序》,《青原志略·序文》,江西人民出版社1998年版,第9页。

国忧民，以烈火禅著称，以庄子为孔门真孤，并将此精神托付给方以智。即使在清初政治高压环境下，危难重重，方以智不仅完成了深邃而缜密的哲学宗教体系建构，更是付诸行动，做出显赫的事业，形成强大的凝聚力与感召力。综合全书所论，方以智苦心卫道，"种藏核仁"，"怒化生生"的哲学精神是支撑其哲学宗教体系建构与行动的动力，其哲学宗教体系是哲学精神的直接体现。他后死托孤，化身药树，"炼药开炉"，既有对旧学诸弊之澄汰；"硕果暗结"，亦有对新仁学之开创，乃至设想建构具有公共精神的理想政府。在哲学精神支撑下，他坚信并守望着核仁的"冬雷破雪"，以待"药树种成林"，正所谓："冬炼三时传旧火，天留一磬击新声。"

参 考 文 献

［德］阿多诺:《否定的辩证法》,张峰译,上海人民出版社 2020 年版。

［美］安乐哲:《自我的圆成:中西互镜下的古典儒学与道家》,彭国翔编译,河北人民出版社 2006 年版。

(汉)班固:《汉书》,中华书局 1962 年版。

［美］包弼德:《斯文:唐宋思想的转型》,刘宁译,江苏人民出版社 2017 年版。

北京大学哲学系外国哲学史教研室编译:《古希腊罗马哲学》,商务印书馆 2021 年版。

［希］柏拉图:《柏拉图全集》(增订版),王晓朝译,人民出版社 2018 年版。

(宋)陈淳:《北溪字义》,中华书局 1983 年版。

陈鼓应:《庄子今注今译》(最新修订版),商务印书馆 2015 年版。

陈鼓应、辛冠洁、葛荣晋主编:《明清实学思潮史》,齐鲁书社 1989 年版。

陈来:《有无之境:王阳明哲学的精神》,北京大学出版社 2013 年版。

陈来:《古代宗教与伦理(增订本)》,北京大学出版社 2017 年版。

陈来:《朱子哲学研究》,华东师范大学出版社 2000 年版。

陈来:《仁学本体论》,生活·读书·新知三联书店 2014 年版。

陈寅恪:《陈寅恪集》,生活·读书·新知三联书店 2011 年版。

(宋)程颢、程颐:《二程集》,中华书局 2004 年版。

《道藏》,文物出版社、上海书店、天津古籍出版社 1988 年版。

丁耘:《道体学引论》,华东师范大学出版社 2019 年版。

杜维明:《杜维明文集》,武汉出版社 2002 年版。

杜维明:《中庸洞见》,段德智译,林同奇校,人民出版社 2008 年版。

杜维明:《孔子文化奖学术精粹丛书·杜维明卷》,华夏出版社 2015 年版。

(唐)惠能:《敦煌坛经合校译注》,李申校译,方广锠简注,中华书局 2018 年版。

(清)段玉裁:《说文解字注》,中华书局 2013 年版。

［德］恩格斯:《自然辩证法》,中共中央马克思恩格斯列宁斯大林著作编译局编译,人民出版社 2018 年版。

(清)方昌翰:《桐城方氏七代遗书》,黄山书社 2019 年版。

(明)方以智:《密之先生杂志不分卷(一)》,《中国科学院文献情报中心藏古籍珍本丛书(抄稿本部分)》第 36 册,学苑出版社 2017 年版。

(明)方孔炤、(明)方以智:《周易时论合编》,中华书局 2019 年版。

(明)方以智:《东西均注释(外一种)》,庞朴注释,中华书局 2016 年版。

(明)方以智:《易余(外一种)》,上海古籍出版社 2018 年版。

（明）方以智：《性故注释》，张昭炜注释，中华书局 2018 年版。

（明）方以智：《物理小识》，《四部精要》第 13 册，上海古籍出版社 1993 年版。

（明）方以智：《通雅》，《方以智全书》第 1 册，上海古籍出版社 1988 年版。

（明）方以智：《浮山文集前编》，此藏轩清刻本。

（明）方以智：《正叶》，此藏轩本。

（明）方以智：《药地炮庄》，华夏出版社 2011 年版。

（明）方以智：《药地炮庄笺释·总论篇》，张永义注释，华夏出版社 2013 年版。

（明）方以智：《药地炮庄校注》，蔡振丰、李忠达等注，台大出版中心 2017 年版。

（明）方以智：《冬灰录》，华夏出版社 2014 年版。

（明）方以智：《浮山文集》，华夏出版社 2017 年版。

（明）方以智：《青原志略》，华夏出版社 2012 年版。（与上书为同一书，应为笑峰编稿、施闰章补辑、方以智结集。）

（清）方中通：《陪诗》、《陪集》，清刻本。

（明）方以智：《药地炮庄校注》，蔡振丰、李忠达等注，台大出版中心 2017 年版。

（明）方以智：《方以智全书》，黄山书社 2019 年版。

（明）方学渐、（清）方中通：《心学宗心学宗续编》，清刻本。

方勇：《庄子学史》，人民出版社 2008 年版。

冯友兰：《三松堂自序》，生活·读书·新知三联书店 2021 年版。

（明）高攀龙：《高子遗书》，明刻本。

（东晋）葛洪：《抱朴子内篇校释》，王明校释，中华书局 1985 年版。

（清）顾炎武：《顾炎武全集》，上海古籍出版社 2011 年版。

［德］海德格尔：《形而上学导论》，熊伟、王庆节译，商务印书馆 1996 年版。

［德］海德格尔：《宗教生活现象学》，欧东明、张振华译，商务印书馆 2018 年版。

何俊：《南宋儒学建构》，上海人民出版社 2004 年版。

［德］黑格尔：《精神现象学》（上卷），贺麟、王玖兴译，上海人民出版社 2013 年版。

［德］黑格尔：《美学》第一卷，朱光潜译，商务印书馆 2017 年版。

侯外庐、邱汉生、张岂之主编：《宋明理学史》，人民出版社 1987 年版。

［日］荒木见悟：《憂國烈火禪：禪僧覺浪道盛のたたかい》，研文出版社 2000 年版。

［日］荒木见悟：《明末清初的思想与佛教》，廖肇亨译，上海古籍出版社 2010 年版。

黄勇：《当代美德伦理：古代儒家的贡献》，东方出版中心 2019 年版。

（清）黄宗羲：《黄宗羲全集》，浙江古籍出版社 2005 年版。

（清）黄宗羲原著，（清）全祖望补修：《宋元学案》（修订本），中华书局 1986 年版。

（明）季本：《四书私存》，台湾"中央研究院"中国文哲研究所 2012 年版。

（清）江永：《近思录集注》，《近思录专辑》第 9 册，华东师范大学出版社 2015 年版。

（清）江永：《河洛精蕴》，巴蜀书社 2008 年版。

蒋国保：《方以智哲学思想研究》，安徽人民出版社 1987 年版。

蒋国保：《方以智与明清哲学》，黄山书社 2009 年版。

(明)觉浪道盛:《天界觉浪盛禅师全录》,《嘉兴大藏经》第 34 册。

[德]康德:《康德著作全集》,李秋零主编,中国人民大学出版社 2013 年版。

(明)李贽:《焚书　续焚书》,中华书局 2009 年版。

(清)李颙:《李颙集》,西北大学出版社 2015 年版。

(宋)林希逸:《庄子鬳斋口义校注》,周启成校注,中华书局 1997 年版。

(明)林兆恩:《林子全集》,《北京图书馆古籍珍本丛刊》第 63 册,书目文献出版社
1998 年版。

林忠军、张沛、张韶宇:《明代易学史》,齐鲁书社 2016 年版。

彭战果:《无执与圆融:方以智三教会通观研究》,民族出版社 2012 年版。

(明)刘宗周:《刘宗周全集》,浙江古籍出版社 2007 年版。

[德]鲁道夫·奥托:《论神圣》,成穷、周邦宪译,四川人民出版社 1995 年版。

(明)陆西星:《南华真经副墨》,中华书局 2010 年版。

(宋)陆九渊:《陆九渊集》,中华书局 1980 年版。

(明)罗洪先:《罗洪先集》,凤凰出版社 2007 年版。

(明)罗汝芳:《罗汝芳集》,凤凰出版社 2007 年版。

罗炽:《方以智评传》,南京大学出版社 1998 年版。

[德]马克斯·韦伯:《儒教与道教》,洪天富译,江苏人民出版社 2010 年版。

(清)马其昶:《桐城耆旧传》,黄山书社 2013 年版。

(清)冒襄:《冒辟疆全集》,凤凰出版社 2014 年版。

牟宗三:《从陆象山到刘蕺山》,台湾学生书局 1979 年版。

牟宗三:《才性与玄理》,广西师范大学出版社 2006 年版。

牟宗三:《牟宗三先生全集》,联经出版社 2003 年版。

倪培民:《孔子——人能弘道》,李子华译,世界图书出版公司 2020 年版。

倪培民:《儒家哲学功夫论》,商务印书馆 2022 年版。

(明)聂豹:《聂豹集》,凤凰出版社 2007 年版。

[英]牛顿:《自然哲学的数学原理》,赵振江译,商务印书馆 2021 年版。

(明)欧阳德:《欧阳德集》,凤凰出版社 2007 年版。

庞朴:《庞朴文集》,山东大学出版社 2005 年版。

彭国翔:《良知学的展开:王龙溪与中晚明的阳明学》,生活·读书·新知三联书店
2015 年版。

彭迎喜:《方以智与〈周易时论合编〉考》,中山大学出版社 2007 年版。

彭战果:《无执与圆融:方以智三教会通观研究》,民族出版社 2012 年版。

(宋)普济:《五灯会元》,中华书局 1984 年版。

(清)钱澄之:《屈庄合诂》,黄山书社 1998 年版。

钱穆:《朱子新学案》,九州出版社 2016 年版。

(战国)屈原:《屈原集校注》,金开诚校注,中华书局 1996 年版。

任道斌:《方以智年谱》,安徽教育出版社 1983 年版。

任道斌:《方以智著述知见录》,书目文献出版社 1985 年版。

(宋)邵雍:《邵雍集》,中华书局 2010 年版。

(宋)邵雍:《邵雍全集》,上海古籍出版社 2015 年版。

(清)邵子彝等修、鲁琪光等纂:《建昌府志》卷八,成文出版社 1989 年版影印。

(清)施闰章:《施愚山集》,黄山书社 1992 年版。

(清)阮元校刻:《十三经注疏》,上海古籍出版社 1997 年版。

(汉)司马迁:《史记》,中华书局 1982 年版。

(清)孙希旦:《礼记集解》,中华书局 1989 年版。

(明)万廷言:《万廷言集》,中华书局 2015 年版。

汪学群:《明代遗民思想研究》,中国社会科学出版社 2012 年版。

(三国魏)王弼注,(唐)孔颖达疏:《周易正义》,北京大学出版社 1999 年版。

(清)王夫之:《船山全书》,岳麓书社 1996 年版。

(清)王夫之:《思问录　俟解　黄书　噩梦》,中华书局 2009 年版。

(明)王时槐:《王时槐集》,上海古籍出版社 2020 年版。

(明)王守仁:《王阳明全集》,上海古籍出版社 2011 年版。

(明)王守仁:《阳明先生集要》,中华书局 2008 年版。

(清)王先谦:《荀子集解》,中华书局 2013 年版。

王正主编:《儒家工夫论》,华文出版社 2018 年版。

(明)王畿:《王畿集》,凤凰出版社 2007 年版。

(明)吴道新纂辑,(清)陈焯修订:《浮山志》,黄山书社 2007 年版。

(明)吴应宾:《宗一圣论　古本大学释论》,复旦大学出版社 2019 年版。

[德]席勒:《席勒文集》,张玉书等译,人民文学出版社 2005 年版。

[德]席勒:《美育书简》,徐恒醇译,社会科学文献出版社 2016 年版。

[德]席勒:《审美教育书简》,冯至、范大灿译,人民文学出版社 2022 年版。

(明)笑峰:《青原志略》,江西人民出版社 1998 年版。

谢明阳:《明遗民的"怨""群"诗学精神——从觉浪道盛到方以智、钱澄之》,学生书局 2004 年版。

邢益海主编:《冬炼三时传旧火——港台学人论方以智》,华夏出版社 2012 年版。

徐复观:《中国艺术精神》,广西师范大学出版社 2007 年版。

[希]亚里士多德:《亚里士多德全集》,苗力田主编,中国人民大学出版社 2006 年版。

[希]亚里士多德:《形而上学》,吴寿彭译,商务印书馆 2017 年版。

[德]雅斯贝尔斯:《论历史的起源与目标》,李雪涛译,华东师范大学出版社 2018 年版。

(明)颜钧:《颜钧集》,中国社会科学出版社 1996 年版。

(清)阎若璩:《尚书古文疏证》,上海古籍出版社 2013 年版。

杨儒宾:《儒门内的庄子》,联经出版社 2016 年版。

杨儒宾:《儒家身体观》,上海古籍出版社 2019 年版。

（汉）扬雄撰，（宋）司马光集注：《太玄集注》，中华书局 1998 年版。

（汉）扬雄：《扬雄集校注》，张震泽校注，上海古籍出版社 1993 年版。

（汉）扬雄：《法言义疏》，汪荣宝撰，中华书局 1987 年版。

（汉）扬雄：《太玄校释》，郑万耕校释，中华书局 2014 年版。

（宋）叶采集解：《近思录集解》，中华书局 2017 年版。

（清）永瑢、纪昀：《景印文渊阁四库全书》，台湾商务印书馆股份有限公司 1983 年版。

余英时：《方以智晚节考》，生活·读书·新知三联书店 2004 年版。

（明）袁中道：《珂雪斋集》，上海古籍出版社 1989 年版。

（明）张岱：《四书遇》，浙江古籍出版社 2014 年版。

张灏：《幽暗意识与民主传统》，新星出版社 2006 年版。

（宋）张载：《张载集》，中华书局 1978 年版。

（宋）张载：《张子全书》，西北大学出版社 2015 年版。

（清）张廷玉等：《明史》，中华书局 1974 年版。

张学智：《明代哲学史》，中国人民大学出版社 2012 年版。

张永堂：《方以智的生平与思想》，台湾大学历史学研究所博士学位论文，1977 年。

张昭炜：《阳明学发展的困境及出路》，中国社会科学出版社 2017 年版。

张昭炜：《中国儒学缄默维度》，中国社会科学出版社 2020 年版。

张政烺：《张政烺论易丛稿》，中华书局 2011 年版。

赵林：《西方文化的传统与演进》，中信出版集团 2021 年版。

钟彩钧：《明代程朱理学的演变》，台湾"中央研究院"中国文哲研究所 2018 年版。

（宋）周敦颐：《元公周先生濂溪集》，岳麓书社 2006 年版。

（宋）周敦颐：《周敦颐集》，中华书局 2009 年版。

（清）周天德：《新城县志》，康熙十二年，国家图书馆藏本。

朱伯崑：《易学哲学史》，昆仑出版社 2005 年版。

朱良志：《石涛研究》（第二版），北京大学出版社 2017 年版。

（宋）朱熹：《朱子全书》，上海古籍出版社、安徽教育出版社 2002 年版。

（宋）朱熹：《四书章句集注》，中华书局 2012 年版。

（明）邹守益：《邹守益集》，凤凰出版社 2007 年版。

Charles Taylor, *A Secular Age*, The Belknap Press of Harvard University Press, 2018.

Immanuel Kant, *Die Religion innerhalb der Grenzen der bloßen Vernunft*, Felix Meiner Verlag, 2017.

Karl Jaspers, *Vom Ursprung Und Ziel Der Geschichte*, R.Piper&Co.Verlag, München, 1949.

Willard J.Peterson, *Bitter Gourd: Fang I-chih and the Impetus for Intellectual Change*, Yale University Press, 1979.

Wing-Tsit Chan, *A Source Book in Chinese Philosophy*, Princeton University Press, 1969.

后　记

　　本书探索方以智的哲学精神，其入手处是《易余》，兼及《东西均》《象环寤记》《药地炮庄》等；其初衷是具体到《易余》各章专题研究，最终成为现在的规模。之所以如此，原因有三：一是《易余》的一些章节在前期已经有研究成果出版，故本书省略，如《三冒五衍》《孝觉》研究在《阳明学发展的困境及出路》（中国社会科学出版社2017年版）；《性命质》研究在《性故注释》（中华书局2018年版）；《知言发凡》《生死故》研究在《中国儒学缄默维度》（中国社会科学出版社2020年版）。二是已基本完成，尚待定稿的内容，在成书时未收录，如《中告》《知人》《通塞》等。三是尚须继续研究的内容，如《三子记》《礼乐》《非喻可喻》等。从研究主题来看，本书现有的章节已足够展现方以智的哲学精神，由此可以说达到了预期目的；但从《易余》《象环寤记》《药地炮庄》《冬灰录》等著作的研究来看，尚须继续推进未竟内容，丰富方以智的哲学世界研究。

　　鉴于本书的结构及写作特点，对于方以智哲学感兴趣的读者，可以直接阅读第二章对于"余"之本体的探索；再读第三章展现的吞吐成环的体用观。这两章的哲学本体及框架是基础，第四章至第十章都是这两章主题在不同视域下的展开。对于方以智生平气节感兴趣的读者可以阅读第一章、第十章的部分内容以及附录。综合以上各章，凝聚成第十一章方以智的哲学精神，而哲学精神在不同章节有多维度展现。因此，读者也可以直接从第十一章进入，再延伸至其他章节。

　　方以智的哲学精神体现出明代遗民的理想信念与深层追求，闪耀着中华民族在艰苦环境中砥砺奋进、自强不息、忠贞爱国的精神。方以智哲学精神的载体便是其哲学，表现在《易余》，便是以余求正："危之乃安，亡之乃存，劳之乃逸，屈之乃伸。怨怒可致中和，奋迅本于伏忍。"（《易余·反对六象十错综》）余与正在这里表现为危与安、亡与存、劳与逸、屈与伸、怨怒与中和、奋迅与伏忍。方以智致力于转危为安，救亡图存，以逸待劳，以屈求伸，其形式为退隐忍辱，其精神实质是为了理想的复兴，其手段是通过屈原之怨、庄子之怒，在晨钟暮鼓的伏忍中积攒奋迅的生机。《易余》以生生为旨趣，《炮庄》以怒化为特色，两者的关系是生生中有怒化，怒化中有生生，其哲学基础在于《易》《庄》会通。继《易余》之后，方以智又作《炮庄》，"浮庐不安易寓,药地又来炮《庄》。"(《药地炮庄·逍遥游总炮》)其怒化生生哲学精神依然如此,但由于方以智已经披缁,其哲学精神更加深沉隐晦,试举三例对比如下:

方以智栖身林下,只是不得已的伏忍,其形为逸,逍遥山林,"今日登黄龙背,饮南谷茶,诵《逍遥》一过。四围苍翠欲滴,白云西来,平浮竹槛,万峰在下,出没有无。"(《药地炮庄·逍遥游总炮》)又如作为明皇室后裔的林确斋(时益)言,"种茶宜西南山坡,夕阳蒸渴,夜露更饱,朝复处阴,养其余润。""捣青宜烈,畜瓶宜固,烹水宜洁,涉二及三,有火候焉。"(《药地炮庄·养生主总炮》)然而,正如方以智在广西时瞿式耜赠诗"魂依北道旌旗侧,身近南楼啸咏旁",方以智形逸神劳,心系庙堂苍生,"以神武不杀之刀,游藏密同患之间者也。"(《药地炮庄·养生主总炮》)又如其子中通所言:"实则形静气动,旋通不息而生机流转者也。""满空皆火,一悟而已,养在鼎薪。"(《药地炮庄·养生主总炮》)伏忍是为了奋迅,怒化烈火,肩负托孤复兴的使命。

方以智"亡之乃存",如其在桂林刑场"一声狮子吼,刀锯总忘机","不破生死关,则仁者之勇不足"。方以智并不是以死求生的孤行者,如抗清而死的杨文骢(龙友)曰:"吾身亦天地之涕唾,随地置之。"孙临(克咸)曰:"如不可求,从无所好,何有生死可说?"(《药地炮庄·大宗师总炮》)方以智将抗清同道的言行记录在其哲学著作中,以此诠释、展现明代遗民生死凛然、桀骜不屈的风骨。

明代遗民的儒学修齐治平之正路不通,"以屈求伸",只能别路传法,如方以智在闭关枯壁中获得仁芽的生发(《象环寱记》),从无门中创出不测之门。从绝路到生路的转变并不是自然发生或等待命运的临幸,而是需要内在艰苦的创造性转化,"冬炼三时"才能"传旧火"。"此显南藏北之位,传以北洗南之心","教既已名,名且景附,苦蒙反言痛激,故言知南守北,以寓其游而已矣。"(《易余·时义》)依此炮制蒙庄之药,"凤自能行鸟道,龙亦化为螟蛉。""药树息荫,呼六极之风来,垂两褒袖以为翼,何天之衢,是亦天间之世乎? 何妨指南为北。"(《药地炮庄·人间世总炮》)经此诠释,逍遥游南北的庄子转化成承担厚重使命的担当者,以别路行正路,以虫鸟之迹行龙凤之道,以此为儒学托孤。方以智化身药树,入世的厚重担当与出世的逍遥超越均入其药笼,应病予药,"偏教医活死麒麟",显示出他为中国文化疗教的使命与决心。方以智的哲学精神亦不能限制在明代遗民的托孤,应在"万世"的大时空展开,"苦心卫道,宁望人知? 知我罪我,万世犹旦暮也。"(《易余小引》)"古之人不见我,不见世,而翛然游于其间,苦心苦笑,不望人知,当亦竟无知者。"(《药地炮庄·人间世总炮》)三百余年之后，我们读方以智的哲学著作，应当理解他卫道的苦心，亦当为其哲学精神所鼓舞，继续推进中国文化复兴的事业。

综上，无论是劳之乃逸、以死求生（亡之乃存）、怨怒致中和、以屈求伸、别路托孤，还是《易余》《药地炮庄》会通，一以贯之，方以智哲学的基本架构依然是以余求正，其哲学精神依然是怒化生生。

本书封面书名由美国格兰谷大学（Grand Valley State University）哲学系倪培民教授题签。感谢倪教授惠赐！本书的选题源于庞朴先生十年前的指引，感念先生！感谢杜维明先生与张学智先生的教诲！感谢责任编辑武丛伟女士与美术编辑王欢欢女士的辛勤工作！

张昭炜
二〇二三年冬至于
中国社会科学院世界宗教研究所